Zu diesem Buch

Werner Liersch, geboren 1932, arbeitet als Essayist und Publizist in Berlin. 1981 veröffentlichte er erstmals eine Biographie über Fallada und schrieb einen Roman über Goethe. Bis 1993 war er Vorsitzender der Hans-Fallada-Gesellschaft im mecklenburgischen Feldberg.

In der Reihe der rororo-Taschenbücher liegen von Hans Fallada vor: «Kleiner Mann – was nun?» (Nr. 1), «Wer einmal aus dem Blechnapf frißt» (Nr. 54), «Damals bei uns daheim» (Nr. 136), «Heute bei uns zu Haus» (Nr. 232), «Der Trinker» (Nr. 333), «Bauern, Bonzen und Bomben» (Nr. 651), «Jeder stirbt für sich allein» (Nr. 671), «Wolf unter Wölfen» (Nr. 1057), «Kleiner Mann, Großer Mann – alles vertauscht» (Nr. 1244), «Ein Mann will nach oben» (Nr. 1316), «Wir hatten mal ein Kind» (Nr. 4571), «Süßmilch spricht» (Nr. 5615), «Zwei Lämmchen weiß wie Schnee» (Nr. 13320), «Geschichten aus der Murkelei. Erster Teil» (rotfuchs Nr. 233) und «Geschichten aus der Murkelei. Zweiter Teil» (rotfuchs Nr. 248).

In der Reihe «rowohlts monographien» erschien als Band 78 eine Darstellung Falladas mit Selbstzeugnissen und Bilddokumenten von Jürgen Manthey.

Werner Liersch

HANS FALLADA

Sein großes kleines Leben

Rowohlt

Veröffentlicht im Rowohlt Taschenbuch Verlag
GmbH, Reinbek bei Hamburg, Januar 1997
Für die erweiterte Neuausgabe Copyright
© 1993 by Claassen Verlag GmbH, Hildesheim
Copyright © 1981 by Verlag Neues Leben, Berlin
Bildnachweis:
Alle Abbildungen Hans-Fallada-Archiv, Feldberg
Umschlaggestaltung Barbara Hanke
Satz Aldus und Futura (Linotronic 500)
Gesamtherstellung Clausen & Bosse, Leck
Printed in Germany
1690-ISBN 3 499 13675 9

Aus ordentlichem Haus
ein unordentlicher Mensch

Am 21. Juli 1893 wird dem Landrichter am Greifswalder Landgericht Wilhelm Ditzen und seiner Ehefrau Elisabeth der erste Sohn geboren. Sie nennen ihn Rudolf. Rudolf Ditzen wird sich später Hans Fallada nennen.

Niemand kann sich seine Familie aussuchen, aber manchmal wenigstens seinen Namen. Diese Familie Ditzen ist wohlgeraten, dies aber ist ihr ungeratener Sohn. Als er siebenundzwanzigjährig seinen ersten Roman veröffentlicht, will er ihr das nicht auch noch antun: einen Schriftsteller hervorgebracht zu haben. Der wissenschaftliche Hilfsarbeiter der Kartoffelbaugesellschaft Berlin wendet sich vorher an das zuständige Gericht mit dem Antrag, einen Künstlernamen führen zu dürfen. Er hat da für einen jungen Mann und Sohn eines Reichsgerichtsrates – denn das ist der Vater inzwischen geworden – schon allerhand hinter sich: körperliche und seelische Unglücksfälle, anonyme Briefschreibereien, ein verpatztes Abitur, Aufenthalte in Heilanstalten, die Tötung eines Mitschülers, Gefängnis, Alkohol, auch Morphium, Versuche, in der Landwirtschaft Fuß zu fassen. Es wird noch einiges hinzukommen. Doch auch das wird zu seinem unbürgerlichen Leben gehören: Literatur, Schreibbesessenheit, eine lange Reihe von Büchern. Darunter das halbe Dutzend Romane aus seinen Jahren als Hans Fallada, die dauerhafte Chroniken deutscher Zustände und große Geschichten kleiner Leute werden und in denen er vorsichtig immer wieder auch die eigene bürgerliche Deklassierung ins Spiel bringt.

Niemand kann sich seine Erfahrungen aussuchen. Nur die Namen, die er ihnen gibt, die sind in seiner Hand. Ein Leben lang wird Ditzen über diese Erfahrungen und ihre Namen nachdenken. Seine ungewöhnliche Geschichte ist eine gewöhnliche Geschichte. Am Ende des Jahrhunderts werden viele ähnliche in den Bürgerhäusern geboren. In ihrer Ordentlichkeit lauert die Unordnung. Sie gibt ihre Zeichen, oft seltsame, versteckte, private, vielen unverständliche, die deutlicher werden, überall schließlich zu sehen sind, bevor die Ordnung der Bürgerfamilien den mörderischen Krieg aus sich entläßt, der in ihrer Wohlanständigkeit herangewachsen ist.

Der großen Katastrophe gehen seismographisch eine Vielzahl individueller Beben voraus. Zusammenbrüche privater Ordnungen. Wenige der verlorenen Söhne all dieser Väter und Mütter wissen von der Verwandtschaft ihrer Tragödien. Einige werden sie begreifen, einige werden sie den Vätern nachsagen. Ein paar auch die bloße Stellvertreterschaft der Väter verstehen. Viele sich damit quälen, es sei alles nicht mehr als ihr persönliches Unglück. Aus der Einsamkeit ihrer Erfahrungen herauszukommen wird das Lebensproblem der Dichter unter ihnen werden. Über mehr als nur Literatur wird dabei entschieden. Oft über Leben und Tod dieser Söhne.

1. Zwei treffen sich

Der Versuch, ein Stück verlorener Ordnung wiederherzustellen, steht am Anfang. Eine junge Frau kommt dazu in die Stadt Uelzen. Sie ist schwarz gekleidet. Schwarz ist eine vertraute Farbe für sie, anderes schickt sich nicht für eine Pastorenfrau. Es wird die Farbe ihres Lebens bleiben. In diesem Jahr, 1872, ist ihr der Mann, der Gefängnisgeistliche von Lüneburg, gestorben. Die «Kirchhofsrosen» haben auf seinen Wangen geblüht, wie man damals sagte. Pastor Lorenz starb an der Armeleutekrankheit Tuberkulose. Lange Jahre amtierte er in einer kleinen armen Gemeinde in der Lüneburger Heide. Der Kirchacker brachte dem Pastor nur ein dürftiges Einkommen, und um sein Vieh war es nicht besser bestellt. Eines Tages brannte Emil Lorenz das strohgedeckte Pfarrhaus bei einem Gewitter mit allem Hab und Gut bis auf die Grundmauern ab.

Die größere seelsorgerische Aufgabe soll den Pastor Lorenz bewogen haben, als Gefängnisgeistlicher nach Lüneburg zu gehen. Mindestens ebenso wird ihn seine Dorfarmut auf den Gedanken gebracht haben. Fünf Kinder und die Frau waren zu versorgen. Einer der Söhne wird wie der Vater Landpfarrer. Als er sechsundzwanzig ist, nimmt er sich das Leben.

Die Frau ist auf dem Wege zu einem gutgestellten Verwandten. Eins ihrer Mädchen soll bei ihm in geordnete Verhältnisse kommen. Die kümmerliche Pension der Witwe Charlotte Lorenz reicht nicht einmal für das Nötigste. Onkel Seyfarth lebt als wohldotierter Notar in der Stadt Uelzen, und er nimmt das kleine Mädchen, das Elisabeth Lorenz heißt und die Mutter des Rudolf Ditzen sein wird, bei sich auf. Elisabeth Lorenz ist fünf Jahre alt. Ihr Pflegevater hat seinen eigenen Kopf. Er ist ein Querkopf. Seine Klienten beispielsweise haben absolut zu tun, was der Notar will. Fügen sie sich nicht, führt er ihre Prozesse schlecht.

«Er liebte es, sich Späßchen mit anderen zu erlauben, und recht derbe oft dazu – war aber ohne allen Humor, wenn der kleinste Spaß mit ihm gemacht wurde», überliefert Elisabeth Lorenz ihrem Sohn Rudolf. «Er war nachtragend auf Jahre hinaus – verachtete aber andere, die nicht sofort bereit waren, zu vergeben und zu vergessen. Er hielt die Italiener für ein entartetes Volk, weil sie Tomaten aßen und noch dazu roh! Er war der Ansicht, daß Stiefeletten mit Gummizug die einzige anständige Fußbekleidung für Herren seien –, kurz, er war ein Menschenalter hindurch nicht aus seinem verschollenen Städtchen herausgekommen. Er war der Nabel der Welt, leider ein zu Entzündungen neigender Nabel.»[*]

Elisabeth Lorenz ist ein Kind wie andere auch. Kinder spielen, Pfänderspiele sind die Mode der Zeit. Das Mädchen hat ein Pfand einzulösen und besteigt dazu einen aus Möbeln gebauten Turm, um ein Gedicht aufzusagen. Das Kind verliert das Gleichgewicht und stürzt in einen Spiegel. Ein Arzt ist nicht zur Hand, aber ein schneidiger Assessor, der auf dem Fechtboden das Nähen von Schnittwunden gesehen hat. Mit Zwirn und Nähnadel flickt er die Wunden. Später eitern die Fäden heraus. Onkel Seyfarth findet dabei nichts, aber das weiß er: Strafe muß sein. Auf den Glockenschlag ein Vierteljahr lang spricht er mit dem Pflegekind kein einziges Wort. «Wie gern hätte ich mal an einem Streich teilgenommen», gesteht sie später, «doch ich wagte das nie aus Angst vor den Folgen. Diese Angst und das Gefühl der Unsicherheit blieb mir die ganze Jugendzeit.»

Die Schürze ist ein Pflichtkleidungsstück bei diesem Biedermann. Sie gehört zur Rollenuniform der Frau. Die Schürze abzulegen wäre wenn nicht Revolution, so doch immerhin ein Stück Emanzipation.

* Zitatennachweis siehe Anmerkungen

Elisabeth Lorenz weiß das natürlich nicht, als sie den Onkel bittet, zu einer Freundin einmal ohne Schürze gehen zu dürfen.

«Liebes Kind», sagt er, «ich würde es dir gern erlauben, aber es wäre gegen mein Prinzip. Meine Mutter hat auch immer eine Schürze umgehabt – und was soll überhaupt diese ganze Besucherei?! Einladen in mein Haus darfst du die Kinder doch nicht. Du bist allein schon laut genug und machst alles kaputt, und überhaupt ist es bei uns am allerschönsten.»

Bei Spaziergängen läßt der Onkel Tante und Pflegekind vor sich gehen, um den Gang der beiden kritisch zu betrachten. Der Onkel drillt Rekruten. Am häufigsten mißfällt ihm das Mädchen. «Geh gerade! Schlenkere nicht mit den Armen! Mach die Augen auf!» heißen die Kommandos. Kommen sie in die Nähe der Badeanstalt, fragt der kurzsichtige Onkel: «Elisabeth, baden die Mannsen oder die Weibsen?»

«Die Männer, Onkel Seyfarth.»

«Dann Augen links!»

Was eine Frau ist, darf diese heranwachsende junge Frau nicht erfahren. «Ich durfte offiziell nur in Jugendbüchern, z. B. in den Töchteralben, lesen. Wenn etwas von Verloben und Heiraten vorkam, wurde mir das Buch streng verboten.»

Elisabeth Lorenz verschlägt die Not nach Uelzen. Wilhelm Ditzen bringt seine Karriere in die Stadt.

Als er 1886 in Uelzen seine erste Amtsrichterstelle antritt, ist er fünfunddreißig. Durch fünf Generationen sind die aus dem Oldenburgischen stammenden Ditzens Amtmänner, Pfarrer, Juristen gewesen. Wilhelm Ditzens Vater Georg Wilhelm Heinrich wirkt als angesehener Kronanwalt in Hannover, und der Sohn weiß sich der Familientradition schuldig. Er ist überhaupt ein überlegter Mann mit einem genauen Lebensplan.

Auf sein Jurastudium hat er sich auf dem Gymnasium von Pforta vorbereitet. 1867 tritt er als Zögling in die Königliche Landesschule Pforta ein. Es ist die traditionsreiche Gelehrtenschule, auf der Klopstock, Fichte und Schlegel ihre Jugendbildung erhielten und die seit 1815 Männer bildet, die Preußens Schicksal mitbestimmen. Den Pfarrerssohn Friedrich Nietzsche aus Röcken bei Leipzig beispielsweise, der hier von 1858 bis 1864 Alumne ist und dem deutschen Bürger eine Philosophie liefern wird, mit der er – schamhaft wie er ist – seine nackte Expansionslust etwas verklären kann.

«Tatsächlich», schreibt der Pfortaer Alumne Friedrich Nietzsche in seiner «Genealogie der Moral», «hat deshalb zu allen Zeiten der aggressive Mensch als der Stärkere, Mutigere, Vornehme, auch das freiere Auge, das bessere Gewissen auf seiner Seite gehabt...»

Mit bestem Gewissen dient der Pfortaer Mitschüler Wilhelm Ditzens, Theobald von Bethmann-Hollweg, seit 1909 als Reichskanzler dem Kaiser Wilhelm, der am Sedantag 1895 verlauten ließ, die Sozialisten seien «eine Rotte von Menschen, nicht wert, den Namen Deutsche zu tragen». Mit bestem Gewissen führt Bethmann-Hollweg Deutschland in den Ersten Weltkrieg – und damit in einen Untergang.

Der Deutsch-Französische Krieg von 1870/71 und Bismarcks Coup der Reichseinigung durch Blut und Eisen bewegte die Pfortaer Alumnen tief. Es ist das Milieu, in dem sich Wilhelm Ditzens politische Anschauungen bilden. Als Paris den Preußen und ihren Verbündeten übergeben wird, tut er, was er nie tat und niemals mehr tun wird: Er besäuft sich. Es ist eine preußische Opfertat. Das Siegesgefühl ist stärker als seine moralischen Hemmungen und seine Karriereüberlegungen, denn bei Entdeckung hätte Relegation gedroht. Bethmann-Hollweg führt den Angetrunkenen ohne öffentliches Aufsehen an den Lehrern vorbei in sein Zimmer.

Wilhelm Ditzen erlebt das wilhelminische Deutschland wie Heinrich Manns Diederich Heßling. Erschauernd und als Untertan. 1897 begegnet ihm leibhaftig Bismarck. «Er fuhr vor dem Tore des Friedrichsruher Schlosses in seinem offenen Wagen ganz langsam an mir vorbei, so daß ich ihm in die Augen schauen konnte. Eine unvergeßliche Minute.»

Auf seine Tafel kommt später keine welsche Sauce. Als Patriot und Mitglied des Deutschen Sprachvereins läßt er Tunke oder Beiguß reichen. Überhaupt zeigt er sich im Großen wie im Kleinen ganz eins mit dem neuen Kaiserreich. Als dem jungen Referendar nach dem Jurastudium in Leipzig, München und Göttingen um 1878/79 ein Freund sagt, von jetzt an müsse sich ein jeder junge Jurist als Ziel seines Lebens setzen, Reichsgerichtsrat an dem kommenden deutschen Reichsgericht zu werden, fällt dieser Gedanke bei ihm sofort auf fruchtbaren Boden. Der Referendar Ditzen gibt das Versprechen ab, er wolle sich alle Mühe geben.

In der Tat gibt er sich alle Mühe, und dreißig Jahre später hat er es geschafft. Am 12. Dezember 1908 wird er zum Reichsgerichtsrat ernannt. Im Juli 1909 hat es auch der Pfortaer Schulfreund Bethmann-

Hollweg geschafft. Er wird deutscher Reichskanzler. Seinen Glückwünschen schließt Wilhelm Ditzen die Versicherung an, auch auf seinem Platze das Nötige «zum allgemeinen Wohl» tun zu wollen.

Pforta hat in Wilhelm Ditzen einen würdigen Zögling. Das Zeugnis der Reife, das ihm die königliche Landesschule ausstellt, ist glanzvoll. Es vermerkt für Wilhelm Ditzen, geboren zu Malgarten bei Osnabrück am 5. August 1852, Confession evangelisch, Sohn des Kronanwaltes Ditzen zu Nienburg an der Weser:

«I. Sittliche Aufführung und Fleiß

Ein durch sittliche Tüchtigkeit und wissenschaftliches Streben recht erfreulicher Schüler. Auf Grund seiner Klassenleistungen und des günstigen Ausfalls der schriftlichen Prüfungen ist er von der unterzeichneten Commission von der mündlichen Prüfung dispensiert worden.

II. Kenntnisse und Fertigkeiten

a) Religion

In der evangelischen Heilslehre wie in der Kirchengeschichte und dem Verständnis des Neuen Testaments im Urtext ist er zu guten Kenntnissen gelangt.

b) Deutsche Sprache

Wie die vorzügliche Prüfungsarbeit, so bekundeten auch die anderen schriftlichen und mündlichen Leistungen eine erfreuliche Gewandtheit der Darstellung und der Rede.

c) Lateinische Sprache

Löbliche stilistische Gewandtheit und befriedigende Correctheit im schriftlichen und mündlichen Gebrauch der lat. Sprache...

Die unterzeichnete Prüfungscommission hat ihm demnach, da er jetzt die Koenigliche Landesschule verläßt, um in Göttingen Jura et Cameralia zu studieren, das Zeugnis der Reife ertheilt, und entläßt ihn in der Erwartung, daß er sich in Wissenschaft und Leben hohe und würdige Ziele stecken und sie mit Gottes Hülfe erreichen werde. Pforta, den 13. Sept. 1873»

Zunächst einmal leistet er seinen Militärdienst ab. Mit dem Reifezeugnis in der Tasche reicht dafür ein Jahr aus. Im Herbst 1873 tritt er als Einjährig-Freiwilliger in das Hannoversche Ulanenregiment Nr. 13 ein. Im Laufe der Zeit wird er das für preußische Beamte Übliche: Leutnant der Reserve. Auch zu seinem ersten Orden kommt er als Reservist. Am 6. März 1886 wird ihm die Landwehrverdienstauszeichnung

3. Klasse angeheftet. Ein großer Militär ist er nicht. Das Jahr bei den Ulanen gehört eben dazu. «Zu geregelter außerdienstlicher Tätigkeit ist das Dienstjahr, wie bekannt, sehr wenig geeignet», bedauert der Mann mit dem festen Lebensplan. «Dennoch versuchte ich es, mir während desselben die für den ersten Anfang notwendigen Rechtsbegriffe anzueignen, so daß, als ich im Herbst 1874 die Universität Leipzig bezog, es mir gleich im ersten Semester möglich war, neben römischer Rechtsgeschichte einen Teil der Pandekten zu hören.»

Im Wintersemester 1874/75 studiert Wilhelm Ditzen in Leipzig, vom 6. November 1875 bis 20. Juli 1876 ist er an der Königlichen Bayrischen Maximiliansuniversität in München eingeschrieben, und schließlich beendet er seine Studien 1876/77 an der Königlichen Preußischen Georg-August-Universität in Göttingen. Überall wird ihm bescheinigt, ein ruhiger, ganz seinen Studien ergebener junger Mann zu sein. Er kneipt nicht, ist nicht auf Fechtböden anzutreffen, und politisch tritt er schon gar nicht in Erscheinung.

«Ich bin nie ein Republikschwärmer gewesen, obwohl die Jugend doch im allgemeinen dem Radikalismus zuneigt», bekennt der Vierundsiebzigjährige stolz als politische Lebensleistung. Die Universitäten stellen ihm denn auch entsprechende Zeugnisse aus. In Leipzig wird Wilhelm Ditzen bescheinigt: «Was dessen sittliches Betragen betrifft, so ist etwas Widriges gegen ihn hier nicht vorgekommen.» In München wird festgestellt: «Herrn Wilhelm Ditzen aus Nienburg wird hinsichtlich seines Verhaltens auf der hiesigen Universität bezeugt, daß er ein den Satzungen entsprechendes Betragen beobachtet habe», und in Göttingen: «Hinsichtlich seines Betragens wird bemerkt, daß überall keine Beschwerde gegen ihn vorgekommen ist.»

Nach dem Studium geht Wilhelm Ditzen in die Vaterstadt Nienburg zurück. In der vertrauten Umgebung und unter den Augen des Vaters beginnt er den nächsten Abschnitt seiner juristischen Laufbahn, er wird Referendar und legt im September 1877 der juristischen Prüfungskommission in Celle eine Arbeit über einen Rechtsfall aus dem Jahre 1848 vor, die in «keinem Punkte hinter den an eine Prüfungsarbeit zu stellenden Anforderungen zurückbleibt». Doch trotz aller Mühen und Erfolge, nun geht es nur noch mühsam weiter, die Karriere tritt lange auf der Stelle.

Fünf Jahre ist er Referendar in Wenigsen, Gifhorn, Verden, Celle, endlich wird er 1882 Assessor bei der Staatsanwaltschaft Hildesheim und schließlich in der gleichen Funktion am 1. Januar 1883 an das Amtsgericht Peine berufen. Drei Jahre bleibt er nun wieder in dieser sehr bescheidenen Stellung. Der Assessor Ditzen ist da Anfang Dreißig und hat ein Monatseinkommen von hundertachtzig Mark. In seiner juristischen Laufbahn steht er noch ganz unten, und bürgerlich ist er ein Nichts, ein Mann, der an Heirat und Familie nicht denken kann. Häufig ist er dazu krank, so beispielsweise vom 17. Dezember 1885 bis zum 31. Januar 1886, und da es kein Krankengeld für ihn gibt, bittet er den Präsidenten des Oberlandesgerichtes um die Weiterzahlung seiner Diäten, doch der lehnt ab, da «hier keine besonderen Gründe für eine Weiterzahlung geltend gemacht werden können». Aber dieses Jahr 1886, das für ihn so trübe beginnt, wird ihm auch seine erste eigene juristische Verantwortung bringen. Am 21. April 1886 wird er zum Amtsrichter in Uelzen berufen. Wilhelm Ditzen erhält ein Jahresgehalt von zweitausendvierhundert Mark und dazu einen Wohngeldzuschuß von vierhundertachtzig Mark. Wilhelm Ditzen wird langsam wer.

Uelzen ist eine kleine Stadt, in der sich die Honoratioren kennen. Wilhelm Ditzen und den Anwalt Seyfarth bringt die Juristerei zusammen. In Seyfarths Haus begegnet er Elisabeth Lorenz. Als er ein Jahr nach seiner Ankunft um die Hand der Achtzehnjährigen anhält, hat der Onkel nichts einzuwenden. Der Amtsrichter Ditzen ist ja eine Partie. Auch ist Romantisches nicht im Spiele. Niemand hält es für notwendig, über einen Mann nachzudenken, der mit sechsunddreißig Jahren noch unverheiratet ist. Das gehört eben zu einer Beamtenlaufbahn, man kommt nicht allzufrüh in die Situation, eine Frau versorgen zu können.

Elisabeth Lorenz wechselt aus der grantigen Vormundschaft des Onkels in die freundliche des Gatten über. Einen anderen Weg der Emanzipation gibt es für sie nicht, und Wilhelm Ditzen schafft sich mit Heirat und Familie den noch fehlenden Teil bürgerlicher Existenz. Alles wickelt sich in den üblichen Formen ab. Ein Vierteljahr vor der Hochzeit im Juni ein Besuch bei der Braut in Bad Grund, wo sie sich, wohl um nicht ins «Gerede» zu kommen, aufhält, am Tage nach der Hochzeit gleich die übliche Hochzeitsreise von einem Monat und übers Jahr das erste Kind. Eine Tochter.

Elisabeth Lorenz und Wilhelm Ditzen halten ihr Leben lang diese Art von Verbindung für das Modell einer Beziehung überhaupt. So kommt man eben zueinander. Als ihr Sohn sich mit sechsunddreißig Jahren verlobt und ans Heiraten denkt, erscheint das seinen Eltern höchst unglücklich, denn noch immer ist er da bürgerlich nicht installiert, und so schreibt ihm die Mutter: «Du mußt Dich in jeder Weise bemühen, wirklich ein anderer, ruhiger, zuverlässiger und beständiger Mensch zu werden. Wie Du sagst, so ist es jetzt schon so. Es bedarf noch einiger Zeit bei uns, bis wir festen Glauben an diese Veränderung haben. Auch die Geldfrage ist von großer Wichtigkeit. Auf wie anderer Grundlage muß erst Deine Stellung aufgebaut sein, ehe Du ans Heiraten denken kannst. Und Du bist nicht mehr jung, lieber Rudolf.»

Bei Elisabeth Lorenz und Wilhelm Ditzen ist es anders gewesen. Wilhelm Ditzen erinnert sich: «Wir haben, bis wir am 27. September 1887 in Uelzen getraut wurden, keinen Roman erlebt. Alles ist gut bürgerlich hergegangen, rasch und ohne bemerkenswerte Zwischenfälle..., und ich weiß so sicher, wie man überhaupt dergleichen wissen kann, daß uns beiden niemals ein Zweifel gekommen ist, das haben wir uns von Anfang an und immer wieder gesagt.»

«Es war alles in bester Ordnung», meinte Fallada 1942 in den die Kindheit vergoldenden Jugenderinnerungen, «Vater nahm Mutter und führte sie aus der Enge in die Weite. Sie, die stets für andere hatte dasein müssen, die nie etwas anderes hatte sein und besitzen dürfen, lehrte er, ein Mensch zu sein... Heute ist meine Mutter über achtzig und Vater schon lange tot. Aber wenn von Vater gesprochen wird, so sagt sie heute noch: ‹Alles, was ich bin, was ich für euch Kinder tun konnte, ist immer von Vater gekommen.›»

Ein bürgerliches Idyll. Die scheinbar folgenlose Unselbständigkeit einer Frau. Doch der Hausarzt der Familie, Dr. Ernst Eggebrecht, gibt 1911 zu Protokoll, daß Elisabeth Ditzen, geborene Lorenz, seit Jahren an schwerer Hysterie und melancholischen Zuständen leide, die zeitweise außerordentliche Stärke erreichten. «Die Depressionszustände äußern sich in heftigen Weinkrämpfen, Unfähigkeit zu gehen und einem krampfhaften Zittern und sind keineswegs abhängig von äußeren Anlässen.»

2. Ein Sohn wird geboren

Vier Jahre amtiert Wilhelm Ditzen in Uelzen, dann schreibt er ein Versetzungsgesuch. Es ist der 14. Juli 1890. Der Amtsrichter Ditzen bittet um Versetzung «wegen einer vor wenigen Tagen stattgefundenen halb dienstlichen, halb persönlichen Differenz mit einem hiesigen Anwalte, der mir persönlich nahesteht. Ich fürchte, daß damit meine Stellung hier unhaltbar geworden sei...»

Der Anwalt gehört zu den Männern, die im kleinen Uelzen den Ton angeben. Es ist Onkel Seyfahrth, den Hans Fallada eine «Mimose» nannte.

Wilhelm Ditzen erhält aus Berlin vom preußischen Justizministerium die Weisung, sich bei Landrichterstellen zu melden. Ditzen wird in der Hierarchie höher eingestuft, und auch sein Jahresgehalt erhöht sich vom 1. Oktober 1890 an auf dreitausend Mark, aber in der Realität sieht alles etwas nach Bestrafung aus, denn er wird in die Provinz abgeschoben, an die Peripherie des preußischen Staates. Seine Gesuche, ihn nach Hannover, Magdeburg, Frankfurt (Oder), Hagen, Aachen, Paderborn zu versetzen, werden alle negativ beantwortet. Nach Beuthen in Oberschlesien wird er versetzt. Am 27. und 28. September zieht er mit der Familie nach Beuthen um, aber der Ort mißfällt ihm. Nach angemessener Frist beginnt er wieder Versetzungsgesuche zu schreiben, obwohl er doch die «Wurzellosigkeit des Beamten» für sich und seine Kinder «schmerzlich» empfindet. Am 2. Oktober 1892 bittet Wilhelm Ditzen um Versetzung nach Naumburg, zwanzig Tage später schreibt er das nächste Gesuch und im November noch zwei weitere. Er nennt Göttingen, Greifswald und Halle an der Saale. Endlich wird eines der Gesuche positiv entschieden. Wilhelm Ditzen erhält zum 1. März 1893 eine Berufung als Landrichter an das Landgericht Greifswald. Es ist überliefert, daß er am 8. März eine viertel Stunde vor neun Uhr in seine Geschäfte eingeführt wird.

Die Ditzens leben jetzt in einem ungestörten, kleinen Alltag. Zwei Töchter haben sie inzwischen, Elisabeth und Margarete. Wilhelm Ditzen publiziert in juristischen Fachzeitschriften wie Stengleins «Gerichtssaal» und beginnt, sich in Fachkreisen einen Namen zu machen, was wohl auch die Greifswalder Universität veranlaßt, ihm eine Strafrechtsprofessur anzutragen, die er aber ausschlägt. Eine akademische Laufbahn ist sein Ziel ja nicht. Er geht weiter in den Gerichtssaal zu seinen kleinen und etwas größeren Prozessen und nimmt die nächste Sprosse seiner Karriere, er wird in Greifswald Landgerichtsrat. Das alles sind für Wilhelm Ditzen bedeutende Ereignisse, aber das sein Leben Bestimmende geschieht am 21. Juli 1893 in Greifswald. Da wird ihm nämlich ein Sohn geboren, Rudolf Wilhelm Adolf Ditzen. Einer der besonderen Söhne, die in dieser Zeit geboren werden.

«Es war ein kräftiges Kind, 6 ¾ Pfund schwer. Die Freude war groß, auch bei den Schwestern», so die stolze Mutter, und: «Nur kam leider viel Ungemach hinterher.»

Wie Rudolf Ditzen wird auch Karl Siebrecht am 21. Juli 1893 geboren. Karl Siebrecht steht allerdings in keinem amtlichen Geburtsregister. Siebrechts Existenz ist eingetragen in Falladas in den vierziger Jahren geschriebenem Roman *«Ein Mann will hinauf»*. Er spielt darin die Hauptrolle. Die Lebensrolle Falladas ist es jedoch nicht. Für einen literarischen Zwillingsbruder hat er sogar erstaunlich wenig Ähnlichkeit mit Fallada, sieht man von ein paar psychologischen Details und dem Motiv des von unten kommenden jungen Mannes ab, der etwas «Richtiges» werden will. Man könnte an einen spielerischen Umgang des Autors mit den Daten eines Romans denken, wäre da nicht eine symbolische Zutat zum 21. Juli, dem Geburtstag Karl Siebrechts. Der *Geburtstag* des Sohnes ist im Roman zugleich auch der *Todestag* der Mutter.

Hans Fallada versteckt die Botschaft Rudolf Ditzens. Dieser Sohn geht der Mutter ans Leben. Auch Elisabeth Ditzen fühlt, daß dieses Kind anders ist als andere Kinder. Immer wenn sie später an sein Leben zurückdenkt, erscheint es ihr von Anfang an als eine Kette von Unglücksfällen. Über den Siebzehnjährigen sagt sie: «Rudolf ist von seiner frühesten Jugend an ein schwächliches Kind gewesen, hat viele Kinderkrankheiten durchgemacht, z. B. in den ersten Lebensjahren Rose. Mit 3 Jahren hat er einen schweren Unfall dadurch erlitten, daß er aus der 1. Etage durch das Treppengebäude in das Parterre etwa 2 m tief und hier noch mehrere Stufen hinuntergestürzt ist. Er war mehrere Stunden besinnungslos, und es stand ihm Blut vor dem Munde.»

Rudolf ist eben ein Pechvogel. Denn woher sonst soll das viele Unglück ihres Ältesten kommen? Was Ulrich, ihrem Jüngsten, geschieht, der kaum zweiundzwanzigjährig im Ersten Weltkrieg fällt, ist zu verstehen. Der Tod im Krieg ist ein gewohntes, übersichtliches Unglück. Mütter haben ihre Söhne dem Krieg auszuliefern. Rudolf scheint einem bösen Schicksal, einem schwierigen Charakter, einer labilen Gesundheit ausgeliefert. Als sie schon die ganze Lebensgeschichte des Sohnes durchlitten hat und Aufzeichnungen über ihr Leben macht, notiert sie: «Unser Rudolf hat sich sehr viel langsamer als die anderen Kinder entwickelt. Das lange Kranksein hing ihm nach, und Jungen kommen nach meiner Erfahrung auch nicht so schnell vorwärts wie Mädchen. Er lernte sehr viel später gehen, auch sprechen..., zuerst war er auch nicht eigentlich fröhlich, aber nach und nach wurde er lebhaft.» Pech hat er für die Mutter mehr gehabt, aber auch mehr Freude an Geschichten. Sie erzählt eine kleine Eulenspiegelei: «Großmutter Lorenz hatte den Kindern Rotkäppchen erzählt. Nun wollte sie gern, Rudolf sollte es einem Besucher erzählen, aber er hatte entschieden keine Lust dazu; schließlich fragte die Großmutter: ‹Und wie der Jäger den Bauch des Wolfes aufschnitt, was kam da raus?› Da sagte er ganz spitzbübisch: ‹Ach, ganz was Häßliches.›»

Im Jahre 1899 wird der Vater nach Berlin an das Kammergericht versetzt. Am 1. April ist er zum Kammergerichtsrat ernannt worden und wird am 1. Strafsenat des Kammergerichts amtieren. Wie er früher Versetzungsgesuche schrieb, hat er in den letzten Jahren Beförderungsgesuche an den preußischen Justizminister von Schelling gerichtet. Wilhelm Ditzen weiß, was er sich erlauben kann. Gründlich hat er sich in das neue Bürgerliche Gesetzbuch eingearbeitet, das am 1. Januar 1900 in Kraft treten und bisheriges Recht ablösen wird. Außerdem kennt man ihn «höheren Ortes». Von Juni bis September 1898 hat er als «wissenschaftlicher Hilfsarbeiter» im Berliner Justizministerium das Reformwerk vorbereiten helfen. Und der Präsident des Kammergerichts in Berlin, von Drenkmann, wiederum weiß, daß er es seinen alten Räten nicht mehr zumuten kann, «sich noch am Lebensabend mit dem neuen Gesetzbuch vertraut zu machen». Sie werden in den einstweiligen Ruhestand versetzt, scheiden auf natürlichem Wege oder auch durch Beförderung aus. So treten zum Jahreswechsel nicht weniger als acht neue Räte in das Kollegium des Kammergerichts ein. Einer von ihnen ist Wilhelm Ditzen. Das neue Jahrhundert fängt für ihn gut an. Er verwaltet nun eines der höchsten juristischen Ämter, das Preußen vergibt. Das Kammergericht ist das Oberste Gericht in allen landesrechtlichen Strafsachen. Preußens höchstrichterliche Rechtsprechung findet hier statt.

Die Familie bezieht in der Luitpoldstraße Nr. 11 eine Siebenzimmerwohnung. Der Ehrenkodex des Standes verpflichtet den Kammergerichtsrat, eine Etage zu bewohnen. Außerdem kann man es sich erlauben. Als Kammergerichtsrat wird er ein Jahresgehalt von fünftausendvierhundert Mark haben, und eine Erbschaft gibt völlige materielle Sicherheit. Am 10. Dezember 1893 ist in Nienburg der sparsame Vater gestorben. Dann ist der Wohnort auch klug gewählt. Das alte Kammergericht in der Lindenstraße genügt mit seinen Räumlichkeiten den ständig wachsenden Anforderungen an das oberste Gericht in Preußen seit langem nicht mehr. Ganz in der Nähe der Luitpoldstraße auf dem Gelände des alten Botanischen Gartens soll ein neues Gerichtsgebäude gebaut werden. Wilhelm Ditzen ist ein überlegter Mann.

Schöneberg liegt im Südwesten, eine der Hauptausdehnungsrichtungen Berlins. Während im Norden und Osten die Stadtquartiere des Proletariats sich mit ihren Mietskasernen und Hinterhöfen zu grauer Unübersichtlichkeit dehnen, bezieht im Südwesten und Westen das mittlere und große Bürgertum neue Stadtviertel. Die Stadt drängt im Rausch des großen Baubooms vor der Jahrhundertwende unaufhaltsam über die alten Grenzen. Die Randgebiete wachsen mit der Metropole zu einer weiten Stadtlandschaft zusammen, der zum Status «Groß-Berlin» lediglich noch die Verwaltungseinheit fehlt.

Schöneberg, in das die Ditzens ziehen, ist seit 1898 selbständige «Stadt», aber seine Straßen gehen übergangslos in die Berliner Straßen über. Der Bauboom läßt keinen Quadratmeter Land ungenutzt. Allein mehr als zwanzig neue Kirchen werden unter Wilhelm dem II. in Berlin errichtet. Man braucht Orte der Dankbarkeit für die Kraft und Größe dieser Zeit, die reif erscheint, nun auch die übrige Welt am deutschen Wesen genesen zu lassen.

Auch Schöneberg hat neue Kirchen bekommen. Auf dem Dennewitzplatz ist 1894 die *im gotischen Stil* gehaltene Lutherkirche fertig geworden, und aus der Luitpoldstraße sehen die Ditzens auf die auch noch baufrische Mathiaskirche *(im gotischen Stile)*. Der Kammergerichtsrat hat es von da nicht weit zu seinem Dienstort. Ein paar hundert Schritt weiter liegt der alte Botanische Garten, auf dessen Gelände im Neobarock ein neues pompöses Gebäude für das Kammergericht entstehen soll.

Überall im wilhelminischen Berlin baut man *im Stile*. Den Reichstag im Stil der Hochrenaissance, das Reichspatentamt in Barock, den Dom im Lustgarten wieder in Hochrenaissance, die Kaiser-Wilhelm-Ge dächtnis-Kirche spätromanisch, die Kaiser-Friedrich-Gedächtnis-Kirche am Rande des Tiergartens gotisch. Der Bürger wohnt auch so. Die Möbelfabrikanten fertigen ihm Wohnungseinrichtungen im «antiken» Stil. Das Speisezimmer ist komplett neogotisch eingerichtet, nebenan der Salon im Stil der Neorenaissance oder der benachbarte Wohnraum neobarock. Der bombastische Effekt regiert. «Aufmachung und sogar Glanz nach außen», notiert ein Berlinbesucher über diese Wohnungen in einem Brief aus den neunziger Jahren, «Finsternis, Unbehaglichkeit und schlechte Anordnung nach innen; die Palastfront nur als Fassade und zum Wohnen die Unbehaglichkeit.» Der Berlinbesucher heißt Friedrich Engels.

Blättert der Bürger in der «Gartenlaube», dem «Universum», «Zur guten Stunde», sieht er Bilder altdeutscher Trinkstuben, patrizischer Familien, fahrender Ritter, die seine Maler gerade gemalt haben. Es sieht alles wie bei ihm zu Hause aus, oder bei ihm zu Hause sieht alles wie auf den Bildern aus, nur daß sich da die Leute in Kostümen bewegen, während seine Wohnung kostümiert ist. Wo ist da der Unterschied? Überall herrscht die Kulisse, die Fassade, das Kostüm. Die prächtige, große, nie dagewesene Zeit, die da angebrochen sein soll, kommt in den getragenen Gewändern vergangener Zeiten daher. Der wilhelminische Bürger findet für sein Leben keinen eigenen ästhetischen Lebensausdruck.

Die Ditzens leben in der Luitpoldstraße hinter einer gemäßigteren Architekturfassade. Es ist nur aufgeschwemmte Renaissance. Der Kammergerichtsrat geht gelegentlich über den Winterfeldplatz und durch die Elsholtzstraße zum Kleistpark, wo das neue Gerichtsgebäude einmal stehen wird. Das ist seine Seite. Auf der anderen liegt eine schon ältere Schöneberger Straße, die Großgörschenstraße. Dort wohnt August Bebel. Der Kammergerichtsrat Ditzen bleibt auf seiner Seite.

3. Karrieren

Der Junge sieht mehr. Er begnügt sich nicht mit der Luitpoldstraße und durchstreift die Stadt. «Das Schloß lag grau und düster. Unser Kaiser, den wir nach Berliner Gewohnheit nur SM – Abkürzung für Seine Majestät – nannten, war wieder mal unterwegs. Nach einem kurzen Zögern entschlossen wir uns, in ganz unbekannte Gegenden vorzustoßen, der Turm des Rathauses der Stadt Berlin, des Roten Schlosses, winkte uns. Wir folgten diesem Wink und pilgerten weiter bis zum Alexanderplatz, von wo uns der Zufall in das Scheunenviertel trieb.

In diesen engen Gassen schien ein aller Ordnung und Gesetzmäßigkeit entzogenes Leben zu herrschen. Bisher hatte ich fest daran geglaubt, daß das, was in der Luitpoldstraße galt, mit geringen, durch die Stufen reich und arm bedingten Abweichungen, überall galt.

Es wurde uns unheimlich, wir machten, daß wir davonkamen. Ich lief, was ich laufen konnte, wie ich noch nie gelaufen war, hier galten weder Beruf noch Ansehen meines Vaters etwas, das doch alle in der Luitpoldstraße respektierten...

Es war wie ein Schreckenstraum, es war doch unmöglich, daß ich, der Sohn eines Kammergerichtsrates, hier in der Kaiserstadt Berlin um meine heilen Glieder... lief.»

1901 erscheint Thomas Manns Roman «Buddenbrooks». Es gibt darin einen Schuldirektor Wulicke, der seine Schule als Modell des Staates betreibt. Bei Wulicke herrscht preußische Dienstordnung. Versetzung gleicht der Beförderung eines Beamten, der besorgt sein muß, bei dem Machthaber immer gut angeschrieben zu sein.

1901 wird Rudolf Ditzen im Schöneberger Prinz-Heinrich-Gymnasium in der Grunewaldstraße zum Schulbesuch angemeldet, das als ein feines Gymnasium gilt, weil dort in der Hauptsache die Söhne des Offiziers- und Beamtenadels aus der Umgegend die Schulbank drücken. Der Wulicke des Prinz-Heinrich-Gymnasiums nimmt den schüchternen Jungen mit den Worten in Empfang: «Dich wollen wir schon zurechtbiegen.»

Für lange Jahre liegt nun jeden Morgen der Gedanke an den pädagogischen Kasernenhof wie ein Alpdruck auf Rudolf. Immer neue Quälereien denken sich die Lehrer für diesen Jungen aus, der sich in ihrer Welt kleiner Grausamkeiten nicht zurechtfindet. Jeden Tag führt der Lateinlehrer den unglücklichen Jungen seinen wiehernden Mitschülern mit einem neuen Sprüchlein vor.

«Jetzt wollen wir einmal unser Schwachköpfchen aufrufen. Zwar weiß er nichts und wird auch diesmal nichts wissen, aber er diene uns allen zum abschreckenden Beispiel!» Gibt der Zitternde dann eine falsche Antwort, klopft der humanistische Bildung vermittelnde Pädagoge mit hartem Knöchel an Rudolf Ditzens Schädel und zitiert aus der Bibel: «Denn wer da anklopfet, dem wird aufgetan.»

«Seht ihn euch an», heißt es ein andermal, «was er eigentlich auf dem

Gymnasium will, wird mir ewig rätselhaft bleiben! Die Pantinenschule wäre gerade das Rechte für ihn.»

Jedesmal, wenn die Hose ein Loch hat, setzt die Mutter einen Flicken drauf. Die Farbe spielt keine Rolle. Hauptsache, der Schaden ist behoben. So hat es die Mutter gelernt, und so macht sie es weiter. Die Morgensemmeln, die sie aus der Schule mitbrachte, wurden ihr am anderen Tage von Onkel Seyfarth wieder mitgegeben. Einer der Gymnasiasten sagt ihrem Sohn, es gäbe eben heile Familien und geflickte Familien, und es sei nur gut, daß ein Exemplar der Flickfamilien auf dem Gymnasium als Anschauungsmaterial vertreten sei. Die Mutter denkt sich eine Antwort aus. Rudolf soll den Jungen sagen, daß er drei Geschwister habe und in Berlin alles schrecklich teuer sei. Außerdem spare der Vater beständig zehn Prozent des Einkommens für Notzeiten. Nötig sind aber weder die Flicken noch die monatliche Rücklage. Der Kammergerichtsrat verdient gut und hat außerdem geerbt. 108379,76 Goldmark Vermögen verzeichnen seine Personalakten aus dieser Zeit. Wilhelm Ditzen ist ein reicher Mann, doch mehr noch ein Mann der dürren Prinzipien, ein preußischer Beamter überall.

Was soll ein Kind mit all diesen Bedrückungen anfangen? Will es sich nicht anpassen, kann es nur davonlaufen. Rudolf Ditzen entläuft erst einmal in Gedanken. Je unerträglicher das Alltagsleben wird, desto dringlicher sucht er bei den Helden seiner Abenteuerbücher Zuflucht. Immer wieder liest er seinen Marryat und Gerstäcker und den heimlich geliehenen Karl May. Mit ihnen fährt er zur See, besteht die schwersten Stürme, scheitert und erreicht eine einsame, aber rettende Insel, um dort als der arme, reiche Robinson zu leben.

Aus den kindlichen Tagträumen wächst der Gedanke, wirklich zu fliehen. Rudolf Ditzen beschließt, mit einem Schulfreund sich nach Hamburg durchzuschlagen, um dort als Schiffsjunge anzuheuern. Sie schaffen Reiseproviant beiseite, und dreißig Mark aus der elterlichen Schublade steuert Rudolf bei. Aber bevor die Jungen ihren Plan verwirklichen können, wird schon alles entdeckt. Den Vater kränkt am meisten der Diebstahl. Der Sohn eines Kammergerichtsrates mißachtet das Eigentum! Die Mutter kann nicht verstehen, warum bei all ihrer Liebe der Junge auf und davon will. Daß die Eltern es mit einem kindlichen Protest gegen ein Schulsystem zu tun haben, das den Menschen erst bricht, bevor es ihn zu wilhelminischer Größe und Härte aufrichtet, kommt ihnen nicht in den Sinn. Rudolf Ditzen teilt denn zu Hause auch nur Bruchstücke seiner schulischen Drangsale mit. Schon einmal ist ihm geantwortet worden: «Es ist ganz gut, wenn du dich mal an so etwas gewöhnst.» Rudolf Ditzen aber setzt der Erziehung zu bürgerlicher Verwendbarkeit Widerstand entgegen.

Bemerkt der Vater auch nicht die Krise des Kindes, so doch die des Schülers. Rudolfs Lateinnoten sind verheerend. Dem Vater wird empfohlen, den Sohn vom Gymnasium abzumelden, schon damit er dem Hinauswurf, dem Consilium abeundi, entgehe. Das «ewige Heulen», die Unfähigkeit, auch die einfachsten lateinischen Formen zu erlernen, deuten für den Lateinlehrer auf einen «leichten Schwachsinn» hin.

Kammergerichtsrat Ditzen verhandelt nun mit einem der Schulphilologen, die ihm bis dahin «im Ganzen unsympathisch» waren und mit denen er niemals näher bekannt zu werden wünschte. Aber jetzt steht die Karriere des Sohnes auf dem Spiel. «Vielleicht wäre hier der Übergang zum Realgymnasium angebracht gewesen», schreibt die Mutter in ihren Erinnerungen, «aber in damaliger Zeit war das ganz unmöglich. Wir kamen gar nicht darauf.»

Dabei gilt der Junge auch zu Hause als unbegabt. Nicht erst die Schule hat die Eltern skeptisch gemacht. Der Gedanke, daß es mit ihrem Rudolf nicht sehr weit her sein könne, ist ihnen lange vertraut. Als er sechsjährig in der Küche beobachtet, wie eine Pute zubereitet wird, bezeichnet er sie als «Taube». Auf den Unterschied hingewiesen, bleibt er auch bei Tisch dabei, was man da esse, sei eine «Taube». «Ähnliche Sachen kamen mehr vor», bemerkt später der Vater, «so daß wir ihn für beschränkt hielten.» Das alles aber hindert ihn nicht daran, sich um den üblichen bürgerlichen Karriereweg des Sohnes zu mühen und ihn erneut standesgemäß auf einem Gymnasium unterzubringen. Der Kammergerichtsrat schafft es, und von 1906 an geht Rudolf Ditzen auf das Bismarck-Gymnasium im benachbarten Wilmersdorf, wo die Verhältnisse für ihn erträglicher sind.

Der Vater ist erfolgreicher. Dreißig Jahre nach dem Versprechen des jungen Referendars, die Krone des Standes zu erstreben, hat er sie in der Hand. Am 12. Dezember 1908 wird Wilhelm Ditzen zum Reichsgerichtsrat in Leipzig ernannt. Das Reichsgericht amtiert als oberster Gerichtshof für das gesamte damalige Deutsche Reich. Wilhelm Ditzen fungiert als Mitglied des 2. Strafsenats, und auch an Hochverratsprozessen mit Todesurteilen ist er beteiligt, nach deren Vollstreckungen ihn düstere Stimmungen überkommen. Am 1. Februar übernimmt er sein Amt, und Ende März siedelt die Familie nach Leipzig in die Schenkendorfstraße Nr. 61 über. Diesmal ist es eine Etage mit acht Zimmern, aber nun ist Wilhelm Ditzen ja nicht nur am Ziel, er ist auch ein sehr gut dotierter Reichsbeamter. Zum Jahresgehalt von dreizehntausend Mark kommen tausendzweihundertsechzig Mark Wohngeld, und zum Roten Adlerorden 4. Klasse, den er 1907 bekommen hat, gibt es im Oktober 1912 noch den Königlichen Kronenorden 3. Klasse. «Damit hatte ich mein Ziel erreicht. Etwa jetzt noch eine Stufe höher zu steigen war ausgeschlossen und konnte mir nicht in den Sinn kommen. Schon mein Lebensalter stand dagegen, daß ich hier in Leipzig etwa Senatspräsident wurde.»

Die Leipziger Ernennung besitzt wie die Berliner eine überlegte Vorgeschichte. Wilhelm Ditzen ist von 1906 bis zu seiner Berufung nach Leipzig Mitglied der beim Reichsjustizamt gebildeten Kommission für die Ausarbeitung eines Entwurfs zu einem neuen Strafgesetzbuch, und von 1903 bis 1906 ist er an der Herausgabe des Jahrbuchs für Entscheidungen des Kammergerichts beteiligt.

Der fünfzehnjährige Rudolf Ditzen bewundert die Folgerichtigkeit dieses Vaterlebens und erschrickt zugleich vor ihr: «Unbegreiflich erschien mir bei einem so schwachen, von Krankheit ständig bedrohten Manne solches Festhalten an einem Jugendplan. Ein einziges, allerdings im Möglichen gestecktes Ziel zu verfolgen kam mir nicht nur unmöglich, sondern geradezu auch langweilig vor. Ich war immer auf der Suche nach etwas Neuem, mit jeder so rasch wechselnden Stimmung kamen andere Gedanken und Vorsätze in mir auf, nichts dauerte in mir...»

Der Sohn soll mit dem Vater aufsteigen. In Berlin geht er auf das Bismarck-Gymnasium, in Leipzig wartet ab Ostern 1909 das Königin-Carola-Gymnasium auf ihn. Das weiß man, aber man weiß auch, daß die Sache einen Haken hat. In Leipzig wird in die höhere Klasse zu Ostern versetzt, während er in Berlin eine Obertertia besucht, die erst zu Michaelis, am 29. September, in die Untersekunda aufrückt. Was anfangen mit dieser Differenz, soll er ein halbes Jahr verlieren oder ein halbes Jahr gewinnen, nach vorn springen oder sich zurückversetzen lassen? Der Vater ist für Springen. Mit Fleiß ist alles zu schaffen.

Die Lehrer machen bedenkliche Mienen, der Sohn weist ziemliche Lücken in seinem Wissen auf. Der Vater fragt ihn, ob er sich denn zutraue, schon zu Ostern die Aufnahmeprüfung für die Untersekunda zu bestehen. Er wolle ihn ja nicht drängen... doch er als sein Sohn..., offener Kopf..., ein Vierteljahr eben mal ganz ernst büffeln..., ein halbes Jahr früher auf die Universität. Der Vater geht soweit, an eine Pädagogenmeinung vom Prinz-Heinrich-Gymnasium zu erinnern, wo die Lehrer rieten, es sei am besten, Rudolf besuche eine Schule für geistig zurückgebliebene Kinder. Hier könne er endlich das ganze Gegenteil beweisen.

Den Sohn beeindruckt dieses Gespräch von gleich zu gleich. Er sagt ja und kommt auf ein privates Vorbereitungsinstitut, eine sogenannte «Presse», wo vermittelt wird, was man braucht, um Prüfungen zu bestehen. Die Lehrer wissen genau, was verlangt wird. Ohne jeden Zusammenhang trichtern sie Wissen ein. Der sonst so sparsame Vater hat den Sohn sogar zum Einzelunterricht angemeldet, und der paukt und paukt.

«Mein Kopf fing rasch zu rauschen an. Dabei war es nun nicht etwa so, daß man angeschnauzt oder getadelt wurde, daß der Lehrer die Geduld verlor, losbrüllte oder Strafarbeiten gab. Im Gegenteil – geduldigere Lehrer habe ich nie gefunden –, sie brauchten ihre Geduld aber auch redlich bei den meist überharten Köpfen, die ihr stündliches Brot waren. Mit einer Langmut sondergleichen übten sie immer dasselbe, zehnmal, zwanzigmal, wenn es sein mußte, auch hundertmal, bis auch der vernageltste Schädel dessen überdrüssig wurde und lieber das Richtige sagte, statt es immer wieder anzuhören.»

Der erbarmungslos Gedrillte ist für das Exerziergelände einer Aufnahmeprüfung in die Untersekunda gut vorbereitet. In seinen veröffentlichten Jugenderinnerungen «Damals bei uns daheim» hat er kurz vor Ostern 1909 diese Aufnahmeprüfung gemacht. Der Ostersonntag dieses Jahres ist nach dem Kalender exakt der 11. April. Er besteht die Prüfung, und es wird ein strahlender Vater beschrieben, denn ein halbes Jahr ist gewonnen, und er sagt: «Du schlägst deinen Vater!» Der Sohn hat einen Wunsch frei, und er wünscht sich ein Fahrrad, mit dem er dann am anderen Tag gleich die Verwandten am Stadtrand besucht. Auf der Rückfahrt erleidet er einen schweren Unfall. Die Akten nennen exakt für den Unfall den 17. April 1909.

Doch die Wirklichkeit hält zu diesen Erinnerungen Unterschiede bereit. Gut dreißig Jahre nach jenem Geschehen erfüllt Hans Fallada nachträglich in ihnen dem Vater, was Rudolf Ditzen 1909 nicht gelang.

Ein Fahrrad besitzt Rudolf Ditzen in Leipzig nämlich schon lange, und geprüft soll er am 18. April werden, eine ganze Woche nach Ostern. Doch dazu kommt es nicht mehr, am 17. April hat er ja den Unfall. Kurz vor dem Ziel unterliegt er in der Wirklichkeit tragisch.

In den Jugenderinnerungen dagegen schafft er das Examen noch, kann den Vater überzeugen und sich mit ihm auf eine Stufe stellen. Aus dem angstvollen bis scharf oppositionellen Verhältnis zu den Prinzipien des Vaters in der Jugend ist in den vierziger Jahren eine moderate Anerkennung geworden. Fallada hat eine der wichtigsten Auseinandersetzungen seines Lebens endgültig aufgegeben. Geschrieben hat er schon einmal darüber, gleich nach dem Unfall, in dem seinem Schulfreund Willi Burlage gewidmeten «Gedanken über den Glauben», und da ist er gewiß nicht nur der Zeit, sondern auch der Wahrheit näher: «Damals traf mich jener Unfall, der so bestimmend in mein Leben eingreifen sollte, meine Anschauungen umstürzen sollte. Ich hatte, da mein Vater in eine andere Stadt versetzt war, ein halbes Jahr in angestrengter Arbeit gelebt, jede Muße mir geschenkt, mein ganzes Leben der Arbeit gewidmet, um ein halbes Schuljahr zu gewinnen. Es war ein Sonntag, des Montags sollte ich meine Aufnahmeexamen machen, da radelte ich, um mich endlich zu erholen, hinaus mit etlichen Freunden. Erst unterwegs fiel mir ein, daß ich noch einige Arbeiten zu erledigen habe, ich kehrte um und lag am Abend rettungslos, ein aufgegebener Mensch, im Krankenhaus. Ich hatte es gehört, daß mir nur eine nach Stunden bemessene Lebensfrist zu Gebote stünde. Die Nacht, die diesem Sonntag folgte, ist die schlimmste meines Lebens. Von furchtbarem Durst gepeinigt – ich durfte keinen Schluck Wasser zu mir nehmen – lag ich da. Wilde Gedanken kreuzten mein Hirn, die sich schließlich alle zu der einen Frage vereinten: Warum? Warum? O, du Gott, der du behauptest, der Gütige, der Gerechte zu sein, warum ich? Bin ich so ein schlimmer Sünder? Habe ich nicht gekämpft für dich, warum ich? Gibt es nicht tausend schlechtere, denn ich bin? Gibt es nicht tausend, die den Tod ersehnen? Alte, Betagte? Warum ich? Stand ich nicht erst an der Schwelle meines Lebens? Morgen wollte ich ernten, und du legtest deine milde Hand auf mich, so daß die Ernte zu Spreu ward, die der Wind zerstreut. Oh, wenn du ein Gott bist, so weiß ich, was du für einer bist. Kehre dich von mir, denn ich kann dich nicht sehen. Weiche! Und eine Vision trat vor meine Augen und machte den Aufruhr in meinem Innern stumm und still, der Wind der Verzweiflung legte sich, und die Hoffnung zog empor, strahlend. Siehe, ich sah einen Ritter, der hatte eine silberne Rüstung an, aber sein Haupt war unbedeckt, und die blonden Haare flogen im Wind, blau leuchteten seine Augen. Schön war sein Antlitz, wie wenn man auf einer Wiese liegt auf dem Rücken und schaut in den blauen Himmel, den keine Wolke trübt. So stand er da, und die Schönheit hieß er...»

An jenem verhängnisvollen 17. April kommt er unter einen Schlächterwagen. Ein Rad überrollt ihn in der Magengegend und quetscht den Magen und den Zwölffingerdarm. Huftritte der Pferde treffen den Kopf, die Unterlippe wird gespalten, Zähne ausgeschlagen, ein Bein gebrochen und eine Gehirnerschütterung verursacht. Mit völlig zerrissener Kleidung liefert man ihn in eine Privatklinik ein, die er erst nach einem Vierteljahr wieder verlassen kann. Dr. Ernst Eggebrecht, der Hausarzt der Familie aus der Grassistraße, beteiligt sich während der ganzen Zeit an der Behandlung. Nach fünf Monaten kann Rudolf Ditzen endlich die Schule besuchen. Er leidet unter Schwindelgefühlen, Erregungszuständen und unerträglichen Kopfschmerzen. Beinahe jede Woche muß er deshalb zwei bis drei Tage der Schule fernbleiben. Er hat kein Jahr übersprungen, sondern ein Jahr verloren. «Alles wurde danach anders», steht in den Jugenderinnerungen. «Ich bekam andere Freunde, andere Lehrer. Mein lange hinkendes Bein schloß mich nicht nur von aller körperlichen Betätigung, sondern auch von der Tanzstunde aus. So habe ich auch nie tanzen gelernt. Ich denke manchmal, mein ganzes Leben wäre anders verlaufen, wenn ich hätte tanzen können.»

Ein seltsamer Satz. Tanzen können soll ein Leben entscheiden? Und merkwürdig auch. Kaum hat Fallada den schicksalhaften Umstand erwähnt, schon schweigt er gründlich. Dabei ließe sich eine stürmische Geschichte erzählen. Sie hat zwar nichts mit einem hinkenden Bein zu tun, ist aber voll böser Logik, die den jungen Mann nicht losläßt. In einigen Monaten wird man in Leipzig viel darüber reden.

Ernst Eggebrecht ist ein Mann Anfang Vierzig, und er wird so etwas wie ein Vertrauter Rudolf Ditzens aus der Erwachsenenwelt. Manches, was ihn quält und ängstigt, erzählt er ihm. So von dem schwarzen Pferd, das oft im Traum auf ihn zustürmt, und daß er seit dem Unfall die Angst vor dem Tode verloren habe.

Der Arzt Eggebrecht konstatiert hysterische Symptome, und die Mutter beobachtet einen «auffallend starren Blick» bei ihrem Sohn.

Rudolf Ditzens körperlicher Zustand ist unübersehbar erbärmlich. Niemand aber in dieser Erwachsenenwelt bemerkt den viel gefährlicheren inneren Zusammenbruch des Jungen. Der große Versuch, die Werte der Eltern anzunehmen, ist mißlungen. Umsonst hat er den Verdacht, ein Holzkopf zu sein, durch übermäßiges Büffeln zu zerstreuen gesucht, umsonst hat er sich einer strengen Disziplin unterworfen. Alles ist gescheitert. In sein Leben ist Todessehnsucht gekommen.

Er hat einen grüblerischen Kopf und sucht ein Lebenskonzept. Rudolf Ditzen ist ein junger Mensch, er will nach einer ganzen Wahrheit leben. Das Christentum ist die Weltanschauung, die man ihm geboten und die er angenommen hat. «Der Christenglaube wurde eingeimpft», heißt es in den *«Gedanken über den Glauben»*, «es wurde mir erzählt, wer Gott sei, und ich glaubte dies, wie Kinder so etwas stets glauben, denen die Eltern und der Lehrer etwas sind, denen man alles glauben muß.»

Der Konfirmationsunterricht bringt die ersten Zweifel. Wenn der Pastor «Gottesbeweise» aufzählen muß, dann kann es ja mit der Existenz dieses allmächtigen Gottes nicht weit her sein. Auch dieser Jesus Christus ist zweifelhaft. Ein historisches Leben, das sich nicht nachweisen läßt. Und «wie kann der ein Mensch sein, der sich töten läßt unschuldig»?

Den er da in Gedanken in Frage stellt, dem vertraut er sich dennoch an: dem allmächtigen Gott, dem gerechten Vater, der das Gute belohnt und das Böse bestraft. Endgültig zerbricht das erst, als er den göttlichen, den väterlichen Geboten nachkommt und gerade dabei scheitert. Wo sind die Werte dieser Welt?

Wie Rudolf Ditzen in Berlin Marryat, Gerstäcker und Karl May las, liest er jetzt in Leipzig Flaubert, Zola, Cervantes, Swift, Dickens, Dostojewski, Tolstoi, E. T. A. Hoffmann, Jean Paul. Es sind nun andere rettende Inseln, die er erreichen will. Zwei Namen fehlen in allen seinen veröffentlichten Aufzeichnungen, und gerade die waren die wichtigsten: Friedrich Nietzsche und Oscar Wilde. Er liest mit Willi Burlage – seinem Freund vom Carola-Gymnasium, der auch Sohn eines Reichsgerichtsrates ist – Nietzsches «Zarathustra», und beide ergehen sich in zeitgenössischer Bewunderung des Stilisten Nietzsche. Seine Philosophie vom «Übermenschen» bleibt ihnen fremd.

Als Wilhelm Ditzen im Februar 1910 einen Hinweis des Direktors des Carola-Gymnasiums Dr. Vogel bekommt, der Sohn lese Nietzsche, ist er betroffen, denn «ich und meine Familie bevorzugen Schriftsteller mit sonniger Lebensauffassung wie Dickens, Raabe, Freytag usf.». Möglich erscheint ihm solche Lektüre des Sohnes allerdings, denn Rudolf hat sich immer abseits gehalten, wenn der Vater regelmäßig abends der Familie «Sonniges» vorliest und die Literatur zum Kronzeugen der eigenen Lebensauffassung macht. Also sieht der Vater die Bibliothek des Sohnes durch. Heimlich. Die Kontrolle bleibt ergebnislos und das Problem Nietzsche unerörtert wie die anderen Probleme des Sohnes, aber der Vater meint, das wäre auch hier das richtige. «Mit Rudolf habe ich absichtlich nicht darüber gesprochen, da ich ihn nicht auf Nietzsche hinweisen wollte.»

Gemeinsam mit Burlage liest Rudolf auch die allegorischen Gedichte Oscar Wildes und vor allen Dingen seinen Roman «Das Bildnis des Dorian Gray». Der Roman beeindruckt den jungen Ditzen stark, so stark, daß er ihn zu seinem ersten Namenswechsel anregt. Wie der Lord Henry Wotton des Romans läßt er sich fortan von seinen Freunden «Harry» nennen. Lord Henrys Lebensauffassungen werden ganz die seinen. Das neue Konzept wird bei Wilde gefunden.

«Examen sind von A bis Z Humbug. Wenn jemand ein Gentleman ist, weiß er gerade genug, und wenn er kein Gentleman ist, nutzt ihm sein ganzes Wissen nichts.»

«Das Kostüm des 19. Jahrhunderts ist abscheulich. So düster und deprimierend. Die Sünde ist das einzige farbige Element, das unserer Zeit geblieben ist.»

«Mir sind Menschen lieber als Prinzipien, und am liebsten sind mir Menschen, die keine Prinzipien haben.»

«Für mich ist die Schönheit das größte aller Wunder. Nur einfältige Menschen urteilen nicht nach der äußeren Erscheinung. Das Welträtsel ist in Wahrheit das Sichtbare, nicht das Unsichtbare...»

Das sind schon Worte, die treffen. Da steht die Wahrheit über dem banalen Schulalltag, die elterlichen Prinzipien, das dürre, asketische Christentum. Rudolf Ditzen fühlt, daß mit dieser Bürgerwelt etwas nicht stimmt und dafür etwas anderes kommen muß. Es mag ihm wie dem Dorian Gray mit den Worten Lord Henrys gegangen sein. «Sie schienen dem Ungreifbaren greifbare Formen zu geben... Ja, es gab Dinge in seiner Kindheit, die er nicht verstanden hatte. Nun verstand er sie. Das Leben bekam plötzlich Glut und Farbe.»

Wilde schockiert die muffigen bigotten Bürger durch eine antibürgerliche Revolte. Plüsch und Samt provoziert er unter einer schönen seidenen Fahne. Und wenn er die Bürgerwelt auch nicht aus den Angeln hebt, so verunsichert er sie doch. Es ist ein romantischer Aufstand gegen die bürgerlichen Zwänge mit einem Snob an der Spitze. Rudolf Ditzen schließt sich begeistert an. «Wenn ich einmal etwas ganz Gutes und Großes getan habe, so werde ich nicht sagen wie die Christen: Ich danke dir, Gott, daß du mir die Kraft gabst, sondern ich sage: O du schöne Welt, ich danke dir, daß deine Schönheit so stark war, daß sie mir gab, das Schöne in mir zu entwickeln, daß mich das Schlechte auf Erden nicht auch schlecht macht, sondern daß ich innerlich schön und edel werd.»

Sein Lateinlehrer Heinrich Degen ist Protektor des literarischen Vereins am Carola-Gymnasium. Er hält Rudolf Ditzen für einen begabten, scharfdenkenden Schüler – soweit ihn der Unterricht interessiert. Was er an literarischem Interesse zeigt, geht für Degen weit über den Rahmen des Carola-Gymnasiums hinaus. In einem Heft mit literarischen Versuchen, das er Degen zur Beurteilung einsehen läßt, ist zufällig ein Blatt der *Gedanken über den Glauben* liegen geblieben. «Seine Lebensauffassung ist pessimistisch», stellt Degen danach fest. «Das mag in dem vielen Unglück gelegen haben, das er in seinem Leben gehabt hat.»

Aus «Pessimismus» nehmen sich nach Meinung von Rudolf Ditzens Religionslehrer Richter in dieser Zeit drei Schüler des Carola-Gymnasiums das Leben. Der erste Selbstmord geschieht Ostern 1910, der zweite Anfang 1911 und wenige Wochen danach der dritte. Richter sieht in der Literatur das Übel. Für ihn hat ein durch die «moderne Literatur genährter Pessimismus» die Selbstmorde ausgelöst. In seiner unmittelbaren Umgebung bemerkt dieser Pädagoge keine Gründe. Ihm bleibt verschlossen, wie die sterilen Disziplinzwänge der Schule, die Bigotterie der bürgerlichen Elternhäuser, die Stickluft des wilhelminischen Deutschland die Lebenshoffnungen junger Menschen einschnüren.

Die Selbstmorde der drei Schüler erregen in Leipzig großes Aufsehen. Auch der Sohn eines Reichsgerichtsrates ist unter den Selbstmördern. Der Sohn des Reichsgerichtsrates Ditzen ist nicht dabei.

Noch bleibt Rudolf Ditzen auf der Suche nach Gegenentwürfen zur statischen Elternwelt. Die Wandervogelbewegung scheint ihm solch eine andere Existenzform zu sein. Bei Eltern und Lehrern ist der «Wandervogel» nicht gut angeschrieben. Daß er zu Roheit, Sittenlosigkeit und Verwilderung führe, wird ihm nachgesagt, und an vielen Lehranstalten ist den Schülern verboten, ein «Wandervogel» zu sein. Wilhelm und Elisabeth Ditzen haben überraschenderweise nichts dagegen, daß ihr Sohn da eintritt, wahrscheinlich weil sie gar nichts vom «Wandervogel» wissen. Denkt Rudolf das bedeutungsschwere Wort «Fahrt», fragt die Mutter: «Gehst du Sonntag wieder spazieren, Junge?» Im Sommer 1910 halten die Eltern Rudolfs Gesundheit für soweit hergestellt, daß sie seinen Bitten, eine fünfwöchige Fahrt durch Holland mitzumachen, nachgeben.

Er wird zur Angst und Last der Wandergefährten. Lediglich als das Geld knapp wird, kann er mit einer Idee die Fahrt retten. Er schlägt vor, sich die nötigen Gulden zusammenzusingen. Aber selbst kann er nicht singen, hat ewig wunde Füße, schafft die täglichen Routen nicht, die die anderen gern laufen wollen, und ist überhaupt auch hier wieder ein Unglücksrabe. In seinem Roman «Wir hatten mal ein Kind» wird er später ein literarisches Gruppenbild aus dieser Zeit einfügen.

«Die Wandervögel hatten Gitarren und Mandolinen mit, und wenn sie in einen Ort kamen, so stellten sie sich auf den Marktplatz, ließen ihre Klampfen loszittern und sangen dazu alte deutsche Volkslieder. Sie hatten unter sich einen Gymnasiasten, ein langes, wadenloses Tier, ungeschickt, mit einer Brille, das weder ein Instrument spielen noch eine Melodie mitbrummen konnte, das aber einen herrlichen grünen Filzhut mit einer langen Fasanfeder hatte. Wenn dann die Holländer, erfreut über die schöne Abendmusik, klatschten, tauchte das musikalische Untier aus dem Hintergrunde auf, zog seinen Hut und sah, während die anderen weitersangen und -spielten, das Publikum mit seinen großen, traurigen, bebrillten Eulenaugen an, daß ganz von selbst nicht nur Fünf- und Zehncentstücke, sondern auch Gulden in den Hut fielen.»

Fünf Wochen ziehen die Jungen im Juli und August 1910 durch Holland, und Rudolf kommt braungebrannt und gekräftigt nach Hause zurück. Nach zwölf Tagen wird er krank. Dr. Eggebrecht denkt zuerst an eine Nervenentzündung, dann stellt er Unterleibstyphus fest. Und er meint noch etwas anderes feststellen zu müssen: sexuelle Unempfindlichkeit. «Mir ist in dieser Beziehung aufgefallen, daß er sich gelegentlich seiner Typhuserkrankung in Gegenwart der Krankenschwester ohne Bedenken völlig entblößt hat.»

Mit dem Typhus muß Rudolf Ditzen sich im sommerlichen Leipzig infiziert haben, Typhus hat eine Inkubationszeit von sieben bis vierzehn Tagen. Dr. Eggebrecht behandelt seine Erkrankung, die bei dem Jungen leicht bis mittelschwer und ohne besondere Komplikationen verläuft. Was es an Schwierigkeiten gibt, hat nicht unmittelbar mit der Infektion zu tun. Rudolf verlangt einen laut tickenden Wecker an das Krankenbett, weil er sonst nicht schlafen könne. Der Krankenschwester fällt auf, daß der Rekonvaleszent schwere Träume hat und im Schlaf laut spricht. Als er nach Wochen wieder auf den Beinen ist, wechseln Erregungszustände und tiefe Depressionen einander ab. «Einige Schulfeste und Einladungen zu besonderen Tanzstunden steigerten die Erregung...», überliefert die Mutter.

Im Leipziger «Elysium» hat inzwischen die Tanzstunde für die Obersekundaner des Carola-Gymnasiums begonnen. Es ist Oktober. Willi Burlage geht mit vielen anderen, zu denen auch ein gewisser Peter Krummbart gehört, ins «Elysium». Rudolf Ditzen fehlt wegen der Typhuserkrankung. Als er endlich wieder auf den Beinen ist, bleibt nur die Zuschauerrolle. Der Unterricht ist schon zu weit fortgeschritten. Krummbart hat eine Tanzstundenbekanntschaft, Käthe Matzdorf, Tochter eines angesehenen Leipziger Juristen. Rudolf Ditzen wartet bei einem Besuche Krummbarts vor dem Hause auf den Jungen, und als ihm das zu lang wird, geht er in die Matzdorfsche Wohnung. Ein Gespräch mit Käthe ergibt sich, und bald entwickelt sich eine freundschaftliche Beziehung. «Von Liebe», sagt das Mädchen, «ist zwischen uns nie die Rede gewesen, ich habe unser Verhältnis durchaus nicht als Tanzstundenliebe aufgefaßt, sondern eben als reine Freundschaft. Wir haben uns auch nicht etwa geküßt.»

Dem Mädchen fällt auf, daß Rudolf Ditzen sehr «unglücklich» und offenbar «schwermütig veranlagt» ist. Schriftsteller will er werden, das ist sein Ideal, er solle aber Jura studieren, wie das seit je in der Familie für den älteren Sohn üblich sei. Er schwärmt ihr von Nietzsche vor, und um mitreden zu können, liest das Mädchen auch Nietzsche. Sie hat das Gefühl, daß er jemand braucht, mit dem er sprechen und dem er sein Herz ausschütten kann. Rudolf Ditzen schenkt ihr literarische Versuche: ein kleines Theaterstück (mit einer Verspottung der «modernen Gesellschaft»), ein Märchen und viele melancholische Gedichte.

An einem Montag im Februar 1911 erhält die Mutter Käthe Matzdorfs einen anonymen Brief:

«Sehr geehrte Frau Rat!
Merken Sie, die Sie doch sonst nicht blind sind, denn gar nicht, daß Ihre Tochter mit Herren Ditzen in ganz intimem Verkehr steht? Wenn sie freitags aus der Stadt kommen, gehen sie nicht den direkten Weg nach Hause, sondern auf Umwegen über den Roßplatz. Was da geschieht, können Sie sich ja denken. Daß das auf Ihre Tochter kein gutes Licht wirft, ist selbstverständlich.»

Am anderen Tag zeigt Frau Matzdorf dem Jungen den Brief. Rudolf Ditzen regt sich furchtbar auf und erklärt, er wolle versuchen herauszubekommen, wer der anonyme Briefschreiber ist. Als er am Freitag aber das Mädchen zu einem Spaziergang abholen will, ist die Mutter davon nicht sonderlich erbaut. Erst der Hinweis, der Briefschreiber könne denken, seine Schmierereien seien wirkungsvoll, stimmt die Mutter um. Außerdem hat Rudolf Ditzen einen Plan. Ein Unterprimaner soll Käthe und ihm unauffällig folgen, um so vielleicht auf die Spur des Schreibers zu kommen. Von dem Plan wissen nur Ditzen, Käthe, ihre Eltern und der Unterprimaner.

Am nächsten Montag kommt der zweite anonyme Brief: Matzdorfs brauchten nicht zu denken, daß der Schreiber nicht bemerkt habe, daß sie einen Unterprimaner als Detektiv hielten. Die Matzdorfs sind irritiert. Hat denn Rudolf Ditzen irgendwo über den Plan gesprochen? Nein, nur der Freund Burlage wisse davon, übrigens habe auch er, Rudolf, inzwischen einen solchen Brief bekommen.

Den Matzdorfs drängt sich der Gedanke auf, nur einer von den dreien könne der Briefschreiber sein, Burlage, der Unterprimaner oder Ditzen. Ein Besucher im Hause Matzdorf, der Student Götze, meint, es sei gar nicht so selten, den Verfasser solcher Briefe unter den Betroffenen zu finden. Ditzen ist empört. Er streitet sich mit Götze, dessen Ehrgeiz erwacht ist. Rudolf sucht Burlage auf und verlangt die ehrenwörtliche Zusicherung, er, Burlage, habe die Briefe nicht geschrieben und wisse auch nicht, wer der Verfasser sei. Burlage gibt ein schriftliches Ehrenwort. Er sei nicht der Verfasser, und er wisse auch nicht, wer die Briefe geschrieben habe. Das Wort «geschrieben» setzt er in Anführungszeichen. Gleich danach muß Burlage in die Religionsstunde. Dort schärft sich sein Gewissen. Er geht zu Götze und erklärt ihm, er wisse, wer der geistige Urheber sei, werde es aber nicht sagen, da er ehrenwörtlich gebunden sei.

Am nächsten Morgen trifft Burlage Käthe Matzdorf auf der Straße. Käthe sagt ihm auf den Kopf zu, nur er oder Ditzen könne die Briefe geschrieben haben. Burlage antwortet, er stehe in keiner Beziehung zu den Briefen. Die Matzdorf: dann bleibe nur Ditzen, der aber habe ein Ehrenwort gegeben. Ditzen steht in der Nähe. Ein paar Stunden später sagt er zu Burlage: «Du hast Fräulein Matzdorf alles gesagt?»

«Ich habe Fräulein Matzdorf nichts gesagt, ich habe ihr nur mein Ehrenwort gegeben, daß ich es nicht war, da kann sie sich denken, daß du es warst.»

«Du bekommst heute nachmittag drei Briefe. Einen für das Polizeiamt, einen für Fräulein Matzdorf und einen für dich. Ich werde mich in der Dübener Heide erschießen.»

Burlage versucht ihm den Gedanken auszureden, während die beiden Jungen durch die Straßen Leipzigs gehen. Ditzen will sich Geld für einen Revolver verschaffen, bekommt das Geld aber nicht zusammen. Burlage quält das alles furchtbar. Ditzen sagt ihm: «Daß du die Hauptschuld an der Sache hast, ist dir hoffentlich klar, denn wenn du nicht gesprochen hättest, wäre die ganze Sache nicht herausgekommen.» Ohne dem Freund die Hand zu reichen, besteigt Ditzen eine Straßenbahn. Er ruft ihm ein «Adieu!» zu.

Die Angelegenheit, in die ihn Ditzen als einen «Spaß» eingeführt hat, den er sich mit Hilfe eines ihm bekannten Anwaltschreibers machen will, ist Willi Burlage über den Kopf gewachsen. Er spricht mit seiner Mutter, und gemeinsam laufen sie in die Schenkendorfstraße. Es ist Donnerstag, der 9. März 1911.

Burlage trifft Rudolf in seinem Zimmer vor Papieren. «Daß du nochmals kommst, hat keinen Zweck...» Er legt Briefe in eine Ledermappe und verläßt den Raum, kommt aber gleich wieder. Er hat Burlages Mutter bemerkt. Rudolf Ditzen nimmt seine Mütze und verläßt die Wohnung durch den Kücheneingang. Burlage stürzt vorn heraus, trifft auf der Treppe den Vater, der den Sohn abpassen kann.

Der Vater nimmt ihn am Arm und sagt: «Komm, Rudolf.»

Der weigert sich heftig, stampft mit den Füßen und schreit: «Nein!»

Der Vater wiederholt seine Aufforderung mehrmals, endlich zieht er den Sohn mit Gewalt in die Wohnung. Aller Widerstand bricht plötzlich zusammen. Er ist am Ende der Verweigerung. Der Vater, der an eine Schulaffäre dachte, erfährt langsam von den Schreibereien. Stundenlang sitzt nun Rudolf Ditzen in sich zusammengesunken und bewegungslos in seinem Zimmer. Wilhelm Ditzen bittet ihn um die Adresse der Matzdorfs, er wolle sich im Namen des Sohnes entschuldigen. Der Sohn bleibt stumm, auch als der Vater ihm vorstellt, er müsse sonst mit unbeteiligten Leuten darüber sprechen.

Am Abend ist Burlage wieder bei Rudolf. Die Mutter sitzt bei ihm im Zimmer. Als sie einen Moment hinausgeht, sagt Rudolf Ditzen: «Für meine Eltern danke ich dir, für mich nicht.»

Burlage fragt, wie der Freund habe Selbstmord begehen wollen. Mit dem Rade wäre er weggefahren, zwar habe er keinen Revolver gehabt, aber «einen schönen Strick». Im Keller findet man auf dem Gepäckständer des dort stehenden Fahrrades ein kleines Paket. Als man es öffnet, fällt eine Wäscheleine heraus.

Am Abend dieses 9. März 1911 teilt Reichsgerichtsrat Ditzen Dr. Eggebrecht mit, sein Sohn habe Selbstmord verüben wollen.

Dr. Eggebrecht eilt in die Schenkendorfstraße. Rudolf Ditzen liegt im Bett, und um nichts in der Welt ist er zum Sprechen zu bringen.

Die Eltern sind auf andere Art sprachlos. Der Junge wird weggeschickt. Am Morgen des 11. März 1911 reist er von Leipzig zu entfernten Verwandten des Vaters nach Mariensee bei Hannover. Seine älteste Schwester Elisabeth begleitet ihn.

«Mein ganzes Leben wäre anders verlaufen, wenn ich hätte tanzen können.» Der seltsame Satz Falladas hat seinen Sinn preisgegeben. Ein Versuch mehr, auf den für die nachfolgende Generation eingerichteten Wegen Zugang in die bürgerliche Welt zu finden, ist gescheitert. Rudolf Ditzen hat die Tanzstunde des Leipziger «Elysiums» versäumt. Doch worüber er nichts weiß, sind ja nicht nur die Schrittfolgen zum Dreivierteltakt des Walzers. Über die ganze Bewegungsart eines jungen Mannes hat man ihn im dunkeln gelassen. Und wenn er etwas aufschnappt, dann muß er das Gefühl haben, da käme etwas Böses auf ihn zu. Unwissend über Sexuelles sein heißt zu der Zeit: unschuldig sein.

Dem Gymnasiasten hätte Käthe Matzdorf nichts Natürlicheres beantworten sollen als die Frage, ob sie ihn mag. Doch wie, und wo das natürlich fragen? Also kommt er auf die dumme Idee, die Reaktionen des Mädchens über seine Briefe auszuforschen. Und da kommt das

Schlimme, von dem er überall gehört hat, über ihn. Als er später darüber redet, ist aus dem moralischen Zwang, das Sexuelle als etwas Verbotenes zu verstehen, ein neurotischer Zwang geworden. Eggebrecht erfährt von ihm, in einer Februarnacht sei ihm die Idee gekommen, er müsse dem Mädchen anonyme, verletzende Briefe schreiben. Der Gedanke habe sich ständig wiederholt und er spielerisch dann einmal solch einen Brief entworfen.

Im November 1911 gibt er zu Protokoll: «Schließlich gewann die Zwangsidee immer größere Gewalt über mich, und das veranlaßte mich, das Briefkonzept durch einen Bekannten in Briefform abschreiben zu lassen. Ich habe den Brief längere Zeit mit mir herumgetragen, schließlich habe ich ihn unter demselben Zwang in den Briefkasten gesteckt.»

Wenn Fallada später von dieser Zeit spricht, erfindet er Geschichten von ratlosen Eltern und einem unberatenen Sohn. Von aus der Münchner Zeitschrift «Jugend» gerissenen und rosa ausgepinselten Aktbildern ist die Rede und von einer Mutter, die bei ihrem Anblick verzweifelt ausruft: «Und ich dachte, mein Junge wäre noch unschuldig!»

Seine Kindheit endet in den Jugenderinnerungen, als sich das Dienstmädchen Albine zu ihm ins Bett legt. Es ist eine Erfindung. Aber das Gefühl, das er beschreibt, das könnte dagewesen sein. Vielleicht in dem Zug nach Hannover.

«Und nun waren die Kindergärten wirklich für mich verschlossen, aber es tat mir nicht leid. Und ich war nicht mehr daheim bei uns im Hause meiner Eltern, ich war sehr weit von ihnen fortgegangen, und ich freute mich dessen...»

4. Große Zeit

Am 11. März 1911 trifft Rudolf mit seiner Schwester Elisabeth in Mariensee bei den Verwandten ein. Es sind zwei alte Damen. Er ist verstört und aufgeregt und leidet unter entsetzlichen Kopfschmerzen. Einmal nimmt er einundzwanzig Aspirintabletten im Verlauf von zwei Tagen.

Elisabeth ist seine Lieblingsschwester und hat seine besondere Zuneigung, doch in Mariensee wirft er ihr vor, sie habe ihn nur begleitet, um hinter ihm herzuspionieren. «Auf seine Eltern hat er von da an einen förmlichen Haß geworfen», sagt der Vater über Mariensee. Die beiden alten Damen kommen mit der Situation nicht zurecht. Wilhelmine Kettler schreibt an die Eltern. Aus Leipzig kommt darauf ein Brief an Rudolf, daß seine Übersiedlung nach Bad Berka in ein Sanatorium in Aussicht genommen sei. Er antwortet lediglich mit einem Zettel: Wartet.

Nach vier Wochen reist die Mutter nach Mariensee. Dr. Eggebrecht hat die vorübergehende Unterbringung des Sohnes in ein Sanatorium empfohlen. Rudolf Ditzen empfängt sie finster und wortkarg. Endlich kann die Mutter ihn bewegen, mit ihr nach Bad Berka zu fahren, um sich in Dr. Starkes Sanatorium «Schloß Harth» zu erholen. In Bad Berka aber kommt es zu einer großen Szene zwischen Sohn und Mutter. Er wirft ihr vor, die Eltern wollten ihn auf «Nummer Sicher» bringen, ihn loswerden, ihn in einer Irrenanstalt unterbringen. Der Zusammenstoß ist so heftig, daß die Mutter sich vor dem Sohn «fürchtet» und den Berkaplan aufgeben will. Elisabeth Ditzen zieht sich auf ihr Zimmer zurück. Inzwischen redet Dr. Starke auf Rudolf ein. Offensichtlich hat er Erfolg, denn nach einiger Zeit kommt Rudolf in das Zimmer der Mutter und willigt ein, vier Wochen in Bad Berka zu bleiben, falls sie ihm versprechen würde, er brauche ein Jahr lang nicht nach Leipzig zu kommen.

Dr. Starke erstattet ein ärztliches Gutachten über den Zustand des Gymnasiasten Ditzen. Kopfschmerzen und Schlaflosigkeit stellt er bei ihm fest, keine besonders kräftige Konstitution und eine gedrückte und verschlossene Stimmung, «so daß schwer etwas aus ihm herauszubringen war».

«Während seines fast achtwöchigen Aufenthaltes hierselbst besserte sich das Allgemeinbefinden insoweit, als keine besonderen Erregungszustände mehr beobachtet wurden, hingegen immer noch über Kopfdruck und leichte Ermüdbarkeit nach geistigen Arbeiten, und zwar schon nach Briefschreiben, geklagt wurde. Das Verbot des Nikotinmißbrauchs wurde nicht befolgt. Auch andere Anordnungen, z. B. Vorschriften bez. seiner Ernährung, wurden entweder gar nicht oder nur widerwillig befolgt, so daß eine gewisse Disziplinlosigkeit und Nichtachtung gegenüber älteren ihm vorgesetzten Personen, dafür aber ein krankhaftes, wohl durch falsche Lektüre noch genährtes Überzeugtsein vom Werte seiner eigenen Persönlichkeit hervortrat. Hierzu gehört auch seine von ihm sehr überschätzte angebliche Begabung zum Dichten und Schriftstellern, die nach den mir zu Gesicht gekommenen Proben als minderwertig zu bezeichnen waren.»

Alles, was nun aus dem Sohn werden soll, ist unklar, aber so viel ist klar, daß er weiter ein Gymnasium besuchen muß. Rudolf Ditzen schlägt den Eltern vor, ihn nach Rudolstadt gehen zu lassen. Er hat dafür gute Gründe. In Rudolstadt lebt sein Freund, der Unterprimaner Hanns Dietrich von Necker. Durch einen gemeinsamen Bekannten vom Wilmersdorfer Bismarck-Gymnasium, Walter Simmichen, sind sie aufeinander aufmerksam geworden. Seit einem Jahr wechseln sie Briefe, die meistens von der Literatur handeln. Aber genau besehen, denken die beiden im Gewand der literarischen Fragestellung über sich nach, über den Tod, den Sinn des Lebens, die Religion, die Eltern und immer wieder darüber, wie das ist mit dem Selbstmord. Sie tauschen auch praktische Erwägungen aus.

Auf eine Anfrage aus Leipzig antwortet Necker am 6. November 1910: «... ich kann Dir wahrscheinlich doch einen Revolver verschaffen...» Ditzen hat Necker ausführlich seinen inneren Zustand geschildert, und Necker ist der einzige, der auch genau über Rudolf Ditzens Absichten Bescheid weiß. Weihnachten 1910 ist er für einen Tag in Leipzig. Einen Revolver bringt er nicht mit. Aber Gift hat er besorgen können.

Auch Necker denkt an Selbstmord. Auch er ist voller Spannungen und nervöser pubertärer Wirren. Auch ihn haben die ratlosen Eltern deshalb für einige Zeit in ein Sanatorium geschickt. Noch vor dem Freund hat er diese Erfahrung gemacht. Im Herbst 1910 schreibt er an Simmichen: «... ich habe eine furchtbare Angst vor der Zukunft, weil ich weiß, daß jene Behandlung im Sanatorium mich erziehungsunfähig gemacht hat, und doch weiß ich, daß ich noch sehr erziehungsbedürftig bin. In einsamen Stunden packt mich immer noch die Versuchung, nach dem Revolver zu greifen – er sieht sehr verlockend aus – wenn ich merke, daß ich nicht imstande bin, meine nervöse Krankheit selbst zu bezwingen. Und ich kann mich – das liegt im Wesen der Krankheit – niemand anvertrauen. Und die alte Dame (lies meine Mutter) hält den Widerspruchsgeist, den ich immer zeige, für Bock und Trotz gegen gute Lehren.»

Necker ist mit seinem Heranwachsen so allein wie Ditzen, und doch ist er sehr verschieden von ihm. Während Rudolf Ditzen den Selbstmordgedanken bürgerliche Resignation eingegeben hat, ist er für Necker eine Art von aristokratischem Aktivismus. So will er einmal Lebensgefahr spüren und macht deshalb halsbrecherische Klettertouren. Ein anderes Mal will er sich töten, falls der Vater ihn wegen einer schlechten Zensur rügen sollte. Eine Zeitlang genügt Ditzen diesem krausen Aktionismus als Gefährte nicht mehr. «Rudolf ist hoffnungslos verzärtelt», stellt Necker fest, «d. h. weder gemeingefährlich noch überhaupt bemerkbar für einen, der ihn nicht ganz genau kennt.»

In der Rangfolge der fünf Freundschaften, die sich Necker gönnt, rutscht Rudolf Ditzen nach dem Leipziger Unfall eine Zeitlang auf den «dritten Platz» ab. Erst in Rudolstadt belebt sich ihre Solidarität der Einsamkeit und der Selbstmordgedanken wieder. Necker und Rudolf Ditzen schließen einen Vertrag ab: Jeder von ihnen solle ein literarisches Werk abfassen. Wer das schlechtere liefere, müsse sich das Leben nehmen, während der Überlebende verpflichtet sei, das Werk des anderen zu veröffentlichen.

Noch ist Rudolf Ditzen mit diesem Schicksalsgefährten nicht zusammen. Sieben Wochen bringt er erst in Bad Berka zu, bevor er zu Verwandten in das nahe gelegene thüringische Dörfchen Schnepfenthal übersiedeln kann. Viereinhalb Wochen lebt er dort im Hause des Forstmeisters Runge, und er ist auch dort voller Unruhe. Ein paar Tage fährt Necker aus Rudolstadt zu ihm herüber, bis Ditzen am 15. Juli endlich nach Rudolstadt übersiedelt. Er hatte so gute gesundheitliche Fortschritte gemacht, stellt der Vater fest, «daß wir Anfang Juni 1911 der Frage nähertreten konnten, ob er wieder der Schule zuzuführen sei».

Wilhelm Ditzen hat inzwischen für sein Gefühl alles bestens für den Sohn in Rudolstadt vorbereitet. An keinen Geringeren als den Rudolstädter Generalsuperintendenten Dr. Braune hat er sich im April mit der Bitte gewandt, den Sohn bei sich aufzunehmen. Elisabeth Ditzen teilt der Frau des Geistlichen Unglücksfälle und Krankheiten mit. Eine andere Vorgeschichte hat Rudolf Ditzen in Rudolstadt für niemanden, nur Necker weiß mehr. Dr. Braune will ihn in Pension nehmen, «unter der Voraussetzung, daß er sich willig in eine christliche Hausordnung einfüge». Der Vater sichert es ihm bereitwillig zu.

Der Sohn sagt nach ein paar Wochen Dr. Braune Anfang Oktober: «Es ist überhaupt ein Mißgriff, daß ich in Ihr Haus gekommen bin, ich bin dissidentisch erzogen und habe gleichsam Theater gespielt bei Tischgebet, Abendgebet und sonntäglichem Kirchgang.» Generalsuperintendent Braune übergibt ihm darauf einen unverschlossenen

Brief an den Vater. Da der Sohn sich als Fremdkörper in seinem Hause fühle, könne er nicht länger die Verantwortung für dessen äußere und innere Entwicklung tragen.

Rudolf trifft während der Ferienzeit in Rudolstadt ein und ist sich gänzlich selbst überlassen. Ein großer hagerer Mensch, der lange, tief ins Gesicht fallende Haare trägt und dessen Blick viele als unangenehm stechend und starr empfinden. Bis die Schule am 9. August wieder beginnt, ist er fast täglich mit Necker zusammen. Nach den Ferien ist er auch einmal im Hause Neckers Tischgast. Emma von Necker ist der Freund ihres Sohnes vom ersten Augenblick an unsympathisch. Dieser Ditzen läßt nur die moderne Literatur gelten, die klassische, besonders Goethe, erscheint ihm «fragwürdig». Dr. Braune schätzt an ihm, daß er Dante schätzt. Seine Vorliebe für Wildes «Dorian Gray» mißfällt ihm tief. Oberst a. D. Oskar von Busse, zu dem er nun zieht, zeigt sich über die literarischen Interessen des Gymnasiasten uninformiert. «Über seine Lektüre kann ich nichts weiter angeben, als daß er mir ein Buch eines gewissen ‹Mann› gebracht hat. Ich habe es gelesen und festgestellt, daß der Inhalt für einen jungen Menschen seines Alters nicht geeignet war.»

Niemand in Rudolstadt außer Necker kennt den wahren Rudolf Ditzen. Keiner dieser Oberlehrer, Pfarrer, verabschiedeten Offiziere, Gymnasialprofessoren sieht seine Bedrängnisse. Sie bemerken nur mißliche Äußerlichkeiten. Lateinprofessor Rübesamen beklagt seine Teilnahmslosigkeit gegenüber dem Unterrichtsgeschehen. «Mir hat sein Blick nicht gefallen, der kein Vertrauen einflößte.» Französischprofessor Leinhose klagt über mangelnde grammatikalische Kenntnisse. Deutschlehrer Haushalter bemängelt Unhöflichkeit. Beim Eintritt ins Gymnasium habe er unterlassen, sich bei ihm zu melden. Im Klassenaufsatz erfaßt er nicht richtig das Thema, «die Arbeit ist aber sehr gewandt, geht über die durchschnittliche Fähigkeit eines Unterprimaners weit hinaus und spiegelt seine Denkungsart getreu wider, zumal seine Gedanken über den Tod . . .»

Auch die Mehrzahl der Unterprimaner weiß nicht, wohin mit dem Neuen. Er spielt vor ihnen die Rolle des Dandys, gibt beispielsweise vor, in Leipzig Schulden zu haben, die er aber bald bezahlt haben werde, was ja erklärt, warum er in dem Provinznest Rudolstadt ist. Man hört, einer Zeitungsredaktion läge eine Novelle von ihm vor, und er erwarte dafür zweihundert Mark. Er ist verschlossen, doch seine Gedichte kennen viele. Sie heißen «Von der großen Müdigkeit» oder «Prometheus». «Jesus Christus wurde dreimal in Versuchung geführt und strauchelte nicht, ich bin dreitausendmal in Versuchung geführt worden und bin gestrauchelt. Was macht weniger Schmerzen: bestandene Versuchung oder solche, denen man erlegen ist?» Seltsame Zeilen. Er dichtet:

> «Sind wir nicht zur Trauer hier geboren?
> Ich hatte einstmals Freude,
> nun ist sie ganz vorbei, –
> Und einmal ist genug:
> Wir trugen beid' an einem großen Leid,
> Wir sprachen nicht, wir klagten nicht,
> nicht ein Wort kam davon von unseren Lippen,
> Ja, nicht einmal ein feuchtes Schwingen –
> unserer Kehle – verriet, welch Riesenleid
> wir ganz unfaßbar litten.»

Selbst Superintendent Dr. Braune gibt er ein großes Heft Gedichte, von denen Braune aber nur ein einziges liest, «das in gewandter Form eine weltschmerzliche Stimmung atmete».

Dieser Ditzen kommt allen überspannt vor, selbst seine Mitschüler haben diesen Eindruck. Was sollen sie auch damit anfangen, wenn er Wilde zitiert: «Schönheit ist nicht so oberflächlich als das Denken» oder «der einzige Weg, eine Versuchung loszuwerden, ist, ihr nachzugeben.»

Unterprimaner Dehn sagt später: «Die Richtigkeit dieser sonderbaren Auffassungen verteidigte er mit großer Leidenschaft» und: «Mir ist aufgefallen, daß er außerordentlich nervös war und den Eindruck eines gereizten und überspannten Menschen machte. Er rauchte sehr viel Zigaretten und zwar, wie er mir sagte, um seine Nerven zu beruhigen.»

Ende September lernt er ein sechzehnjähriges Mädchen kennen. Dieser Erna Simon bringt er als erstes seine Gedichte. «Sie hatten zum Teil einen eigenartigen Inhalt, einzelne waren mir nicht ganz verständlich. Sie handelten z. B. von Vererbung.» Die Novelle, weiß Erna Simon, wird bald gedruckt, sie muß nur noch etwas gekürzt werden. Mit Necker will er an einem Lustspiel «Der Ring» arbeiten. Es soll in der «Literaria», dem literarischen Verein des Gymnasiums, aufgeführt werden. Was Ditzen und Necker in Wirklichkeit vorhaben, ist ein Drama mit tödlichem Ausgang. Sie haben alle Motive dafür zusammen. Es braucht nur noch ablaufen.

In der «Literaria» bereitet man das 25. Stiftungsfest vor. Die alten Herren des Gymnasiums werden dazu von weit her anreisen, und man will ihnen ein Schauspiel bieten, ein vaterländisches natürlich, das ihre gloriosen Gefühle nicht stören wird, denn für sie ist alles in Ordnung. Die Rollenbücher eines der patriotischen Rührstücke Ernst von Wildenbruchs werden unter den Gymnasiasten verteilt. Für das Stiftungsfest der «Literaria» am 30. September haben die alten Herren des Vereins das «Trauerspiel» in vier Akten «Der Mennonit» auf das Programm gesetzt. Den jungen Leuten ist auch für diese Gelegenheit ein Stück Einübung in die Verlogenheit der Väterwelt aufgegeben, denn was sie da zu deklamieren haben, ist ganz ohne Beziehung zu ihrem eigenen Leben. Es ist der nationale Kitsch eines Hofbarden. Am 30. September wird nichts anderes als die Kluft zwischen den wirklichen Problemen der Primaner und den ihnen verordneten Haltungen demonstriert werden. Auch die Bühne hält für Rudolf Ditzen dabei eine Hauptrolle bereit. Es ist die Bühne des Rudolstädter «Deutschen Kruges».

Natürlich gibt es auch Stücke, in denen dieser unberatene Bürgersohn er selbst sein könnte. Frank Wedekinds Schülertragödie «Frühlings Erwachen» beispielsweise, in der die Gymnasiasten Melchior Gabor und Moritz Stiefel sich heimlich und allein darüber verständigen, was es bedeutet, ein «Mann» zu sein, weil die Erwachsenen es ihnen verschweigen. Aus Schamgefühl. In diese Welt passe ich nicht, sagt Moritz und erschießt sich. Den Gymnasiasten Melchior stecken die entsetzten Eltern in eine Besserungsanstalt. Man hat ein Manuskript über den «Beischlaf» bei ihm gefunden. Später wird der Geist des Moritz versuchen, den Freund in den Tod nachzuholen.

Was da eben und überall in den guten Stuben der Bürger und den Klassenzimmern der Gymnasien abläuft, ist bei Wedekind schon öffentlich anschaubar. Doch die Leute, die die Macht haben, wollen von den Tragödien, die sie alltäglich verursachen, nichts wissen. Die Wahrheit ist eine böswillige Erfindung der Dichter, und die Dichter werden verfolgt, als erledige sich mit ihrer Verfolgung die von ihnen beschriebene Wahrheit.

1900 wird Wedekind zu einer Festungsstrafe wegen «Majestätsbeleidigung» verurteilt und hat nun ständig den Staat im Nacken. In diesem Jahr 1911 werden die Zensur- und Polizeimaßnahmen so infam, daß Thomas und Heinrich Mann mit anderen Schriftstellern dagegen protestieren. Ein solcher Dichter kommt natürlich nicht auf die Bühne des Rudolstädter «Deutschen Kruges». Da wird ein zuverlässiger Deutscher gespielt. Ernst von Wildenbruch eben, der nach der «Rudolstädter Zeitung» so recht zur Feierstunde paßt, die doch bestimmt ist, «in die Seelen junger Menschen nationale Begeisterung zu tragen». Denn das war vor allem Wildenbruchs Ziel, «die Pflege dieses deutschnationalen Gefühls». Dafür übersieht man vieles. «... mag Wildenbruch auch in den Mitteln – wie es schließlich Menschenart ist – schwache Stellen gezeigt haben, im Wollen war er von lauterster Reinheit. Und weil er das war, ist's so schön, ihn und die Jugend vereint zu sehen. Sie gehören zusammen! Und wenn sie sich finden, dann findet sich das Beste im deutschen Wesen, und über der Stunde liegt etwas von jener Märchenseligkeit, die so nur wir empfinden...» Wildenbruchs Stück macht im historischen Gewand Stimmung gegen die Franzosen. Ein Bote Schills ruft die Männer einer Mennonitengemeinde unter die Fahnen der preußischen Rebellen. Doch nur Reinhold, der Pflegesohn des Gemeindeältesten, folgt dem Aufruf. Der junge Mathias verrät ihn dagegen in einer Mischung aus Eifersucht und Glaubenseifer an die Franzosen.

Den Reinhold spielt Rudolf. Er hat aufzusagen:

«Wie meine Seele Dir entgegenatmet,
Du Blutpanier der neuen großen Zeit,
Das Du emporsteigst aus dem wolk'gen Morgen –
O so verströmt der Tropfen eignen Weh's
Im großen Meer des allgemeinen Leidens.»

Seine Wahrheit hat andere Worte. In der «Schwarzburg-Rudolstädtischen Landeszeitung» aber schreibt Dr. St. am Sonntag, dem 1. Oktober, über das Ereignis vom Sonnabend: «Die Vorstellung war vom ersten bis zum letzten Moment bestens gelungen. Um das Zusammenspiel hatte sich Frl. M. Richter sehr verdient gemacht, die als Spielleiterin fungierte. Als Schauspieler traten die jetzigen Mitglieder der ‹Literaria› auf, denen sich einige ‹alte Herren› zugesellt hatten. Die Darsteller hatten sich mit Liebe in ihre Rollen versenkt, beherrschten sie vollständig und boten tüchtige Leistungen. Der Vater Waldemar wurde von Herrn Trinkler mit milder Ruhe gespielt, den Helden des Stückes Reinhold gab Herr Ditzen mit jugendlicher Begeisterung, und aus dem Intriganten Mathias machte Herr Simon eine scharf charakterisierte Gestalt... Die Aufführung hatte einen starken Erfolg, und nach jedem Aktschluß wurden die Darsteller mehrmals gerufen; Frl. Richter wurde ein Blumenstrauß überreicht. In den Zwischenakten wurde das Publikum durch Vorträge der Kapelle des III. Bat. des 7. Thür. Infanterieregiments erfreut...

Am Abend vereinigte ein Kommers die Mitglieder mit den ‹alten Herren› des Vereins in der Pörzbierhalle; auch diese Veranstaltung nahm einen harmonischen und alle Teilnehmer befriedigenden Verlauf.»

Hinter den Kulissen spricht und denkt man anders. Der Primaner Dehn erlebt in seiner Nebenrolle eine ihn verstörende Leidenschaftlichkeit des Hauptdarstellers Ditzen. Ein «direkt unheimlicher Blick» fällt Dehn auf. Es geht ihm nicht allein so. Er sagt später: «Dieselbe Wahrnehmung hat sein Partner stud. theol. et phil. Curt Simon in Greifswald, Domstr. 21, gemacht, und auch die Leiterin unserer Aufführung, Frl. Richter, soll sich ähnlich ausgesprochen haben.»

Rudolf Ditzen hat sich mit vielen Zigaretten und einigen großen Kognaks für die Aufführung in Schwung gebracht. Er verachtet Wildenbruchs Stück, aber noch mehr plagt er sich mit der Resignation, die ihn beherrscht. Auf der Generalprobe hat er Necker gebeten, ihm seinen Revolver zu leihen, um sich erschießen zu können. Ein direktes Selbstmordmotiv kann er Necker nicht nennen. «Ich hatte die Frage eigentlich nur aus einer melancholischen Stimmung heraus gestellt.»

Das Schlußwort im «Mennoniten» hat der von den Franzosen zum Tode verurteilte Reinhold. Bevor der Vorhang fällt und alle in die Pörzbierhalle gehen, spricht Rudolf Ditzen die Worte: «Ihr werdet keinen Feigling knien sehn. Ihr werdet sehn, wie deutsche Männer sterben.»

Siebzehn Tage später wird ein deutscher Gymnasiast zu sterben versuchen. Die alten Herren werden nicht hinsehn. Es ist nicht der von ihnen ausgedachte und besungene Tod. Es ist ihr Tod, wie er ist.

Jetzt sind erst einmal Ferien in Rudolstadt. Bis zum 15. Oktober.

5. «Eins, zwei, drei – fertig, los!»

Ein großer Teil der Gymnasiasten verläßt Rudolstadt. Wer nicht in der Stadt wohnt, fährt nur zu gern nach Hause. Rudolstadt ist ein hübsches Städtchen, Hauptstadt des Fürstentums Schwarzburg-Rudolstadt, aber eben nur die Metropole eines Zwergstaates. Die Reiseziele der meisten liegen in der Umgebung. Bernhard Hübner beispielsweise, der im «Mennoniten» eine Nebenrolle spielen durfte, fährt nach Schlettwein. Rudolf Ditzen ist der einzige Auswärtige, der in Rudolstadt bleibt. Oberst Busse, seinem Wirt, sagt er, er habe keinen Familiensinn, und Dr. von Nagy, dem Direktor des Gymnasiums, erzählt er, er bleibe in Rudolstadt, weil sich in seiner Familie «Unglücksfälle» ereignet hätten, die seinen Aufenthalt im Elternhaus nicht wünschenswert machten.

Für Rudolf Ditzen ist es eine sehr ruhige Zeit. Eine Kette einsamer Tage. Am 5. oder auch am 4. Oktober haben der Gymnasiast und sein Direktor ein Gespräch. Man redet über Ditzens Wohnungswechsel in Rudolstadt, der Reichsgerichtsrat Ditzen hat ja den Sohn der besonderen Aufmerksamkeit der Schule empfohlen. Aus dem christlichen Hause des Generalsuperintendenten Dr. Braune will Ditzen in das des pensionierten Obersten von Busse ziehen.

Auf Nagy macht Ditzen keinen guten Eindruck. Ihm mißfällt sein starkes Selbstbewußtsein samt der sehr bestimmten Absicht des jungen Mannes, Schriftsteller zu werden. Nagy hält eine kleine pädagogische Ansprache: Ditzen solle sich auf die Aufgaben der Schule konzentrieren und sein unmäßiges Rauchen unterlassen.

Auch Oberst von Busse mißfällt das. Der pensionierte Oberst weiß aber Rat. Er empfiehlt seinem Mieter, statt der vielen Zigaretten es doch mal mit einer Zigarre zu versuchen. Rudolf Ditzen versucht es, doch ist er der Zigarre nicht gewachsen. Die erste wirft er, halb aufgeraucht, fort. Andere Probleme gibt er Oberst von Busse nicht auf, im Gegenteil, man hat den Eindruck, er passe ganz gut in den Rahmen der Familie, denn er nimmt an ihren Abendandachten teil, spielt ihre Gesellschaftsspiele mit und geht vor allen Dingen abends nie aus, bis auf eine Ausnahme, da besucht er einen Vortrag des Flottenvereins, aber dies ist ja ein patriotischer Abendausflug.

Elisabeth von Busse, die unverheiratete Tochter des Obersten, eine Frau Anfang Dreißig, erfährt ein bißchen mehr, ihr erzählt er, daß er einmal nachts dreiundzwanzigmal das Licht angebrannt habe, weil er nicht schlafen konnte. Und das Dienstmädchen ist jeden Morgen über sein außerordentlich zerwühltes Bett erstaunt.

Am 11. Oktober fährt er mit seinem geliebten Fahrrad zu Hübner und bleibt bei ihm über Nacht. Hübner hört merkwürdige Dinge von Ditzen. Nach dessen Meinung gibt es keinen Charakter, der Mensch könne heute so und morgen so sein. Nach dem Abendbrot sagt er: «Ich möchte einmal jemand erschießen. Weißt du, wen? Fräulein Simon. Ich habe Mühe, mir das auszureden.»

Hübner ist äußerst betroffen. Er hat die Bekanntschaft zwischen Rudolf Ditzen und Erna Simon vermittelt, bei deren Mutter er in Rudolstadt wohnt. Und wenn er diesen Mitschüler auch nicht ganz ernst nimmt, so nimmt er sich doch vor, gleich nach den Ferien jeden weiteren Verkehr zwischen den beiden zu verhindern.

Noch aber sind Ferien, und ein paar Tage später sind Erna Simon und ihre Freundin Charlotte Stefani in Rudolstadt auf dem «Bummel». Es ist Montag, der 16. Oktober. Charlotte Stefani kennt Rudolf Ditzen nicht, dafür aber aus der Tanzstunde um so besser Hanns Dietrich von Necker. An diesem 16. Oktober trifft sie Necker in Begleitung eines ihr unbekannten Gymnasiasten. Necker und Charlotte Stefani wechseln ein paar Worte, und sie erfährt von ihm, das da sei sein bester Freund: «Harry».

Rudolf Ditzen geht mit Erna Simon allein ein Stück weiter. Als die Paare sich wieder treffen, sagt Necker zu Charlotte Stefani: «Ich muß ihm etwas sagen. Weil ich sein Freund bin, tue ich es.» Necker nun zu Ditzen: «Harry, du weißt doch, daß du mir nicht mit Fräulein Simon gehst!»

Wieder an der Seite der Stefani, erklärt er ihr, jetzt habe er den Freund verärgert, die Sache könne sehr nett werden, könne aber auch sehr dumm für ihn ablaufen. Sie hätten sich entzweit, es sei etwas Unehrenhaftes dabei, deshalb könne er ihr auch nicht erzählen, weshalb sie sich entzweit hätten.

Ditzen wiederum erklärt seiner «Dame», Necker sei sehr anmaßend und wolle ihn bevormunden. Die Sache sei sehr offiziell, und sie hätten ihre Visitenkarten ausgetauscht. Necker habe das Mädchen beleidigt.

Erna Simon fragt erstaunt, wodurch? Ditzen zitiert darauf Neckers Äußerung: «Harry, du weißt doch...»

Erna Simon staunt. Das soll eine Beleidigung sein? Sie habe außerdem den Satz gar nicht gehört. Aber «Harry» erklärt kategorisch, das wisse nur er, was das zu bedeuten habe, das ginge noch auf Leipzig zurück. Ditzen fragt, was sie an seiner Stelle tun würde.

«Ein paar hinter die Löffel hauen, dem Necker», antwortet das resolute Mädchen.

Ditzen ist das zuwenig. Auch den Vorschlag, Necker die Freundschaft zu kündigen, lehnt er ab. Als sie auseinandergehen, verkündet Ditzen: «Jetzt treffe ich mich mit Necker um zwölf Uhr noch einmal auf meiner Bude, da werde ich ihn zur Rede stellen.»

Abends gegen achtzehn Uhr begegnet Erna Simon Rudolf Ditzen in der Rudolstädter Schillerstraße. Sie erkundigt sich nach dem Ausgang der «Affäre».

«Ich werde mich mit Necker schießen!» heißt die Antwort.

Das Mädchen will das nicht glauben, Rudolf Ditzen fragt, was sie denn sagen würde, wenn sie sich wirklich schießen würden?

«Ich würde sagen, dann sind eben zwei Taugenichtse weniger auf der Welt.»

Ditzen ist aufgeregt, fröhlich. «Wir schreiben unsere Todesanzeigen selbst, das macht einen furchtbaren Effekt.»

Oberst von Busse sieht am Nachmittag die Freunde in bestem Einvernehmen. Sie bitten ihn um die Erlaubnis, mit dem Tesching seiner Söhne im Garten auf Spatzen schießen zu dürfen. Busse hat nichts dagegen, auch nicht, daß sie später auf eine Scheibe schießen. Noch einen Wunsch hat sein junger Mieter. Am nächsten Morgen möchte er gegen vier Uhr früh einen Ausflug auf den Uhufelsen machen, was sich unschwer bewerkstelligen ließe, denn der Unterricht beginne ja erst um elf Uhr. Busse gestattet auch dies, warum auch nicht. Der Abend verläuft wie andere Abende auch. Rudolf Ditzen nimmt wieder an den familiären Gesellschaftsspielen teil. Ruhig spielt er mit der Schwester seines Wirtes ein Brettspiel.

Um drei Viertel fünf steht Rudolf Ditzen dann vor Neckers Haus. Eine halbe Stunde später, um Viertel sechs, brechen sie zum Uhufelsen auf, den sie bei Sonnenaufgang gegen sieben Uhr freundschaftlich plaudernd erreichen. Sie streifen auf einer kleinen Lichtung im Walde umher, besteigen dann den Aussichtspunkt am Uhufelsen, rauchen, unterhalten sich und gehen schließlich wieder zu der Lichtung.

Necker und Ditzen legen ihre Röcke und Westen ab, die Gymnasiastenmützen behalten sie auf dem Kopf, Ditzen hängt seine Kleidungsstücke in einen Baum, Necker trägt bei diesem Ausflug Lackschuhe.

In der Herzgegend befestigt er sich eine Blume – wo das Herz genau liegt, hat er im Konversationslexikon nachgeschlagen –, Ditzen steckt sich mit einer Sicherheitsnadel eine blaue Schleife an. Jetzt schreiten sie eine Entfernung von zwanzig Schritten ab und markieren die Stellen. Ditzen postiert sich auf dem vorüberführenden Weg, Necker am Ende der schmalen Lichtung. Ditzen hat das Tesching in der Hand, das Necker ihm geladen hat, der seinen Revolver.

Necker zählt langsam: «Eins, zwei, drei – fertig, los!» Zwei Schüsse fallen, sie schlagen irgendwo in die Kiefern ein. Necker und Ditzen laden erneut ihre Waffen. Aufgeregt ruft Necker: «Das darf nicht wieder vorkommen!» Necker ist nervös. Er gibt sein Kommando: «Eins, zwei, drei – fertig, los!» Nun so schnell, daß Ditzen kaum richtig zielen kann.

In die Schüsse mischt sich ein Schrei. Necker fällt rücklings auf den Waldboden. Ditzen ist unverletzt.

«Harry, schieß noch einmal!» ruft Necker.

Ditzen läuft zu ihm und findet erst den Revolver nicht, dann sieht er weg und schießt blindlings zweimal auf den auf der Lichtung liegenden Freund, dann tritt er ein paar Schritte zurück und richtet die Waffe gegen sich selbst. Er bricht zu Füßen Neckers zusammen, aus der Brust quillt Blut, er drückt dann die Waffe an die Schläfe, aber der Revolver versagt.

Zu dieser Zeit ist der Bauer August Voigt aus dem nahen Eichfeld auf einem nur wenige Minuten vom Dorf entfernt liegenden Feld dabei, Dornbüsche zu roden. Es ist eben halb neun, da taumelt ein junger Mann den vom Uhufelsen kommenden Weg herab.

«Helfen Sie mir doch, helfen Sie mir doch», stöhnt er immer wieder. «Helfen Sie mir doch, mein Vater bezahlt ja alles.»

Voigt ist äußerst erschrocken und ruft den in der Nähe arbeitenden Schulzen Bretternick herbei. Als die Männer den zusammengebrochenen jungen Mann aufheben, sehen sie, daß seine linke Brustseite voller Blut ist.

«Wir haben uns duelliert, ich habe zwei Schüsse im Leibe, der andere liegt tot oben am Uhufelsen. Es ist mein bester Freund, ein gewisser von Necker.»

«Aber, aber, schämen Sie sich, so etwas zu machen», hält ihm Voigt vor.

«Es ist einmal geschehen», sagt Rudolf Ditzen und: «Ach, meine Eltern.»

Im Stockmannschen Gasthause in Eichfeld bettet man Rudolf Ditzen auf ein Sofa. Er friert und ist völlig stumm. Neugierige drängen in das Zimmer, der Pfarrer Moeller telefoniert nach einem Arzt, der Tierarzt Krüger kommt, und bald ist auch Sanitätsrat Dr. Strauch aus Rudolstadt mit seinem Automobil da.

Rudolf Ditzen bittet Dr. Strauch, die Leute aus dem Zimmer zu schicken, da er ihm vor seinem baldigen Tode etwas sagen müsse. Dr. Strauch erfährt die Geschichte eines Duells, das wegen einer Beleidigung notwendig geworden sei. Der Arzt fragt, warum sie denn keine Zeugen dabei gehabt hätten. Die Frage ist so zeitgemäß wie die Antwort. Als Gymnasiasten hätten sie keine Sekundanten bekommen, heißt es.

Rudolf Ditzen wird in das Rudolstädter Krankenhaus gebracht. Dort wird festgestellt, daß ein Schuß das Herz gestreift und die Lunge verletzt hat. Necker findet man tot am Uhufelsen. Zwischen seinen Beinen liegt der Revolver, rechts von ihm das Tesching Rudolf Ditzens. Necker trägt eine schwarze Hose, Lackschuhe und ein weißes Hemd mit Stehkragen und Krawatte. Die rote Schülermütze ist ihm ins Gesicht gefallen. Der Tote wird in die Rudolstädter Wohnung der Mutter geschafft. Die Obduktion ergibt in der Höhe der fünften und sechsten Rippe eine kreisrunde, sechs Millimeter große Schußöffnung mit nicht versengten Rändern. An der linken Seite der Brust außerdem ein pulvergeschwärztes Loch. Es ist eine Quetschwunde von ungefährlicher Natur. Der Tod ist durch die Kugel aus dem Tesching verursacht worden.

Als die Eltern in Leipzig die Nachricht bekommen, ruft die Mutter aus: «Gott sei Dank, wenigstens nichts Sexuelles.»

In Rudolstadt erläßt der Untersuchungsrichter am Landgericht Dr. Maultsch einen Haftbefehl gegen den Unterprimaner Rudolf Ditzen, «welcher dringend verdächtig ist, am 17. Oktober 1911 auf dem Uhuberg in der Flur Eichfeld, seinen Gegner, den Obersekundaner Hanns Dietrich von Necker, im Zweikampf, der den Tod des einen von beiden herbeiführen sollte und ohne Sekundanten stattgefunden hat, getötet zu haben – Verbrechen gegen die §§ 205, 206 und 208 des StGb. Die Untersuchungshaft wird verhängt, weil ein Verbrechen den Gegenstand der Untersuchung bildet und daher Fluchtverdacht begründet ist.»

In der Nacht vom 17. zum 18. Oktober treffen die Eltern in Rudolstadt ein, der Vater wird bis zum 21. Oktober bleiben – vorsorglich ist er beim Reichsgerichtspräsidenten um seinen Abschied eingekommen –, die Mutter länger. Sie versteht nicht, was da vor sich gegangen ist, und darum hat sie auch kein Wort dafür. Wenn sie später von dem Rudolstädter Ereignis spricht, spricht sie immer von der Zeit nach Rudolfs «Verletzung».

Rudolf Ditzens Mitteilungen über den 17. Oktober sind ebenfalls karg. Stundenlang ist er absolut wortlos. Sein Schweigen ist noch tiefer als damals in Leipzig nach den Briefen an die Matzdorfs. Gelegentlich wünschte er von der Mutter, daß sie ihm etwas «Lustiges» erzähle. Er sagt ihr, er könne nicht begreifen, daß er nicht erschossen sei. Er habe doch so wenig Übung im Schießen, während Necker ein vorzüglicher Schütze gewesen sei. Ein Bekannter der Familie verbreitet sogar das Gerücht, Rudolf habe Neckers Revolver vorher entladen.

Die Antwort steht im waffentechnischen Gutachten des Gerichtssachverständigen Friedrich Wolff. An und für sich, heißt es da, sei man in der Lage, mit dem Revolver einen Menschen auf dreißig Schritt Entfernung zu töten. «Es kann sich aber immer nur um Zufallstreffer handeln. Der Revolver hat nur eine ganz grobe Zielvorrichtung, irgendeine Visiereinrichtung fehlt, es ist nur ein Korn vorhanden. Ein ruhiger, gut gezielter Schuß läßt sich aus ihm auch deshalb nicht abgeben, weil die Schlagfeder sehr kräftig ist und eine Vorrichtung fehlt, um den Hahn in die Spannung zu stellen. Es muß also während des Zielens der Hahn durch ständigen Druck auf den Abzug gespannt werden. Dadurch wird das Zielen außerordentlich erschwert, und der Schütze hat es nicht in der Hand, genau zu bestimmen, in welchem Moment der Schuß losgehen soll.

Wohin also ein halbwegs geübter Schütze bei einer Entfernung von 14,50 m mit dem Tesching mit nahezu absoluter Sicherheit auf einen guten Schuß wird rechnen können, kann mit dem Revolver auf diese Entfernung auch ein geübter Schütze einen absolut sicheren Schuß nicht abgeben.»

Daß er tödlich getroffen sei, als er mit dem Revolver auf sich schoß, das war die feste Überzeugung Rudolf Ditzens. Er wollte unbedingt sterben. Er grübelt, warum er dennoch um Hilfe schrie. Todesangst war es nicht. Angst vor Kälte.

Auf das Unübliche war er vorbereitet gewesen, nicht auf das Übliche.

Du hast eigentlich noch gar nicht gelebt, hatte ihm Necker vor diesem 17. Oktober gesagt, weil Ditzen, im Gegensatz zu ihm, nicht die Erfahrung hat, was eine Frau ist.

Als er zu Füßen des toten Necker wieder zu sich kommt, ist dem Unterprimaner Ditzen fürchterlich kalt, seine Hände und Füße sind wie erstarrt, und da fängt er an, um Hilfe zu schreien: «Mein Gott, hilft mir denn niemand! Hilfe! Hilfe! Hilfe!», und als alles still bleibt, schleppt er sich den Weg nach Eichfeld hinunter, wo man ihn im Stockmannschen Gasthause in Decken und Tücher hüllen und erwärmte Ziegelsteine an die Füße legen wird.

«Ihr seid viel zu gut gegen mich», sagt er den Eltern und bittet dann die Mutter, aus dem Krankenzimmer zu gehen, da er den Vater allein sprechen wolle. Mit leiser Stimme sagt er ihm: «Papa, ich fürchte, ich bin geistesgestört.»

Er berichtet von seiner Schlaflosigkeit und dem nächtlichen Wunsch, eine Dame zu erschießen. Necker habe ihm einen rettenden Vorschlag gemacht. Weiter erfährt der Vater nichts. Als er vor seiner Abreise fragt, ob er ihm noch etwas zu sagen habe, antwortet der Sohn kurz: «Nein, nichts», und dreht sich zur Wand um.

Wilhelm Ditzen verläßt zunächst das Zimmer, kehrt aber zurück, weil er sich mit dieser Antwort nicht zufriedengeben will. Noch einmal fragt er nach dem Warum der Tat.

«Ach, wenn ich mit Necker einige Stunden zusammen war, so mußte man sich immer streiten.»

«Aber, Rudolf, deshalb schießt man sich doch nicht gegenseitig tot», antwortet der Vater.

Die Eltern erfahren nicht mehr, aber mit Dr. Eggebrecht, dem Leipziger Hausarzt, der am 28. Oktober nach Rudolstadt kommt, möchte er sich aussprechen.

«Warum», das rätselt man überall, selbst in den großen Zeitungen des Reichs. Das «Berliner Tageblatt» veröffentlicht am 18. Oktober einen Bericht mit der bezeichnenden Überschrift «Das Gymnasiasten-duell ohne Zeugen», der die kräftigsten Farben verwendet. «Der 18jährige Unterprimaner Ditzen, der Sohn eines ehemaligen Reichsgerichts-rates in Leipzig, der bei einer Rudolstädter Familie in Pension war, ging am Sonntag mit der Tochter eines Bürgers, zu der ihn heimliche Liebe hinzog in den Anlagen der Stadt spazieren. Bei diesem Spaziergang traf er seinen Freund, den Obersekundaner Hanns Dietrich von Necker, den Sohn eines verstorbenen Majors, dessen Witwe in Rudolstadt lebt. Zwischen beiden jungen Leuten bestand schon seit einiger Zeit wegen des hübschen jungen Mädchens ein gespanntes Verhältnis. Im Laufe eines Gesprächs, das sich während des Spaziergangs entwickelte, machte Necker eine beleidigende Bemerkung über die junge Dame. Die Folge davon war, daß Ditzen seinen Freund aufforderte, die Beleidigung zurückzunehmen. Necker lehnte es ab, zu revozieren, und die Folge war, daß ihn Ditzen – auf Pistolen forderte. Die beiden Gymnasiasten verabredeten, daß das Duell ohne Zeugen am Dienstag früh 5 Uhr auf dem Uhufelsen in der Nähe des Ortes Keilhau stattfinden sollte. Zur verabredeten Zeit waren die beiden jugendlichen Gegner auf dem Kampfplatz erschienen. Der Unterprimaner hatte sich eine alte Pistole mitgebracht, die er angeblich von seiner stillen Liebe für das Duell erhalten haben will. Beide zogen sich den Rock aus und hefteten auf ihre Brust an der Stelle des Herzens eine rotseidene Schleife, auf die die schwarze Mündung der Pistolen gerichtet werden sollte. Zeugen waren nicht zugegen . . .»

«Die B. Z. am Mittag» vom selben Tage schreibt auf der ersten Seite – neben der Schlagzeile «Die Kämpfe der deutschen Truppen in Hankau» unter der Überschrift «Die Gymnasiasten-Tragödie in Rudolstadt»: «Das blutige Schülerdrama, das sich gestern hier zwischen dem Unterprimaner Dietzken, dem Sohn des Leipziger Reichsgerichtsrates, und dem 16jährigen Obersekundaner von Necker, dem Sohn einer in Rudolstadt lebenden Offiziersfamilie, abgespielt hat, ist in seinen tieferen, psychologischen Ursachen noch nicht aufgeklärt und wird vielleicht auch nie völlig aufgeklärt werden. Aber die Ermittlungen, die ich hier an Ort und Stelle über diesen Fall, der mit Recht so großes Aufsehen hervorgerufen hat, angestellt habe, ergaben, daß die ursprüngliche Meinung, es habe sich um ein Schülerduell wegen einer Tanzstundenbekanntschaft gehandelt, absolut irrig ist. Das romantische Beiwerk, mit dem das Drama umgeben wurde, stammt hauptsächlich von den Schülern des Gymnasiums in Rudolstadt und scheint mehr auf die Phantasie einiger junger Schüler zurückzuführen, als den Tatsachen zu entsprechen. Wenn die Mitteilungen richtig sind, die mir von höheren maßgebenden Stellen gemacht worden sind, dann haben wir es in dem Rudolstädter Fall mit dem auf ungewöhnliche Weise in Szene gesetzten Doppelselbstmord zweier zwar begabter, aber idealistisch veranlagter, nervenüberreizter junger Menschen zu tun, die sich zu schade für diese schlechte Welt gedünkt haben und in Schönheit sterben wollten.»

Auch Neckers Mutter zerbricht sich über die Motive der Tat den Kopf. Rudolf Ditzen ist für sie ein schlimmer Bursche, ein «übler

Strick», wie ihre Haushaltshilfe sagt. «Daß aber Ditzen in moralischer Hinsicht einen üblen Einfluß auf meinen Sohn ausgeübt hätte, halte ich für ausgeschlossen. Dazu stand mein Sohn viel zu sehr unter meiner Kontrolle. Dagegen sprechen auch seine harmlos netten Beziehungen zu seiner Tanzstundenflamme, Fräulein Stefani, und das an diese gerichtete Gedicht...»

Als sie das sagt, hat Emma von Necker schon den Abschiedsbrief ihres Sohnes in der Hand. Da steht etwas ganz anderes.

Aber wodurch eigentlich ist das selbstgerechte Bild dieser Eltern von sich zu erschüttern?

«Lies diese letzten Zeilen Deines Kindes bitte ruhig und höre an, was ich Dir in betreff meines, wie ich überzeugt bin, sicheren Todes im Duell zu sagen habe...

Ich liebe meinen Freund Harry sehr. Er übte über mich eine seltsame Gewalt aus, er konnte mich völlig seinem Willen unterwerfen. Der Fehler, den ich begangen habe und der all dies schreckliche, was gekommen ist, verursacht hat, ist der, daß ich, als ich es noch konnte, zu schwach war, mit ihm zu brechen. Aber als ich einmal in seinen Bannkreis gezogen war, war es dazu zu spät.

In einer – dennoch schönen – Stunde, als ich wieder seinem Einfluß unterlag, gab ich mein Ehrenwort – mein nicht erzwungenes Ehrenwort –, ihm in diesem Monat zu Willen zu sein und ihm zu helfen bei der Ausführung seiner Pläne. Damals wußte ich aber nicht, daß es, dies Ehrenwort, mich später zum Duell mit ihm zwingen würde. Harry wußte das damals selbst nicht. Endlich kam das Schlimme heran: Harry erklärte mir, er müsse sterben, wenn er nicht rechtzeitig eine bestimmte Geldsumme von seinem Verleger erhielte – und ich sollte ihn töten. Ich habe ihn nicht gefragt, warum er das Geld haben müsse, ich habe mich begnügt mit seiner Antwort, es sei nichts Unehrenhaftes, das ihn in den Tod triebe, aber ich habe mich geweigert, ihn zu ermorden. Harry hätte mich zwingen können mit dem ihm gegebenen Ehrenwort, er tat es nicht, sah ein, daß er zuviel verlangte.

Sterben mußte er – und er hat damit recht –, Selbstmord wollte er nicht begehen, ermorden wollte ich ihn nicht, so gab es nur einen Ausweg, das Duell...»

Überall Motive, und überall verschiedene Motive.

Ditzen und Necker legten ihre falschen Spuren sorgfältig aus und doch auch wieder so naiv, wie das Ganze in Szene gesetzt war, mit den blauen Schleifen, dem verlotterten Revolver, der Herzlage aus dem Konversationslexikon. Ein Spiel mit tödlichem Ernst.

Necker schreibt seiner Mutter, «Harry» habe ihm erklärt, er müsse sterben, wenn er nicht rechtzeitig von seinem «Verleger» eine bestimmte Geldsumme erhalte, und spricht dabei dennoch unentwegt von einem Duell. Als ein Duell zweier jugendlicher Kavaliere stellt sich die Tat denn auch zunächst den Rudolstädtern und den Reichsbewohnern dar. Unter den Papieren, die beide vorher in Busses Garten und Waschküche zu verbrennen versucht haben, findet sich ein angekohltes Oktavheft, das einen Vertrag enthält, jeder solle ein Drama schreiben, der das schlechtere geschrieben habe, müsse sterben.

Wilhelm Ditzen weiß von ständigem Streit mit Necker, Bernhard Hübner von der Absicht Rudolfs, eine Dame, Fräulein Simon, zu erschießen, und auch Dr. Eggebrecht erfährt davon, als er nach Rudolstadt kommt.

Das alles sind Tarnungen. Schulden hatte Rudolf Ditzen gewiß nicht. Aber wie Necker, der vor seinem Tode der Mutter etwas von einem verpfändeten Ehrenwort schrieb, weil das das einzige Motiv war, das sie verstehen würde, dachte Rudolf Ditzen sich ein bürgerliches Selbstmordmotiv aus: Schulden.

Necker wird seine Mutter auch sonst gekannt haben. Wie sie selbst bei seinem Tode nicht ihr Rollenspiel aufgibt, so vermittelt auch er ihr in diesem Moment nur das ohnehin Bekannte, Erwartete. Leben und Tod beherrscht die Übereinkunft gleichermaßen. Er bleibt der gute, lebenslustige, brave, ein ganz klein wenig unvernünftige Sohn und sie die allwissende, sorgliche, verständnisvolle Mutter. Von seinem beständigen Spiel mit einer Pistole aber weiß sie nichts, nichts beispielsweise davon, daß er in seinem Portemonnaie wie eine Reliquie eine Kugel trägt, die er ein paar Wochen vorher durch die Finger in einen Tisch geschossen hat, und beständig mit dem Todesgedanken spielt. Will Ditzen einmal nicht mehr, bringt er die Angelegenheit weiter, und hat Necker einmal andere Gedanken, ist es Rudolf Ditzen, der sie ihm nimmt. Und dann hat Necker noch seinen «Ehrbegriff», zwar weiß er noch so gut wie nichts vom Leben, aber «Ehre», die hat er schon – kraft Geburt. Aus «Ehre» schießt er, aus «Ehre» zu töten ist ein herrliches Motiv.

Unfähig, nach den Konventionen ihrer Umgebung zu leben, waren Ditzen und Necker ebenso unfähig, wenigstens außerhalb dieser Konventionen zu sterben. In Tod und Leben sind sie gleichermaßen an diese

Welt gefesselt. Darum auch inszenieren die Mitglieder der «Literaria» und Laienschauspieler den Wortwechsel in der kleinen Öffentlichkeit von Rudolstadts Straßen.

Necker ist es, der auf diese Idee kam, und auch die ehrenwörtliche Verpflichtung, den anderen, sollte er nur verwundet sein, zu erschießen, kommt von ihm.

Zur Ausführung des Todesplans war Montag, der 16. Oktober, bestimmt worden. Der Tag des Schulbeginns. Man kann sich den Effekt vorstellen. Und auch die Abneigung gegen diese Schule. «In der modernen Schule kann man nur als Verbrecher oder Irrsinniger enden», hat Rudolf Ditzen seiner Tante Ada gesagt. Aber am Sonntagabend kommt Necker noch der Gedanke einer öffentlichen Beleidigung, damit der Stadtklatsch sich ihrer nicht bemächtigen könne. Also wird die Tat noch einmal um vierundzwanzig Stunden verschoben, Necker noch einmal vierundzwanzig Stunden voller innerer Aufregung sein. Beim sonntäglichen Kirchgang beobachten andere Kirchgänger verwundert seine große Nervosität und Unruhe, die ihn dazu bringt, unentwegt Blätter aus seinem Gesangbuch herauszureißen. Nur seiner Mutter erscheint er unverändert.

Bleibt eigentlich nur, was Rudolf Ditzen Bernhard Hübner und dem Leipziger Hausarzt Dr. Eggebrecht erzählt, der Wunsch, eine Dame zu töten, Fräulein Simon zu erschießen. Wollte er einem Mord durch Selbstmord entgehen? Wiederholt sich die Leipziger Situation? Ist aus dem Wunsch, eine Frau zu beleidigen, der Wunsch, sie zu töten, geworden?

Es gibt Parallelen. Möglich, daß er aus dem Konflikt, sich zu einem Mädchen hingezogen zu fühlen und doch nicht zu wissen, wie er sich ihr mitteilen könnte, abermals herausspringen will in die Zerstörung des geliebten Gegenstandes. Diesmal aber totaler, endgültiger: durch Tötung. Diese Schwelle aber kann er nicht übersteigen, und so richtet er die Tötungsabsicht gegen sich selbst. Seine bürgerliche Zwangslage führt in eine tödliche Zwangsvorstellung.

Ist es das Motiv? Es ist ein Motiv und vor allen Dingen das Motiv, das alle Beteiligten gern aufnehmen. Die Familie will den Sohn auf jeden Fall vor einer Mordanklage retten. Der Reichsgerichtsrat Ditzen wird doch wohl gewußt haben, wie in diesem Falle vorzugehen ist. In Aussagen der Angehörigen vor Gericht wimmelt es auf einmal nur so von Selbstmördern und Geistesgestörten in der Familie.

Adalaide Ditzen, Wilhelm Ditzens Schwester, sagt über die Vater-seite aus: «Meine Mutter ist zwölf Jahre lang rückenmarkleidend (Tabes) gewesen und hat öfters den Wunsch gehabt, Selbstmord zu begehen. Ein Sohn der Schwester meiner Mutter ist im Irrenhaus ge-wesen...»

«Die Mutter des Angeschuldigten leidet seit etwa 10 Jahren an schweren Depressionszuständen, die vielleicht durch eine leichte Epi-lepsie verursacht worden sind. Wie mir gesagt worden ist, hängen sie mit den Unglücksfällen in der Familie nicht zusammen, sondern sind gerade in ruhigen Zeiten aufgetreten. Der in den Akten erwähnte Vor-fall, der mit die Ursache gewesen sein kann, daß Rudolf Ditzen die Herbstferien nicht im Elternhaus verbracht hat, ist der Selbstmord des Rechtsanwaltes Kerbe in Wittenberg, des Ehemannes der Schwester von Ditzens Mutter...»

Und über die Situation der mütterlichen Seite der Familie gibt Elisa-beth Ditzen geb. Lorenz zu Protokoll: «In unserer Familie sind mehrere Fälle abnormen Geisteszustandes vorgekommen. Mein Bruder hat sich als Student das Leben genommen, weil er... fürchtete, geisteskrank zu sein. Auch eine Schwester meines Vaters soll sich das Leben genom-men haben. Näheres kann ich hierüber nicht angeben. Unter den Ver-wandten meines Vaters fanden sich mehrere eigentümliche Men-schen...»

Rudolf Ditzen wird aus dem Gefängnis in die psychiatrische Klinik von Jena zur Beobachtung überführt. Reichsgerichtsrat Ditzen schreibt dem Verteidiger seines Sohnes, Justizrat Sommer, am 5. Dezember: «Die erste Hälfte der sechswöchigen Beobachtungszeit endet morgen. Es bleiben drei Wochen. Was wird mit Rudolf nach deren Ablauf? Das muß rechtzeitig entschieden werden. Es bleibt nur die Alternative: Ge-fängnis oder eine Verwahrung.»

Am 13. Dezember 1911 teilt der Direktor der psychiatrischen Klinik in Jena sein Untersuchungsergebnis mit: «Der p. Ditzen gehört in die Kategorie der Psychopathen, bei denen sich die Anfänge einer krank-haften psychischen Entwicklung bis in die Kindheit zurückverfolgen lassen. Vor allem fällt auf die ungleichmäßige Entwicklung der geisti-gen Fähigkeiten mit einseitiger Hervorkehrung phantastischer, gewis-sermaßen künstlerisch-literarischer Begabung, bei gleichzeitiger Ent-wicklungshemmung auf anderen Gebieten. Dazu gesellt sich eine krankhafte affektive Reaktion gegen die Vorgänge der Umwelt, die ihn zu einem eigentümlichen, verschlossenen, unzufriedenen und unsozialen Menschen schufen, einem Menschen, der infolge der einseitigen Hervorkehrung egozentrischer Denkrichtung mit Überbewertung der eigenen Persönlichkeit als hochmütig galt... im vorliegenden Falle läßt sich aus der vorstehenden Schilderung unschwer erkennen, daß die Weiterentwicklung der psychopathischen Züge zu den Symptomen ausgeprägter psychischer Störung sich in der Pubertätszeit vollzogen hat und durch interkurrente Schädlichkeiten (Hirnerschütterung, Typhus) gesteigert wurde. Zur Zeit der Begehung der inkriminierten Handlung befand sich der p. Ditzen zweifellos in einer *Gemütsdepression mit ausgesprochenen Zwangsvorstellungen.*

Wir stehen deshalb nicht an, unser Urteil dahin abzugeben: der p. Ditzen befand sich zur Zeit der Begehung der Tat in einem Zustand krankhafter Störung der Geistestätigkeit, durch welchen seine freie Willensbestimmung ausgeschlossen war (§ 51 StGb.).»

So einfach ist das: Paragraph einundfünfzig. Der Untersuchungsrichter in Rudolstadt läßt die Anklage fallen. Aus der Jenaer Klinik kommt Rudolf Ditzen in die geschlossene Anstalt Tannenfeld, wo er bis zum November 1913 ist, knapp zwei Jahre. Was er immer befürchtete, in eine Irrenanstalt gesteckt zu werden, ist eingetreten. Das Problem war aus der Welt. Natürlich ist das Problem nicht aus der Welt. Das viele «Unglück», das an ihm haftet, wird bei ihm bleiben. Dazu ist es viel zuwenig sein Unglück. Nichts ist in diesen Monaten geklärt worden, wie sollte es auch.

Was da am 17. Oktober gewaltsam sich einen Ausweg suchte, war seine ganze unberatene Jugendgeschichte. Das war kein medizinisches Problem, es war ein gesellschaftliches mit einem überlebensgroßen Vater und der überlebensgroßen Moral des wilhelminischen Deutschlands. In dieser Welt aber konnte Rudolf Ditzen nicht leben, und er konnte auch darüber nicht sprechen, nicht einmal zu sich selbst. Aber er empfand den sozialen Automatismus, dem er ausgeliefert war. In dieser Zeit schreibt er einen Lebenslauf: «... Ich fing mit Unlust diese Lebensbeschreibung an, diese Erzählung eines Lebens, das nie zart und schön, sondern stets ekelhaft oder krankhaft war, aber ich sah mit Staunen, wie sich eins fein aufs andere aufbaute und das von frühester Jugend an alles diese Tat vorbereitete, ja ahnen ließ. Hatte ich bis jetzt nur die Rückseite des gewohnten Lebens gesehen, auf der alle Fäden wirr und unenträtselbar durcheinanderschossen, so sah ich jetzt die rechte

Seite und sah, daß alles sinngemäß war und alles kam, wie es kommen mußte.»

Im Gymnasium hält Dr. von Nagy eine Ansprache an die Mitschüler, in der er Necker als Opfer einer falschen Anschauung über den Begriff und die Zulässigkeit des Ehrenwortes bezeichnet. Am Nachmittag des 19. Oktober wird in der Rudolstädter Wohnung der Neckers eine Trauerfeier gehalten. Generalsuperintendent Dr. Braune spricht. Als die Leiche Neckers zum Bahnhof überführt wird, erweisen Schüler und Lehrer dem Toten das Geleit. Und an der Spitze des Zuges marschiert die Kapelle des 111. Bataillons des 7. Thüringischen Infanterieregimentes.

Die Zeit braucht Zeit,
ehe sie ihre Beschreiber bekommt

1. Wer ist Tante Ada? –
Heinrich Korn ist mein Vater

Am 3. Februar 1912 trifft der junge Mann, der Rudolf Ditzen heißt und sich «Harry» nannte, im Privatsanatorium des Dr. Tecklenburg in Tannenfeld bei Gera ein. Ein Arzt und Tante Ada begleiten ihn. Hinter Rudolf Ditzen liegt die geschlossene Abteilung der Universitätsklinik Jena. Die erste Eintragung der Tannenfelder Krankenakte berichtet, er sei ruhig und völlig orientiert. Nachts schlafe er auf der Wachstation.

Oscar Wilde ist der große Stern am literarischen Horizont Rudolf Ditzens geblieben. Er liest Kerr und Rilke und noch ein paar andere Dichter wie den Italiener D'Annunzio und den Franzosen Rolland, aber die mehr aus praktischen Gründen. Kennt er eigentlich auch Hölderlin und Susette Gontard, die Frau jenes Frankfurter Bankiers, die der Dichter so verzweiflungsvoll wie vergeblich liebte? Jedenfalls lebt er jetzt in einem Schloß, das eine Zeitgenossin der beiden oft besuchte, Dorothea von Kurland, die umzugehen wußte mit ihrer Zeit und auch dem Mann Metternich, in dessen Nähe sie auf dem Wiener Kongreß Europäisches zu bewegen suchte. Rudolf Ditzen scheint zu der Zeit die Geschichte des Dichters Hölderlin und seiner unglücklichen Liebe zu einer Frau und der Welt, die ihn am Ende als Geisteskranken in einen Turm verrückte, nicht gekannt zu haben. Dabei ist seine eigene Geschichte von dieser so weit gar nicht entfernt. Nur, sie fängt eben kleiner an, findet nicht so hochgespannten Ausdruck und endet auch nicht in sichtbarer Absperrung.

In den Turm kommt er am Anfang seines Dichterlebens. Freiwillig ist er da nicht eingezogen. Das bürgerliche Scheitern Rudolf Ditzens wird in einer Nervenklinik verborgen gehalten. Erst in Jena und dahin von der Obrigkeit gebracht, nun auf Kosten der Familie in Tannenfeld.

Wilhelm Ditzens Schwester Adalaide ist an seiner Seite. Die Dreiundfünfzigjährige ist aus Rom gekommen, wo sie unverheiratet lebt und karitativ tätig ist. Tante Ada, die oft idealisierte.

Schon in Jena war die Tante dabei, nun ist sie dem Neffen noch näher. Nicht alle Brücken sind hinter Rudolf Ditzen also abgebrochen, doch was gelangt über sie in seine Verbannung? Wieder erreichen ihn nur die bürgerlichen Erfolgs- und Disziplinierungszwänge, die Ängste der Familie, das Unverständnis gegenüber seinen so anderen Sehnsüchten und Absichten. Adalaide Ditzen ist weniger mit ihm als mit den Forderungen der Familie an ihn beschäftigt. Jetzt versucht Adalaide Ditzen sich an seiner bürgerlichen Erziehung. Das macht sie als Lehrerin und Hausgenossin und, wenn es sein muß, auch als Zuträgerin. Nicht ohne Gegenwehr des Neffen.

Adalaide Ditzen liest mit ihm, erteilt regelmäßig englischen und französischen Sprachunterricht – und fertigt Aufzeichnungen für die Hand Dr. Tecklenburgs an, was sie noch fortsetzen wird, nachdem der Neffe Tannenfeld schon Jahre verlassen hat. An dem regelmäßigen Sprachunterricht der Tante nimmt der Neffe nur widerwillig teil. Er unterbricht ihn durch Grimassen, und auf Ermahnungen seiner Lehrerin reagiert er laut und heftig. Auch sonst hat sie es mit ihm schwer. Seine Blumen auf dem Tisch darf sie nicht anfassen, und «Rudolf erlaubt schon seit dem Aufenthalt in Jena ungern, daß ich seine Bücher benutze. Die englische Grammatik habe ich nie durchblättern dürfen. Muß ich einmal darin etwas nachsehen, so hält er das Buch krampfhaft mit beiden Händen fest und gestattet nie einen kurzen Blick hinein».

Am 25. Februar besucht ihn eine seiner Schwestern. Man ist zu dritt und unterhält sich; plötzlich fragt Rudolf die Schwester gequält: «Sag mal, wer ist eigentlich Tante Ada? Ich kenne sie doch gar nicht?»

Für die Tante, die Ärzte und die Eltern bestätigen diese Verhaltensweisen Rudolf Ditzens «Krankheit». Sie haben ihr Urteil gesprochen. Es ist ein bequemes Urteil, und alles, was Rudolf Ditzen tut, unterliegt diesem Spruch. Seine Autorität ist unantastbar. Reichsgerichtsrat Wilhelm Ditzen hält ein Gutachten des berühmten Professors Binswanger von der Universitätsklinik Jena in der Hand, das bescheinigt, sein Sohn habe sich «zum Zeitpunkt der inkriminierten Handlung... in einer Gemütsdepression mit ausgesprochenen Zwangsvorstellungen» befunden, und Professor Binswanger wiederum kennt den Dr. Tecklenburg, einen seiner Schüler, der die Privatklinik Tannenfeld besitzt. Hier kann die Familie der Forderung des für das Gericht erstellten Gutachtens, Einweisung des Sohnes in eine Klinik, nachkommen. Die geschlossene Gesellschaft hat ihre geschlossenen Anstalten.

Niemand außer dem Verurteilten stellt dieses Urteil in Frage. Normalität versucht er immer wieder ganz allein und wird dabei immer wieder in die Pflicht seines Urteils genommen, nötigenfalls drakonisch. Schon in der Jenenser Klinik macht Rudolf Ditzen Bekanntschaft mit Streckbett, Einschließung und Isolierzelle, und geht es in der Privatklinik Tannenfeld so recht nicht mit ihm, wird er auch hier ins «Bett» gesteckt, in die geschlossene Abteilung verlegt oder zum «Essen» angehalten. Dr. Tecklenburg meint, mit dem Steigen des Körpergewichtes werde sich auch sein «geistiger Zustand» bessern, werde er weniger aufgeregt, weniger nervös sein. Er hält ihn für einen sich selbst überschätzenden, einem krankhaften Affektleben unterliegenden jungen Mann, dem zu lehren ist, «nüchtern und klar die Grenzen seiner Persönlichkeit zu erkennen, sich zu beherrschen, das Affektleben durch Verstandestätigkeit zurückzudrängen, geordnet zu leben und sich einer praktischen Tätigkeit zuzuwenden».

Da hat Rudolf Ditzen seinen Lebenslauf. Er braucht nur noch die «Grenzen seiner Persönlichkeit» anzuerkennen, die die anderen für ihn festgelegt haben.

Die ihm zugedachte Rolle nimmt er während des ganzen Klinikaufenthaltes nie an. «Empfindet die geschlossene Abteilung als unerträglichen Zwang», ist in seinem Krankenbericht unter dem Datum des 11. 2. 1912 eingetragen. Aber mit seiner Rolle spielen, sie auszuprobieren, sehen, ob sie ihm Erleichterung bringen könnte, das macht er schon. Da steht Rudolf Ditzen dann vor dem Spiegel und ahmt die Bewegungen der Tannenfelder Patienten nach, die Zuckungen ihrer Gesichter, den schleifenden Gang, und sagt unzählige Male bei der Arbeit im Garten vor sich hin: «Heinrich Korn ist mein Vater, Heinrich Korn ist mein Vater, Heinrich Korn ist mein Vater.»

Das sind Ausnahmen. In der Regel besteht er auf dem Status der Normalität. Sich mit diesem Anspruch durchzusetzen fällt unendlich schwer, denn die Kräfteverteilung ist ja eindeutig. Die Übermacht zwingt sich ihm schon in den Mitteln des Widerstands auf. Sie sind so extrem wie seine ganze Lage.

Tante Adas ständige Anwesenheit empfindet der Neffe immer wieder als eine zusätzliche Beschränkung seines ohnehin schon äußerst

kleinen Freiraumes. Darum auch macht er seiner Lehrerin den Sprachunterricht so schwer. Verbessert Adalaide Ditzen seine Aussprache,
wiederholt er viele Male den begangenen Fehler und ist nicht zu bewegen, die Vokabel richtig auszusprechen. Ein andermal schüttelt er während einer Lektion verneinend den Kopf, steigert die Bewegung über
Minuten und sitzt am Ende hochrot mit klappernden Zähnen da.

«Auf Befragen erklärt er derartiges Benehmen nie», vermerkt Ada
Ditzen. In dem lächerlich schmalen Bereich von Souveränität, der ihm
geblieben ist, übt er eine lächerliche Souveränität aus. Als er aus dem
Zimmer geht und die Tante in dem kurzen Moment seiner Abwesenheit eines seiner Bücher vom Bord nimmt und auf den Tisch legt, stellt
er es bei seiner Rückkehr sofort zurück, setzt sich kurz, steht wieder auf
und nimmt es mit den Worten «Nun ist es, als ob nichts gewesen wäre»
wieder in die Hand.

Je länger die Beschränkungen dauern, desto krampfhafter demonstriert er Hoheitsrechte. Tante Ada muß versprechen, in keines seiner
Bücher auch nur einen Blick zu werfen, und er «sichert» die aufgeschla-
genen Bücher mit Bleistiften, die auf bestimmte Worte im Text eingestellt sind. «Als ich frug, weshalb diese Vorsichtsmaßregeln denn immer verschärft würden, erhielt ich wieder keine Antwort», notiert
Tante Ada. Rudolf Ditzen hat sich in den Kleinkrieg zurückgezogen,
nachdem er in den ersten Tannenfelder Tagen wieder mit dem Gedanken umgegangen ist, durch Selbstmord allem zu entfliehen.

«Ich komme immer tiefer in eine völlig melancholische, entschluß-
lose, unlustige Stimmung hinein, wenn ich an meine Sprachstudien
gehe, so empfinde ich das als so gleichgültig, in die Gärtnerei komme
ich überhaupt nicht mehr, an der Literatur und an meinen literarischen
Arbeiten habe ich nicht die geringste Freude mehr, alles ekelt mich»,
schreibt er im Juli an Dr. Tecklenburg, der sich gerade in Altenburg
einer Leistenbruchoperation unterzieht. «Über kurz oder lang werde
ich alles liegenlassen und irgend etwas vom menschlichen Standpunkt
unsagbar Dummes tun. Aber das täte mir nicht leid. Ich warte noch
immer auf etwas, das mich aufrütteln könnte, aber dieses ganze Warten
ist so nutzlos, daß es mich nur hoffnungsärmer macht.»

Auch Tante Ada ist seit Juni nicht mehr in Tannenfeld, für einige
Wochen hält sie sich an der Nordsee auf. Sehr viel anders sind Rudolf
Ditzens Lebensverhältnisse dadurch nicht geworden, aber vielleicht
etwas entspannter, vielleicht ist die Möglichkeit in diesen Wochen um

ein Geringeres größer, er selbst zu sein. Auf jeden Fall fürchtet er ihre Rückkehr, ihre Schulmeisterei, ihr Moralisieren, ihre Zuträgereien. Dr. Tecklenburg gegenüber spricht er aus, was er Adalaide Ditzen mit seinem Verhalten zu verstehen geben will. «Wie ich mich vor ihrem Kommen fürchte, ahnen Sie nicht. Ich weiß ganz genau, es wird nicht gut gehen. Sie wird mich beobachten. Sie wird von ihren Beobachtungen mit Ihnen reden, und Sie werden dann wieder mit mir darüber sprechen. Aber wenn ich etwas habe, so rede ich selbst davon. Ich mag keine Übergriffe von anderer Seite... Ich glaube nicht, daß das Kommen meiner Tante für mich gut sein wird. All diese Lernerei ist doch das Nebensächlichste, die Hauptsache ist, daß ich gesund werde. Sie sagen, gerade durch das Lernen komme ich auch gesundheitlich vorwärts. Ich glaube es Ihnen. Dann aber müßte ich jemand zum Lehrer haben, der sich sonst nicht um mich kümmert, den nur der Schüler und nicht auch der Patient etwas angeht.»

Wo gibt es hier einen Platz für ihn? Was bewegt die Personen der bürgerlichen Szene? Er teilt ihre Selbstverständlichkeiten nicht. «Wenn Menschen reden, so kommt mir alles falsch und erlogen vor. Ich habe immer den Eindruck, als ob sie Theater spielen, daß aber in jedem etwas steckte, was er um keinen Preis zeigen wollte, was aber das Wertvollste seiner Persönlichkeit sei», schreibt er der Tante. Solch Geständnis hat einen Preis. Er legt es vor seiner Herkunft ab. Für Adalaide Ditzen hat die Bürgerwelt kein ängstigendes Doppelgesicht, und sie weiß sich in ihren Auffassungen ganz eins mit den Respektablen. Wenn er sich ihr anvertraut, muß er sich mißtrauen. Seine einsamen Gedanken hat man ihm ja nachdrücklich erklärt: Er ist ein Geistesgestörter. Resigniert nennt er seine Überlegungen: «Einige halb perverse Ideen.»

Rudolf Ditzen erfährt seine gesellschaftliche Irritation weiter als ein persönliches Fehlverhalten. Aus dem Zweifler wird ein Selbstzweifler gemacht. Manchmal hat er in seinem Turm gar kein Gefühl mehr, wer er ist und wer die anderen sind. Er ist allein und mutlos. Eine Möglichkeit sieht er. Wenn er schon keine Solidarität mit seinen Zweifeln finden kann, so vielleicht mit sich, dem Zweifler. «Nun habe ich eine Hoffnung. Ich hoffe, daß mich jemand aus dieser dumpfen Gleichgültigkeit aufrüttelt, daß ich endlich einmal den anderen nahekommen kann.» Er sucht die große Probe auf sich, die gänzliche Annahme in der gänzlichen Auslieferung, den einen Menschen, in dem sich alle Menschen finden lassen. Rudolf Ditzen sucht Liebe.

Zu Dr. Tecklenburgs Familie gehört eine Hauslehrerin, das Fräulein Busch. Noch vor Ostern wird das junge Mädchen sein Lebensmittelpunkt in Tannenfeld. Alle seine Sehnsüchte nach menschlicher Wärme beginnt er auf sie zu übertragen. Aus seinen Wünschen wird ein großes Wunschbild. Als sie über die Feiertage fortfährt, tröstet er sich über ihre Abwesenheit mit einer Hochflut von Gedichten. Ruhiger wird er erst, als sie zurückkommt. Allein ihre Anwesenheit, ein Gespräch mit ihr, ein Spaziergang im Park machen ihn glücklich. Eine Geste, ein Wort, die anders als erwartet ausfallen, stürzen ihn in melancholische Nervosität. Die kühle Normalität des Mädchens übersieht er gänzlich. Dr. Tecklenburgs Hauslehrerin teilt Rudolf Ditzens Empfindungen in keiner Weise, er ist für sie ein Patient wie die meisten anderen auch.

In den Pfingstferien verläßt das Fräulein Busch Tannenfeld abermals. Rudolf Ditzen hat ihr ein halbes Versprechen, ihm einen Brief zu schreiben, abgerungen, doch der Brief bleibt aus. Auf das Naheliegendste kommt er nicht. Er verfällt dafür auf den Gedanken, Dr. Tecklenburg könne den Brief zurückgehalten haben, bis ihm die Hauslehrerin bei ihrer Rückkehr sagt, sie habe den Brief gar nicht erst geschrieben.

Die Nichtbeachtung durch Fräulein Busch arbeitet in ihm. Woran er dabei denkt, offenbaren die Zwangsvorstellungen, die ihn in diesen Tagen überkommen. Er ist ja ein Schuldiger, ein Mörder, die Rudolstädter Tat nicht vergeben. Nachts erscheint ihm Neckers älterer Bruder und schießt auf ihn, und er nimmt diesen Traum auch in den Tag hinüber. Im Park oder vor den Fenstern des Musikzimmers taucht der Rächer auf.

Rudolf Ditzen vertraut sich seinem Arzt an. Dr. Tecklenburg hält es für richtig, ihn ins Bett zu stecken und ein paar Tage lang einzuschließen. Nach einer Woche darf er wieder in der Gärtnerei arbeiten, und er schreibt nach dieser Woche am 10. Juni der Tante, den didaktischen Rahmen ihrer Korrespondenz verletzend: «Du mußt dieses eine Mal schon entschuldigen, wenn ich Dir weder englisch noch französisch schreibe, aber ich habe Dir einiges mitzuteilen, das dann schief und falsch klingen würde, so schreibe ich jetzt deutsch... Ich bin ruhig geworden. Aber ich täusche mich nicht darüber, daß es mit dieser Ruhe eine fragliche Sache ist und daß es über kurz oder lang – und ich glaube sehr bald – wieder so kommen wird. Ich bin zwar ganz sicher, daß ich nicht wieder einen Anfall von Zwangsideen bekommen werde, aber diese Angst und Aufregungszustände sind schon an sich schrecklich genug, und auf die Dauer werde ich sie nicht ertragen können.»

Noch einmal acht Tage später bekommen auch die Eltern einen Brief und das Bild, das sie erwarten. «... die letzten Tage waren wieder einfach scheußlich. Ich leide unter einer ständigen Aufgeregtheit... Aber das alles sind keine erbaulichen Geschichten, und ich will Euch so viel wie möglich damit verschonen... Endlich ist auch das Wetter wieder gut geworden, wir spielen mit Eifer Tennis...»

Dieser Sohn hat nichts Besonderes erlebt. Seinen gescheiterten Bindungsversuch versteckt er metaphorisch. Vor Eltern ist eine Maske zu tragen. «Es ist zu schade, daß der einzige Mensch, dem ich mich ein wenig angeschlossen hatte, abreist. Kein großes Licht..., aber ein einfacher gutmütiger Mensch, mit einer wahren Engelsgeduld gegenüber meinen Launen.»

Mit der Hauslehrerin hat man «gesprochen». Über ihren guten Ruf beispielsweise und daß über sie schon «geredet» werde und sie in Zukunft zurückhaltender sein müsse. Fräulein Busch kann sich diesen Argumenten nicht entziehen. Auch mit Rudolf Ditzen wird gesprochen. Da seien ja in Tannenfeld auch noch andere Menschen, Fräulein Busch dürfe ihm nicht mehr sein als eine zufällige Bekanntschaft, er müsse sie nicht meiden, Tennis spielen und mit ihr reden könne er durchaus, nur eben im Rahmen des Schicklichen. Ganz unbemerkt bleiben Dr. Tecklenburg und der aufmerksamen Tante, daß Rudolf Ditzen *liebt*.

«... ich will jemand haben, der nicht höher steht als ich, sondern mir gleich und mit dem ich mich zusammen hocharbeiten kann.» Seine groß gedachte Liebe gibt er nicht auf. Fräulein Busch beherzigt die Ermahnungen. Sie hat ja auch keinen Grund, diesen merkwürdigen jungen Mann zu verteidigen. Rudolf Ditzen weiß, wie man sie bedrängt hat, in Tannenfeld blüht der Klatsch. Er beobachtet sie nun mißtrauisch, und sie befürchtet ständig, den erlaubten Rahmen zu verletzen. Die Atmosphäre zwischen beiden ist gründlich vergiftet. Rudolf Ditzen resigniert. Das Fräulein Busch muß alle Schuld für die unerwiderte Liebe übernehmen. Seine Einsamkeit nimmt ihre Gestalt an.

«Kleinbürgerlich, wie sie nun einmal ist, und mit begrenztem Gesichtskreis, ist es ihr völlig gleichgültig, ob sie sich selbst etwas vorzuwerfen hat, wenn ihr nur die anderen nichts sagen können. Und das ist natürlich völlig richtig so. Wenn nur ihr guter Ruf gewahrt bleibt, ob da ein Herr X oder Y oder Herr Ditzen darüber kaputt geht, ist ja völlig uninteressant.»

Flugs weiß auch Tante Ada Dr. Tecklenburg ein Detail seines Rückzuges mitzuteilen. Sie hätte ihn gern schneller gefühllos. Liebe ist für diesen jungen Mann eine schädliche Aufregung. «Daß er seinen Wunsch, sie oft zu sehen, nun vor sich selbst durch die Notwendigkeit, sie zu beobachten, ‹maskiert›, ängstigt mich einigermaßen.»

Vom Rande des bürgerlichen Lebenspfades kann man sich keinem bürgerlichen Fräulein nähern. Sie hat ihre Rolle und er seine. Rudolf Ditzens Pennälererfahrung mit der kleinen Käthe Matzdorf wiederholt sich drastisch: Das Gefühl braucht in der sozialen Hierarchie erst einen bestimmten Platz, bevor es sich offenbaren darf. In Leipzig war er bloß ausgeschlossen von allem üblichen Lebensablauf und erhebt doch Anspruch auf Liebe? Er, der Patient, er, dem man mit einem Paragraphen zu Hilfe gekommen ist?

Rudolf Ditzen stört die nirgendwo formulierte Verabredung. Er will ein normaler junger Mann sein. Und wenn er das nicht sein darf, dann wenigstens die Last abwerfen, zu einer Gefangenschaft verurteilt zu sein und sich nicht als Gefangener verraten zu dürfen. Nur heraus aus der Schizophrenie der ganzen Situation will er am Ende der Affäre noch. «...manchmal denke ich, daß mein Leben doch von Grund auf verpfuscht ist und es das Beste ist, mich in eine Zelle zu stecken und zu warten, bis ich langsam, aber sicher verblöde.»

Und dann kommt der 21. Juli mit seinem 19. Geburtstag, und die Tante Ada begeht ihn mit dem Neffen, als sei es nichts Besonderes, in Tannenfeld einen Geburtstagstisch zu haben und man nur eben mal an einem anderen Ort.

Auf den Geburtstagstisch hat Adalaide Ditzen ein Buch gelegt. Romain Rollands «Michelangelo» in französischer Sprache. Es ist ein absichtsvolles Geschenk. Aus ihrer römischen Zeit kennt sie Olga Herzen, die Tochter des russischen Dichters, und Olga ist mit Gabriel Monod verheiratet, der Rollands Lehrer an der Ecole Normale war. So kennt Adalaide Ditzen ein bißchen auch Rolland und darf hoffen, dem Dichter mit einer Bitte kommen zu dürfen. Wie wäre es, wenn der Neffe sein Buch übersetzen könnte? Der Sprachunterricht würde dann praktisch und der Hang des Neffen zur Literatur bekäme übersichtliche Gestalt. Erlebniseruptionen wären hier nicht zu fürchten.

Tante Ada nun plötzlich an seiner Seite. Er wird an diesem Tag glücklich gewesen sein. Sie als Verbündete auf dem einzig freien Weg in die Wünsche und in die Wirklichkeit, den er sieht: die Literatur. Rudolf Ditzen macht sich an die Arbeit. Es ist ein mehr als kühnes Unterfangen, liest man das holprige Französisch der Tannenfelder Zeit, in dem er gelegentlich mit der Tante korrespondiert.

Alle seine literarischen Träume scheinen nun wahr werden zu wollen, und er fühlt sich weit emporgehoben. Warum soll er da oben an die nicht ganz so vollkommene Realität denken? Sie wird schon nachkommen. Er ist ein wichtiger Übersetzer, ein intimer Kenner der französischen Literaturszene, er hat einen Kollegen getroffen, der Rolland heißt.

«Sehr geehrter Herr», kann er da ohne Umschweife am 28. Oktober schreiben, «endlich komme ich dazu, Ihnen für Ihren freundlichen Brief zu danken...»

Er wird sich für Rolland einsetzen. Der Eugen Diederichs Verlag in Jena hört auf ihn. Man ist interessiert, mit dem jungen Mann ins Gespräch zu kommen, der die Übersetzung eines neuen Rolland-Buches anbieten kann. Gleich bei drei Verlagen hat er sich gemeldet. Albert Langen in München und der Leipziger Xenien-Verlag gehören noch dazu.

Rudolf Ditzen läuft einem Erfolg nach. Den Vater in Leipzig erreicht er laufbahnmäßig. Seine Assessorschaft liegt dreißig Jahre zurück. Am 20. Oktober wird Wilhelm Ditzen per Dekret der Königliche Kronenorden 3. Klasse verliehen.

Albert Langen weist den Sohn darauf hin, daß schon ein anderer Übersetzer im Besitz der Rechte sei. Dem Xenien-Verlag vermittelt die Probe keinen Eindruck, und nur von Eugen Diederichs ist ein positiver Brief gekommen, in dem um eine Übersetzungsprobe und eine Mitteilung über seine Honorarforderung gebeten worden ist. Ganz unvorbereitet hat ihn das nicht getroffen. In dem hochgemuten Brief an Rolland finden sich auch die skeptischen Worte: «Ich hätte Ihnen noch viel zu schreiben. Aber die Briefe wegen des Opus, das vielleicht doch nie herauskommt, häufen sich immer mehr, aber ein andermal darf ich Ihnen vielleicht wieder schreiben.»

Rolland teilt ihm in seinem nächsten Brief mit, was Albert Langen ihm schon geschrieben hat: die Rechte sind vergeben. Was soll nun noch das Schreiben von Eugen Diederichs, der ihm am 11. November erklärt: «Mein literarischer Vertrauensmann fand Ihre Übersetzung gut und riet mir auch zum Herausbringen des Buches, so daß wohl in der Hauptsache noch über die Honorarfrage zu verhandeln ist.» Es macht die Niederlage nur bitterer.

«Das war eine schlimme Nachricht», bekennt der Übersetzer Ditzen Rolland am 3. November. «Und Ihr lieber Brief, der mich so trösten sollte, hat dabei doch ein wenig versagt. Denn Sie können doch nicht so ganz ermessen, was ich damit verloren habe mit dem Gedanken, nie Ihren ‹Michel Ange› übersetzen zu dürfen.»

Er hat das Buch mehrmals gelesen, und die Einleitung mit Rollands Bemerkungen über das Christentum weiß er auswendig. Auch Rollands Jean-Christoph-Roman kennt er, aber das Künstlerschicksal des Michelangelo beeindruckt ihn mehr. «So wie Ihr Michel Ange ringt und kämpft und unterliegt, so habe auch ich und Sie und wir alle, die wir Künstler sind oder werden wollen, gerungen, gekämpft und sind unterlegen. Vorläufig bin ich besiegt, und ich traure über meine Niederlage. Alles schien so gut zu gehen, so über alles Erwarten gut, ich war so voll von Freude und vom Stolz...»

Michelangelo, Rolland und Rudolf Ditzen in einer Reihe. Eine Mappe mit Gedichten trägt er mit sich herum, und ein kleines Stück hat er zu liegen, «Das Kräutlein Wahrheit», das er Weihnachten 1910 geschrieben hat. Es ist gar nicht einmal unamüsant, ein paar Honoratioren kommt die Fähigkeit zur Lüge abhanden, und eine Weile existieren sie in aller ihrer bürgerlichen Schrecklichkeit, aber etwas literarisch wirklich Ernstes ist nicht darunter. Doch warum soll er sich nicht groß denken? Rudolf Ditzen verpflichtet sich mit der unverschämten Ernsthaftigkeit eines jungen Mannes auf ein Ideal. Und gleich nebenan baut er sich noch ein kleines Idyll. So schön hat er sich das vorgestellt, wenn die langen Winterabende kommen und draußen im Park der Schnee fällt, wird er am Schreibtisch über seiner ersten wichtigen Arbeit sitzen, die alles wenden muß.

Von seinem Ideal und seinem Idyll kann er nicht lassen. Jetzt bittet er Rolland, ihm die Übertragung seines Beethovenbuches zu überlassen. Weder besitzt er es, noch kennt er es. Er hat nur davon gehört, und «musikalische Fachkenntnisse» hat er schon gar nicht, wie er Rolland gesteht. «Sollte das Buch aber noch nicht zur Übersetzung vergeben sein, so bitte ich Sie sehr herzlich darum. Und uns in Deutschland fehlt gerade ein gut geschriebenes Buch über Beethoven. Man müßte wieder von vorn anfangen. Aber der Mut und der Trieb in mir wollen es nun einmal so. Und es sollen gerade Sie sein, denn Sie liebe ich. Ich stelle Sie über unsere Deutschen, die heute leben, und über Ihre Zeitgenossen in Frankreich . . . »

Wie so viele Erfahrungen, fehlt ihm auch die Erfahrung, welche Schwerarbeit Literatur ist und wie er sich fest auf seinen Briefköpfen als «Schriftsteller» bezeichnet, so redet er auch feste Urteile daher. Doch am Ende seines Briefes zeigt er sich im Besitz des Schlüsselsatzes eines beginnenden Künstlers: «Ich will durch mich weiter und nicht durch Zufälle.»

Was der Satz bedeutet, mag er ahnen, was er verlangt, wird ihm eine lange Strecke Leben erst beibringen. Tannenfeld hat ihn nicht in die Wirklichkeit zurückgebracht. Eher weiter daraus verdrängt. Alles, was er angefangen hat, läßt vernünftige Ergebnisse vermissen. Der Schock der Sanatorien und Kliniken sitzt so tief, daß er sich ihnen nicht anvertrauen wird, als er sie später tatsächlich braucht.

Die Herkunft hat ihren Namen verloren. Welchen Namen er der Zukunft geben soll, weiß er nicht.

2. Ein vielversprechendes Leben

Die Heilanstalt für Nerven- und Gemütskranke Tannenfeld entläßt Rudolf Ditzen im Spätsommer in das Jahr 1913. Dr. Tecklenburg hält die Zeit für gekommen, «Ditzen dem sozialen Leben wiederzugeben und ihn vielleicht doch noch zu einem nützlichen Gliede der menschlichen Gesellschaft zu machen».

In diesem Jahr schreibt das «Literarische Echo» über einen neuen Prosaschreiber: «Kafka ertappt zwischen dem Ich und der Welt noch einen Dritten: den Menschen eines Zustands, der nicht mehr er selbst und noch nicht das ‹andere› ist.»

In diesem Jahr erklärt der Kanzler Bethmann-Hollweg vor dem Reichstag, die europäische Machtkonstellation habe sich zu Ungunsten Deutschlands verschoben und fordert eine Vergrößerung des Heeres um viertausend Offiziere, fünfzehntausend Unteroffiziere und hundertsiebzehntausend Gefreite und Soldaten.

In diesem Jahr steigt ein junger Mann die Treppen eines Hauses am Boulevard Montparnasse empor. Er besucht Romain Rolland, der ihm sagt, daß es Zeit sei, wachsam zu werden und immer wachsamer, die

Kräfte, die zum Haß drängten, seien aggressiver als die versöhnlichen, auch ständen hinter ihnen bedenkenlose materielle Interessen. «Es war das erste Gespräch, aus dem ich erkannte», notiert Stefan Zweig, «daß es unsere Pflicht sei, nicht unvorbereitet der immerhin möglichen Tatsache eines europäischen Krieges entgegenzutreten...»

In diesem Jahr 1913 bekennt Adalaide Ditzen dem Dr. Tecklenburg: «Daß wir es Ihnen verdanken, wenn Rudolf es noch einmal und zwar auf die denkbar vielversprechendste Weise mit dem Leben versuchen kann, das ist mir am allerdeutlichsten klar.» Auch der Arzt weiß die Tante zu loben, die durch ihr «reiches Wissen im systematischen Unterricht den Kranken zu geordneter Arbeit und Erwerbung von realen Lebenswerten erzog».

Rudolf Ditzen spricht ein holpriges Französisch, beherrscht einigermaßen die englische Sprache und kennt ein paar italienische Vokabeln. Adalaide Ditzen schreibt er jahrelang keine Briefe mehr, ist bei zufälligen Treffen in Leipzig «nicht nur fremd, sondern bösartig gegen sie», besucht sie noch einmal 1918 in Karlsruhe, verdrängt aber selbst diese wenigen Begegnungen, so stark ist das Gefühl, sich von ihrer «Lebensschulung» befreien zu müssen. Erst Ende September 1936 trifft er sie in Carwitz als Hans Fallada wieder. In einem Brief an die Schwester Elisabeth meint er: «Ich habe sie, seit sie mich 12/13 in Tannenfeld erzog, nicht mehr gesehen.»

Auf einem Abiturzeugnis hätte Rudolf Ditzen für Sprache mäßige Noten erhalten. Aber er besitzt ja kein Abiturzeugnis und wird solches Karrieren öffnende Papier auch nicht mehr in die Hand bekommen. Als Zwanzigjähriger kann man 1913 nicht in eine Unterprima zurückkehren. Alles, was er diesem Zeugnis zuliebe ertragen hat, ist umsonst gewesen.

«Es war doch wahrhaftig in diesem Hause, als gäbe es keine Jugend, kein Leben, kein Hin und Her, keinen blühenden Flieder. Sondern als sei dieses ganze Dasein nichts wie ein Strafgesetzbuch: Verbote, Übertretungen, Vergehen, Paragraphen – ein Dreck!» bekennt der Gymnasiast Willi Jensen ein paar Jahre später in Falladas Romanfragment «*Unterprima Totleben*» und beschreibt, warum er ausharrt:
«... weil nur das bestandene Abitur den Weg in die Freiheit bedeutete, daß man so aufgezogen war, daß man nichts anderes leisten konnte, als eben dies Abitur zu bestehen, wofür man wieder des Vaters Geldbeutel brauchte, daß alles Revoltieren nichts nützte, weil der Vater schon ein-

mal gedroht hatte, den widerspenstigen Sohn einfach in ein Priesterse-
minar zu stecken, daß aber vielleicht auch das Abitur nicht die Freiheit
bedeutete, weil nach des Vaters Ansicht ein Sohn von ihm nie etwas
anderes als Jurist werden konnte, während der Sohn nur an die Medizin
dachte.

Ach, das waren alles so schrecklich ausweglose Gedanken..., daß
man sich manchmal sogar wünschte, alles möchte doch zusammenstür-
zen, seinethalben in einem Erdbeben, oder in einer Feuersbrunst auf-
gehen...»

Willi Jensen wird seine Katastrophe haben. Rudolf Ditzen kommt in
das letzte Friedensjahr vor dem großen Krieg. Am 1. August 1913 tritt
er als Eleve in das Rittergut Posterstein und Vollmershain ein. Wilhelm
Ditzen hat mit dem Besitzer Hermann eine entsprechende Vereinba-
rung getroffen. Was sich Rudolf Ditzen bei der Arbeit im Park von
Tannenfeld und der Gärtnerei abgesehen hat, läßt sich als Ausbildung
nicht bezeichnen, reicht aber für den Entschluß der Familie aus, ihn in
der Landwirtschaft unterzubringen. Auf den Gütern und Domänen ist
er fern der Verführerin Stadt. Das versäumte Abitur, die unerlösten
literarischen Hoffnungen, der mühsam gekittete Bruch mit der Familie, die ungeliebte Ausbildung, das scheinen die Dinge zu sein, mit denen es Rudolf Ditzen aufnehmen muß. Welch Glück, wäre das schon
alles Unglück.

Rudolf Ditzen gilt als gefährlich. Dr. Tecklenburgs ehemaliger Pa-
tient ist kaum ein paar Wochen auf dem Gut Posterstein, da fordert der
Erste Staatsanwalt aus Rudolstadt vom zuständigen Herzoglichen
Landratsamt Ronneburg eine «unauffällige polizeiliche Überwachung»
Rudolf Ditzens. Dr. Tecklenburg, den die Behörde befragt, lehnt sie ab.
Landrat Lembke steckt daraufhin den Rahmen der sicherheitspolizeili-
chen Überwachung am 13. November Tecklenburg gegenüber neu ab:
«Ich teile Herrn Hermann diesen Schriftwechsel mit und verpflichte
ihn, ohne Verzug den Kranken abzusondern, Sie zuzuziehen und mich
zu benachrichtigen, sobald er seine Umgebung gefährdet. Sie verpflich-
ten sich, mich zu benachrichtigen, wenn Sie Ihre ärztliche Aufsicht
über Ditzen beenden oder ihn an einer anderen Stelle außerhalb Ihrer
Anstalt unterbringen.»

In der Kirchengemeinde Posterstein verweigert Pastor Schultze aus
Lohma Rudolf Ditzen das Abendmahl, weil «Blut an seinen Händen
klebe». Mitte November schreibt ihm der Vater, er solle zu Weihnach-

ten nicht zu den Eltern nach Leipzig kommen, er könne dort «Anfechtungen» ausgesetzt sein. Auch für Dr. Tecklenburg hat er einen Rat. Werde der Sohn wirklich polizeilich überwacht, müsse er schweigen, vom Vorgehen des Landrats aber solle Rudolf erfahren: «Das hätte einen Vorteil; er würde eindringlich darauf hingewiesen, nichts zu tun, was das Gebot des Gewöhnlichen verläßt...»

Morgens um drei Uhr geht der Eleve Ditzen in die Kuhstall, er ist Oberaufseher von einhundertzwanzig Kühen und einem Dutzend Melkern. Er hat darauf zu achten, daß die Kühe sauber ausgemolken werden, die Melker sorgsam mit ihnen umgehen und nicht zu viele Katzen zwischen den Milcheimern herumstreunen. Auf den Feldern überwacht er das Pflügen oder Rübenhacken, im Wald die Holzfäller. Den ganzen Tag hat er hinter den Leuten zu stehen und sie anzutreiben, «denn nie taten die Leute nach Ansicht meines direkten Vorgesetzten, des Inspektors Schönekerl, genug. Und nie leistete ich genug im Antreiben».

Abends, wenn die Pferde gefüttert sind, ist er selber dran. Zum Umkippen müde steht er vor Rittergutsbesitzer Hermann. Der ragt wie ein Turm in seinen spiegelnden Schaftstiefeln vor dem schmächtigen Eleven auf, der bescheiden Gamaschen an den mageren Beinen trägt. Hermann nimmt in endlosen Gesprächen die ganze Wirtschaft mit ihm noch einmal durch. Die Knechte gehen nach dem Füttern an dem Eleven vorbei nach Hause, der Hofmeister schließt die Böden und Scheunen ab, die Mamsell jagt das letzte Geflügel in die Ställe, Hermann setzt mit seinem Eleven den Stehkonvent bis in die Dunkelheit fort. Rudolf Ditzen kommt als letzter vom Hof.

Rudolf Ditzen macht Bekanntschaft mit dem Getreideanbau und der Samenzucht, der Viehwirtschaft, der Branntweinbrennerei und der landwirtschaftlichen Buchführung. Im Rechnungswesen brilliert er geradezu. Ganz ohne Einfluß ist der korrekte Vater nicht geblieben. Wenn er will, kann der Sohn außerordentlich genau sein. Die Pedanterie muß ihm überhaupt manches Halteseil für sein Leben liefern. Hermann läßt ihn die Bücher führen, überträgt ihm die Wirtschaftskasse und auch Amtsvorsteher- und Schiedsmannsgeschäfte. Natürlich bringt man Rudolf Ditzen auch bei, wie man aus den Leuten etwas «herausholt». Sein sozialer Absturz bohrt in ihm viel zu sehr, als daß er nicht für alles anfällig wäre, was ein bißchen Prestige verschaffte. In Posterstein nimmt er die angebotene Rolle eines kleinen Herren ohne allzuviel Nachdenken an. Den Ton dafür hat er sich bei Hermann abgesehen.

Rudolf Ditzen kommandiert anmaßend, und auch einmal zuzuschlagen scheint ihm dazuzugehören. Noch ist er fern davon, sich auch als eine Art «Feldarbeiter» zu empfinden.

Posterstein ist der Exilort eines heimlichen Literaten. Als Jahre später unausweichlich feststeht, daß die Güter und Domänen mehr als ein Zwischenspiel sind, kommt er den Knechten und Mägden näher. Das Leben auf dem Lande verhakt sich als künftige Literatur in seinem Kopf.

Denkt der Eleve Ditzen an Literatur, denkt er an Selbstausdruck in Schönheit. Doch der Ästhetizismus des jungen Mannes und die Düsternis der eigenen Geschichte ergeben keinen Reim, und so kann der Postersteiner Schriftsteller den Verlegern immer nur Absichten anbieten. Am 13. Januar 1914 schreibt ihm der Xenien-Verlag: «... Was weiterhin Ihre beiden eigenen Werke angeht, so entnahmen wir Ihren Zeilen mit Bedauern, daß Sie uns diese erst im Laufe des Sommers übermitteln können, wodurch unseres Erachtens für den Fall einer Verständigung gerade die günstigste Zeit der Buchausgabe versäumt wird, und möchten Ihnen daher nahelegen, uns wenn irgend möglich sowohl die Manuskripte Ihres Romans als auch das Ihrer Skizzen zunächst einmal unverbindlich schnellstens einzusenden ...»

Der Eleve hat nichts Brauchbares vorzuweisen. Nur schöne Aussichten.

Zeitgenossen sagen, der Sommer 1914 wäre ihnen auch ohne das große Verhängnis unvergeßlich geblieben. Selten hätten sie einen Sommer erlebt, der üppiger und schöner gewesen wäre.

Baden ist ein kleines Städtchen in der Nähe von Wien. Wald reichte noch 1914 zwischen die biedermeierlichen Häuser mit ihren gelben und weißen Fassaden. Der 28. Juni ist ein linder Tag, in hellem Sonnenschein wogt eine festliche Menge durch den Kurpark. Der junge Mann, der im vorigen Jahr bei Romain Rolland gewesen war, sitzt mit einem Buch am Rande des Parks, das Gelesene, das Rauschen der Bäume, die ferne Musik vermischen sich in seinem Kopf zu einem einzigen heiteren Akkord. Ein Stottern im Rhythmus der Musik läßt ihn aufhorchen. Sie bricht im Takt ab, die Menge drängt sich um den Musikpavillon, der einsame Leser tritt hinzu und liest die dort angeheftete Depesche: «Seine Königliche Hoheit, der österreichische Thronfolger Franz Ferdinand, und seine Gemahlin sind einem politischen Meuchelmord zum Opfer gefallen.»

Auf der Kieler Förde kreuzt ein Schiff. Unter dem Sonnensegel der «Hohenzollern» sitzt an diesem Nachmittag Wilhelm II., damit beschäftigt, eine Regatta zu leiten. Dem Schiff nähert sich ein Motorboot, die Person unter dem Sonnensegel will nicht gestört werden. Die Kieler Woche hat ihren Höhepunkt. Der Offizier auf dem Motorboot hält eine Depesche hoch, wickelt sie in sein Zigarettenetui und wirft sie an Deck.

«Um die Mittagsstunde hat der serbische Student Gabriel Princip den österreichischen Thronfolger und seine Frau erschossen.»

Der Kaiser läßt auf seiner Jacht «Hohenzollern» die Fahnen auf halbmast setzen. Zwei Tage später schreibt der deutsche Kaiser an den Rand der ersten von achthundertneunundsiebzig Akten, die ihm bis zum Kriegsbeginn am 1. August vorgelegt werden: «Jetzt oder nie!»

Jetzt oder nie muß mit Frankreich endgültig abgerechnet, Rußland für immer geschwächt, England unvergeßlich bestraft werden.

Jetzt oder nie muß in Europa entschieden werden, wer in Afrika und auf den Meeren und in Asien und natürlich in Europa der Mächtigste ist.

Jetzt versucht Rudolf Ditzen, wieder in der Bürgerwelt unterzukommen. Er meldet sich in Altenburg freiwillig zur Infanterie.

Der Krieg tritt in Deutschland als die Stunde der großen Versöhnung auf. Alles wird nun besser, schöner, anders sein. Alle Widersprüche sollen sich umarmen. Ich kenne keine Parteien mehr, nur noch Deutsche, sagt der Kaiser. Jahr um Jahr ist daran gearbeitet worden, den Krieg zur großen Läuterung umzulügen.

Ein Krieg, das wäre nicht schlecht, denkt Gustav Hackendahl, Falladas *«Eiserner Gustav»*, am Tag nach Sarajevo, «dann lernen die Bengels wieder, daß Leben Kampf ist...» Gustav Hackendahl zweifelt nicht daran, daß sich auch sein verbummelter verlorener Sohn Erich freiwillig melden wird. «Wieso nicht?... Jetzt gibt es das nicht, jetzt müssen wir alle zusammenhalten. Jetzt weiß einer wieder, daß er zum anderen gehört...» Kein Wort von vergangenen Dingen soll mehr in der Familie Hackendahl gesprochen werden. «Alles ist vergeben und vergessen.»

Die Altenburger Infanterie kann Rudolf Ditzen nicht gebrauchen. Sein Brustumfang ist zu gering. Rudolf Ditzen versucht es nun in Leipzig. Dem Vater erklärt er, er wolle sich beim Train, den Nachschubeinheiten, melden, selbst auf die Gefahr hin, auch dort zurückgewiesen zu werden. Er hätte dann getan, was er könne. Wilhelm Ditzen ist einer

Meinung mit seinem Sohn. In den letzten Augusttagen erkundigt sich der Reichsgerichtsrat vorsorglich bei einem Arzt des Bezirkskommandos, ob grundsätzlich Bedenken gegen die Annahme von ehemals Geisteskranken bestünden. Grundsätzliche Bedenken gegen ehemalige Geisteskranke bestehen nicht.

Wilhelm Ditzen setzt seine Bemühungen fort. Er bittet Dr. Tecklenburg um ein Zeugnis, daß der geistige und körperliche Zustand des Sohnes den Militärdienst erlaube. Vater und Sohn sind allerdings entschlossen, auch ohne Dr. Tecklenburgs Attest vorzugehen. Zuviel steht offensichtlich auf dem Spiel. Am Morgen des 11. September machen sich die beiden auf den Weg zur Trainkaserne. Im Begriff, das Haus zu verlassen, bringt ihnen der Postbote einen Brief aus Tannenfeld.

Der Arzt hält die gesundheitlichen Voraussetzungen für den Schritt seines ehemaligen Patienten nicht gegeben und sagt den Ditzens offen ihr Motiv, daß die «Meldung zum Kriegsdienst dem Versuch einer sozialen Rehabilitierung verzweifelt ähnlich» sehe. Wilhelm Ditzen läßt sich von der sonst in der Familie so geschätzten Meinung Dr. Tecklenburgs nicht irritieren. Vater und Sohn setzen ihren Weg fort. Die Entscheidung ist längst gefallen, der Sohn seit Tagen in der Trainkaserne angemeldet. Man kann gar nicht mehr wegbleiben.

In Leipzig wird Rudolf Ditzen angenommen. Der Musterungsarzt bleibt von Dr. Tecklenburgs Schreiben unbeeindruckt. Vater und Sohn sind glücklich. Die Gesellschaft hat Rudolf Ditzen wieder aufgenommen. Am nächsten Tage schreibt der Reichsgerichtsrat Ditzen an Dr. Tecklenburg: «Nun hat mich seine große Freude angesteckt. Auch das möchte ich Ihnen sagen. Die Gefahren verkenne ich nicht... Ich denke, daß wir, wenn Rudolf körperlich durchhält, auf einen günstigen Ausgang hoffen können. Und dann: bei der allgemeinen Not können und müssen doch Einzelbedenken zurücktreten.»

Wenn Erich Hackendahl auf dem Kasernenhof herumkommandiert wird, denkt er, es ist wie beim Vater. «Das Gemeinste ist aber für Erich Hackendahl nicht das Schnauzen, sondern das Spötteln und Triezen, wenn er nicht so kann, wie er soll, keine Kraft besitzt, weil er ein schwächlicher Bursche ist, der nie geturnt hat. Erich Hackendahl will aushalten, denn: Es wird alles anders.»

Zwölf Tage trägt Rudolf Ditzen eine Uniform, dann wird er als nicht felddienstfähig und zur Zeit auch nicht garnisonsdienstfähig entlassen. Wilhelm Ditzen plagen Sorgen. Er glaubt seinen Sohn zu kennen.

Doch diesmal ist alles anders. «Ich bin übrigens noch bei dem Rittmeister und dem Oberarzte der Schwadron gewesen und habe dort erfahren, irgend etwas Besonderes sei mit Rudolf nicht vorgefallen, seine Körperkräfte hätten nicht ausgereicht.»

Bevor der abgewiesene Kriegsfreiwillige nach Posterstein zurückkehrt, erholt er sich für ein paar Tage im Leipziger Elternhaus. Seine Stimmung ist vortrefflich. «Er hat die Genugtuung», stellt der Vater fest, «daß er sich angeboten und getan hat, was er konnte, daß es aber nicht geht...»

Bruder Ulrich hat mehr Erfolg. Er darf die Uniform des 77. Königlich Sächsischen Feldartillerieregiments anziehen und bringt es in ihr zum Leutnant und zum Heldentod. Der Zufall will es, daß in seinem Regiment zwei Männer dienen, die bald Rudolf Ditzens Lebensweg kreuzen, Egmont Seyerlen und der rund- und dickschädelige Ernst Rowohlt.

3. Namenswechsel

Der Krieg bringt Rudolf Ditzen doch noch voran. Gut sogar. Auch der Schatten des Vaters wird schwächer. Erfolg stellt sich ein und ermutigt Rudolf Ditzen, die Lehrjahre hinter sich zu lassen. Zuerst beendet er das Elevendasein in der Landwirtschaft. Im August 1915 ist er mit Posterstein fertig. Rittergutsbesitzer Hermann stellt ihm ein günstiges Zeugnis aus. Rudolf Ditzen bekommt als Zweiundzwanzigjähriger das erste Karrierepapier in die Hand. «Daß er sich genügend Kenntnisse erworben hat und selbständig disponieren kann, hat er bewiesen, als er während der Kriegszeit meine intensive Wirtschaft allein geleitet hat. Meine Frau und ich sehen Herrn Ditzen sehr ungern scheiden, da wir ihm zu großem Danke verpflichtet sind, und wünschen ihm recht viel Glück auf seinem ferneren Lebenswege», bestätigt der zum Rittmeister avancierte Gutsbesitzer.

Offensichtlich spürt Rudolf Ditzen das Bedürfnis, Posterstein und das benachbarte Tannenfeld so weit wie möglich hinter sich zu lassen. Seine nächste Stelle tritt er in Hinterpommern an, wo die wirklich großen Güter liegen und die richtigen Ostelbier zu Hause sind. Am 1. Oktober 1915 beginnt er seinen Dienst als Angestellter der Gräflich von Bismarck-Ostenschen Güterverwaltung in Heydebreck. Heydebreck ist eins der sieben Güter, die zum Bismarckschen Dominium gehören, nicht das größte, für Rudolf Ditzen jedoch dadurch besonders bequem, weil in Heydebreck der Güterdirektor Friedel wohnt, dem er als zweiter Inspektor untersteht.

Nun ist auch Rudolf Ditzen wer, und Dr. Tecklenburg erfährt es gleich. Er habe eine gute Stelle gefunden mit angenehmer Häuslichkeit und viel Verkehr. Eine «schöne Tätigkeit, was will man mehr». Das ist schon recht «hübsch», aber am 1. Januar 1916 wird er zum ersten Inspektor aufrücken, «was noch viel besser ist... Wieviel das für mich bedeutet, werden Sie schon daraus sehen, daß Heydebreck ungefähr dreimal so groß ist wie Posterstein und Vollmershain zusammen.»

Der frischgebackene Inspektor ist klug genug zu wissen, welchen Verhältnissen er seinen Aufstieg verdankt. Aber lange genug auch sozial isoliert, um keine moralischen Skrupel zu empfinden, da «ja so viel Unglück der Krieg auch vielen gebracht hat, mir hat er nur Gutes gebracht, denn im Frieden hätte kein Mensch daran gedacht, mir eine so verantwortungsvolle Stellung zu übertragen. Verzeihen Sie, daß ich so geschwätzig in diesem Punkte bin...»

Die Freude, nun vielleicht doch den Anschluß an eine bürgerliche Biographie zu schaffen, trägt ihn fort. Als Modell ist sie ja keinesfalls erledigt, und Anlässe, solch einen Lebenslauf vorweisen zu müssen, gibt es immer wieder genug. Was zum Beispiel mit den weißen Stellen in der Lebensgeschichte in den Jahren nach 1911 anfangen. Weil er nicht über sie sprechen kann und will, erzählt er Anekdoten – mit einem Hauch von Unordnung, um ein wenig an der Realität zu bleiben.

Auf einem hinterpommerschen Rittergut will er in einer Skatrunde mit einem Kantor gesessen haben, der ein erfahrener Bienenzüchter war. Vor ihm brilliert Inspektor Ditzen mit angelesenen Kenntnissen aus Maeterlincks «Leben der Bienen». Im Dorf entsteht der Eindruck, Inspektor Ditzen habe das Buch selber geschrieben. Anfänglich wehrt er sich gegen seinen Ruhm, dann aber ist er der Fama gegenüber machtlos. Sie zerstiebt, als Besuch aus Berlin kommt, der über den wirklichen Maeterlinck Bescheid weiß. «Ihr Stück ‹Monna Vanna› füllt augenblicklich in Berlin das Theater – Sie müssen enorme Gelder verdienen, junger Mann!» sagt ihm ein monokeltragender Zivilist im Angesicht der Gutsherrschaft. Der Feldinspektor Ditzen habe daraufhin seinen Hut genommen.

Die Tatsachen sind schlichter. Rudolf Ditzen muß in Heydebreck bei miserabler Verpflegung hart ran, und nach einiger Zeit erklärt ihm der Arzt, für den Außendienst sei er zu schwach. Güterdirektor Friedel überträgt seinem anstelligen jungen Mann daraufhin die Rechnungsführung, und weil alles so gut klappt, läßt er ihn auch gleich noch seine Arbeit miterledigen. Rudolf Ditzen arbeitet für Friedel durch den Januar und Februar, und dann reicht es ihm. Zum 1. März fängt er bei der Landwirtschaftskammer für Pommern in Stettin als «Assistent» an und fungiert bald als Leiter der dortigen Vermittlungsstelle für Saatkartoffeln. Güterdirektor Friedel hat ihm ein glänzendes Zeugnis mitgegeben. «Herr Ditzen arbeitete in den ersten Wochen im Außenbetrieb der Landwirtschaft, später übernahm er die recht schwierige Arbeit im Büro, die durch häufigen Stellenwechsel seiner Vorgänger sehr vernachlässigt war.

In beiden Betrieben hat Herr Ditzen mit unermüdlichem Fleiß und Gewissenhaftigkeit gearbeitet und in den zwei Monaten außerordentlich viel geleistet...

Herr Ditzen ist ein durchaus angenehmer Charakter, mit bester treuster Gesinnung. Ich verliere an ihm sehr viel. Er war uns ein treuer Hausgenosse, bescheiden und solide, so daß ihn meine besten Wünsche auf seinem weiteren Lebenswege begleiten.»

In Stettin wird Rudolf Ditzen ein Spezialist für Kartoffelzüchtung. In ein paar Monaten kauft er rund zweihundertfünfzigtausend Zentner Saatkartoffeln auf und vermittelt sie in alle Teile Deutschlands. Schon im November 1916 kann der Spezialist die nächste Stufe nehmen. Die zu Kriegsanfang gegründete Kartoffelbaugesellschaft, der der ostpreußische Rittergutsbesitzer von Negenborn-Klonau vorsteht, ruft ihn. Für das sehr ordentliche Jahresgehalt von dreitausendsechshundert Mark übernimmt er in Berlin eine «kriegswichtige» Aufgabe. Die Gesellschaft setzt sich für den verstärkten Kartoffelanbau mit einheimischen Sorten ein. Nach preußischem Selbstverständnis hatte die Kartoffel ja auch dem großen Friedrich geholfen, seinen Siebenjährigen Krieg zu gewinnen. Die Provinz liegt hinter Rudolf Ditzen. Er betritt Berlin.

«Imponiert Ihnen das nicht?» fragt die immer mitteilsame Tante Ada bei Dr. Tecklenburg an. «Sie haben allen Grund, mit dem Resultat Ihrer Behandlung zufrieden zu sein. Leistungsfähig muß der Junge doch sein...» Adalaide Ditzen bedauert nur, daß ihr Bruder «so gar keine

Sicherheit» im Verkehr mit Rudolf gewänne. Der Vater setze voraus, er sei ganz «unlenksam».

Der Kartoffelspezialist hat überall im Lande zu tun. Er führt «ein Leben in Eisenbahnen, von einem Gut zum anderen fahrend, Ratschläge erteilend, Zuchten aufbauend, altes Saatgut auswechselnd». Rudolf Ditzen kommt unter die Leute. Der junge Mann gewinnt endlich eine kleine Freiheit. Lange genug haben ihm Erzieher, Eltern, Ärzte das Leben vorgesagt, und er hat jetzt einen unbändigen Appetit, die guten Dinge der Welt selber zu schmecken. Rudolf Ditzen lebt eilig, um Versäumtes einzuholen. Schnell leben in diesem Jahr 1916 noch viele andere. Von einer Stunde zur anderen kann im Krieg ihr einmaliges, einziges Leben zu Ende sein. So treffen in diesem dritten Weltkriegsjahr der unruhige Einzelgänger und andere Hastige einander.

Der erste in diesem neuen Kreis ist ein Sonderling, ein Bauer und Sterndeuter. Noch als Angestellter der Stettiner Landwirtschaftskammer hat Ditzen in Leipzig den Landwirt Johannes Kagelmacher kennengelernt, der im Kreis Greifswald das kleine Gut Strellin bewirtschaftet. Kagelmacher hat ihm Saatgut auf seine Anerkennungsfähigkeit vorgeführt.

Mit Kagelmacher wirft er das Geld zum Fenster hinaus. Einmal fahren Ditzen und Kagelmacher während der Inflation nach München, sie tragen Smokings, in der Westentasche stecken goldene Uhren. Zurück reisen sie in der vierten Klasse und ohne Uhren und ohne Smokings.

Kagelmacher nimmt ihn auf, bevor er das erstemal ins Gefängnis geht und nachdem er das erstemal aus dem Gefängnis kommt. Von Kagelmacher läßt er sich Horoskope über Beruf und Liebe stellen und vertraut ihm seine Gedanken an, die nach 1933 mitunter sehr gefährlich sind.

Sein zweiter Roman «Anton und Gerda» beginnt in der Atmosphäre von Kagelmachers Gudderitzer Bauernhof, und dem Johannes Gäntschow aus seinem Roman «Wir hatten mal ein Kind» gibt er Züge des querköpfigen Freundes.

1942 werden ihm Kagelmachers sonderliche Einfälle zuviel. In einem elfseitigen Memorandum hat dieser dem «Führer» eine Methode dargelegt, die Folgen von Dürre und Trockenheit zu vermeiden, um so die «Erzeugungsschlacht» in der Landwirtschaft zu gewinnen. Fallada korrespondiert von da an nur noch über Belangloses mit Kagelmacher, sucht aber nach den Kriegswirren die fast verlorene Spur und findet

Kagelmacher im Dezember 1945 in dem Dörfchen Vogelsang am Oder-haff.

Den jungen Ditzen muß das unbürgerliche Wesen Kagelmachers magnetisiert haben. Endlich ein Mann, der in keiner sozialen Rolle zu Hause, von Plänen lebt, voller Lebenslust und sehr unfertig ist. Und Hans Fallada kann von Kagelmacher/Gäntschow eine Geschichte erzählen, die Ähnlichkeit mit seinem Schicksal hat: «Er wollte etwas lernen, etwas Ganzes. Er war ein Viertel Bauernjunge gewesen, da war ein läppischer Streit mit dem Vater gekommen, und er hatte seine Nase in die Buchseiten gedrückt. Er war ein halber Gymnasiast geworden, da hatte ihn ein Abenteuer, in das er geraten war, es war fast nicht zu sagen, wie, aufgehoben und in diese kleine Stadt gesetzt . . .»

Und dann kommt er mit den Frauen zusammen. Seine Sehnsucht nach ihnen ist groß und wird immer stark bleiben. Zuerst macht es Rudolf Ditzen, wie man es ihm für diesen Fall beigebracht hat. Er verlobt sich.

Schemenhaft nur läßt sich das Bild des Mädchens erkennen, denn das Bild aller Frauen des jungen Ditzen ist flüchtig wie seine Beziehungen zu ihnen. Keine literarische Zuerfindung kann da helfen, allenfalls ein Mosaik aus den wenigen, meist zerstreuten Tatsachen und ein Vorschlag, so könnte es gewesen sein.

In dem Jahr, in dem er Kagelmacher begegnet, verlobt er sich mit der Tochter eines kleinen Beamten. Vorsichtshalber verschweigt er dem Vater seine Vorgeschichte, er denkt ja an eine Ehe. Seine Verlobte ist keine Tochter aus «gutem Hause», das Mädchen verdient sich seinen Lebensunterhalt als Buchhalterin selbst. Sie mag ihm als die Frau erschienen sein, mit der er sich «hocharbeiten» kann, jedoch im Sommer 1917 ist die Verlobung gelöst. Es ist eine Zeit, in der er ganz andere Möglichkeiten findet, seine Misere hinter sich zu lassen. Er geht jetzt ernsthaft an seinen Roman, und zum erstenmal muß er sich einer Suchtmittelbehandlung in Carlsfeld bei Halle unterziehen. Das Ende des Bindungsversuches begleitet wieder eine Erschütterung der ganzen Person.

«Nicht das Glück mit ihr», kommt ihm später in den Sinn, «sondern nur der quälende Abschied mit Ohnmacht und Tränen.» Das bleibt in ihm so unerledigt zurück wie vieles andere aus den Frauengeschichten jener Jahre. Während er sich als kühler junger Lebemann gibt, quälen ihn Zweifel, die er sich erst lange danach in den Bildern seiner Träume eingesteht.

Als der problematische junge Mann 1924 für ein Vierteljahr ins Gefängnis kommt und ihn die Einsamkeit anfällt, versucht er, mit System zu träumen, um ab und an aus der Zelle herauszukommen. Ungeübt ist er ja nicht, die graue Wirklichkeit zu überlisten, er kennt mittlerweile viel weniger harmlose Mittel.

Bei Freud hat er gelesen, Aufschreiben der Träume befördere ihre Häufigkeit und Klarheit. Wäre es so, hofft er, hätte er eine Beschäftigung, «denn das Träumen ist schöner als das Morphium». Die Träume des Häftlings Ditzen setzen manche seiner sich im Dunkeln verlierenden Begegnungen ein Stückchen fort. Auch das Mädchen, mit dem er sich verlobt hat, verliert die Namenlosigkeit, als er in sein Tagebuch schreibt, daß ihm die Träume helfen sollen, «den einen großen Traum zu rufen, wie er ihn nach der Entlobung von *Jagusch* hatte».

In den Nächten kommen die Frauen zu ihm, und manchmal sind sie auch am Tage da. Mimi, Lotten, Anne Marie Seyerlen, Ria: Namen von Begegnungen, die ihm über das Fragmentarische seiner Existenz hinweghelfen sollten. Von vielen ist nur ein Umriß übriggeblieben, von Mimi, daß sie im rohseidenen Kleid mit einem Gutsarbeiter spricht, herrschaftliche Verhältnisse und an ihrem Rande Rudolf Ditzen. Von der Hofbesitzerstochter Ria, Ria Schildt, daß er sie für sich gewinnen kann und ihr Name in einer seiner frühen Geschichten auftaucht, in der am authentischsten das Äußere des Gutsbeamten und am aufschlußreichsten die Romantisierung seiner Kriminalität ist. Ein junger Mann mit glattgeschorenem, bartlosem Kopf, der dadurch lächerlich klein wirkt, Augen, die sich hinter dicken Brillengläsern verstecken, einer viel zu langen und dünnen Gestalt und schon übertrieben schmalen Händen und Knöcheln. «Ihm ging es wohl schlecht. Er hatte da draußen zu kämpfen, und wie seine Liebe abseitig gewesen war, war es wohl auch sein Leben.»

Aber das ist schon der Rudolf Ditzen der ersten Nachkriegszeit, noch dauert die Epoche, in der er etwas sein darf.

Wer am Krieg verdienen will, setzt 1917 schon nicht mehr auf Sieg, sondern auf Niederlage. Auch so läßt sich im Rennen um das große Geld gewinnen. Die lange Spekulation der deutschen Bourgeoisie mit dem Bankrott beginnt. In diesem dritten Kriegsjahr ist die Ernährungsmisere allgemein, und wer mit Lebensmitteln zu tun hat, ist ein gemachter Mann. Rudolf Ditzen handelt mit Kartoffeln, warum soll da in seinen Taschen kein Geld stecken?

Im Januar 1918 führt er sich einmal Tante Ada vor, natürlich ist er im Schlafwagen gekommen und trägt einen «wunderbaren Reisepelz». Er sei Kaufmann und nur Kaufmann, erfährt sie, «um schnell und skrupellos viel Geld zu verdienen». Mit Diäten will er sechstausend Mark bekommen, und er kaufe sich einfach alles dafür, vor allen Dingen die unverzichtbaren Zigaretten. Der Erfolgsmensch hat ein kleines, kindliches Gesicht. Gelegentlich sieht er wie ein alter Mann aus.

Die Metamorphose des verunglückten Gymnasiasten ist weit fortgeschritten. Als er sich in Berlin mit einem Ruck aus dem alten Kokon befreien will, haben zwei Frauen damit zu tun: die eher schlichte Serviererin Lotte Fröhlich und eine Dame aus der Berliner Schickeria, Anne Marie Seyerlen. Die Serviererin ist eine der vielen Frauen, die der Krieg einsam gemacht hat. Max Fröhlich, ihr Mann, trägt die Uniform eines Leutnants.

Von seiner Wohnung in der Mainzer Straße 11 hat es Rudolf Ditzen nicht weit zum Kurfürstendamm. An der Gedächtniskirche, wo der Boulevard seinen Höhepunkt und sein Ende hat, beginnt die Tauentzienstraße. In einem ihrer Cafés ist Lotte Fröhlich zu treffen. Wenn Rudolf Ditzen abends allein ist, entläuft er seiner Einsamkeit in die Cafés. Oft sind es zwölf, fünfzehn hintereinander.

«Da saß ich dann und sah angstvoll in jedes Gesicht, ob es nicht endlich das Gesicht des Menschen sein würde, der mich erlöste. Jedem Eintretenden sah ich entgegen, und hinter jedem Fortgehenden hätte ich hinterdreinlaufen mögen, ihn auf der Straße um ein wenig Wärme und Gemeinschaft anzusprechen.»

Lotte Fröhlich gibt ihm Wärme, doch das Gefühl, ein Eindringling zu sein, läßt ihn nicht los, und so nennt er sie mit einem spröden Namen, der ihn daran erinnert, daß er hier nicht angenommen werden kann. Immer heißt sie «Lotten». Häufig taucht bei Lotte Fröhlich ein junger Mann auf, den der Krieg entlassen hat. Wolfgang Parsenow, ihr Sohn aus erster Ehe. Parsenow kann Rudolf Ditzens Sehnsucht nach jenem Glück, in dem sich alles löst, besser stillen als «Lotten». Er beschafft Morphium. Parsenow hat einen ansehnlichen Vorrat davon aus einem Feldlazarett mitgebracht und gleich noch einen leeren Rezeptblock. Parsenow ist ein Hansdampf in allen Gassen, der mal dies, mal das probiert und es ebenso schnell wieder aufgibt. Das Morphium ist für ihn eine Mode. Rudolf Ditzen trifft es tiefer. Da ist nicht bloß ein Körper für den Rausch anfällig, sondern ein ganzes Leben.

Rudolf Ditzen besorgt das Geld, Parsenow das Morphium. Eine endlose Spirale beginnt sich zu drehen, deren immer enger werdende Windungen Rudolf Ditzen einschnüren. Parsenow weiß auch einen Rat für die vielen Fälle, wenn kein Geld da ist. Parsenow ist kein heuriger Hase. Er kennt ein ganzes Arsenal von Tricks. Mit einem Koffer in der Hand geht er als durchreisender Morphiumbruder in die Apotheken und bettelt um ein Quantum, um den Weg ins Sanatorium zu schaffen. Er kennt die «sicheren» und die «unsicheren» Berliner Apotheken, und seine gefälschten Rezepte stammen immer aus der Provinz, um telefonische Nachfragen unmöglich zu machen. Wenn sie mit dem Taxi die Berliner Apotheken abfahren, sitzt Rudolf Ditzen mit weißem Gesicht und spitzer Nase im Fond des Wagens und wartet zitternd auf einen Erfolg Parsenows. Zu selbständigem Handeln ist er nicht mehr fähig. Manchmal denkt er auch daran, auszusteigen. «Ob man nicht Schluß macht, Wolf, einfach in eine Anstalt geht?» fragt er.

Die Antwort eröffnet düstere, nicht unbekannte Aussichten. «Glaubst du, da geben sie dir etwas? Du kommst einfach in eine Tobzelle und kannst bitten und schreien, soviel du willst. Bobbi hat sich in einer Nacht achtmal am Bettbein aufgehängt, einmal haben sie ihn bis zum letzten Atemzug hängen lassen, aber gegeben haben sie ihm nichts.»

Aus Wolfgang Parsenow, der sich nach dem Kriege als Chauffeur, Berufsspieler, Antiquitätenhändler und vieles andere mehr versucht, wird ein Mann, der in einer kleinen bürgerlichen Existenz unterkommt. Erst vor Weihnachten 1938 taucht er im Leben Hans Falladas wieder auf, und wieder verkauft er ihm etwas: einen Kanarienvogel. Es ist ein Weihnachtsgeschenk für die Tochter Lore. «Wir hatten ihn von meinem alten, lange verschollenen Freunde Parsenow bekommen, dem Urbild des Pagel, der jetzt ein kleines Tiergeschäft in Berlin betreibt. Der Vogel ist wirklich ein guter Sänger. Und der Parsenow, der es nicht zu viel gebracht hat, ist ein reizender anständiger Kerl –.»

Das ist er nämlich auch geworden: der Fahnenjunker Wolfgang Pagel des Romans «Wolf unter Wölfen», eine der Hauptfiguren dieses großen literarischen Bildes der Inflation. Wie Rudolf Ditzen hat Parsenow den Namen getauscht, Fallada wird überhaupt viele Menschen aus dieser Zeit seinen Namenswechsel mitmachen lassen.

4. Ein Lyriker

Zum kargen Gepäck, das der landwirtschaftliche Angestellte Rudolf Ditzen mit sich führt, gehört eine Mappe, deren Umfang beständig wächst. Sie ist das Wichtigste, was er hat. In ihr sammelt er die Gedichte, die er schreibt. Die Faszination, ein Dichter zu sein, geht über alles, was er kennt. Wo anders als hier kann er ganz der sein, der er ist, und welchen anderen Ort gibt es, an dem das Schicksal, das ihn ausfüllt, so legitim wie in der Literatur eine Rolle spielen kann? Im Gedicht kann man «ich» sagen, in der Literatur von sich sprechen.

Daß er etwas mitzuteilen hat, sagt ihm nicht nur die eigene Geschichte. Ermutigung kommt aus der Literatur der Zeit. Rings um ihn redet die expressionistische Dichtung von dem freudig beginnenden, früh verschütteten zerstörten Leben der jungen Generation. Leid und Leidenschaft sind ihr wie die Sehnsucht, sich aus einer ideenlosen, ideallosen Zeit, aus der Mord und Krieg hervorbrachen, zu befreien. «Kann diese Dichtung ein reines und klares Antlitz haben? Muß sie nicht chaotisch sein wie die Zeit, aus deren zerrissenem, blutigen Boden sie erwuchs?» wird im Herbst 1919 Kurt Pinthus in seiner Anthologie «Menschheitsdämmerung» fragen. – Man kann der Welt mit seinem Schicksal kommen, sagt Rudolf Ditzen die Literatur, ja gerade mit diesem Schicksal, das er hat. Ein Dichter zu werden ist für ihn mehr als ein sozialer Ausweg. Es ist eine Möglichkeit, die Einsamkeit um das eigene Ich zu sprengen, sich in die Welt zu stellen und in ihr von der «Fremdheit» des Rudolf Ditzen zu sprechen.

> War jene Geste wirklich denn die meine?
> Tropft sie nicht stets aus einem fremden Quell?
> Ich finde im Geröll nicht der Steine
> Den Glanz des Ichs, beschattet oder hell.

Er, der sonst das Schweigen vorzieht, kann hier reden. Das, was später für ihn charakteristisch sein wird, beginnt sich zu zeigen: das Medium seiner Mitteilung ist die Literatur. Kaum an einer anderen Stelle erfahren wir soviel wie in diesen Gedichten von innen über die Lebenslandschaft des jungen Mannes. In Rudolf Ditzen ist noch immer das Entsetzen über die Tötung des Hanns Dietrich von Necker. Der «Pulverdampf über dem Erschossenen», wie er ein Gedicht nennt, ist nicht verraucht.

Doch plötzlich riss der Bäume totenstarres Steigen,
Ein rasender Orkan in Wellblechstreifen,
Der Himmel gröhlt in sinnlosem Verneigen
Und die Erde sprang nach ihm und wollt ihn greifen.

Die Lichtung mit den jungen Fichtenstämmen
War grün und rot von taumelnden Quadraten,
Es war ein tobend Sausen ohne Hemmen
Und weltenfern blieb Fühlen und Erraten.

Nun bekennt das Gedicht das Sanatorium Tannenfeld als einen Ort, wo
er das Versinken in den Wahnsinn fürchtete, und er zeichnet in «Tannenfeld» die Landschaft als eine Landschaft seiner Schrecken nach.

Vielleicht ist Park hier nichts so sehr wie Leid
Vielleicht ist Baum ein hingeschluchztes Wort,
Und jedes Blatt ist einer Schwermut Kleid,
Darinnen Lust wie Leid erstickt verdorrt.

Vielleicht führt jeder Weg zum Irrsinn hin,
Vielleicht ist Teich ein tief erweiter Schmerz,
Und jedes Haus steht stets im Dunkel drin,
In meinen Mauern klopft erstorbenes Herz.

Hinter all seinem gerade in den Kriegsjahren ausgestellten Lebensge-
nuß stehen die Gefühle der Auswegslosigkeit und Resignation. Wohin
denn bloß mit diesem Leben? Er greift in seinen Metaphern und Begriffen hoch, wenn er ein Gedicht «Der Dulder» überschreibt, aber bloße
Lyrik ist das nicht. Dieser Rudolf Ditzen sieht sich wirklich in einem
Labyrinth.

Er hat sich in sich selbst so tief versenkt,
Daß er den Weg hinaus nicht mehr kann finden,
Wie er auch still die tiefen Ströme lenkt,
Da ist kein weites Meer für sie zu münden.

Die Welt geschieht. Jedoch Geschehen ist tot
Und dreht sich nur auf seines Hirnes Spule,
So geht er bis zum frühen Abendrot
Bei Jesus Christus in die Dornenschule.

Ihn treibt «der Hunger nach der weiten Welt» aus sich heraus, «auf Knieen fliegend seiner Sehnsucht Flüge», aber die «Welt» kümmert das nicht, die Welt «geschieht». Ohne ihn. Welch schreckliches Gefühl, sind wir doch in die Welt gekommen, um unser eines Mal zu leben. Das nun soll versäumt werden. Es ist der lebendig erlebte, vorweggenommene Tod. Aber wo denn nun wird er angenommen? Wo kann das ganz geschehen? Nur in der Liebe. Doch die ist so zerrissen wie er selbst. Wenn Leben und Liebe nicht zu haben sind, vielleicht gibt es Ersatz dafür? «Er floh aus sich mit lauter Taggebärden», sagt er in dem Gedicht «Erster Dichter» und nennt das Motiv der Räusche und Betäubungen, in die sich der Dichter Fallada später wieder und wieder zu retten sucht.

> Er ward sich fremd, es wuchs in ihm ein Baum
> Aus eignem Grund, des Namen er nicht kannte,
> Sein Leben ward ihm wie ein ferner Traum
> Und traumhaft nah ward alles Unbekannte.
>
> Er floh aus sich mit lauter Taggebärden
> Brach er die Brücken zu dem Innern ab,
> Er wollt es nicht mehr spüren, dieses Werden,
> Und grub sich selber jeden Tag sein Grab.

Im Frühjahr 1917 hat er so viele Gedichte zusammen, daß er meint, sie könnten einen Band abgeben. Zuerst wendet er sich an die Verlage der Brüder Cassirer in Berlin. Vom Verlag Bruno Cassirer erhält er am 17. April seine erste Absage, dort hat er die Gedichte zur Einsicht angeboten. Sie kommt vom Geschäftsführer des Unternehmens.

«Sehr geehrter Herr,

ich danke Ihnen bestens für Ihren Vorschlag. Doch ich bedaure, in Ihr Werk nicht Einsicht nehmen zu können. Herr Cassierer ist militärisch einberufen, und wir können augenblicklich keine neuen Publikationen vornehmen.»

Die Nachricht aus dem Paul-Cassirer-Verlag vom 28. April hört sich nicht anders an. Man bedauert «lebhaft», die Einsendung eines Manuskriptes nicht «akzeptieren» zu können, weil man augenblicklich nicht in der Lage sei, «neue Bücher drucken zu lassen».

Seinem Leipziger Freund und Schulkameraden Willi Burlage, der dem Leipziger Kurt-Wolf-Verlag Anfang Mai gleich das Manuskript selbst zugänglich macht, ergeht es nicht besser. Man schreibt ihm am 31. Mai:

«Sehr geehrter Herr!

Wir danken Ihnen bestens für die Zuschrift vom 3. Mai und die Einsendung des Gedicht-Manuskriptes Ihres Freundes, Herrn Rudolf Ditzen, ‹Gestalten und Bilder›. Wir haben die Arbeit mit Interesse gelesen, sind aber leider nicht in der Lage, der Frage einer eventuellen Verlagsübernahme näher zu treten.

Die gegenwärtigen Schwierigkeiten der Herstellung ermöglichen uns nicht einmal, früher eingegangene Verpflichtungen auch nur annähernd pünktlich zu erfüllen oder dringend erforderliche Neuauflagen vergriffener Bücher herzustellen.

Diese außergewöhnliche Lage zwingt uns zu unserem Bedauern, von neuen Verlagsverbindungen auf lange Zeit hinaus völlig abzusehen. Das Manuskript geht Ihnen gleichzeitig wieder zu.»

Im Juli versucht der Dichter noch einmal sein Manuskript bei Langen-Müller in München zusammen mit einer Übersetzung des persischen Versepos Rubayiat Khayyam unterzubringen, und am 29. August bietet er das Versepos dem Leipziger Insel-Verlag an. Beide Versuche bleiben vergeblich. Aber in diesen August-Tagen ist er schon an einer anderen Arbeit. Er schreibt Prosa. Einen Roman. Die Gedichte bleiben sein Leben lang ungedruckt. Und lange verschollen. Erst mehr als vier Jahrzehnte nach seinem Tode taucht die Mappe, auf der «Gestalten und Bilder» steht, im Nachlaß seiner Nichte Adelheid Hörig auf.

5. Der Romanschreiber

Der ungewöhnliche Rudolf Ditzen ist ein Pedant. Die Geschichte seines wilden ersten Romans «Der junge Goedeschal» hält er in Aktenvermerken fest.

«24. 8. 1917 Begonnen mit den ‹Leiden eines jungen Mannes in der Pubertät›, auf Veranlassung von Frau Anne Marie Seyerlen.

10. 3. 1918 ‹Leiden in der Pubertät› beendet.

14. 3. 1918 ‹Der junge Goedeschal› (zweite Fassung der ‹Leiden eines jungen Mannes in der Pubertät›) begonnen.

19. 4. 1919 ‹Der junge Goedeschal› beendet.

20. 4. 1919 Übergabe je eines Roman-Exemplars an Frau Anne Marie Seyerlen, Egmont Seyerlen.

26. 4. 1919 Egmont Seyerlen berichtet: Gestern übergab ich Ernst Rowohlt Ihren jungen Goedeschal. Und zwar mit folgender Angabe: ein mir persönlich unbekannter junger Dichter habe mir dieses Exemplar zugesandt, ich halte es für so, daß sie es immerhin einer Prüfung unterziehen können. In etwa vier Wochen wird Bescheid erfolgen.»

«Auf Veranlassung von Frau Anne Marie Seyerlen». Hat sie einen Dichter gemacht? Entsteht so Literatur? So entstehen Legenden. Fallada gab ihr den Anstrich von Wahrheit.

Bücher beginnen mit den Erfahrungen ihrer Schreiber. Den «Goedeschal» im Kopf, ist Rudolf Ditzen bereits in Geschichten und Figuren ganz anderer Romane verstrickt. Der «Goedeschal» begann auf den angstvollen Berliner Schulwegen, während der Leipziger Familienerziehung, bei dem Erschrecken, ein Mann zu sein, und dem Versuch, den Schuldsprüchen seiner Herkunft durch den Tod zu entkommen. Er braucht nicht Anne Marie Seyerlen, um seiner Jugend als einer Geschichte zu begegnen. Diese Verwandlung ist in vielen Monologen vor sich gegangen. Der «Goedeschal» hat einen tieferen Anlaß als die Dame aus dem feinen Berliner Westen. Selbst ihn aufzuschreiben hat er früher schon begonnen.

Am 3. Juli 1917 weiß Adalaide Ditzen bereits in einem ihrer regelmäßigen Bulletins über seine Schreibabsichten recht gut Bescheid und ist «ehrlich entsetzt», denn es sei ja leider nie ausgeschlossen, daß sich für solche «perversen Machwerke ein skandalsüchtiger Verleger fände… ich hoffe», erfährt Dr. Tecklenburg, «daß ich keine Dummheit gemacht habe, wenn ich ihm das vorgestellt habe.» Adalaide Ditzen weiß, wie man dem jungen Mann drohen kann, der in einer geschlossenen Anstalt war. «Ich schrieb ihm möglichst sachlich: mit Themata, wie Du sie behandelst, beschäftigt sich gern der Staatsanwalt, denn es gibt ja leider Menschen, die dergleichen Pathologisches, das Du jetzt gewiß mit Unrecht von Dir als psychologisch hinstellen willst, als pikante Lektüre kaufen. Male Dir aus, wie dergleichen Skandale auf Deinen kranken Vater wirken und Deine eigene Zukunft beeinflussen können.»

Mit «Grausen» aber denkt Fallada 1942 an seine beiden «expressionistischen» Romane zurück. Weil sie schlecht sind? «Nein, das ist der

Grund nicht; ich habe auch später manches schwache Buch geschrieben, dessen ich mich nicht freue. Sondern ich will von diesen Kindern nichts wissen, weil es nicht meine Bücher waren, weil ich sie auf Anregung, auf Befehl fast einer ehrgeizigen Frau geschrieben habe, weil sie mir suggeriert waren, weil ich sie nicht aus meinem eigenen inneren Antrieb geschrieben habe.»

Das sind erstaunliche Sätze. Die Geschichte des jungen Goedeschal also suggeriert, der alles reglementierende Vater erfunden, die Unfähigkeit der etablierten Generation, die nachwachsende anzunehmen, ausgedacht?

Natürlich nicht. «*Der junge Goedeschal*» war ein mit allen Fasern seines Daseins gewolltes Buch. Falladas Gründe für die Distanzierung liegen im Jahre 1942 und in seinem Irrtum, im Deutschland Hitlers als Schriftsteller existieren zu können. Fallada ist 1942 in einer beinahe ausweglosen Situation. Er hat Widerstand versucht und Harmlosigkeit und ist jetzt zur Anpassung erschöpft. Nähme er die alten Fragen auf, müßte er auf die neuen kommen, denn das nie ganz verarbeitete Herausfallen aus der bürgerlichen Ordnung hat auch in sein Bleiben hineingespielt. Fallada spürt darum wenig Neigung, die Konsequenzen der Jugendproblematik gerade jetzt weiterzudenken. Wo sie ihm noch einmal begegnet, harmonisiert er sie.

«Das war der Roman – und auf der anderen Seite war das Leben. Und im Leben war es eigentlich so, daß ich meine schriftlich-episch so arg getadelten Eltern gern mochte…» Rudolf Ditzens bürgerlicher Ungehorsam wird zur reinen Dichtung. Im Grunde genommen war also gar nichts passiert. Weibliche Geltungssucht, die einen jungen Mann mit Beschlag belegt, muß alles erklären. Der Typ ist vorbereitet. Anne Marie Seyerlen steht Hans Fallada 1942 nicht das erstemal literarisch Modell.

Als er 1937 daran geht, die Geschichte des Droschkenkutschers Gustav Harmann in seinem Roman «*Der eiserne Gustav*» aufzuschreiben, wird das ein Buch, in dem der Zusammenbruch des wilhelminischen Deutschland im November 1918 ein Ende ohne Anfang ist. Dem sinnlos gewordenen Kaiserreich folgt eine sinnlose Republik, und das ist das mindeste, was die Dramaturgen der Tobis 1937 in dem für einen Jannings-Film bei Fallada in Auftrag gegebenen Drehbuch über diese Zeit lesen wollen. Dabei ist seine Kritik an der Weimarer

Republik von jener gefährlichen Allgemeinheit, die den Versuch möglich machen wird, den ganzen Fallada in die Hand des NS-Kulturbetriebes zu bekommen. Der Mann auf der Straße tauscht 1918 die alten gegen neue Übel ein, und der Umsturz scheint nur gemacht, um eine Handvoll Schieber, Spekulanten und Neureicher emporkommen zu lassen.

Fallada kennt dieses Milieu, und Anne Marie Seyerlen war gewiß eine der faszinierendsten Gestalten, denen er hier begegnete. Als Tinette, der extravaganten französischen Geliebten Erich Hackendahls, gibt er ihr im Roman eine Rolle, die mindestens etwas von der Psychologie der Beziehung des jungen Ditzen zu dieser Frau zeigt.

Irgendwo im brodelnden Untergrund dieses Berlins ist er auf die Seyerlens gestoßen. Vielleicht als er mit seinen Kartoffeln ein Geschäft machte oder jemand suchte, der seine literarischen Ambitionen ernst nahm, oder Morphium kaufte oder aus allen diesen Gründen zusammen. Egmont Seyerlen jedenfalls war ein smarter Geschäftsmann mit einem Ruch von Kultur und großer Welt, ganz ein Typ der Zeit. 1913 hatte er einen Roman im expressionistischen Gestus veröffentlicht, und wie er Beziehungen in alle Richtungen besaß, so hatte er sie auch zur Kunstszene, auf der sich gerade sein Kriegskamerad Ernst Rowohlt anschickte, seinen Verlag im Winter 1919 neu zu gründen. In Berlins vornehmster Wohngegend, in der Dahlemer Max-Eyth-Straße Nr. 22, wo die Seyerlens zu Hause waren, muß sich die junge Frau des viel Beschäftigten oft gelangweilt haben und ihr ein idealistischer Jüngling à la Rudolf Ditzen als eine reizvolle Ablenkung von ihrer schönen Nutzlosigkeit erschienen sein. Das Idyll endete, wo das Geschäft begann, denn auch das verband Rudolf Ditzen mit den Seyerlens.

Als er sich im März 1919 von Anne Marie Seyerlen für eine gemeinsame Unternehmung Geld borgt, muß er seiner Partnerin einen ausführlichen und präzisen Schuldschein schreiben. Anne Marie Seyerlen zeichnet ihn am 19. März gegen. Die Schriftzüge sind fest und diszipliniert und haben etwas Maskulines. Rudolf Ditzens Unterschrift hat einen viel feineren Umriß. «Ich bestätige hiermit», schreibt er, «von Frau Anne Marie Seyerlen am heutigen Tage ein Darlehen in Höhe von 4000 Mark erhalten zu haben, welches von mir spätestens bis zum 1. Oktober dieses Jahres zurückzuzahlen ist. Das Darlehen dient zur Abwicklung eines Privatgeschäftes von mir, an dessen Gewinn ich Frau Anne Marie Seyerlen mit 35 Prozent beteilige, dessen Risiko ich aber allein zu tragen habe.»

Rudolf Ditzen war mit den Seyerlens in eine Dreiecksgeschichte geraten, die noch ein bißchen unübersichtlicher aussah, als es solche Geschichten sowieso an sich haben. Der Roman beschreibt sie als Spannungsfeld Tinette und die Brüder Hackendahl. Ein junger Mann wird zum Liebhaber gemacht, der Partner der Frau zeigt sich von der Situation erstaunlich unberührt, dafür sind die Selbstanklagen des Dritten um so größer. «Er war ja männlich (wenn auch noch kein Mann), und sie weiblich (und sehr Weib)», sagt Heinz Hackendahl, den die Erinnerung an ein Stück Bein, an den Ansatz ihrer Brust, an den Duft ihres Parfums, an das Rauschen ihrer Kleider quälen und beunruhigen. Rudolf Ditzens Verpflichtetsein gegenüber Egmont Seyerlen, dem er mindestens die wichtige Bekanntschaft mit Rowohlt verdankt, wird zur Bruderschuld. Heinz Hackendahl haßt seine Gefühle. Er empfindet sie als «Sünde». «Dann, ganz plötzlich in seinen Kämpfen, gab er jeden Widerstand auf, ließ sich fallen. Er saß etwa mit Bruder und Tinette zusammen. Mit diesem rätselhaften Bruder Erich, der die ständigen Besuche des Bruders bei seiner Geliebten ganz selbstverständlich zu finden schien. Und mit dieser noch rätselhafteren Frau, von der er nie begriff, warum sie ihn eigentlich immer um sich haben wollte, ihn, der nicht besonders klug war, der nicht besonders gut aussah, der ungepflegt und schlecht angezogen war.»

Sooft er aus der Dahlemer Villa davonläuft, so oft kehrt er zu dieser Frau zurück. Eine orgiastische Sehnsucht treibt ihn. Wie ein Tier fühlt er sich, «das vor Hunger fast toll ist, das die Nahrung ganz nahe sieht, aber auch die tödliche Falle, die um die Nahrung aufgebaut ist...» Seltsame Bilder werden da benutzt und Worte, die ausbrechen. Ist das die Maßlosigkeit der Kolportage? Wenn aber gar nicht von Sehnsucht, sondern von Sucht die Rede wäre? Dann träfen doch die Bilder und Worte die Situation.

Man weiß von Anne Marie Seyerlen, daß sie Morphium spritzte und Rudolf Ditzen auch da zum Gefährten machte. Fallada war in seinem Roman sehr deutlich geworden. Deutlicher als ihm im Jahre 1937 gutgetan hätte. Vor der «Verführung zur Wollust» stand in der Handschrift des «Eisernen Gustav» der Abschnitt «Verführung zum Morphium». Er ließ ihn in der Druckfassung weg. Heinz Hackendahl kommt von Sehnsucht und Sucht los und kehrt heim zu Ordnung, Sauberkeit, Schule und dem schlichten Mädchen Irma. Rudolf Ditzen aber bleibt an der Nadel hängen, und seine erotischen Abenteuer ebnen sein Selbstgefühl nur noch mehr ein. Wieder erlebt er sich als einen ebenso komischen wie lästigen Außenseiter.

Im Greifswalder Gefängnis träumt er von Lotte Fröhlich, die mit ihrem Mann in einem Gesellschaftszimmer an einem Tisch sitzt. «Sie ist freundlich zu mir, sie lächelt mir zu, ich möchte mich gern an den Tisch heransetzen, aber ihr Mann macht es, daß kein Platz für mich da ist. So setze ich mich denn zu Frau Seyerlen und ihrem Mann, die ganz allein plaudern. Sie lehnen sich freundlich zurück und werden nun mit mir plaudern, ihre Männer sagen: ‹Nun, das muß eben ertragen werden.›»

Der Krieg hat Rudolf Ditzen vorangebracht und ihm so etwas wie eine bürgerliche Karriere geboten, in seinem letzten Jahr stürzt er immer hektischer Barrieren ein. Rudolf Ditzen ist in seinem Sog geblieben. Im Jahr 1918 treibt der Krieg Rudolf Ditzen über die gebrochenen Dämme bürgerlicher Moral hinweg, wie er dem Bruder das Leben nimmt und den Vater vor dem Amt resignieren läßt.

Am 19. Dezember 1917 wendet sich der Reichsgerichtsrat Ditzen mit einem Gesuch an den Präsidenten des Reichsgerichts, den Wirklichen Geheimen Rat Freiherrn von Seckendorff: «Eure Exzellenz muß ich bitten, meine Versetzung in den Ruhestand zum 1. März 1918 herbeizuführen.

Am 5. August bin ich 65 Jahre alt geworden. Seit einem Jahr leide ich an beständigem Schwindel. Solange dieser Zustand andauert, bin ich nicht derart arbeitsfähig, daß ich regelmäßig Dienst tun könnte. Da alle gegen mein Leiden jetzt angewandten Mittel keinen Erfolg gehabt haben, bin ich zu der oben ausgesprochenen Bitte genötigt.»

Der Präsident des Reichsgerichts gewährt Wilhelm Ditzen den Abschied und richtet seinerseits ein Gesuch an den Staatssekretär des Reichs-Justizamtes in Berlin: «In dem Reichsgerichtsrat Ditzen, der seit Oktober 1912 den Königlichen Kronenorden 3. Klasse besitzt, verliert das Reichsgericht ein allgemein geehrtes, sehr verdienstvolles Mitglied. Es erscheint gerechtfertigt, ihm bei dem Abschluß seiner Beamtenlaufbahn eine besondere allerhöchste Anerkennung zuteil werden zu lassen. Eure Exzellenz gestatte ich mir zu bitten, geneigtest für den Reichsgerichtsrat Ditzen den Königlichen Kronenorden zweiter

Klasse erwirken zu wollen.» Am 1. März beendet Wilhelm Ditzen seine Laufbahn mit einer Jahrespension von zwölftausendfünfzehn Mark und mit dem Königlichen Kronenorden zweiter Klasse. Seine Majestät der Kaiser und König haben allergnädigst geruht.

Wilhelm Ditzen scheidet, wie er begann, ordentlich, erfolgreich, einem Ziele dienend. Wonach er strebte, hat er bekommen, die Krone des Standes getragen. Ein Leben aus dem vorigen Jahrhundert. Den Sohn tragen Wellen empor, und ebenso tauchen sie ihn auch unter. Er geht nicht unter, weil auch er ein Ziel hat. Allerdings ein nebulöses, schwer greifbares, das außer ihm eigentlich keiner ernst nimmt: die Literatur.

Am 12. Mai 1918 schreibt er dem «Sehr geehrten Herrn Dr. Tecklenburg» nach langer Zeit wieder einmal einen Brief. «...ich hoffe, Sie sind meinem Schweigen nicht böse gewesen. Denn einem Brief von mir an Sie konnte zu leicht das Odium der Unselbständigkeit anhaften – in der ersten Zeit. Und dann war es... so gut zu denken, daß diese vergangenen Jahre vergangen und von so anderem und Neuem überwuchert waren.

Ich komme nun mit einer Bitte zu Ihnen, der Bitte um Ihren Rat. Es handelt sich kurz um Folgendes:

Ich beabsichtige bei der Kartoffelbau G.m.b.H., bei der ich seit ca. anderthalb Jahren tätig bin, einen Urlaub auf ein Jahr zu nehmen. Die Gesellschaft ist bereit, mir diesen Urlaub zu erteilen. Während dieses Jahres will ich meinen Roman von ca. 350 Druckseiten Umfang, der im Rohguß vollständig fertig vorliegt, umarbeiten und veröffentlichen. Eine unserer angesehensten Verlagsanstalten ist prinzipiell bereit, die Veröffentlichung zu übernehmen, alles kommt auf die Ausarbeitung an. Zu dieser Ausarbeitung kann ich neben meiner geschäftlichen Tätigkeit die Zeit nicht finden, denn sie erfordert äußerste Frische, die die Abendstunden nach der Büroarbeit nicht gewährleisten kann.

Seit ca. anderthalb Jahren arbeite ich ständig literarisch. An meinem Roman arbeite ich seit einem Jahr beinahe täglich. (Ich schreibe Ihnen dies, weil ich... gehört habe, daß Sie die Ansicht vertreten haben, die Lust zur literarischen Produktion steige und falle mit meinen Depressionen. Diese Beobachtung mag früher einmal richtig gewesen sein, heute entschieden nicht mehr.) Mein seelischer Gesundheitszustand ist in letzter Zeit im allgemeinen depressiv gewesen. Ich schiebe diese ständige Melancholie darauf, daß meine Unzufriedenheit mit dem schlechten Fortschritt der endgültigen Durcharbeitung meines Romanes wächst. Ich sah Ziele vor Augen, die ich nur in seltenen Stunden erreichen konnte, weil ich eben im allgemeinen zu intensiver Arbeit zu müde war. Erst seit ca. 6 Wochen sind diese Depressionen gänzlich vergangen, seit ich mich entschlossen habe, meinem Vater endgiltig die erwähnte Bitte zu unterbreiten. Ich bin überzeugt, daß Papa schließlich doch, trotz schwerster Bedenken, die auch ich nicht übersehe, meiner Bitte stattgeben wird, denn man kann sich doch am Ende nicht der Erwägung verschließen, daß der jetzige Zustand unhaltbar ist. Heute bin ich weder Fisch noch Fleisch. Ich will in diesem Jahr Klarheit schaffen, wohin ich nun endgiltig gehöre: zur Literatur oder zur Landwirtschaft...»

Tecklenburg hat sich nie als ein Freund der literarischen Bemühungen Rudolf Ditzens gezeigt. Für ihn sind es immer die Bemühungen eines Patienten gewesen. Rudolf Ditzen wendet sich dennoch an ihn, er glaubt medizinischen Rat zu brauchen, und den will er von Dr. Tecklenburg. «Worum ich Sie nun bitte, das ist dies, haben Sie gegen mein Projekt vom ärztlichen Standpunkt aus Bedenken und welche? Haben Sie überhaupt Einwendungen? Bitte nennen Sie mir diese! Soll ich eventuell einmal zu Ihnen kommen? Ich bin zu allem bereit, das geeignet ist, einem unhaltbaren Zustand ein Ende zu bereiten.»

Auch der Vater weiß Bescheid. Der Kartoffelspezialist hat ihm mitgeteilt: «In diesem rein mechanischen Berufe gehe ich zugrunde.» Der Reichsgerichtsrat reagiert wie in einem Beweisverfahren, das seine Einsichten übersteigt, er plädiert für einen Sachverständigen. Der Sohn wird aufgefordert, eine «Autorität» unter Vorlegung von Proben um ein Gutachten über seine literarische Befähigung zu bitten. Die kaum in Gang gekommene bürgerliche Karriere sieht Wilhelm Ditzen sogleich wieder gefährdet; Rudolf Ditzen ist im Begriff, eine Stellung aufzugeben, die ihn versorgt. Und noch ein drohenderes Problem steht für den Vater dahinter. Wie auch immer er sich entscheidet, ob er zustimmt oder ablehnt: Er fürchtet die Wiederbelebung von Rudolfs «alten Leiden».

Tante Ada ist weniger grüblerisch. Schon im März hat sie Dr. Tecklenburg zum «alten Thema Rudolf» geschrieben: «Daß er schon einmal drauf und dran war, Sie aufzusuchen, haben Sie wohl schon durch meinen Bruder erfahren. Ich hätte dringend gewünscht, daß es dazu gekommen wäre, denn die Selbstüberschätzung dauert an, und der Urlaub, den er genommen hat, wird von ihm nur zu Arbeiten an dem gräßlichen sogenannten Roman benutzt.»

Dr. Tecklenburg versucht bei seiner Antwort an Rudolf Ditzen nur «Arzt» zu sein. Doch wo liegen dafür die Grenzlinien? Tecklenburgs bürgerlicher Lebensbegriff liefert die Norm, und das erscheint ihm ganz selbstverständlich. Was im Fall Ditzen «gesund» oder «krank» bedeutet, haben die gesellschaftlichen Übereinkünfte schon vor dem Arzt geregelt.

Gesund ist es, ein festes bürgerliches Einkommen zu besitzen. «Ich stehe nach wie vor auf dem Standpunkt», schreibt er an Rudolf Ditzen, «daß es gesundheitlich besser für Sie wäre, wenn Sie einen praktischen Beruf ausüben, der Ihnen eine materiell gesicherte Lebensstellung gibt, als eine materiell so überaus unsichere literarische Tätigkeit, die sicher an Ihre seelischen Kräfte sehr starke Anforderungen stellen wird und unter Umständen vielleicht krankhafte Anlagen zum Wiederaufleben bringen kann.»

Doch Dr. Tecklenburg ist auch zu anderen Erwägungen bereit. Dazu veranlaßt ihn nun allerdings nicht der Umstand, daß Rudolf Ditzen die Lage als unhaltbar ansieht – «denn es haben schon Leute, die sicher nicht schlechter waren als Sie, ihr Ideal einem Brotberuf opfern müssen» –, sondern allein wiederum «ärztliche Betrachtung» der Lage. «Ich frage mich, ob bei Ihrem sich nur in einem labilen Gleichgewichtszustande befindlichen Seelenleben eine Fortsetzung dieses zwiespältigen Zustandes nicht mehr Schaden stiften kann als eine Herausforderung des Schicksals zu einer resoluten Probe, gewissermaßen wie bei einer Operation.»

Tecklenburgs Brief erreicht Rudolf Ditzen im Mai 1918 über die Eltern. Er liest ein «ja» zu seinen Plänen heraus, sie ein «nein». «Ich sehe nun eben daraus, daß ihr innerer Widerstand größer ist, als ich dachte, und habe darum heute endgiltig auf die Erfüllung meiner Bitte verzichtet. Natürlich nicht leichten Herzens. Denn keinesfalls werde ich ja auf die Erfüllung meiner Pläne verzichten.»

Rudolf Ditzen sieht eine dunkle Zeit vor sich, und der Termin für die Fertigstellung seines Buches rückt in ungewisse Ferne. Dann kommt aber doch noch ein kleines Arrangement zustande. Die Eltern beugen sich wie Dr. Tecklenburg vor seiner Entschlossenheit. Im Sommer gibt der Vater in einem Vertrag mit gegenseitigen Verpflichtungen dem

Sohn die Zusage, ihm ein Jahr lang jeweils am Fünfzehnten des Monats einen Unterhaltszuschuß von einhundert Mark zukommen zu lassen.

Niemand von all denen, die Rudolf Ditzen fragte, hat seinen Plänen zugestimmt. Bezweifelt, allein und beargwöhnt geht er an seine Lebensprobe.

Rudolf Ditzen unternimmt sie als literarischer Einzelgänger. In keinem der Organe der jungen Schriftstellergeneration versucht er sich, in keiner ihrer Anthologien oder Zirkel oder den wie Pilze aus dem Boden schießenden Zeitschriften ist er zu finden.

1918 trennt der Sohn sich auch von den deutschnationalen, konservativen Ansichten der Familie. Dem wilhelminischen Deutschland weint er keine Träne nach, ja offensichtlich ist er dabei, als es während der Novemberrevolution gestürzt wird und hat Kontakt mit den Arbeiter- und Soldatenräten in Berlin.

Das Schweigen über die politischen Differenzen mit ihm ist in der Familie noch betroffener und hartnäckiger als sonst. Die wenigen Indizien deshalb aber um so wichtiger für das Bild des jungen Rudolf Ditzen. Allein die unduldsame Tante Ada wird hier auch im Dezember 1918 gegenüber Dr. Tecklenburg deutlich: «Meine guten Wünsche und treuen dankbaren Gedanken suchen Sie und Ihre Familie an diesem traurigsten aller Weihnachtsfeste auf. Oder sollte der Superlativ des Schreckens noch kommen? Kinder und Narren ‹regieren› ein armes Deutschland, und es wird Sie vielleicht nicht einmal verwundern, wenn ich Ihnen erzähle, daß auch Rudolf zu den Leitern unserer Geschicke gehört, ich finde, man merkt's? Dabei fehlte noch gerade, daß er sein Herz für die Revolution entdeckte!»

Ihr Bruder äußert sich zurückhaltender, aber kaum weniger bestimmt. Die Gelegenheit dazu kommt, als der Vertragspartner Sohn dem Vertragspartner Vater in den ersten Wochen des Jahres 1919 einen Überblick über den Stand der Dinge gibt – der Brief des Sohnes ist verlorengegangen – und sich dabei nicht nur auf den Roman und die eigenen persönlichen Lebensumstände beschränkt. Der Vater schreibt: «Dein Brief enthält ein politisches Glaubensbekenntnis, und Du meinst dann, wir würden ‹in diesen Dingen wohl nicht mehr zusammenpassen›. Unrichtig ist daran nur das zweifelnde Wort ‹wohl›, statt dessen hättest Du schreiben müssen ‹durchaus›.

Die Zeit ist schon schwer genug. Wir beklagen tief, daß Du so ganz anderer Ansicht bist als wir. Wir beklagen aber noch mehr, daß Du anscheinend gar keine Empfindung dafür hast, daß das Aufzeigen der vorhandenen Unterschiede Trennungswände zwischen uns aufrichtet, die für unseren inneren und äußeren Verkehr verhängnisvoll werden können.»

Am 1. Juli 1919 läuft der Vertrag mit dem Sohn aus, Wilhelm Ditzen beunruhigt, was dann werden soll, denn das Versuchsjahr war bisher voller «Krankheitszeiten». Aber da er gerade durch einen Grundstücksverkauf über ein paar Barmittel verfügt, stellt er Rudolf frei, den Vertrag bis zum 1. Januar 1920 zu verlängern. Darauf zu verzichten, hält er allerdings für besser. Er glaubt aus «verschiedenen Gründen» nicht daran, daß sich der Sohn mit einiger Sicherheit durch «Schriftstellern» seinen Lebensunterhalt verdienen kann. «Und darauf ist das entscheidende Gewicht zu legen.»

Der Roman und alles, was damit zusammenhängt, ist für Rudolf Ditzen Emanzipation, und er denkt nicht daran, aufzugeben.

Ein bürgerliches Schlüsselwort, das der Rebell mit sich herumschleppt, heißt, sozial ist nur gerechtfertigt, wer einen ordentlichen Beruf vorweisen kann. Diese beständige moralische Nötigung beeinflußt heimtückisch sein Debüt. Denn der «Goedeschal» muß um jeden Preis fertig werden, seine ganze Glaubwürdigkeit hängt daran, und darum fordert er sich für dieses Beweisstück alles ab, das Übliche und das Unübliche. «. . . mein erster Roman war bis zu einem bestimmten Termin fertigzustellen – all dies verlangte höchste seelische wie physische Leistungsfähigkeit, die Morphium allein vermitteln konnte . . . Die so gerühmten ‹angenehmen Wirkungen› auf die Physis habe ich nie gekannt, nur mit größter Mühe konnte ich meinen Körper daran gewöhnen; denn er reagierte stets mit Erbrechen; das selbst heute noch bei jeder stärkeren Injektion vorkommt. Morphium war mir immer nur ein Mittel, das Arbeit zu jeder Stunde ermöglichte, intensivste Arbeit . . .»

Alles, was er sonst über seine neue Abhängigkeit erzählt – Tod des Bruders, eine Magenerkrankung, die ihn an das Betäubungsmittel gewöhnt –, sind erdachte Gründe für die ehrbaren Leute. Rudolf Ditzen will durch, und deshalb nimmt er die Angebote Parsenows und der Seyerlen und der anderen an. Daß er einen Teufelspakt eingegangen ist, weiß er. Seit er Morphium spritzt, versucht er davon loszukommen. Ganz neu ist es ihm nicht. Selbstentziehungsversuche sind schon ebenso fehlgeschlagen wie kurze Anstaltsaufenthalte. Im Februar 1917 war er bereits einmal im Sanatorium Carlsfeld bei Brehna. Niemand darf ja merken, was es mit seinen «Krankheitszeiten» auf sich hat. Abhängigkeit bringt Abhängigkeit.

Im Sommer 1919 werden die Dosen, die er braucht, immer größer. Ein Gefühl der Verwahrlosung überfällt ihn, und er hofft, es werde alles anders werden, wenn er aufs Land geht. Am 15. August ersucht er Dr. Tecklenburg in einem Telegramm aus Dramburg, ihn in Tannenfeld zu einer Kur aufzunehmen. Ein verzweifelter Brief folgt. Die Eltern sollen auf keinen Fall etwas von der Situation erfahren, bittet er Dr. Tecklenburg. Adalaide Ditzen weiß natürlich auch davon. Die Nichte Elisabeth hat es ihr erzählt. «Ich habe nur das *eine* Gefühl, das der Erleichterung, daß er im Augenblick kein Unheil anrichten kann. Ich weiß nicht, was mir schrecklicher war, seine politische oder seine literarische Betätigung, denn leider scheint es ja, als ob er einen Verleger für das Machwerk des Romans gefunden hätte, und die Veröffentlichung würde eine schwere Strafe für die Eltern sein.»

Das Schicksal seines Romans im Rowohlt-Verlag hat er mit zitternder Aufregung begleitet. An das Buch hat er ja seine ganze Zukunft gehängt.

«29. 4. 1919 Nach Telefonat in meiner Gegenwart teilt mir Egm. S. folgendes mit: Rowohlt hat Ihr Buch gelesen, er ist begeistert davon. Meine Frage: Nimmt er es? wurde von S. beantwortet: Natürlich nimmt er es.

3. 5. 1919 Egm. S. läßt mir durch Annia mitteilen, er habe meine Adresse (Fallada bei Ditzen) Rowohlt gegeben, dieser werde sich nun mit mir in Verbindung setzen.

5. 5. 1919 Egm. S. fragt telefonisch bei mir an, ob Rowohlt schon etwas von sich habe hören lassen. Antwort: nein. – Nun er, S., habe ja immer gesagt, es dauere noch vier Wochen etc. etc. Nach einigem Hin und Her macht S. folgende Mitteilungen: Mein Roman sei bisher erst vom Lektor gelesen, Rowohlt lese ihn jetzt, könne aber nicht allein über Annahme entscheiden, dann müsse also erst noch sein Sozius das Buch lesen. Darauf werde ich dann definitiven Bescheid bekommen. Frage: Also nicht angenommen? Antw. Nein. Vier Wochen sagte ich immer schon! (!!!!!!)»

Der Autor schreibt dem Verleger Rowohlt nach diesem Gespräch sofort einen Brief. Eine kleine Erinnerung nur. Wer ist er denn? Bislang hat er sich eines Vermittlers bedient. Es ist der erste von vielen,

vielen Briefen, die er in seinem literarischen Leben mit Rowohlt wechseln wird: «Sehr geehrter Herr Rowohlt!

Wie mir Herr Egmont Seyerlen mitteilt, hat er Ihnen das Manuskript meines Romans ‹Der junge Goedeschal› zur Prüfung übergeben, zu einer Prüfung, die Sie gütigst zugesagt haben.»

Der Roman «*Der junge Goedeschal*» erscheint 1920 im Rowohlt-Verlag. Sein Verfasser heißt Hans Fallada. Mit der bitteren Geschichte hätte er den Eltern nicht weh tun wollen, erzählt er. «So mußte ich denn ein heimlicher Dichter werden… Dem treuen Schimmelpferd, das da hanget, legte ich noch ein ‹l› zu, und der Fallada war da.»

Ganz so selbständig ging es nicht zu. Schon im Mai 1918 hatte der Vater von ihm verlangt, er solle seinen Roman «… unter einem anderen Namen herausbringen. Das fordere ich in erster Linie in Deinem eigenen Interesse. Die Rudolstädter Ereignisse liegen noch nicht weit genug zurück.» Eltern und Sohn überbieten sich in gegenseitiger Schonung. Natürlich trügt auch hier das Idyll.

Wie Rudolf Ditzen die Herkunft verläßt, so stößt sie ihn aus. Der neue Name Hans Fallada steht für beides.

6. Gefangenschaften

«Welche Rückschlüsse würde man auf mein Privatleben ziehen! Ich höre schon unter meinen Mitarbeitern Redensarten wie: ‹Der Apfel fällt nicht weit vom Stamme› – Unmöglich! Einfach unerträglich!»

Staatsrat Goedeschal findet es kompromittierend, wenn er in einen Spiegel schauen muß. Gerade hat ihm sein Hausarzt eröffnet, der fast erwachsene Sohn sei sexuell gänzlich uninformiert und müsse eigentlich die Schule wechseln. Der Beamte Goedeschal sieht den Arzt in schreiendem Gegensatz zum preußischen Kultusministerium. Das habe sexuelle Aufklärung erst für die Oberprima festgesetzt.

Der genierliche Roman vom jungen Kai Goedeschal erzählt ungeniert vom jungen Rudolf Ditzen. Wer die großen Züge seines Falls kennt, muß glauben, nun auch seine kleinen Züge kennenlernen zu können. So ist es nicht. Der «Goedeschal» hat die Verläßlichkeit von Romanen. Den Familienschreck macht das nicht kleiner. Und es steht ja auch genügend drin, was in Leipzig Stadtgespräch war.

Einer schreibt einem Mädchen anonyme Briefe und holt sich aus dem

Keller das Rad, um sich an einer einsamen Stelle das Leben zu nehmen. Ein Arzt führt mit einem Vater ein langes Gespräch über seine Sexualerziehung. Und dann auch, daß ein junger Mann seinen nackten Körper im Spiegel betrachtet und er plötzlich am Boden liegt, sich auf der stachligen Unterlage des Teppichs lustvoll wälzt und ihn bis zur «Sinnlosigkeit» die «plötzliche Überwältigung des Fleisches» erschüttert. Dieser Sohn ist schuldig, denn er ist als Besitz seiner Eltern zur Welt gekommen, und das verlangt so zu sein wie sie. «Kai! Siebzehn Jahre bist du bald, und was hatten wir von dir? Sorgen. Sorgen. Sieh hin, deine Mutter weint. Du tust uns Übles auf Übles.»

Die Öffentlichkeit nimmt den «Goedeschal» 1920 ungleich weniger wichtig als die Familie. Von den tausend gedruckten Exemplaren verkauft der Rowohlt-Verlag gerade ein paar hundert, und die Kritik bemerkt den neuen Autor Fallada kaum. Rudolf Ditzen geht es nicht allein so. Da ist ein anderer junger Mann, der Bronner heißt und sich Bronnen nennt und ein Stück geschrieben hat. Alfred Wolfenstein bringt Bronnens «Vatermord» in seinem Jahrbuch «Die Erhebung» heraus, und auch der S. Fischer-Verlag druckt es 1920, aber kein Theater denkt daran, es aufzuführen. Das Stück ist ein geistiger Gefährte des Romans. Der Vater und die Familie lasten auf dem Sohn, der sie zerstören muß, um ins Freie zu kommen. Auch für den verspießerten Sozialdemokraten Ignatz Fessel ist der Sohn zertretbares Eigentum wie verklärter Wunschtraum.

Zwei Jahre später wird Bronnens «Vatermord» ein Riesenerfolg und ein Riesenskandal in Berlin und Bronnen ein berühmter Mann. Den Namen Fallada kennt so gut wie niemand im Mai 1922, und Rudolf Ditzen schlägt sich als kleiner morphiumsüchtiger Angestellter auf mecklenburgischen, pommerschen, westpreußischen Gütern durch. Beider Absage war eine Absage an verdorbene Lebensformen gewesen, und beide hatten einen historischen Konflikt der Generationen beschrieben, aber Bronnen mit dem schärferen Gestus. Die Sohneshand, die bei ihm einen Vater mordet, faßt bei Fallada nach einem Mädchen als «Bindeglied zu Menschheiten».

Zwei Jahre jünger als Fallada, hat Bronnen doch früher angefangen, gegen die Väter anzuschreiben. Sein Stück geht auf das Jahr 1913 zurück. Als es zur Aufführung kommt, hat er bereits Zeit zum Zweifel gehabt. Eine Ahnung von einem anderen Weg zu den neuen Lebensformen geht in ihm um, und drei Jahrzehnte später sagt Bronnen zu Bronnen: «Sozial gesehen, war Ihr Vatermord von 1913 eine wirklich revolutionäre Tat, trotz manchen verschrobenen Anhängseln, weil der Mord an den Vätern im Jahr 1913 die Kräfte gemordet hätte, welche zum ersten Weltkrieg drängten oder sich drängen ließen. Doch der Mord an den Vätern von 1922 war ein Mord an progressiven Kräften...»

Ein ähnliches Wort hörte man auch später nie von Fallada und 1922 schon gar nicht. Viel zu sehr betrifft der Mißerfolg seine ganze Person. Da ist ja nicht nur eine literarische Befreiung von den Vätern gescheitert, sondern die soziale Emanzipation des Rudolf Ditzen. Seine Schriftstellerexistenz rückt in weite Ferne, und als das vorübergehend gedachte Angestelltendasein auf den Gütern droht das endgültige Lebensschicksal zu werden. Dabei ist der alte Beruf viel unerfreulicher geworden als vorher. Die früher fehlten, sind aus dem Kriege zurückgekommen und haben die wenigen guten Stellen besetzt. Rudolf Ditzen ist auf das angewiesen, was sich ihm bietet. Und auch das Morphium, das ihn schnell bis an sein großes Ziel tragen sollte, ist er nicht losgeworden und schleppt es als Bürde mit. Der Zauberlehrling ist durchgefallen, und alles sieht aus, als sei dieser Rudolf Ditzen für immer der Gefangene seiner Misere.

Im Frühjahr 1923 kommt er bei Kagelmacher auf Rügen unter. Kagelmacher hat von den Eltern einen ansehnlichen Hof in Gudderitz auf der Halbinsel Wittow, dem rauhen Windland Rügens, geerbt, einer rechten Bauerngegend mit großen Feldschlägen und kleinen Kiefernkuscheln. Kagelmacher liebt das Land und den Hof, den er mit ein paar Leuten aus der Umgebung bewirtschaftet. «Wenn der über einen Acker ging», erinnert sich der als Rechnungsführer angestellte Rudolf Ditzen, «so fühlten es sein Fuß und sein ganzer Körper, daß der Boden nicht locker genug, daß er noch nicht gar war, und gleich wußte er die Mittel, wie man ebendiese Gare erzielen konnte.» Viel weniger gut weiß Kagelmacher mit seinem Geld umzugehen. Seine riskante Finanzwirtschaft kostet ihn am Ende den Hof und macht ihn zum bettelarmen Mann.

Zu einem Wittower Hof gehört ein Bauerngarten mit Flieder, Rosen, Tulpen, Ringelblumen und Vergißmeinnicht. Ihre Farben mischen sich in die strengen Töne der Felder, des Himmels und der See. Da sitzt Rudolf Ditzen im Frühling über seinem zweiten Versuch, ein Schriftsteller zu werden, und läßt den Roman von «*Anton und Gerda*» gleich in dem von Bienen durchsummten Garten Kagelmachers beginnen.

Ein ähnliches Buch hat er schon einmal geschrieben. Dies ist verzweifelter noch. Die Erfahrung der Ohnmacht wird größer. Wieder handelt es von der bürgerlichen Gefangenschaft eines jungen Mannes und seinen Ausbruchsversuchen. Anton Färber fühlt sich Ideen ausgeliefert, «die alles leugnen, was man erlebt». Trotzig stürzt er sich in eine angstvolle Freiheit, die er um jeden Preis verteidigen will. «... hinstürzend noch will ich auf mein Gesicht jenes Lächeln reißen, das euch sagen soll, euer Sieg Niederlage...» Grelle antibürgerliche Bilder jagen sich: Anton lebt mit der Prostituierten Gerda zusammen. Es ist ein Roman, der alle Brücken hinter sich verbrennt, weil sein Autor weiß, wie schwer es ist, weiterzugehen. Anton könnte natürlich als reuiger Sohn zurückkehren, das aber wäre eine «Lüge gegen sein ganzes Herz».

Es gibt keine Umkehr. Doch wohin denn nun? Seine Aussichtslosigkeit kann er nur vergessen. Für die Mittel greift er im Sommer 1923 zum erstenmal in eine fremde Kasse und begeht auf dem Gut Neuschönfeld bei Bunzlau in Schlesien eine Unterschlagung. Das Vergehen wird schnell entdeckt und er in Bunzlau am 12. Juli schnell zu einer Strafe von sechs Monaten Gefängnis verurteilt, die er vorläufig nicht anzutreten braucht.

Zwei Tage nach dem Urteil übernimmt er eine Stelle als Gutssekretär in Radach bei Drossen in der Neumark. Natürlich kann er dem Rittmeister Schwanecke, der die dreitausend Morgen Gutsackerland von seinem Schwiegervater, dem Ritterschaftsdirektor von Pappritz, gepachtet hat, nichts von dem sagen, was hinter ihm liegt und was ihn erwartet. Pappritz hält nicht viel von dem Mann, den seine Tochter Eva geheiratet hat. Pappritz verwaltet die siebentausend Morgen des Radacher Forstes und freut sich diebisch über den landwirtschaftlichen Dilettantismus des Rittmeisters der Torgauer Husaren, bei dem vierzig Anzüge im Schrank hängen. Eva hat leider die Werbung des Obersten von Senden ausgeschlagen, den er diesem Kerl allemal vorgezogen hätte, dessen Vater einmal Brockenwirt war.

«Es ist nicht ganz leicht, mit dem ostelbischen Adel in Verkehr zu kommen», schreibt Fallada in einer Glosse über die Radacher Erlebnisse, «er sitzt in seinen ländlichen Katen, die, sind sie zweistöckig, stets ‹Schloß› heißen, und verkehrt mit den Versippten und Verschwägerten. Und mit allen adligen ländlichen Kateninhabern des gleichen

Kreises ist er versippt und verschwägert. Kommt aber einer von außen und nun gar aus Mitteldeutschland, o weh!»

Das Radacher Gutshaus ist einstöckig, mit Freitreppe und Balkon, zwölf Zimmern und vielen Kammern. Über dem Mittelteil erhebt sich die Andeutung eines Turmes. Aber einen Schloßpark gibt es mit einer kleinen Laube und einer großen Eiche. Und natürlich ein Inspektorenhaus, Scheunen, Stallungen, alles dicht am Gut, das Ganze jedoch etwas außerhalb des Dorfes.

In Radach entdeckt der neue Gutsbeamte einen Gleichgesinnten und Freund. Es ist der kleine, dickbebrillte Kollege Hans-Joachim Geyer, der auch schriftstellert. Mit ihm macht er die Kneipen und Gasthöfe der Umgebung unsicher, mit Geyer redet er über die Haustochter der Familie Pappritz, Violet von Abercron, die Weio gerufen wird und in die er sich verliebt hat. Mit Geyer ist er nachts auf den Radacher Feldern unterwegs, um die kleinen Leute zu verjagen, die sich ein Säckchen Ähren abschneiden oder ein paar Rüben für ihre Ziegen holen. Die Not in diesem Inflationsjahr ist groß, und manchmal treffen die beiden auch auf Gruppen entschlossener Männer, die Ditzen und Geyer, trotz der Waffen, die sie mit sich herumschleppen, lieber übersehen.

An einem Punkt allerdings geraten sie regelmäßig aneinander, Rudolf Ditzen mißfällt der monarchistische Hang seines kleinen Kollegen, der mit dem Hause Hohenzollern im holländischen Doorn korrespondiert, auch schon mal Gast der zweiten Frau des Kaisers im nahen Frankfurt ist und es im Laufe der Jahre sogar zum Duzfreund eines der Prinzen bringt. Rudolf Ditzen versäumt zwar niemals, sich von diesen Beziehungen erzählen zu lassen, «er versäumt aber auch niemals», erinnert sich Geyer, «zum Schluß der Erörterung dieses Punktes stets eine gepfefferte ironische Bemerkung zu starten, die es faustdick in sich hatte und seine abgrundtiefe Verachtung, die er für den Hochadel empfand, klar zum Ausdruck brachte».

Denn außer der Landwirtschaft hat er auch das auf den Gütern von unten auf gelernt: Zwischen all den Zitzewitz und Itzenplitz und ihm gibt es kein Band. Auf den Rübenäckern und Kartoffelfeldern steckt er in dem gleichen Dreck und in der gleichen Mühle wie «seine» Leute, er ist ja ein sehr kleiner Beamter, der auf keinem Pferd herumreitet und zur Zeitersparnis höchstens ein Fahrrad benutzt. Der gehört eigentlich zur Kolonne, wissen die Feldarbeiter, der hat nur eine andere Arbeit, und darum reden sie mit ihm über ihre Sorgen und Probleme, so wie sie untereinander reden. Und als einen von draußen, aus der Kolonne, behandelt ihn auch die Gutsherrschaft. Nie zählt der blasse junge Mann, zu dessen Gepäck eine Kiste mit Reclamheften gehört, «dazu». Sie lassen es ihn auf jede Art spüren. Als er einmal an die Gutstafel geladen ist und die Platte mit dem Fleisch herumgeht und er sich einfach ein Stück nimmt, hört er anschließend Vorwürfe. Sein Stück Fleisch, ein kleineres, weniger gutes, habe man am Rande der Platte extra quergelegt, das hätte er doch wissen müssen.

Den Dünkel dieser Leute verabscheut er, ihre Nichtstuerei, ihre Kulturlosigkeit. Gibt er einem von ihnen ein Buch in die Hand, hört er häufig die Frage: «Geht das Buch gut?» In manchen Gegenden klingt das: «Liest sich das Buch scheene?» Die Banalität der Erwartung schlägt ihm auf den Mund. Am liebsten würde er seinem Gegenüber das Buch aus der Hand reißen. «Es ist ein Irrtum, zu glauben», notiert er, «daß sich das Publikum der Courths-Mahler, Werner, Wothe, Eschstruth nur von der Hintertreppe rekrutiert: den Dienstmädchen, Köchinnen, Waschfrauen nebst körperlichem und seelischem Anhang. Auch der reckenhafte Militarist versinkt in Träumen über den sylphenhaften Schleiergestalten der Kolportage...»

«Ist es nicht seltsam», beantwortet er in der «Literarischen Welt», die ihm gestellte Frage Was liest man eigentlich in Hinterpommern?, «daß dieser Beruf, der wie kein anderer in all seinen Verrichtungen von naturhafter Wahrhaftigkeit umgeben ist, in seiner Politik und in dem Zeitvertreib seiner Mußestunden die Lüge liebt?»

Der Gutsbeamte Ditzen ist am weitesten davon entfernt, die Natur zu idealisieren. Wenn ihn an seinem ungeliebten Beruf etwas anzieht, dann das Gefühl, in einer Welt zu arbeiten, die nicht «lügt». Hier draußen auf den Feldern hat er etwas von dem Geschmack der Wahrheit auf der Zunge, die er sucht. Dabei weiß er, daß diese «gute Erde» allein weder das Gute noch das Böse auf ihr verantwortet. Menschen gehören dazu. Die Leute in den Herrenhäusern können nicht lesen, weil sie nicht denken wollen und können. In ihren Bücherschränken entdeckt Rudolf Ditzen neben ihrem Geschmack eine Gesinnung. Es führt eine Brücke «von Dinters ‹Sünde wider das Blut› zu jenen Werken, die ‹Der Weltkrieg› oder ‹Der Große Krieg› heißen, und ihre letzte Ergänzung in den Memoirenwerken großer Feldherrn und in Regimentsgeschichten fanden».

Sonntags schallen über den Radacher Gutshof Kommandorufe.

Hauptmann Gräser exerziert mit den «Roten Adlern». Ihre Waffen werden im Inspektorenhaus aufbewahrt. Wenn sie über die Straßen und durch die Wälder marschieren, singen sie das Brandenburger Lied: «Steige hoch, du roter Adler, hoch über Sumpf und Sand, hoch über dunkle Kiefernwälder, heil dir, mein Brandenburger Land...»

Überall im Lande marschieren die nationalen Putschgruppen. Mal sind sie kleiner, mal sind sie größer, mal heißen sie Bund Oberland oder Stahlhelm, mal Selbstschutz Oberschlesien und in Radach Rote Adler. Sie alle warten auf die Stunde, mit der verhaßten Rupublik Schluß zu machen. Im nahen Küstrin ist der Major Buchrucker mit seinen «Arbeitskommandos» dazu angetreten, und in seinem Aufmarschplan haben auch Radachs Adler eine Aufgabe zugewiesen bekommen.

Eine seltsame Unruhe herrscht im Spätsommer 1923 in der Neumark. Motorräder durcheilen die Ortschaften, in Leder gekleidete Herren, «denen zum vollständigen Anzug nur das Monokel fehlt», geben Weisungen aus, Gutsbeamte kommen um Urlaub ein. «Niemand wußte etwas, und alle ahnten etwas. Und es würde ein großer Schlag werden...», beschreibt der Beobachter Ditzen die Stimmung in einem politischen Magazin.

Am 30. September hebt sich der Vorhang. Buchrucker putscht in Küstrin gegen die auf einen Ausgleich mit den Franzosen bedachte Regierung Stresemann. Radachs Rote Adler sollen das Küstriner Forst Schwerwenow besetzen. Rittmeister Schwanecke wird gebeten, wie verabredet, das Auto zur Verfügung zu stellen. Ausgerechnet an diesem Tage ist das Auto kaputt. Schwanecke und der alte Pappritz haben gute Nasen. Die Reichswehr macht nicht mit, und Buchruckers Putsch bricht zusammen. Radachs Rote Adler kehren beklommen zurück. «Sie wären nicht nur gegen Küstrin, sie wären gegen Berlin, sie wären gegen die ganze Welt marschiert. Sie marschieren streng national in jedes Debakel», heißt das Fazit des Radacher Gutsbeamten.

An einem Abend hat er das letzte Morphium gespritzt. Im Bett liegend, hört er Geyer zu, der aus einem Reclamheft vorliest. Plötzlich reißt er die Pistole unter dem Kopfkissen hervor, richtet sie auf Geyer und brüllt ihn an, er werde ihn erschießen, wenn er nicht sofort aus Berlin Morphium herbeischaffe. Geyer hält ihm vor, daß von Drossen in der Nacht kein Zug mehr nach Berlin fahre, dann aber begreift er, mit diesem Mann ist vernünftig nicht mehr zu reden. In einem Moment der

Unaufmerksamkeit entreißt er ihm die Pistole. Ein Schuß löst sich und geht in die Zimmerdecke. Geyer läuft aus dem Raum und schließt Ditzen ein. Als er zwei Stunden später nach ihm sieht, ist Ditzen völlig erschöpft und bittet Geyer weinend um Verzeihung.

Am nächsten Morgen macht sich der kleine Kollege auf den Weg nach Berlin, die Pistole glaubt er zurückgeben zu können. Im Inspektorenhaus bleiben die Fensterläden Rudolf Ditzens geschlossen. Als ein paar neugierige Hofgängermädchen klopfen, reißt der unter Entziehungserscheinungen leidende Gutsbeamte sie erregt auf und schießt hinter den entsetzt davonstiebenden Mädchen her.

Schwanecke hat nun genug von diesem Mann, der säuft und in der Gegend herumballert, anstatt auf den Feldern mit der Waffe etwas anzufangen, und der auch noch schweinische Bücher schreibt, wie ihm der Tierarzt Dr. Defuß gesagt hat. Schwanecke kündigt Ditzen zum 31. Oktober 1923. Als er Radach verläßt, schenkt er seinem kleinen Kollegen Geyer ein Exemplar des «Goedeschal».

> «Sei er noch so dick,
> einmal reißt der Strick,
> freilich soll das noch nicht heißen,
> daß gleich alle Stricke reißen»

steht als Widmung darin.

In der nahen Kreisstadt Drossen findet er als erster Buchhalter in der Getreide- und Düngemittelhandlung Kippferling Anstellung. Buchhändler Collrep in Drossen stellt den gerade erschienenen zweiten Roman «*Anton und* Gerda» ins Fenster. Auch dieser zweite, wieder von Rowohlt unterstützte Anlauf mißlingt. «Es war eine fürchterliche Ohrfeige», erinnert sich Fallada noch zehn Jahre später, als er nach seinem liebsten Buch gefragt wird und «*Anton und Gerda*» nennt, das er noch ganz «für sich» geschrieben habe. «Wir haben, glaube ich, 400 Exemplare verkauft, der Rest ist – Makulatur.»

Mitte April des nächsten Jahres geht er zu Kagelmacher nach Rügen. Die sechs Monate Haft sind ja noch abzumachen, und die Aufforderung zum Haftantritt, die wie ein Damoklesschwert über ihm hängt, will er bei Kagelmacher erwarten. Anfang Juni hält er sie in der Hand. Spätestens am 20. Juni 1924, sechs Uhr abends, hat er sich im Gerichtsgefängnis Greifswald zu melden. Die Witze, die er darüber zu Kagelmacher macht, mißlingen. Er geht hinaus in den Garten, legt sich in die Sonne. Gewiß, ihm werden die Zigaretten und der Alkohol fehlen, aber jetzt spürt er, mehr noch das Licht, der Geschmack des Meeres in der Luft, eine menschliche Geste. Der ganze Sommer und der ganze Herbst werden verlorengehen. Eiszeit ihn umgeben. Wenn Kagelmacher auf dem Feld sich freut, wie die Kartoffeln wachsen, muß er daran denken, daß er sie nicht blühen, nicht welken, nicht geerntet sehen wird. Das Leben macht für ihn eine Pause. Er ist nicht dabei, und trotzdem geht alles weiter. So begreift man den Tod.

Auf alle mögliche Weise versucht er seine Existenz zu spüren. Energisch kümmert er sich darum, daß der erste neue Anzug, den er seit Jahren beim Schneider bestellt hat, noch fertig wird und er ihn vorher einmal samt den braunen Damenflorstrümpfen und den braunen Halbschuhen, die er trägt, anziehen kann. Gedichte, die er schon immer liebte, wie Rilkes «Der Gefangene», lernt er auswendig oder blättert in Wildes «Zuchthausballade». Dann sind praktische Fragen mit Kagelmacher zu besprechen. Man muß eine Methode finden, die Eltern über seinen Aufenthaltsort in den sechs Monaten bis zum 20. Dezember im unklaren zu lassen. Schlimmer als in den Sanatorien und Irrenanstalten kann es im Gefängnis kaum sein. Und wenn er dort sich bei der Morphiumentwöhnung mit Geheul und Geschrei anstellte, so will er sich diesmal beim Alkoholentzug durch die Haft unbedingt «anständig» betragen.

«Warum?» fragt Kagelmacher.

«Meinetwegen», antwortet Rudolf Ditzen.

«Daß Sie mir nur nicht gleich in den ersten Tagen in eine trübselige Stimmung kommen!» gibt ihm Kagelmacher auf den Weg.

Ditzen fürchtet sich sehr vor der Anschnauzerei der Beamten. Ihm stehen die Tage seiner Militärzeit vor Augen, wo die böse Lust, die anderen zu schikanieren, Befehlsgewalt hatte und er wegen seiner Ungeschicklichkeit ständig abgekanzelt wurde. Erleichtert stellt er fest, wenn er seine Arbeit auf dem Holzhof ordentlich macht, kümmert sich niemand um ihn, und daß ihm am dritten Tag ein Wachtmeister zeigt, wie er das Beil beim Holzhacken halten muß, erfüllt ihn mit Dankbarkeit. «Ich bin noch in keinem Sanatorium, in keiner Irrenanstalt so anständig behandelt worden wie hier», schreibt er sich auf.

Schlimm sind die Nächte. Der ganze Körper brennt und juckt. Wanzen, geht es ihm durch den Kopf. Sein erstes Gefühl ist Empörung.

Wanzen braucht sich auch ein Gefangener nicht zumuten zu lassen. Er sucht die Decken und das Laken ab und macht Jagd auf das Ungeziefer. «Hier sind Wanzen», beschwert er sich beim Oberwachtmeister. Der Schullehrer, der vor ihm in der Zelle lag, hat sich nie über Wanzen beschwert, belehrt ihn der Beamte. Der Gefangene erinnert sich, in den letzten Tagen bei Kagelmacher den gleichen Juckreiz und die gleiche Schlaflosigkeit verspürt zu haben, wenn er abends nicht getrunken hatte. Bißwunden fand er freilich am nächsten Morgen nicht.

Jeden Abend redet er sich ein, so schlimm wie in der Nacht vorher wird es nicht werden. Er bemüht sich um eine ruhige Rückenlage und spricht sich ein Gedicht vor. Dann aber ist alles wie immer, und er macht im Dunkeln eine ohnmächtige Jagd auf die Quälgeister. Die Unsauberkeit seiner Zelle und die Alkoholentziehungserscheinungen, unter denen er zweifelsohne leidet, lassen die Nächte zur Hölle werden. Genau notiert er in einem Tagebuch die intimsten Einzelheiten seiner Haft. Ein in seiner Schonungslosigkeit seltenes Dokument entsteht.

«Ich graule mich manchmal ordentlich vor dem, was ich schreibe. Wenn es jemand läse, hier wäre ich geliefert. Aber ich muß alles schreiben, weglassen kann ich nichts, je bedenklicher, um so weniger, denn dann wäre der ganze Rest sinnlos geworden», trägt Rudolf Ditzen in das Tagebuch ein.

Alle Gefangenen reden ihn mit du an, und er redet alle Gefangenen so an. Es gefällt ihm. Mit Kagelmacher und Geyer bleibt er bis zum Lebensende beim Sie. Hat er das Gefühl, zu diesen Männern zu gehören, mit denen er Holz sägt und die Fuhren durch Greifswald zu den Abnehmern bugsiert, oder gehört er zu den Bürgern der Stadt, die teils flüchtig, teils neugierig nach den Gefangenen sehen? Sein Platz liegt dazwischen.

Im August brechen die Häftlinge Stabinski und Joseph aus. Rudolf Ditzen weiß, Stabinski könnte sich bei seiner Braut versteckt halten. Er meldet sich beim Wachtmeister. Und dann grübelt er, warum er solche «Gemeinheiten» nicht lassen könne. Persönlich hat er weder gegen Stabinski noch gegen Joseph etwas, und die Freiheit mißgönnt er ihnen schon gar nicht. Was ihn bedrückt, ist, die «Willkür» über die «Autorität» siegen zu sehen. «Trotz all meiner Bücher, trotz all meiner Anschauungen: Ich bin der geborene Bürger, ich stelle mich stets auf die Seite der Autorität», notiert er, als wäre die Solidarität mit der Kriminalität die Alternative.

Als im Juli das Getreide auf den Feldern gelb und schwer wird, beginnt er sich aus seiner Zelle zu schreiben. Nirgends sei er so zu Hause wie in Gudderitz, steht unter dem 13. im Gefängnistagebuch. Sehnsüchtig denkt er an das am offenen Meer liegende Varnkewitzer Ufer Wittows. «Davon ließe sich schreiben, dort wäre eine Liebesgeschichte zu träumen.» Ein «stilles Buch» soll es diesmal werden. Er beginnt damit an einem Sonntag. Es ist der 20. Juli 1924. Ein Mörder und ein Mädchen treffen sich. Liebe erlöst Verbrechen. Wünsche werden Literatur. Das Vorhaben bleibt Fragment. Als er im September als Kalfaktor eingesetzt wird, brechen Tagebuch und Roman ab.

7. Liebe und Einsamkeit

Es ist ein Sonntag, an dem Fallada seinen dritten Roman zu schreiben beginnt. Auf dem ersten Bogen trägt er das Datum des Arbeitsbeginns ein, so macht er es immer, so wird er es immer machen: 20. VII. 1924. Nicht den Ort. Da müßte Gerichtsgefängnis Greifswald stehen.

Nach dem Datum kommt der Titel: «Mörder, Liebe und die Einsamkeit. Ein kleiner Roman von Hans Fallada.» Ein schmaler Klapptisch an der Zellenwand dient ihm als Schreibpult für seine Arbeit. Schreiben kann er so lange, wie es draußen hell ist. Die Zelle ist unbeleuchtet. An den Roman hat er sich einen Tag vor seinem Geburtstag gesetzt. Morgen, am Montag, wird er einunddreißig.

Hier im Norden ist der Tag um diese Zeit lang. Noch ist Mittsommernachtszeit. Ein Stück höher liegt die Insel Rügen, von wo er vom Gudderitzer Hof seines Freundes Kagelmacher hinüber nach Greifswald gekommen ist. Da drüben ist in diesen Wochen gegen Mitternacht am Varnkewitzer Ufer der Horizont bei Gell-Ort noch immer hell. Er liebt Land und Leute, und seine Neigung ist dauerhaft. Seinen neuen Roman läßt er wie den davor entstandenen Roman «Anton und Gerda» in der Gudderitzer Gegend und im Bauerngarten Kagelmachers beginnen. «Es ist seltsam, wie sehr dieser Fleck meine Heimat wurde», notiert er im Tagebuch zu diesem Auftakt.

«An die Schmalseite des Hauses stößt der Garten. In der Weißdornhecke stehen zwei Weiden, zwischen ihnen ist die Lattentür, durch die ich trete – und nun bin ich im Garten, einem bäuerlichen Garten, in dessen buchsgesäumten Beeten allerlei Gemüse wächst: Spinat, Kohlrabi, Erbsen, Bohnen, und da und dort ist der Salat schon geschossen, zwei Haselsträucher, das Summen eines Bienenstandes.

Der Weg wird enger zwischen Flieder, Jasmin, Jelängerjelieber, hier sind Blumenbeete gewesen, aber die Rosen sind erfroren und Tulpen wie Vergißmeinnicht sind von Majoran und Dill verdrängt. Kein aufregender Garten, ein Nutzgarten, in dem der Bauer in der Laube hinten noch eine halbe Stunde vorm Schlafengehen sitzt.»

Aber da ist noch ein anderer Garten, der «Blühegarten, der Duftgarten, einen Schritt vom Wege ab. In dem Bauerngarten, hatte ich einunddreißig Jahre gelebt...», in dem anderen Garten, dem «Garten des Rausches» hat er einen Tag gelebt. Ohne Atem zu holen, kommt der Roman gleich auf der ersten Seite zur Sache Fallada. Der Dualismus seiner Existenz ist vorgestellt. Der Mann, der aus dem bürgerlichen Leben herausgefallen ist, erzählt durch den ganzen Roman sein Schicksal in Bildern und Metaphern. Wie auf dem Sprung liegt diese Geschichte und will hinaus und zu einer Lösung finden. Das Gefängnis erhöht den Druck, und im Gegensatz zum Roman bewegt er selbst sich nicht durch Metaphern, sondern hat ein handfestes soziales Problem. Was soll denn aus ihm werden, wenn er nach sechs Monaten Haft aus dem Greifswalder Gefängnis kommt und auf irgendeinem Gut eine Stellung sucht? Entlassungspapiere aus dem Gefängnis sind nicht gerade eine besondere Empfehlung. «Wäre es nicht endlich so weit, neben den nötigsten Tagebuchnotizen irgendein Opus zu beginnen, das man veröffentlichen kann? (Denn ich muß doch, ehe ich eine neue Stelle antrete, noch einiges anschaffen, und Rowohlt ist doch schließlich Geldquelle.)», trägt er nüchtern einen Tag vor Arbeitsbeginn an dem Roman in das Tagebuch ein und daß er sich zu einem Anfang zwingen werde, «gehe es, wie es will». Als er dann die ersten Seiten geschrieben hat, ist er erleichtert. Wenigstens eine Hoffnung ist am Horizont. «Wie es werden wird, weiß ich natürlich nicht, aber schon die Tatsache, daß ich wieder ein Eisen im Feuer habe, beglückt mich...»

Das Bild der beiden Gärten ist ein Bild und keine Geschichte, aber ein Roman braucht eine Handlung, die ihn bewegt. Fallada hat sie parat. Die Zerrissenheit des eigenen Lebens erzählt der gefangene Schriftsteller als Begegnung mit Frauen von ganz gegensätzlichem Charakter. Es sind Rollen, die er schreibt. Ria, die Frau seines Helden, ist «die Reinheit selbst», aber ihr steht eine Frau mit dem seltsamen Namen «Rübe» gegenüber, die erotisch wegen der Erotik ist. «Alles ist gut, was du der Lust willen tust. Liebe ich dich etwa? Liebst du mich?» fragt diese Traumgestalt einer Sexualität ohne Bindung. Fallada spricht sich in dieser Frau von seinen traumatisierten Sehnsüchten frei. Die «reine» Ria ist ein Teil von ihnen.

Nicht als einen Gewinn haben seine Eltern ja die erotische Entwicklung ihres Kindes erlebt, sondern als einen Verlust. Auch über ihren Sohn ist nun das Unglück der Sexualität gekommen. Das setzt sich als Lebensgefühl bei dem Gymnasiasten Rudolf Ditzen fest. In den Gedichten, die er 1916/17 gemacht hat und die wie kein anderes Zeugnis aus dieser Zeit Aufschluß über seine Seelenlage geben, kann er sich unter diesem Druck nur im Ton der Moralkolportage über Sexualität äußern. Sie ist häßlich und falsch. Sie verlangt Buße und Wiedergutmachung, doch worin sollen sie bestehen? Das Natürliche wird immer wieder sein Recht verlangen. Er dreht sich im Teufelskreis künstlicher Schuldgefühle.

Nach dem Erguß

> Doch als die Lust der Glieder jach verebbte,
> Sank auf den Hals das ausgehöhlte Kinn,
> Und eine Woge aus dem Innern schwebte,
> Ihn hart zu fernen Durstgestaden hin.
>
> Er sprach zu sich: Ich hab den Kern genommen,
> Was doch des Kernes nur alleine ist,
> Aus meinem Innern ist ein Strom gekommen,
> Und dort versickert, wo der Sand ihn frißt.
>
> Ich hab' mich weggeschenkt und nicht empfangen,
> Verraten hab' ich mich, Ischarioth,
> So will ich denn wie Du am Kreuze hangen,
> Unempfangener, weggeschenkter Gott.

Als er in Rudolstadt den Hanns Dietrich Necker erschossen hat und jede bürgerliche Karriere so weit in die Ferne rückt, wie eine bürgerliche Verbindung mit einer Frau, bleiben ihm nur die flüchtigen Begegnungen und die gekauften Stunden. Aber seine Sehnsucht nach Liebe und der Drang, sich auszuleben, sind groß. Sie müssen ihm ja helfen, verlorenes Leben zu ersetzen, und darum hat er auch Leidenschaften, in denen er maßlos werden kann, Rauchen, Trinken, Frauen, Schreiben. Ausgegrenzt, wie er ist, macht Rudolf Ditzen Bekanntschaft mit den Huren und den Bordellen. Auf dem Weg, den jeder gehen kann, trägt der Reichsgerichtsratssohn schwer an der Elternmoral und seiner Sehnsucht nach Liebe. Sexualität nimmt das schreckliche Gesicht an, das der Vater und die Mutter immer beschrieben haben. Er haßt seine Triebe, er haßt die Frauen, er haßt die Macht, die sie über ihn haben, er haßt sich selbst, er sehnt sich, von all dem loszukommen und schreibt seinen Haß und Ekel in das Gedicht «Befreiung».

> Und von den Spitzen ihrer Brüste tropfte
> Triumph auf sein genickverkrampftes Haupt,
> Es war, als wenn der Totenkäfer klopfte,
> Und plötzlich war die Sonne ohne jedes Licht entlaubt.
>
> Jedoch ihr nackter Körper glänzte heller,
> Von Schweiß verklebt, von Bissen geil zersägt,
> Er kreiste um die Augen schnell und schneller
> Und alles andre wurde weggefegt.
>
> Er lag zu ihren Füßen hingegossen
> Und spürte Hochmut selbst in ihren Zeh'n –
> Die hätten gar zu gern den Stolz genossen
> Als Herrinnen auf seinem Hals zu stehn.
>
> Soll ich in diesem Zirkel ewig kreisen?
> War Anfang da, so muß auch Ende sein –
> Und sollt ich selber mir die Brust zerreißen,
> Was mein gewesen, ist und bleibet mein.

Aber da ist kein Ende des Ausgeliefertseins in Sicht, das der Dreiundzwanzigjährige empfunden und ersehnt hat, er ist jetzt über die Dreißig und die Problematisierung der Gefühle nur gewachsen. In der Einsamkeit der Gefängniszelle drängt ein großes Tabu, gebrochen zu werden.

«Mittwoch 9. Juli 1924

Wieder einmal onaniert, und der Tag darauf wurde gut, oder, wenn nicht gut, so schon recht erträglich. Es scheint beinahe so, als ob die direkt auf das Onanieren folgenden Tage die günstigste Seelenstimmung brächten, daß dann aber der übernächste Tag einen Rückschlag in die Depression bringt. Ich werde in der Folge einmal darauf achten.»

Genau zeichnet er nun die Schwankungen seiner Seelenlage auf, wie er akribisch die Auswirkungen auf die Arbeit im Hof der Strafanstalt registriert, wo er mit anderen Gefangenen Holz sägt und spaltet. «Ich bin derartig schlapp und müde, daß es nicht zu sagen ist. Mein Sägen war heute unter dem Hund...», notiert er im Tagebuch. Der quälende Konflikt, Sexualität nicht als Beziehung erleben zu können, überfällt ihn in seiner ganzen Drastik. Die Bilder des Zwiespaltes in seinem Romanmanuskript werden greller, und die Prostituierte Erna nimmt die Züge seiner Empfindung an.

«Ich starrte erschreckt. Ein namenloses Grauen erfaßte mich vor diesem verpuderten, banalen Gesicht einer ältlichen Kokotte; ich begriff, daß sie weit von hier war ohne Gefühl, ohne Menschtum. Sie schnellte ihr Gesicht näher, ich roch den betäubenden Äthergeruch ihres Schnapses, sie machte eine Geste nach meiner Hand, sie stammelte: ‹Wir wollen uns süß lieben.› Ihr Ärmel glitt zurück. Ich sah die schwärenden Wunden einer Morphinistin.»

Der Mann, der mit der Prostituierten Erna ins Bett geht, wird glauben, sie aus Abscheu ermordet zu haben und zugleich an der Tat zweifeln, denn er kann nicht mehr die Wahrheiten und die Fiktionen seines Lebens unterscheiden. Ist er schizophren? Den Tod der Prostituierten wird er aufzuklären suchen, um sich über sich selbst aufzuklären. Er dreht sich in einem wahnsinnigen Wirbel, aus dem er auftauchen möchte. Der Mann ist so gespalten wie sein Autor. Der hat Mitgefangene denunziert und weiß, daß er schäbig gehandelt hat. Er ist ein Bürger und ein Krimineller. Ein Mann, der lieben will und ins Bordell geht. Ein Chaot und ein Buchhaltertyp. «Ich habe nur das Talent zu einem Feigling», schreibt er in sein Tagebuch und dann den Satz: «Es ist schon Mut für mich genug, daß ich alle diese Heimlichkeit hier täglich in meiner Zelle niederschreibe, wo jedes Verstecken unmöglich ist, wo jeder kontrollieren kann.»

Daß er den Mut der Schriftsteller hat, ohne Rücksichten zu bezeugen und zu bekennen, wird er selbst dann nicht wirklich verstehen, als er schon ein berühmter Schriftsteller ist und bekannt und bezeugt hat. Offen und ohne Hüllen bleibt er ein Leben lang und wird sich schmerzvoll immer mit den «anderen» vergleichen. Aber wie kann sich auch einer eingestehen, daß Schutzlosigkeit zu seinem Talent gehört? Kein Panzer sperrt diesen Fallada von den Geschichten und Schicksalen ab. Unendlich viel wird sich für ihn wiederholen. Zwanzig Jahre später wird er wieder in einer Zelle sitzen und seine Einsamkeit nur ertragen, wie er sonst seine Lebenseinsamkeit erträgt: schreibend. Wieder wird er wie in Greifswald ein verborgenes Manuskript anfertigen, das die Wärter nicht sehen dürfen, und den einen Text in den anderen kreuz und quer zur Tarnung hineinarbeiten. Auch mit den Frauen wird es ihm weiter so gehen. Er wird die Frau finden, nach der er sich sehnt, und nicht bei ihr bleiben können, obwohl er seine großen Romane ähnlich wie seine frühen Romane aus dem gleichen Gefühl schreibt und dem Glück weibliche Namen gibt. Es heißt im «Kleinen Mann» Lämmchen und im Wolfsroman Petra Ledig. Und auch das wird geschehen, daß er die Unterschlagung und den Scheckbetrug, die er jetzt gerade in der Greifswalder Zelle in seinem Roman ausmalt, in wenigen Monaten selbst begehen wird.

Der Roman «Mörder, Liebe und die Einsamkeit» bleibt ein Fragment. Im Gefängnis hat man seine bürgerliche Brauchbarkeit bemerkt. Im August macht ihn die Anstaltsleitung zum ersten Kalfaktor. Jeden Morgen geht er jetzt von Zelle zu Zelle und teilt im Gefolge eines Wachtmeisters, der die Zellen aufschließt, Brot und Kaffee aus. Er ist ein schmächtiges Kerlchen, das weniger als 120 Pfund wiegt. Sie haben fünfzig Mann zu versorgen, und jeder bekommt seine 300 Gramm Brot. Er stöhnt unter der Last des vollen Korbes. Ruhe hat er nicht mehr. Von morgens 5 Uhr bis abends ½9 hat er sich in einer Gemeinschaftszelle dienstbereit zu halten. Am Sonntag, dem 17. August 1924, schreibt er in sein Tagebuch: «Die Tatsache, daß ich am vergangenen Mittwoch nun wirklich erster Kalfaktor in der Strafanstalt Greifswald geworden bin, hat meine sämtlichen Arbeitspläne über den Haufen geworfen», und ein paar Tage später: «Ich habe also meinen Roman vorläufig ganz aufgeben müssen...» Keine Zeile kommt mehr hinzu, er hat auf das Schreiben verzichtet. Hätte er vielleicht ganz darauf verzichtet, wenn irgendwo eine bürgerliche Karriere gewinkt hätte? Am 3. November 1924 wird er vorzeitig entlassen. Dem Häftling Rudolf Ditzen wird «gute» Führung bescheinigt, und ihm werden zwanzig Mark sechzig Pfennig Arbeitsbelohnung für hundertsiebenunddreißig Hafttage mitgegeben. Von Greifswald fährt er hinüber nach Rügen zu Kagelmacher, wo er hergekommen ist. «Vielleicht wird es schon dunkeln, wenn ich an den Strand komme. Am Rand der Dünen auf der König-Lear-Heide will ich liegen…»

Nur eine Schulmeistergesinnung kann meinen, er benötige solche Denkzettel, um sein anderes Leben zu finden. Auf eine Alternative zu kommen braucht manchmal einen Menschen auf. Den Winter verbringt er bei Kagelmacher auf dem Hof in Gudderitz. Der Freund sorgt für ihn, und ein paar falsche Zeugnisse stellt er ihm auch aus, damit er niemandem erklären muß, wo er diesen Sommer wirklich verbracht hat. Da war er einfach bei Kagelmacher angestellt. Ende März 1925 tritt er eine Stelle als Rechnungsführer in der von Rohrschen Gutsverwaltung Lübgust bei Gramenz in Pommern an und wechselt am 1. Juli in die Gräflich Hahnsche Gutsverwaltung Neuhaus in Holstein. Es ist die Zeit, in der er zum ständigen Mitarbeiter eines der angesehensten linksliberalen politischen Magazine und anderer Zeitschriften aufzusteigen beginnt. «Das ist schön, daß Sie wieder ‹da› sind, gesund, mitteilsam, froh», steht in einem Brief des Rowohlt-Lektors Franz Hessel. «Schicken Sie mir doch bitte Ihre Aufzeichnungen über die Gefängniswelt. Ich will mich gern ein wenig umtun, sie gut anzubringen beim ‹Tage-Buch› oder sonstwo.»

«Ich habe vor kurzem nahezu fünf Monate Gefängnis in einer mittleren Strafanstalt Deutschlands verbüßt. Dabei habe ich eine Reihe von Beobachtungen gemacht, deren Mitteilung vielleicht nicht allein von dem Gesichtspunkt aus, daß jeder jeden Tag in Strafhaft oder Untersuchungshaft geraten kann, interessant erscheint… Ich fühle mich ein wenig wie ein Reisender, der aus einem unbekannten Weltteil zurückgekehrt ist…» beginnt sein Haftbericht «*Stimme aus den Gefängnissen*», den das «Tage-Buch» in der ersten Nummer des Jahres 1925 druckt.

Im April beschreibt er an der gleichen Stelle in den «*Tscheka-Impressionen*» einen von der Weimarer Justiz konstruierten Spionageprozeß. («Es wäre von Interesse, einmal das Buch zu schreiben, wie inszeniert man politische Prozesse…») Im Juli analysiert er den Küstriner Putsch. In der Eröffnungsnummer der von Willi Haas geleiteten «Literarischen Welt» steht seine Glosse «*Was liest man eigentlich in Hinterpommern?*».

Hans Fallada macht sich mit seinen Aufsätzen im «Tage-Buch» und in der «Literarischen Welt» einen Namen als Chronist republikanischer

Zustände. Der Realist Fallada wird zuerst in seiner Publizistik erkennbar. Und Rudolf Ditzen durchläuft in immer enger werdenden Spiralen den Teufelskreis seiner Abhängigkeit. Sorgfältig verbirgt er sie nach außen, bemüht sich, der korrekte Gutsbeamte oder ein durchschnittlicher Literat aus der Provinz zu sein.

Seine bürgerlichen Rollen kosten ihn unendliche Mühe. Morgens braucht er Kognak, damit die Hände nicht zittern, der Magen nicht mehr schmerzt, und er braucht Morphium, und er braucht mehr Geld, als er hat. Er weiß, er wird seine Doppelrolle nicht mehr lange durchhalten können. Er wird überhaupt nicht mehr lange durchhalten. Es muß ein Ende haben.

An einem Sonnabend im September wird der Rechnungsführer der Hahnschen Güterverwaltung nach Kiel geschickt, um einen Scheck über zwölftausend Mark einzulösen. Es ist der 12. September 1925. Auch soll er gleich ein paar Rechnungen begleichen, vor Sonntagabend braucht er nicht zurück zu sein. In ihm formt sich ein Gedanke. Er wird sich reichlich Reisegeld mitnehmen, fünf-, sechshundert Mark. Verlumpt er die wieder restlos, heißt das Schluß. Dann ist das Hahnsche Geld in Gefahr. Bringt er die Abhebung heil nach Neuhaus, gibt es noch ein Weiterkommen. Die Reise muß über sein Schicksal entscheiden.

Der übliche Büromorgen beginnt. Wie stets fragt er sich, rieche ich nach Kognak, ist es vielleicht besser, ein Stück Brot zu essen, damit der Alkoholdunst sich etwas verliert? Um neun Uhr bringt ihn der Wagen zur Bahn. Kaum ist er vom Hof, bemerkt er, daß er den Scheck vergessen hat. Soll die Probe so enden? Rasch zurück, rasch den Scheck aus dem Geldschrank geholt. Los, Plünder, zum Bahnhof, ruft er dem Fahrer zu. Er schafft es. Auf einer Kieler Bank löst er den Scheck ein, auf einer anderen begleicht er die anderthalbtausend Mark Gutsverbindlichkeiten. Entscheidet das Schicksal gegen ihn, kann das die Spur vertuschen. Wer eine Unterschlagung vorhat, bezahlt doch nicht zur selben Zeit Rechnungen.

Er macht einen Abstecher in das Kieler Kneipen- und Dirnenviertel. Man kennt ihn dort. Er amüsiert sich, trinkt, hält große Runden frei. Zwischendurch zählt er auf der Toilette das Geld. Die Hahnsche Summe ist schon angerissen.

Er fährt nach Hamburg. Er setzt sich in ein Flugzeug nach Berlin. München, Leipzig, Dresden, Köln gibt er später noch als Stationen einer verzweifelten Reise an. Flucht läßt sich das nicht nennen. Er flieht sich ja selbst. Am Ende ist er wieder in Berlin und sucht die Polizeiwache am Bahnhof Zoo auf, um sich zu stellen. Man glaubt, es mit dem Unfug eines Betrunkenen zu tun zu haben. Ein paar Stunden später sucht er mit dem gleichen Anliegen den Bereitschaftsdienst der Kriminalpolizei im Polizeipräsidium am Alexanderplatz auf. Zunächst erregen seine Erzählungen ungläubiges Staunen, nach und nach kann er die Kriminalbeamten überzeugen. Am 18. September wird er gegen ein Uhr morgens festgenommen. Von dem unterschlagenen Geld sind nur noch ein paar Mark übriggeblieben.

Der Gutsadministrator Hoffmann hat am Montagmorgen, als sein Rechnungsführer nicht zum Dienst erscheint, erst mit einer Urlaubsübertretung gerechnet. Als er im Kieler «Hansa-Hotel» anruft, hört er, daß Rudolf Ditzen das Hotel mit unbekanntem Ziel verlassen habe. Er schaut sich im Zimmer seines Angestellten um und findet darin den ihm unbekannten Entlassungsschein des Greifswalder Gefängnisses. Rudolf Ditzen hat vor Hoffmann die Lücke in seinen Papieren mit dem falschen Zeugnis von Kagelmacher kaschiert. Hoffmann sieht in die Bücher und entdeckt Rudolf Ditzens Unterschlagungen. Er erstattet Anzeige.

Der Mann, der sich selbst gestellt hat und ohne Zögern seine Taten schildert, kommt den Beamten merkwürdig vor. «Sie wollen wohl auf den Paragraphen einundfünfzig hinaus?»

«Im Gegenteil.»

«Wenn Sie uns hier was vorschwindeln wollen, können Sie was erleben. Sind Sie schon mal in der Irrenabteilung eines Gefängnisses gewesen? Da gibt es Schläge. Nichts für Muttersöhnchen.»

In eine solche Abteilung will er auf keinen Fall. Käme man bei der Untersuchung seiner Straftaten auf seine Morphiumsucht, könnte das auf die lebenslängliche Einweisung in eine Anstalt hinauslaufen. Aber ins Gefängnis will er. In den Sanatorien ist er nicht von seiner Sucht losgekommen. Überall ist er nach kurzer Zeit wieder davongelaufen. Er braucht einen anderen Ort und hat sich nun für diesen Schluß entschieden. «... vielleicht darf ich aber wohl sagen, daß es mir seelisch gut geht, besser als jemals in den letzten Jahren, so seltsam das auch klingen mag», schreibt er im Oktober Tante Ada.

Bei der Untersuchung gibt er sich den Anschein einer seit langem bestehenden Kriminalität. Er will über fünfzehntausend Mark unterschlagen haben, davon in Lübgust bereits fünftausend Mark. Graf Rohr kann bei der Nachprüfung nur eine Summe von eintausendneunzig Mark und neunundachtzig Pfennig aus drei Falschbuchungen feststellen. Auch in Posterstein und in Stettin will er bereits Unterschlagungen begangen haben, doch hier ergeben die Nachprüfungen nun absolut nichts. Er versucht mit solchen Beschuldigungen den Boden für ein späteres Revisionsverfahren vorzubereiten.

Am 26. März 1926 steht Rudolf Ditzen im Landgericht Kiel vor dem Richter. Während der Untersuchungshaft hat er in drei Gefängnissen und über zwanzig verschiedenen Zellen, immer von seiner Wanzenangst geplagt, gesessen. Im Gerichtssaal wird er noch einmal mit seinem bisherigen Leben zusammentreffen. Als Zeugen oder Zuschauer zumindest einige seiner Kollegen von den Gütern anwesend sein. Bei seinem Abschied vom bürgerlichen Alltag bedrückt ihn eine alltägliche bürgerliche Sorge. Sein weißer Stehkragen ist in der Haft am Alex und im Moabiter Kriminalgefängnis total verschmutzt. Ein Antrag, ihn auf eigene Kosten waschen zu lassen, ist abgelehnt worden. Mit dem blaugewürfelten Anstaltstuch möchte er aber auf keinen Fall vor die Öffentlichkeit treten. Zur Verhandlung geht er dann doch mit weißem Kragen. Ein Kalfaktor hat ihm das Symbol für zwei Päckchen Tabak und drei Rollen Priem besorgt.

Auch diese Verhandlung läuft schnell ab. Der Gerichtsmediziner Professor Ziemke hält ihn für einen «entarteten Psychopathen». Die Bestimmungen des Paragraphen einundfünfzig seien allerdings nicht auf ihn anwendbar. Seine «unglückliche Veranlagung» ließe sich strafmildernd bewerten, doch stehe dem die «Raffiniertheit» seines gesamten Vorgehens entgegen. Alles ist gesagt. Als vorbestraft wird Rudolf Ditzen wegen Unterschlagung in vier Fällen bei Anrechnung der sechsmonatigen Untersuchungshaft zu zweieinhalb Jahren Freiheitsentzug verurteilt.

Um seiner Gefangenschaft zu entkommen, geht Rudolf Ditzen ins Gefängnis.

Rückkehr in die Städte

1. Die kleine Stadt

Der erste Tag danach ist ein Wintertag. Im Februar 1928 endet seine Haft im Zentralgefängnis Neumünster. Er hat ein paar Mark in der Tasche und alltägliche Absichten. Irgendwo eine Stelle suchen, vielleicht einen Laden aufmachen oder irgendeine andere kleine Selbständigkeit finden, annehmen, was über ihn gekommen ist, und als Rudolf Ditzen leben, das will er. Ein bescheidener Mann, der sich bescheidet. Er wollte das Gefängnis als einen Schlußstrich. Das Gefängnis hat seinen Sinn erfüllt. Nichts möchte er damit mehr zu tun haben. Er verläßt den Ort eilig. Für seine Zukunft darf er keine Vergangenheit haben.

Am besten glaubt er jetzt, in der Anonymität der großen Städte weiterzukommen. Rudolf Ditzen läßt sich nach Hamburg entlassen, niemand kennt ihn dort. Für das Lebensziel, für das ihn die Familie aus der Stadt gewiesen hatte, kehrt Rudolf Ditzen im März 1928 in die Stadt zurück: bürgerliche Angepaßtheit. Seine Angst vor dem Stempel «Zentralgefängnis Neumünster» auf seiner kleinen Zukunft ist groß. Keine der wenigen Türen, an die ein Arbeitsuchender in diesem Frühjahr klopfen kann, ginge auch nur ein Stückchen vor ihm auf. Er kennt die Verhältnisse. Der Sohn des Reichsgerichtsrates hat die Strafvollzugsordnung so im Kopf wie die Anstaltsordnung. Doch seine Gefängniserfahrung heißt: Maul halten.

Willi Kufalt macht es auf. «Eine Abmeldung aus dem Kittchen nehme ich nicht an. In der Strafvollzugsordnung steht, aus der Abmeldung darf nicht ersichtlich sein, daß der Entlassene aus einer Strafanstalt kommt.»

«Das machen wir, wie es hier Vorschrift ist.»

«Ich lese es doch, da steht es doch: ‹Aus dem Zentralgefängnis›. Die nehme ich nicht an. Die soll ich wohl gleich meiner Wirtin in die Hand geben. Ich verlang 'ne andere Abmeldung.»

Rigoros lehnt der Inspektor Kufalts Wunsch ab. Ihm fehlt der richtige Stempel. Ohne Stempel ist die Bürokratie hilflos. Allein im Vorgeschriebenen ist sie mächtig. Entweder der Inspektor drückt den Stempel «Zentralgefängnis» auf die Abmeldung, dann ist der Strafvollzugsordnung Genüge getan, oder er läßt sie ungestempelt, und dann ist die Abmeldung ungültig.

«Nein», sagt er, «diese Bestimmung ist nicht durchführbar, so ideal und sozial sie scheint. – Sie sehen es ein.»

Der Mann vor ihm sieht nichts ein. «Wenn ich eine Abmeldung mit dem Stempel des Zentralgefängnisses bekomme, so schicke ich sie an meinem Entlassungstage an den Rechtsausschuß beim Landtage...»

Der Gefangene bekommt eine Abmeldung vom Einwohnermeldeamt. Es ist der Willi Kufalt aus Falladas Roman von 1934 *«Wer einmal aus dem Blechnapf frißt»*, ein Stück Literatur, das wie immer auch von dem erzählt, was noch hätte sein können, das den Möglichkeiten der Wirklichkeit nachgeht, reale Utopie ist. Rudolf Ditzen wird seine Chancen, der Abstempelung zu entgehen, durchdacht haben, doch erst Willi Kufalt wehrt sich.

In diesem März 1928 will Rudolf Ditzen um keinen Preis auffallen. Wenn auch nicht zu vergeben und zu vergessen, so ihm doch noch «ein letztes Mal» eine Möglichkeit zu geben heißt sein Wunsch, den er neun Monate später im Weihnachtsbrief an die Schwester Elisabeth noch einmal beschwört.

Zweieinhalb Jahre fehlen ihm. Dreißig Monate der goldenen Zwanziger. Als er ins Gefängnis geht, kommt gerade die Wirtschaft ein bißchen ins Laufen, und manches gewinnt einen rosigeren Schein. Als er herauskommt, steht die große Krise mit ihren Millionen Arbeitslosen vor der Tür. In dieser Zeit wird das Volksbegehren über die Fürstenabfindung abgehalten, Goebbels Gauleiter von Berlin, in den USA Sacco und Vanzetti hingerichtet. Thomas Mann spricht über «Lübeck als geistige Lebensform», in Berlin wird der Film «Panzerkreuzer Potemkin» gespielt und in Hollywood unter Anteilnahme Hunderttausender Stummfilmbeau Rudolf Valentino beigesetzt. Wieder hat Rudolf Ditzen ein Stück Leben eingebüßt. Da hat aber noch ein anderer gezahlt: Wie heißt der Preis Hans Falladas?

Seine Frage ist das in Hamburg nicht. Daß er noch einmal in der Literatur eine Rolle spielen könnte, bewegt ihn in diesem Moment am wenigsten. Dennoch betrifft sie ihn, denn die Biographien der Schriftsteller beginnen früher als ihre Werke, und dieser Hans Fallada ist an einer der empfindlichsten Stellen verletzt worden: Ausgerechnet als die politischen und kulturellen Tendenzen des Jahrzehnts zu kulminieren beginnen und sich die Entscheidungen des Jahres 1933 vorbereiten, ist er zweieinhalb Jahre vom lebendigen Kreislauf der Ereignisse und Ideen abgeschnürt.

Die Haft hat Falladas Lebensaspekte in die Privatheit zurückgeworfen. Kein Gedanke beispielsweise mehr, die scharfsichtige publizistische Auseinandersetzung mit der Weimarer Republik fortzusetzen. Was er sich vornimmt, ist allenfalls ein bißchen literarische Brotarbeit, um in seiner kleinen Selbständigkeit nicht zu verhungern. Der Prozeß seiner Politisierung und Emanzipierung ist unterbrochen. Eine Zeitlang nimmt er jetzt für seine Problematik die kleinbürgerlichen Lösungsvorschläge der Familie an: einen Brotberuf finden und «neuen moralischen Gefährdungen» entgehen. Angesichts der Niederlage sprechen die Rechthaber hochmütig mit ihm. Der Vater korrespondiert über Jahre nur in Ausnahmefällen mit ihm, und die Mutter behandelt diesen Mann in der Mitte der Dreißig nicht nur als verlorenen, sondern für lange Zeit auch als unmündigen Sohn. Das muß er erst einmal hinnehmen.

In Hamburg kommt Rudolf Ditzen in einem christlichen Wohnheim unter und arbeitet in dem dort angeschlossenen Schreibbüro. Ausgebildet ist er für eine solche Tätigkeit gerade nicht, und die Atmosphäre des Wohnheims erinnert ihn fatal an das Klima der Anstalten und Gefängnisse. In der Hamburger Hasselbrookstraße Nr. 54 findet er etwas anderes, eine Frau Fehrmann vermittelt ihm ein Zimmerchen, und dann kauft er sich mit Unterstützung seines Schwagers Fritz Bechert im Juli für hundertfünfzig Mark eine gebrauchte Schreibmaschine. Mit Adressenschreiben für Hamburger Exportfirmen hofft er durchzukommen und sich dabei nach anderen Chancen umsehen zu können. Rudolf Ditzen ist «selbständig».

Mit ähnlicher Bereitschaft zur Anpassung an das Konventionelle geht auch seinen Hang zum Alkohol an: Er tritt einem Verein bei. Regelmäßig besucht er in Hamburg die Vortrags- und Aussprache-abende einer Abstinenzlervereinigung. Für sein Schicksal bleibt der Guttemplerorden folgenlos. Nicht aber die Begegnung mit dem jungen Arbeiter Hans Issel, die er hier macht. Übers Jahr ist er mit Issels Schwester verheiratet.

Das Politische aber, das er in diesen Hamburger Tagen unternimmt, ist – wie so oft in seiner Biographie – ganz versteckt und knapp nur überliefert: Rudolf Ditzen wird in Hamburg Mitglied der Sozialdemokratischen Partei.

In den Monaten unmittelbar nach der Haftentlassung ist das die einzige nicht von außen aufgedrängte Konsequenz aus den letzten Jahren. «Ich bin, wie ich Euch ja ganz ruhig sagen kann», schreibt er später den Eltern, «schon seit meiner Entlassung Mitglied der SPD, nicht aus irgendwelchen äußeren Gründen, sondern weil mir das Programm dieser Partei weltanschaulich am ersten liegt.»

Einen Monat nach dem Schreibmaschinenkauf ist er mit seinem Adressenbüro schon gründlich gescheitert. «Aber die Konkurrenz war groß und der Export gering. Für das Tausend Adressen bekam ich im besten Fall vier Mark und, wenn es spanische waren, fünf Mark. Es schreibt sich lange an eintausend Adressen...»

Aufträge bekommt er nur sporadisch. Versucht er sich als Vertreter für «Neuheiten» an den Haustüren, erweist sich das bei dem linkischen Mann als das sicherste Mittel, die potentiellen Käufer für immer von dem Artikel abzubringen. Eine Zeitlang überlegt er, ob er nicht ein kleines Zigarrengeschäft aufmachen soll. Recht wäre ihm alles.

Im ersten Brief, den Rowohlt nach Jahren am 8. August von seinem Autor bekommt, erfährt der Verleger: «Ich bin so ziemlich am Ende und weiß nicht mehr aus noch ein. Mein Wunsch geht dahin, irgendeine Stellung, und sei es die subalternste, sei es als Packer oder etwas Derartiges zu bekommen, die mir nur einen regelmäßigen Wochenverdienst sichert. Mit 74 bis 80 Mark im Monat kann ich heute leben. Aber freilich heißt Derartiges wünschen, sich den Mond wünschen, niemand scheint den Mut zu haben, es mit mir auch nur zu versuchen. Vielleicht können Sie irgendwo einmal ein gutes Wort für mich einlegen, damit man mir noch einmal eine Chance gibt.»

Bis Rowohlt antwortet, vergeht einige Zeit. Er entdeckt gerade die Amerikaner für seinen Verlag. Sinclair Lewis «Elmer Gantry» und Hemingways «Fiesta» erscheinen bei ihm, Tucholsky veröffentlicht sein «Mit 5 PS». Als er seinem ehemaligen Autor in die Hasselbrookstraße schreibt, er wolle versuchen, ihm «irgendwie in Berlin zu helfen», hat dieser schon eine andere Adresse. Ein eigenes Zimmer kann er sich jetzt zum Herbst, wo alle Preise steigen, nicht mehr leisten. Rudolf Ditzen zieht zu dem Vereinskameraden und Genossen Hans Issel in die Eiffestraße, weil gerade das Zimmer der Schwester Anna leer steht, die zur Kur ist. Ein bißchen entlastet das die Kasse, doch früher als erwartet kündigt das Mädchen seine Rückkehr an. Am 13. Oktober will sie wieder in der Eiffestraße sein. Eine Lageristin bei Hut-Brammer kann in dieser Zeit ihre Stelle eigentlich überhaupt nicht unbesetzt lassen.

Der Konkurs des Unternehmens «Hamburg» hat sich die ganze Zeit abgezeichnet. Nun kennt Rudolf Ditzen auch den Tag: der 13. In Hamburg gibt es weder Arbeit noch eine Wohnung für ihn. Er muß aus der warmen Anonymität der großen Stadt heraus und ausgerechnet in die kleine Stadt zurück, die er für immer hinter sich glaubte. Aus den Jahren seiner Haft kennt er in Neumünster ein paar Leute, die ihm helfen wollen, Arbeit zu finden. «Ein bitterer Nachteil ist es natürlich für mich», erfährt Freund Kagelmacher, «daß Neumünster gewissermaßen von Strafanstaltsbeamten und Ganoven bevölkert scheint. An jeder Straßenecke grinst ein bekanntes Gesicht.»

Als dann aber Anna Margarete Issel kommt und Rudolf Ditzen geht und die beiden sich für einen kurzen Moment in der Wohnung begegnen, reicht das aus, um aus dem 13. einen Glückstag zu machen. Aus dem ersten Blick zwischen dem Fünfunddreißigjährigen und der Siebenundzwanzigjährigen wird Liebe auf den ersten Blick, und schneller als in der langsameren Wirklichkeit entwickelt sich in der Welt ihrer Wünsche und Sehnsüchte eine tiefe Zuneigung. «Und ich bin so glücklich, wie ich es noch nie in meinem Leben gewesen bin, und ganz erstaunt darüber, daß sie ebenso glücklich zu sein scheint, was ein junges und ausnehmend gut aussehendes Mädchen an mir findet, ist mir nicht ganz verständlich, aber jedenfalls bin ich wirklich derartig glücklich, daß ich alle Augenblicke Herzklopfen bekomme...»

Irgendwo, irgendwie gibt's ein Glück auf dieser Welt... trällert ein Schlager der golden twenties. Ganz unvermutet hat Rudolf Ditzen es gefunden, und alle Misere ringsum hat das Zusammentreffen nicht verhindern können. Und seltsam, es ist nicht irgendein Glück, sondern genau das Glück, wie er es sich immer vorgestellt hat. Da ist es endlich, das Mädchen, das den bösen häßlichen Froschkönig mit ihrer Liebe von all den Dingen befreit, «die dem Irrenden ein unverständliches Leben aufgezwungen» haben. Der junge Goedeschal schon hatte sich danach gesehnt und mit dem Bild gelebt: «In ihrem Schoß das Gesicht geborgen, wird er von sich tun: das Unreine, das Fremde, das Selbstische.» Suse, wie er sie nennt, ist die Frau, die er sich erhofft und in seinen frühen Romanen und Erzählungen beschrieben hat. Suse bestätigt die Bilder und macht sie zum Lebensmodell. Ihm wird er Gestalt geben: die unvergeßliche des «Lämmchens» aus dem «Kleinen Mann» und die vieler routinierter Kopien.

Auf keinen Fall will sich Rudolf Ditzen in Neumünster festsetzen. Für das Zimmer in der zweiten Etage in der Schützenstraße Nr. 29 hat er wöchentliche Kündigungsfrist verabredet. Sein Widerwille gegen die kleine Stadt kennt kaum Grenzen. «Neumünster ist eigentlich schrecklich», schreibt er Kagelmacher am 21. Oktober. «Es ist ein so stupides Nest, von Fabrikarbeitern, die aus aller Herren Ländern zusammengewürfelt sind..., daß es ein Grauen ist.»

Auch Rowohlt hört sofort einen lauten Hilferuf. «Ich wäre Ihnen sehr dankbar, wenn Sie es irgendwie möglich machen könnten, daß ich aus der jetzigen Misere herauskomme. Von Hamburg bin ich hierher verzogen, weil ich die dortigen Preise jetzt nach Eintritt der Kälte wirklich nicht mehr erschwingen konnte – die Heizungskosten werfen meinen Etat völlig um –, und weil ich hoffe, durch die hiesigen mir bekannten Gefängnisbeamten etwas Arbeit zugewiesen zu bekommen. Freilich ist der Aufenthalt in diesem Nest, in dem mich jeder Dritte aus meiner unguten Zeit kennt und sich beeilt, es den ersten beiden mitzuteilen, etwas von der Art eines Spießrutenlaufens.»

In Neumünster bleibt er wegen eines Mannes, der Karl-Heinz Berthold heißt und ihm einen Weg nach oben versprochen hat. Das Mitglied der Mittelstandspartei Berthold hat in der kleinen Stadt seinen Fuß in vielen Türen oder tut doch wenigstens so. Beim «General-Anzeiger» für Neumünster will er dabeisein und auch im Verkehrs- und Wirtschaftsverein Neumünster als Geschäftsführer das Sagen haben. Berthold vermittelt ihm erst einmal eine Tätigkeit als Abonnenten- und Annoncenwerber auf Provisionsbasis beim «General-Anzeiger», und daß er in diesem Blatt für ein Zeilenhonorar von fünf Pfennig schreiben kann, ist auch möglich. Rudolf Ditzen greift zu. Andere als schlechte Aussichten hat er nicht.

Der «General-Anzeiger» ist als stramm deutschnationales Blatt aufgezogen. Ausgerechnet an ein Rechtsblatt geraten zu sein empfindet der Sozialdemokrat Ditzen als eine «Spezialtücke des Schicksals». Doch der «General-Anzeiger» verlangt ihm noch mehr ab. In der überwiegend sozialdemokratisch und kommunistisch wählenden Industriestadt ist das Blatt kaum beliebt. Ganze tausendsechshundert Exemplare beträgt die Druckauflage des «Generalanzeigers». In einer solchen Zeitung zu annoncieren lohnt für einen Geschäftsmann nicht. Wenn Rudolf Ditzen auf Annoncenjagd geht, bekommt er eine notarielle Bescheinigung über eine Auflage von viertausendfünfhundert Stück mit. Die Stelle, wo das Datum steht, ist vom Daumendraufhalten schon schwarz. Ein wenig Betrug schützt das siechende Blättchen vor dem Kollaps.

Die Abstimmung der Leser über seine Linie ignoriert man auch öffentlich. Als im November 1928 der Abonnentenpreis von einer Mark fünfundzwanzig auf eine Mark fünfzig erhöht werden muß, gibt sich der «General-Anzeiger» in einer redaktionellen Stellungnahme gesund und auflagenstark. «Wir haben das Vertrauen unserer Leserschaft, daß sie volles Verständnis für die schwere Wirtschaftslage hat... Andererseits sind wir bekanntermaßen bestrebt, unsern Lesern stets das Neueste und Gediegenste zu bieten. Unsere Romane sind gern gelesen. Die gerade in den letzten Monaten außerordentlich stark zugenommene Leserzahl beweist, daß sich der ‹General-Anzeiger› steigender Beliebtheit erfreut.»

Im November bietet das Blatt seinen Lesern den Roman «Kämpfen und Sehnen» von Elisabeth Borchert. In der Stadt heißt der «General-Anzeiger» Scheißhausklappe, Stinkmakulatur, Hakenkreuzruh, der Treppenfurz, Lies und Schlaf.

Jeden Morgen muß sich Rudolf Ditzen neu überwinden, aus dem Haus zu gehen und den Leuten eine Zeitung aufzuschwatzen, von der er ebensowenig hält wie sie. Jeden Morgen hofft er, es wird anders, weniger schlimm als gestern. Aber wenn er die ersten zwanzig Klingelknöpfe gedrückt und nur ablehnende Mienen gesehen hat und ihm die Türen in die ersten Worte hinein schon zugeschlagen werden, möchte er am liebsten davonlaufen. Doch dann kann er nicht essen, nicht heizen, nicht die Miete bezahlen, die Leute hinter den Türen haben das Geld dafür in der Tasche. Bei jedem neuen Abonnenten darf er das Bezugsgeld für den ersten Monat kassieren, und das ist sein Lohn. Drei bis vier Mark kommen manchmal auf einer solchen Tour zusammen. Sie ekelt ihn an.

Aus seiner unvernünftigen Vernunft hilft dem Menschen manchmal nur vernünftige Unvernunft. Rudolf Ditzen starrt abergläubisch auf die Namensschilder und überlegt, ob der Name Glück verspricht, legt den Finger auf den Klingelknopf und zieht ihn wieder zurück. Das Haus mißfällt ihm nun, und er geht leise die Treppe hinunter. Nach dem nächsten Mißerfolg fürchtet er die ganze Straße. Jetzt ist er soweit, daß er gar nicht mehr zu klingeln wagt. Er fühlt sich auf einer Bettel-tour. Mit dem «General-Anzeiger» als Lizenz für besser Angezogene.

Und dann kommt die Schnorrerei bei den Geschäftsleuten, beim Kaufhaus Padberg oder beim Bahnhofshotel um eine Anzeige. Die Geschäftsleute wollen beständig von ihren Kunden etwas, und das be-lastet, und nun will endlich einer von ihnen etwas, und das entlastet. Sie rächen sich für die Zuvorkommenheit gegenüber den Kunden durch Grobheit an dem Mann von der Zeitung. Rudolf Ditzen steht in der Verkaufsordnung an letzter Stelle. Um eine Gruppe macht er einen Bogen, die Gastwirte. Mit Berthold hat er über seine Vorge-schichte und die Befürchtungen der Eltern gesprochen, und weil seine Konflikte für sie noch immer aus der Schankstube kommen, muß er sie auch bitten, sich «nicht darüber Sorgen zu machen, daß ich bei-spielsweise auch für die Gastwirteinnung tätig sein werde. Ich habe nur Berufsarbeit zu erledigen...» Wählerisch kann Rudolf Ditzen in der kleinen Stadt nicht sein. Soll das aber die Chance sein, die er end-lich nutzen kann, hier das Feld für seine Ideen und seine Tatkraft lie-gen?

Was sich ihm anbietet, ist das kleine bürgerlich Gute, das die Her-kunft schon ganze sechsunddreißig Jahre so oder so ähnlich von ihm erwartet. In Neumünster lernt Rudolf Ditzen die Geschäftsbedingun-gen des kleinen bürgerlich Guten bis zum Überdruß kennen: Anzei-genschnorrerei, Zeilenhonorare für Besprechungen drittklassiger Filme und ein Unterkommen beim örtlichen Verkehrsverein. Dabei steckt Rudolf Ditzen im November erst ein paar Schritte in dem «Dik-kicht aus sozialer Notzucht», in dem Neumünsters Karrieren wach-sen. Der ortskundige Berthold ist einer der Männer, der ihn tiefer ein-führt. Berthold verspricht ihm eine Anstellung als «Sekretär» des Verkehrs- und Wirtschaftsvereins für Neumünster gegen Hinterle-gung einer Kaution von zweitausend Reichsmark. Endlich scheint er den Fuß von der untersten Leiterstufe seines Aufstieges loszubekom-men.

«Ich habe begründete Aussicht», schreibt er Kagelmacher am 11. Dezember, «zum 1. 1. als Sekretär des hiesigen Fremden- und Verkehrsvereins angestellt zu werden, gegen die Stellung einer Kau-tion von zweitausend Reichsmark, die die Eltern ausspucken wollen, und gegen das horrende Monatsgehalt von hundertfünfzig Mark. Ich würde aber nebenbei weiter für alle möglichen Zeitungen tätig sein und dadurch auch noch ein paar Kröten verdienen.»

Nach unruhigem Warten macht ihm die Mutter am 19. Dezember die erlösende Mitteilung, daß die Eltern seiner Bitte entsprochen und die Summe nach Neumünster überwiesen haben. Noch am selben Tag antwortet er ihnen überschwenglich: «Liebe Eltern! Dank! Soviel Dank!! Ihr könnt Euch gar nicht ausdenken, wie glücklich ich heute bin ... Und ich verspreche Euch, daß ich alles tun will, um vorwärtszukommen, um wiedergutzumachen.»

Vorwärts muß er nicht nur der moralischen Sühne wegen, wiedergutzumachen sind ja auch noch Tausende von Mark Schulden aus seinen Unterschlagungen in Neuhaus und Lübgust. Auch Rowohlt bekommt am selben Tag die freudige Nachricht und glaubt nun seinen Autor untergebracht. «Es freut mich, daß ich Ihnen gerade heute, passend zum Weihnachtsfeste, mitteilen kann, daß ich endlich eine Stellung gefunden habe, die mir ein sicheres Auskommen verbürgt. Ich bin ab 1. 1. 29 als Sekretär des hiesigen Wirtschafts- und Verkehrsvereins angestellt und habe nebenbei noch in einer hiesigen Zeitung zu arbeiten. Wie glücklich ich über diese Lösung nach den vergangenen schweren Monaten bin, kann ich Ihnen nicht sagen.»

Froh und versorgt fährt er über Weihnachten nach Hamburg zu den Issels. Ein Mann mit hundertfünfzig Mark festem Einkommen kann sich wenigstens verloben. Genau hält er die Stunde fest: Morgens halb vier Uhr am zweiten Weihnachtsfeiertag. So merkt man sich große Glücks- und Unglücksfälle. Rudolf Ditzen hat in der Nacht Anna Issel die Geschichte des Unordentlichen aus dem ordentlichen Hause erzählt.

Anna Issel hat sie nicht erschreckt. Glatt ist es auch bei ihr nicht immer gegangen, seit der Vater sich von der Familie getrennt hat. Als Rudolf Ditzen anderntags wieder in Neumünster ist, scheint ihm die Welt wie verwandelt.

«Ach mein liebes süßes Mädchen», schreibt er da Anna Issel, «ich hoffe nur, daß Du immer mit Blindheit geschlagen sein möchtest und Deinen alten häßlichen Kerl liebbehalten mögest – in die hundert Jahre, wie die alten Juden sagten.

Du bist meine ganze Freude, mein völliger Stolz, endlich lohnt es sich im Leben, wieder vorwärts zu kommen, und wir werden einen guten Kampf kämpfen, Seite an Seite, ohne Furcht, mutig.»

Nie hat er Kagelmacher geglaubt, was ihm der Freund ins Kittchen schrieb, daß das Leben sich auch für ihn noch «lohnen» werde. Jetzt ist es soweit. Das Paar will bald in aller Heimlichkeit heiraten. «Sie bleibt dann wie bisher in Hamburg, ich hier, nur binden will ich mich oder sie, ach weiß der Himmel warum», erfährt Kagelmacher über Suse. Mit den Eltern läßt er sich mehr Zeit. Es dauert bis in den Januar 1929, ehe er sie unterrichtet. Erst am Sechzehnten schreibt er ihnen: «Ich kann Euch heute nur sagen, daß ich so glücklich bin wie noch nie in meinem Leben...»

Er weiß, wie er sich fühlt, zählt wenig. Es zählt, was er hat, wer er ist, wenn er sich binden will. Rasch müssen noch ein paar Punkte zusammengebracht werden.

Könnte das nicht ein Beleg für einen Aufstieg unter die Honoratioren der kleinen Stadt sein: Am 28. ist er in den Vergnügungsausschuß der Mittelstandspartei zur Vorbereitung eines Trachtenfestes gewählt worden und Beisitzer im Elferrat der großen Karnevalsgesellschaft von Neumünster «dank» seiner Pressetätigkeit geworden. «Ihr seht aus allem, ich stehe mitten in einem tatkräftigen und menschennahen Leben und bin viel heller und froher geworden als ehedem.»

Daß die besoffenen Herren der Karnevalsgesellschaft nach der Sitzung noch in einem Hinterzimmer mit ein paar Mädchen verschwunden sind und die über ihre Unterwäsche ausgefragt haben, davon kann er natürlich nichts schreiben. Und schon gar nicht, daß sie sich endlich eine «Varietétänzerin» an den Tisch holten, zweifelsfrei eine Hure, mit der sie nun ganz obszön werden konnten.

«Ich bin weiß Gott nie ein Engel gewesen», schreibt er Suse, «aber das kann ich von mir sagen, daß ich jede Frau, auch die Letzte, als Frau behandelt habe und nicht als einen Schweinestall. Und wenn ich auch zugeben muß, daß die Kleinstadt mit ihrer Spionage und ihrem Klatsch all solche Verlogenheit und Schmierigkeit und Verstecktheit der Triebe begünstigt, diese Art von Mißachtung des Menschen ist es, die mich empört.»

Für sein «Glück» nimmt er die kleinsten Rollen an. Daß ihm die Theater- und Vortragskritiken im «General-Anzeiger» übertragen worden sind, meldet er als nächsten Erfolg nach Leipzig mit der Bemerkung, daß schon die «Konkurrenz» auf ihn aufmerksam geworden ist. In Neumünster heißt die Konkurrenz «Holsteinischer Courier». Er gibt sich etwas liberaler als der «General-Anzeiger». Bei aller öffentlichen

Verschiedenheit haben sie eine private Gemeinsamkeit: sie gehören beide Neumünsters kleinem Zeitungsnapoleon Karl Wachholtz.

Das Debüt des Theater- und Vortragskritikers steht am 5. Januar 1929 im «General-Anzeiger». Der Mitarbeiter des «Tage-Buch» und der «Literarischen Welt» hört sich einen Klavierabend an: «Der Reichsverband Deutsche Tonkünstler und Musiker e. V. veranstaltete gestern im Bahnhofshotel einen Klavierabend der Pianistin Vera Schapira. Das Programm brachte nur die vom Konzertpublikum im allgemeinen gemiedene schwere Musik: Bach Vater und Sohn Liszt. Wer aber gestern abend von Stück zu Stück sich steigernden Beifall der Hörer vernahm, der am Schluß minutenlang anhielt, der erkannte, daß es sich bei derartigen Dingen gar nicht um schwere und volkstümliche Musik handelt, sondern ganz allein um die Persönlichkeit, welche die Werke vermittelt. Mit Vera Schapira hat Herr Zöllner eine Künstlerin von höchstem Range zu uns gerufen.»

Das Debüt im «General-Anzeiger» ist mit einem kargen «-n.» gezeichnet. Schon bei seiner nächsten Arbeit darf er einen Buchstaben zulegen: «-en.» Am 18. Januar redet jemand über Bismarck und Weimar («Die trotz der Kälte sehr zahlreich erschienenen Hörer folgten mit regem Interesse und dankten lebhaft.»), und am 19. Januar ist die Leserschaft über eine Festaufführung der Holsten-Schule zu unterrichten («Eine Schulfeier dadurch zu begehen, daß man die größten Dichter der Menschheit von unserer Freude und unserem Leid zeugen läßt, das ist schon das rechte.»). Ähnliche Bedeutsamkeiten beschäftigen Rudolf Ditzen nun regelmäßig. Ein Kieler Arzt spricht über die Bedeutung der Blutgruppen für die Rechtspflege, ein Berliner Akademiker hat Erkenntnisse über die «Arbeiterseele», und Rektor Paulsen macht mit seinen Vorstellungen von «Briefbüchern» bekannt.

Auf seinen optimistischen Brief kommt eine böse Antwort aus Leipzig. Mit der Verlobung hat er eine Übereinkunft gebrochen, und die Mutter schreibt ihm am 2. Februar beleidigt: «Ich war nach allem Erlebten so fest davon überzeugt, daß Du nicht heiraten würdest, daß Deine innere Unruhe, Deine kritische Art und Deine Unbeständigkeit Dir in einer Ehe kein Glück bringen würden und auch der nicht, die Du erwählst. Aber nun ist es einmal geschehen. Nach Deiner impulsiven Art hast Du Dich über diese schweren Bedenken schnell hinweggesetzt. Ich habe nun doch die Pflicht in mir gefühlt, daß ich das noch einmal sage.»

Noch einmal rechnet ihm Elisabeth Ditzen seinen Charakter vor und demonstriert, daß die Familie auch weiterhin nicht versteht, was es mit seiner inneren Unruhe, der kritischen Art und Unbeständigkeit auf sich hat. Aber wie sollte sie auch, verstünde sie es, müßte sie sich selbst verleugnen. Auch an diesem Wendepunkt wird das Problem zu eigener Verständlichkeit versimpelt: Er ist krank, anormal und bliebe besser in lebenslangem Zölibat. Geschrieben hat man es ihm oft und deutlicher gewiß noch gesagt, und ist es nicht eine durch Erfahrung abgestützte Erklärung seiner merkwürdigen Biographie? Was Wunder, daß er vor der Hochzeit angstvoll seiner Braut sagt: «Ein wenig bedenklich wird es mir doch, je näher der feierliche Tag kommt. Nicht meinetwegen, sondern vor allem deinetwegen. Ich hoffe, du bist dir ganz klar, daß dich eine finanziell ungewisse Zukunft erwartet, daß ich nicht gesund bin, daß du von mir keine Kinder haben wirst und haben darfst, daß ich gesellschaftlich deklassiert bin.»

In das Jahr 1929 tritt Rudolf Ditzen als Angestellter des Verkehrs- und Wirtschaftsvereins. Jeden Morgen um acht Uhr findet er sich in den Büroräumen ein, arbeitet bis ein Uhr mittags, hat eine Pause bis fünfzehn Uhr und macht bis neunzehn Uhr weiter. Eilig geht er in die Schützenstraße, ißt hastig zu Abend und läuft zu den Vorträgen. Vor Mitternacht schreibt er einen handschriftlichen Bericht, tippt ihn morgens um sechs Uhr ab und bringt ihn noch vor acht Uhr in die Setzerei des «General-Anzeigers». Einen «Hundetag» nennt er das.

In Neumünster kennt er sich inzwischen einigermaßen aus und hört manches. Von seinem Chef beim Verkehrsverein Berthold wenig Gutes. Berthold gilt als ein vom Gerichtsvollzieher gesuchter Mann und soll bald auffliegen. Seine Geschäfte sind unübersichtlich. Am 1. Februar hat Rudolf Ditzen mit Mühe und Not noch sein Gehalt bekommen, was am 1. März werden soll, ist so ungewiß wie das Schicksal seiner Kaution. Die neue kleine Sicherheit ist schon wieder arg bedroht. «Es bleibt mir nur meine Suse», klagt er. Doch um Suse heiraten zu können, muß er um jeden Preis das Stückchen Boden unter seinen Füßen behaupten.

Waren für Berthold Ditzens Verhältnisse nicht zu bescheiden, sich als Betrüger und Hochstapler hineinzudrängen, ist ihm Berthold nicht zu armselig, dem die Stellung abzujagen.

Der Verkehrs- und Wirtschaftsverein untersteht dem SPD-Bürgermeister Lindemann. Ohne den Vorstand zu unterrichten, hat Berthold mit Rudolf Ditzen über eine Anstellung verhandelt und ist als Geschäftsführer aufgetreten, während in Wirklichkeit ein Dr. Suhren diese Aufgabe erledigt. Rudolf Ditzen spricht bei Lindemann vor.

Der «General-Anzeiger» gehört Karl Wachholtz; und Wachholtz steht der Mittelstandspartei nahe. Rudolf Ditzen gehört zwar dieser Partei nicht an, aber er hat Unterlagen zu Gesicht bekommen, die belegen, daß Berthold für die Mittelstandspartei bestimmte Spendengelder veruntreut hat. Rudolf Ditzen spricht bei Wachholtz vor.

Am 1. März muß Berthold seinen Platz im Verkehrsverein und beim «General-Anzeiger» räumen. Die Zeitung kündigt den bis zum 1. September laufenden Vertrag fristlos. Gegen Berthold wird ein Strafverfahren eröffnet, denn die Affäre Ditzen ist nur eine der vielen Affären des Karl-Heinz Berthold. In den ersten Märztagen stellt Karl Wachholtz Ditzen mit einem schamlos niedrigen Gehalt beim «General-Anzeiger» ein, und Lindemanns Verkehrsverein vertraut ihm sein einmal im Monat erscheinendes Annoncenblättchen an, die «Schleswig-Holsteinische Verkehrszeitung». Rudolf Ditzen sitzt jetzt auf zwei Stühlen. Daß er auch zwischen zwei Stühlen sitzt, wird er in einigen Wochen merken.

Der Weg zu Suse ist nun frei. Mehr kann er nicht erhoffen. «Es hat ja gar keinen Zweck, daß ich mit meiner Suse auf irgendeinen Glücksfall warte, um heiraten zu können», hört Kagelmacher.

Am 5. April 1929 führt Rudolf Ditzen ohne allen äußeren Aufwand Anna Margarete Issel in Hamburg zum Standesamt. Mit dem Text des Aufgebotes ist er unzufrieden gewesen. Suse hat so etwas wie «Werbekaufmann» als seinen Beruf angegeben. Die Kollegen könnten den Anzeigenschnorrer hänseln. Was sonst, bitte? Schriftsteller, vielleicht? Also hat er den Namen Fallada doch nicht ganz vergessen?

Suse glaubt zu wissen, was sie erwartet. Ein Leben an der Seite eines kleinen Angestellten, dessen Jugendsünden bis ins Mannesalter reichten. Sie liebt ihn, wie sie lebt: tätig und wirklich, und was es zu tun gibt, anpackend. Ein Mensch, auf den man sich verlassen kann. In ihren Zügen liest man norddeutsche Art und proletarische Herkunft. Sie kennt Rudolf Ditzen, und von Hans Fallada hat sie gehört, von seinen Konflikten, seinen Büchern.

Im Frühling 1929 scheint das Vergangenheit, aber es wird ihre Zukunft sein.

Der Mann beginnt sie schon wieder zu spüren, die alte Unruhe, diese Wahrnehmungsempfindlichkeit, von der man ihm immer wieder sagt, es wäre besser, wenn er davon loskäme. Literarische Pläne hat er in diesem April nicht. Nur immer noch das Organ für Literatur. Und dazu bekennt er sich:

«Ich bin ein Nervenbündel, und viele Dinge fallen mir auf die Nerven, die ein anderer gar nicht merkt. So was müßte man bekämpfen, würden die Spießer sagen. Aber der Vorteil dieser Überempfindlichkeit ist ja nun wieder, daß ich viele Dinge empfinde und genieße, für die die Klotzköpfe kein Organ haben...»

Damit wird Anna Margarete Ditzen geborene Issel leben. Diesen Mann wird Suse lieben. Ihren «Jungen», wie sie ihn nennt. – Die frischgebackenen Schwiegereltern in Leipzig sind empört. Auch diesmal muß die Mutter das demonstrative Schweigen des Vaters beredt machen: «Es wird mir jetzt immer wieder schwer, an Dich zu schreiben, denn natürlich hat sich unsere Erregung über Deine Heirat noch nicht gelegt. Das kann wohl auch erst in Jahren sein, wenn es sich zeigt, daß Du wirklich ein anderer geworden, auch in Deinen Neigungen ganz treu und beständig... Es ist mir natürlich traurig, daß es so gekommen, daß ich die Frau meines Sohnes nicht freudig begrüßen kann.»

Wie immer beleidigt die Eltern die Selbständigkeit des Sohnes, und wie immer finden sie sich nach einiger Zeit mit dem neuen Zustand ab, in dem Rudolf Ditzen genauso unmündig bleibt wie in dem alten. Die zweitausend Mark Kaution, die der Annoncenjäger aus der finanziellen Manipulationsmasse Bertholds zurückerhält, rechnen ihm die Eltern auf sein Erbteil an und zahlen ihm künftig eine monatliche Unterstützung von fünfundachtzig Reichsmark. Dafür ist er jahrelang zu kleinlichster Buchhalterei angehalten und muß jede Alltäglichkeit offenlegen.

Er hätte es ja für seine Suse gern anders. Nicht so kleinlich, so mühevoll, so durchsorgt und am besten mit einem anderen Rudolf Ditzen. «Ich muß immer daran denken, wie Du so blaß und spitznasig an der Bahn standest und gar nicht fröhlich. Mein armes liebes Mädel, ich wollte, ich wäre so reich, daß ich Dir alle die Unannehmlichkeiten abnehmen könnte, die Dich heute quälen», hat er ihr an einem Januartag nach der Rückkehr aus Hamburg geschrieben, und so etwas sagt er ihr auch Anfang Mai.

«Und wieder einmal tut es mir leid, daß ich beim besten Willen keinen lieben Gott auf Lager hab, dem ich danken kann, daß ich abgewracktes, miesepetriges Biest noch solch Glück haben kann.

Aber ich habe nun mal keinen lieben Gott, so bleibt mir nichts, als Dir zu sagen: Du Anfang und Du Ende, Du all mein Glück, bleibe so.»

Im Kassenbericht vom 30. Juni 1929 steht, daß er einen Sparkassenbestand von 1720 Mark hat, Inventaranschaffungen von 166 Mark machte – «die bereits gemeldet sind» –, 13 Mark für Küchen- und Garderobenvorhänge ausgab, 10 Mark für eine Fleischhackmaschine und 52 Mark für Bestecke. Dann kommen die anderen Ausgaben

	MARK
Butter	20,20
Eier (davon 70 eingelegt)	15,61
Obst	10,69
Fleisch	14,80
Fische	3,60
Reinigungsmittel	7,90
Tabak	2,80
Porto	3,20

Im Juli geben die Ditzens für Fleisch 2,43 Mark mehr aus als im Vormonat, weil der Fleischbedarf sich durch Besuche erhöht hat, wie der Sohn erläutert. Bei Wäsche wird der Normalbedarf etwa zwanzig Mark sein, denn «der niedrige Verbrauch im Vormonat erklärt sich dadurch, daß Suse wegen Bettliegens weniger Wäsche brauchte».

Ende Mai hat Suse ihre Stellung bei Hut-Brammer in Hamburg aufgegeben, ist zu ihrem Mann nach Neumünster gezogen und gleich krank geworden. Die Ditzens haben in der Kieler Straße Nr. 42 eine Wohnung gefunden, die nicht weit von der Redaktion des «General-Anzeigers» am Kuhberg, dem Zentrum Neumünsters, liegt. Dort gleich um die Ecke, in der Johannisstraße, hat auch der «Verkehrsanzeiger» seinen Sitz.

Sie wohnen unter einem großen Dach in zwei kleinen Zimmern mit geweißter Decke, durch die die Balken laufen. Die Küche ist winzig – ein Meter fünfzig mal ein Meter fünfundzwanzig – und alles etwas zugig. Die sanitären Anlagen sind primitiv. Die Toilette ist nur durch einen Marsch zu erreichen. Treppab, die Kieler Straße entlang, in die Joachimstraße hinein, über einen Hof, in einen Keller. Was soll es. Sie sind verheiratet, und Rudolf Ditzen hat Arbeit bei Lindemann und Wachholtz.

SPD-Bürgermeister Lindemann ist ein tatkräftiger Kommunalpolitiker. Der zweiunddreißigjährige Sohn eines Barbiers zeigt ein Herz für die aufstrebende Industriestadt, die im Zentrum eines großen landwirtschaftlichen Gebietes liegt. In den zwei Jahren seiner Amtstätigkeit hat Lindemann die Verbindung zum flachen Lande systematisch ausgebaut und zum erstenmal 1928 die «Holstenkost-Ausstellung» nach Neumünster gebracht. Lindemann steckt voller Ideen, wie man die Stadt nach allen Seiten hin öffnen und sie in das Geschehen im Lande einbinden kann. Darum hat er auch als Vorsitzender des Verkehrsvereins mit Wachholtz einen Vertrag über die Errichtung eines Verkehrsbüros abgeschlossen, das in den Räumen des «General-Anzeigers» untergebracht und im Mai eröffnet werden soll. Wachholtz muß dafür eine Arbeitskraft stellen, und er überträgt Rudolf Ditzen diese Aufgabe.

Der Mann, der von sich sagt, «es gibt unter den bekannten Persönlichkeiten Neumünsters keinen mehr, der mich nicht kennt», zeigt auch in diesem Falle seine Verwendbarkeit. Er bestellt im In- und Ausland Reiseprospekte, Werbematerialien, Fahrpläne, Hotelführer, die paketweise auf der Post eintreffen und von ihm zum Kuhberg geschleppt werden, wo er sich auch mit seinen eigenen, nicht so besonders geschickten Händen der Inneneinrichtung des neuen Verkehrsbüros annimmt.

Im Mai öffnet das Büro seine Pforten, und nun beginnt die Arbeit erst in ihrer ganzen Fülle. Morgens geht er auf Annoncentour und redigiert die «Verkehrszeitung». Dann verhandelt er über Briefbogen für das Verkehrsbüro, spricht mit dem Neumünsteraner Hapag-Vertreter und besucht die Stadtsparkasse wegen der gemeinsamen Herausgabe eines Taschenfahrplans. Dem Geschäftsführer des Verkehrsvereins ist Bericht zu erstatten, und Fotos für den Bilderdienst der Zeitung sind aufzunehmen. Nachmittags ist er in der Setzerei und redet mit dem Bahnhofswirt über die Verpachtung eines Kioskes. Schließlich ist der Fotograf wegen der Klischees zu besuchen, und von Bürgermeister Lindemann sind Weisungen für die Arbeit einzuholen. Alles an einem Tag, dem 13. Mai.

Er wirbt im Dezember für Leuchtsäulen und verwaltet die Anschlagsäulen der Stadt, verkauft Omnibusfahrpläne, schreibt Artikelchen, erteilt Verkehrsauskünfte, vermietet möblierte Zimmer, berät Vereine bei Festveranstaltungen, betreibt einen Hotelzimmernachweis und verteilt Prospekte von etwa achthundert Kurorten. Die Arbeitsfülle ist nicht kleiner als im Mai und die Gefahr der Entlassung zu beinahe jedem Ersten genauso groß wie ein halbes Jahr zuvor. Der kleine Angestellte steht mit einem Bein immer in der Stellungslosigkeit.

Sein Urteil über die kleine Stadt ist in all den Monaten nicht freundlicher geworden. Der Mann, den alle bekannten Persönlichkeiten Neumünsters kennen, kennt mittlerweile auch die Methoden, mit denen alle bekannten Persönlichkeiten Neumünsters ihre Geschäfte besorgen. Zum Unbehagen an der Provinz gesellt sich die Ablehnung der sozialen Mechanismen. «Neumünster ist ein Kaff. Alles erregt Anstoß, an jeder Ecke sind Interessen zu schonen», notiert er.

Schon in den ersten Tagen seiner Tätigkeit als «Vortragskritiker» lernt er diese Verhältnisse kennen. Rechtsanwalt Schmidt aus Neumünster hält am 24. Januar einen Vortrag zum Thema «Für oder wider die Todesstrafe?». Die Redaktion der Zeitung, die sich Willy Scharf als Geschäftsführer, Willi Kahlert als Redakteur für Politik, Lokales, Sport und Max Stoschus als Verantwortlicher für Provinz und Unterhaltung teilen, schickt Rudolf Ditzen zu dieser Veranstaltung. Man erwartet einen bestimmten Bericht von ihm. Aus «internen Gründen» bekommt er den strikten Auftrag, Schmidt um jeden Preis zu verreißen. «Anmisten» nennt man so etwas im Jargon des Blättchens.

Rudolf Ditzen beginnt seine Vortragskritik mit leichter Bissigkeit: «Für oder wider die Todesstrafe? Bei den meisten ist das seit eh und je entschieden. Der Bismarcksche Satz, daß die Herren Mörder mit der Abschaffung der Todesstrafe den Anfang zu machen hätten, spukt noch in vielen Köpfen. So sprach man denn während des Wartens auf den Beginn in aller Einigkeit über das ‹Für›, ging rasch auf das Überwintern der Topfblumen ein und landete bei den zu zahlreichen Fremdwörtern der Kaufhausinserate, als der Vortragende erschien.» Rudolf Ditzen teilt noch den gegen die Todesstrafe gerichteten Standpunkt des Referenten, dann aber läßt er kein gutes Haar mehr an Rechtsanwalt Schmidt: «Soweit die Ausführungen des Vortragenden, mit denen der Berichterstatter im Grundsätzlichen sich einig weiß. Und doch – warum war in meiner Nachbarschaft niemand überzeugt? Aus allen Gesprächen klang's, daß man weiter für die Todesstrafe war. Vielleicht lag es an den Beispielen, die, zu leichthin erzählt, nichts Zwingendes hatten. Aber eher noch lag es an der Art des Vortrags selbst. Diese Dinge lassen sich nicht mit einem Lächeln, mit einem äußerst geschickten, aber doch zu scherzhaften Plaudern abtun. Gewiß, wir sollten nicht den Vortrag eines Gelehrten, wir sollten von den Erfahrungen eines Praktikers hören. Und gerade von ihnen haben wir nichts gehört. Weder der Fall Hater noch die Fälle Bethke, Jakubowski, Trautmann griffen uns ans Herz. Uns wurde nicht gesagt, daß es sich hierbei um unseren Bruder handelt, irrende Brüder, gefallene Brüder, unselige Brüder – aber – Brüder! Nie erklang: tua res agitur.»

Die Redaktion ist zufrieden, Neumünsters Presse-Zar Wachholtz aber zürnt, er ist mit Rechtsanwalt Schmidt befreundet. Wachholtz bestellt seinen freien Mitarbeiter zu sich und verpaßt ihm wegen des Artikels, in dem er sich mit Kriminellen verbrüdert und einen angesehenen Bürger Neumünsters runtermacht, eine Abreibung.

Rudolf Ditzen wird vorsichtiger. Manche seiner größeren Artikel, die Anstoß erregen könnten, zeichnet er nun nicht mehr, und seine Filmkritiken erscheinen grundsätzlich anonym. Was auch das «Hansa-Theater» und der «Holsten-Palast» spielen, es wird vom «General-Anzeiger» stets positiv besprochen, damit beide Kinos inserieren.

«Rosenlieder, von dem Grafen Philipp zu Eulenburg vertont und von der Konzertsängerin Frau Lia Gosch-Böge auf der Bühne des ‹Holsten-Palastes› gesungen, bildeten den Auftakt zu dem großangelegten, in seiner Handlung ungemein packenden Werke ‹Die weißen Rosen von Ravensberg›.»

«Einen Heiterkeitserfolg, wie er einfach nicht überboten werden kann, erzielte gestern abend der neue österreichische ‹Kommiß-Schwank› mit dem vielversprechenden Titel ‹Mikosch rückt ein›. In sechs zwerchfellerschütternden Akten lassen wieder mal Georg Alexander, Cläre Rommer, Hans Junkermann, Leo Peukert u. a. ihrem Temperament die Zügel schießen, und ein kräftiger Kasernenhumor hält die Lachmuskeln der Zuschauer länger als eine Stunde unausgesetzt in Tätigkeit.»

«Die Genüsse des Orients» sind im Juli ein «Genuß, den man sich trotz des schönen Wetters nicht entgehen lassen sollte», und «Der fesche Husar» und «Das Geheimnis des Vulkans» ein «... Programm, das für jeden Geschmack außergewöhnlich Gutes bringt, so daß diese verregneten kalten Sommerabende gar nicht besser verbracht werden können als mit einem Besuch des ‹Hansa-Theaters›.»

«Im Kino war es schrecklich», sagt er Suse, «denke dir, die Qual dauerte von acht bis halb zwölf, ich war erledigt, als ich nach Hause kam. Vor allem deswegen, weil man nicht einmal seine Wut über diesen Mist auslassen darf, sondern zu schreiben hat, wie es die Interessen des Inserentenkontos gebieten.»

Am besten schreibt man über diesen Mist, rät ihm der altgediente Kahlert, wenn man sich ihn gar nicht erst ansieht. Die Erinnerung an den Kitsch stört nur beim Schreiben. Ab und an fällt dem «General-Anzeiger» ein, daß er einen Mann beschäftigt, der früher zwei Romane geschrieben haben soll. Wenn es für die Beilage etwas zu dichten gibt, ein Sportflieger vom ehemaligen Exerzierplatz zu einem Rundflug startet oder die Reichsbahn Freikarten zu einer Sonderfahrt nach Sylt schickt, dann macht Rudolf Ditzen das schon einmal.

«Birken wehen mit grünen Schleiern,
Aus tausend Blüten lacht der Mai,
Nun wird es Zeit, mein Herz, zu feiern,
Der trübe Winter flog vorbei»

reimt «Fa» zu Pfingsten zusammen, und auch der Reporter im Flugzeug sieht nur Idyllisches: «Tief unter uns taucht auf eine Stadt, eine Siedlung von Menschen, die sonst Neumünster hieß. In die Weite eines unermeßlichen Landes hineingesetzt, ein Häuflein bunter Häuserchen, mit der Hand zuzudecken, ein Nichts. Da sind Felder und Wälder und Wiesen und Wasser und Wald – und darin ein Nichts, ein Fleckchen, ein Bedeutungsloses: Neumünster, eine Industriestadt mit 40000 Einwohnern...

Jetzt ist man darüber, es liegt unter einem, es hat keine Beziehung mehr zu mir, es ist mir fremd-vertraut, wie jener Mensch, der ich vor zwanzig Jahren war. – Könnte ich genau zusehen, die kleinen Strichlein erkennen, die sich dort so sanft über die Straßen bewegen, vielleicht sehe ich mich zwischen den anderen laufen, sorgen, planen, hoffen. Unten bin ich geblieben und oben schwebe ich auch, ein Traum.»

Der Reporter liefert den Abonnenten provinzielle Gefälligkeiten. Im Vorspiel zu seinem nächsten Roman steht der Satz, das schweinischste Handwerk auf der Welt: Lokalredakteur sein in der Provinz.

Sein Ruhm als Hansdampf in allen Gassen wird ihm im Sommer 1929 schal. Das Leben, das den Eltern vorschwebt, dieses philiströse

Ideal von «festem Einkommen» und «innerem Frieden», ist seine Sache nicht. Rudolf Ditzen beginnt die Suche nach einer anderen als der bürgerlichen Identität neu. Er ist sich nicht verlorengegangen.

2. Die verdammte Stadt

«Ich vertrödle meine Zeit mit Annoncenwerben, Zeitungsausschneiden und schreibe eigentlich nie etwas, was mir Spaß macht: keine Zeit. Habe ich im Winter einigermaßen Ruhe und Verdienst, will ich endlich wieder an einen Roman gehen. Suse übt schon fleißig Schreibmaschine», hört Kagelmacher Anfang August.

Seit fünf Jahren denkt er zum erstenmal wieder an einen Roman, und wie immer verbindet er damit den Gedanken seiner sozialen Emanzipation. Worüber er schreiben wird, weiß er noch nicht. Die Geschichte, die er in seinem dritten Roman erzählen wird, ist ja gerade erst vor ein paar Tagen in Neumünster passiert, und sein nächstes Buch sieht er ihr zu diesem Zeitpunkt gewiß noch nicht an: Am 1. August hat es in Neumünster eine große Bauerndemonstration und einen blutigen Zusammenstoß mit der Polizei gegeben. Ähnliche Erfahrungen, die sein Erzählen verändern könnten, hat er viele in der Republik von Weimar gemacht. Doch dieses Stück Zeitgeschichte wird zur Geschichte des ersten seiner realistischen Romane. Er selbst ist darin verwickelt. Ein paar Tage bevor er aus dem Gefängnis kommt, beginnt die Geschichte seines dritten Romans.

Schleswig-Holsteins winterlich verschlafene Kreisstädte sind am 28. Januar 1928 voller Menschen. Einige zehntausend Landleute demonstrieren. «Bauern in Not» steht auf ihren Transparenten. Die aus der Inflation aufgetauchte und hart gewordene Mark drückt ihnen den Lebensnerv ab. Unaufhaltsam fallen die Erlöse aus der Agrarproduktion. Was sie am Ende des Jahres erwirtschaftet haben, stellt weniger dar als das, was sie zu Jahresanfang für ihre Kredite brauchten. «... Das Sinken der Viehpreise hatte sie auf eine gefährliche Klippe getrieben, denn die Eigenschaft ihrer Wirtschaft bestand darin, daß sie im Frühjahr mit geborgtem Geld Vieh einkauften, welches sie den Sommer hindurch auf Weiden trieben, um es im Herbst selber auf die Viehmärkte der großen Städte zu bringen», beobachtet ein anderer schleswig-holsteinischer Provinzredakteur, der in Itzehoe sitzt und Bodo

Uhse heißt. In all den Protesten ist etwas Grelles und Scharfes. Keine der alten Losungen, keine der alten Organisationen scheint den Demonstranten mehr zu genügen. Zu hören ist, die Not des «Landvolkes» braucht ein neues Gebot: Gewalt.

Claus Heim aus St. Annen in Norderdithmarschen und Wilhelm Hamkens aus Tetenbüll von der Halbinsel Eiderstedt haben das Wort unter die Leute gebracht. «Direkte Politik, direkte Aktionen, ein militantes Altbauerntum tut not!» heißt ihre Losung für die «Landvolkbewegung». Heim ist mehr für den verdeckten Kampf. Als ein paar Monate später im November die Krise einen neuen Höhepunkt erreicht, sucht er den Bauern mit Bomben den Weg frei zu sprengen.

Der ehemalige Leutnant Hamkens, ein Mann gerade Anfang Dreißig, ist ein Taktiker. Durch öffentliche Zusammenstöße mit den «Bonzen» des Verwaltungsapparates will er die Bauern hinter sich bringen. Hamkens ruft zum Steuerstreik auf. Nicht einen Pfennig sollen die Bauern mehr an die Finanzämter abführen, und in einem offenen Brief an die Gemeindevertreter verlangt er, den Behörden die Erklärung zu übermitteln: «Die meisten Steuerzahler meiner Gemeinde sind nicht mehr in der Lage, Steuern aufzubringen, wenn sie nicht gänzlich dem jüdischen Großkapital und der Enteignung zum Opfer fallen sollen...»

Der Taktiker des Protestes Hamkens ist der Taktiker einer Revolte von rechts. Die meisten seiner Schlagworte hat er sich bei den Faschisten abgeguckt, und auch die Methode hat er von da übernommen, sich emporspülen zu lassen auf der Woge sozialer Not. Programmatisch sei die Bewegung nicht zu erfassen, steht in der Zeitung «Das Landvolk», was sie brauche, sei der «blutreine, rassenstolze Norde, den wir zum Glück gerade in unserer schleswig-holsteinischen Heimat vertreten finden», und der könne im entscheidenden Augenblick gar nicht anders als zielbewußt und richtig handeln.

Der Aufruf zum Steuerstreik findet sein Echo, und die Behörden, die zu Pfändungen und Zwangsversteigerungen übergehen, treffen auf verzweifelten Widerstand. Als am 15. November im Dorf Beidenfleth die Ochsen zweier Bauern gepfändet werden sollen, stellen sich den Beamten zweihundert Bauern in den Weg, gellen die Feuerhörner, brennen an allen Ecken des Dorfes Strohballen.

Das Amtsgericht Itzehoe verurteilt Hamkens im März 1929 wegen Aufforderung zum Steuerstreik zu einem Monat Gefängnis. Die Behörden Schleswig-Holsteins haben ihre Herausforderung angenommen.

Am 1. Juli muß Hamkens seine Strafe im Husumer Polizeigefängnis antreten. Ein Trupp von etwa tausend Bauern gibt dem «Landvolk»-führer das Geleit und rennt die Sperrketten der Polizei nieder. Als einige Wochen später ein Ermittlungsverfahren gegen die Rädelsführer eingeleitet wird, erklärt man, daß alle Demonstrationsteilnehmer ihre Namen der Polizei geben wollten. Sie seien alle gleichermaßen schuldig, und es müsse nun ein Prozeß gegen tausend Bauern stattfinden.

Hamkens wird schon am 3. Juli aus dem Husumer Polizeigefängnis ins Zentralgefängnis Neumünster überführt. Hamkens gilt als gefährliche Symbolfigur des Konfliktes, und die Bauern wollen dann auch seine Entlassung am 1. August zu einem ähnlichen Fanal wie den Husumer Strafantritt machen. Botschaften, Briefe, Veröffentlichungen bereiten das Ereignis vor.

Wenige Tage vor dem 1. August druckt das «Landvolk» einen Brief von Hamkens mit der Mahnung ab, bei seiner Entlassung müsse unbedingt eine große Demonstration stattfinden.

Zu dieser Zeit erhält auch Rudolf Ditzens Kollege Willi Kahlert den Brief einer Itzehoer Zeitung mit der Information, daß die Anhänger Hamkens eine Kundgebung planten. Kahlert ist ein Mann mit stadtbekannter deutschnationaler Gesinnung. Gewiß nicht zufällig wird ihm diese Nachricht zugespielt. Rudolf Ditzen lernt in diesem August die Menschen seiner Umgebung als politische Akteure kennen.

Auch die Gegenseite wird tätig. Am Abend des 31. Juli bringen die Justizbehörden Hamkens mit einem Auto von Neumünster nach Flensburg, wo er am Nachmittag des 1. August entlassen wird. Bei Lindemann haben sich zwei Vertreter des Regierungspräsidenten Abegg aus Schleswig angesagt. Der Bürgermeister ist auch Neumünsters Polizeiverwalter. Der Polizeimajor Brocatius und der Assessor Dr. Schaefer drängen auf ein Verbot der in Neumünster beabsichtigten Demonstration. Sie halten die «Landvolkbewegung» nicht nur für aggressiv, sondern für gefährlicher noch als die KPD. Lindemann überzeugt selbst dieses letzte aller Argumente nicht. «Solche Demonstrationen», sagt der an einem guten Verhältnis zu den Bauern interessierte Bürgermeister, «läßt man ins Leere verpuffen. Je weniger Widerstand, desto weniger Wirkung.»

Lindemanns Unterredung mit Brocatius und Dr. Schaefer wird

durch das Erscheinen des Bauern Schwarzloh unterbrochen. Schwarzloh gilt als Neumünsters «Landvolkmann». Schwarzloh versichert Lindemann, die Bauern würden alles «Provozierende» unterlassen, er kenne zwar noch nicht die Führer der Demonstration, wolle aber am anderen Tage mit ihnen zu Lindemann kommen, um Einzelheiten zu besprechen. Lindemann fühlt sich bestätigt. Seinem Urlaub, den er am Ersten antreten will, sieht er mit Ruhe entgegen.

Unterdessen haben die Leute aus Schleswig das Gespräch mit Neumünsters oberstem Polizeioffizier, dem Oberinspektor Bracker, allein weitergeführt. Bracker hat für ihre Befürchtungen ein offenes Ohr. Lindemann dagegen läßt die ihm aufgedrängte Polizeihundertschaft aus Kiel im benachbarten Einfeld stationieren. Den von ihm verlangten Rathaushof stellt er nicht zur Verfügung. Der 1. August kann beginnen.

Am Morgen des Ersten wartet Lindemann vergeblich auf Schwarzloh. Am Vormittag des Ersten kommen zweitausend bis dreitausend Bauern mit der Bahn und mit Omnibussen nach Neumünster. Am Mittag des Ersten mischt sich der Kieler Kriminalsekretär Schwekendiek unter die in den Restaurants am Großflecken, dem Stadtzentrum, auf den Demonstrationsbeginn wartenden Bauern und sieht im Saal der «Tonhalle» die an einer Sense befestigte schwarze Bauernfahne. Am Nachmittag gegen fünfzehn Uhr treten die Bauern auf die Straße heraus und formieren vor der «Tonhalle» ihren Zug.

Lindemann packt zu der Zeit in seiner Wohnung in der Boostedter Straße die Urlaubskoffer. Auch Lokalredakteur Kahlert ist den Ereignissen fern. An diesem Tage, so sagt Kahlert zu Ditzen, sei er ein schlechter Reporter gewesen. Einen Augenzeugenbericht von dem, was nun kommt, habe er sich von einer Stenotypistin beschaffen müssen, die in einem Geschäft auf dem Großflecken arbeitet. Rudolf Ditzen hält Kahlerts Eingeständnis für wichtig genug, es zu notieren. Auch er bewegt sich noch am Rande der Ereignisse. Sie werden ihm erst eine Rolle zuweisen.

Als der Zug sich unter den Klängen einer Stahlhelm-Kapelle in Marsch setzt, bemerkt Oberinspektor Bracker an der Spitze des Zuges die schwarze «Landvolk»fahne. Eine Sense blinkt, nach oben gerichtet, am Fahnenstiel. Die Fahne ist auf einem Lastauto aus Plön gekommen, und aus Plön stammt auch Heinz Muthmann, der achtundzwanzigjährige Fahnenträger, der als Agitator der «Landvolkbewegung» ständig über die Dörfer reist und dem man Beteiligung an Attentaten nachsagt. Auch der andere Mann an der Spitze, der siebenunddreißigjährige Paul Adam Roß aus Flederwuth, hat seine besonderen Erfahrungen als Kriegsoffizier.

Bracker tritt auf die Spitzengruppe zu und fordert, die Fahne als ein gefährliches Instrument in die «Tonhalle» zurückzubringen.

Muthmann ruft: «Das kann ich nicht, das ist unser Symbol!»

Bracker wiederholt seine Aufforderung mehrfach und von der Menge bedrängt in steigender Erregung. Auch Zivilisten zerren an der Fahne. Irgend jemand schreit: «Wir sind hier keine Husumer!»

Als Lokalredakteur Kahlert schildert, was jetzt geschieht, macht er im «General-Anzeiger» aus seiner Reporternot eine journalistische Tugend. «Die wüsten Vorgänge, die sich nun bei der Beschlagnahme der Fahne auf dem Großflecken ereigneten, werden von *Augenzeugen* wie folgt geschildert: Gleich nach dem Verlassen des Lokales ‹Tonhalle› war der Fahnenträger von dem Polizeioberinspektor Bracker zur Herausgabe der Fahne aufgefordert worden. Als sein Bemühen erfolglos geblieben war, ging er mit blanker Waffe gegen den Fahnenträger vor. Dabei wurde ihm der Säbel entrissen. Vor dem Hause der Möbelhandlung Saggau gingen etwa zehn Beamte zunächst ohne Waffe vor. Sie sollen nach ihrer Darstellung mit Stockschlägen empfangen worden sein, wobei zwei Beamte zu Boden stürzten. Dann erst soll der Befehl zum Blankziehen gegeben worden sein. Der Fahnenträger soll seine Flagge heldenmütig verteidigt haben. Muthmann und einige sich schützend vor ihn stellende Landwirte erhielten durch Säbelhiebe klaffende Wunden am Kopf, an Schultern und Armen. Dem Muthmann sollen zwei Finger abgeschlagen worden sein, während dem Hofbesitzer Behr aus Mettenhof das Nasenbein zerschlagen sein soll.»

Kahlert ist an diesem Tage wirklich ein schlechter Reporter, und auch seine Kollegen Scharf, Stoschus und Ditzen können ihm nicht helfen, weil auch sie nicht am Ort des Zusammenstoßes sind. So kennt Kahlert eine Menge der Einzelheiten des Zusammenstoßes, der für einen deutschnationalen Reporter ein gefundenes Fressen ist, nicht. Daß der stark blutende Gutsbesitzer Behr-Mettenhof aus dem Zug getragen und am Rand der Straße auf das Eiswägelchen der Frau Rasch gesetzt wurde, die aus Angst vor einer Schlägerei in einen Hausflur lief, ist ihm ebenso entgangen wie die merkwürdigen Vorkommnisse um den Säbel des Polizeioberinspektors Bracker.

Bracker wird im Tumult der Säbel von hinten entrissen. Er macht seine Pistole frei und schlägt sich aus dem Gewühl heraus. Bracker wirft die leere Scheide in einen Laden, läuft die Straße entlang, Bekannte sprechen ihn an, er schämt sich. Da kommt jemand und bringt ihm den Säbel nach. Bracker wirft auch ihn fort. Den an der Kieler Brücke stehenden Beamten gibt er den Befehl, die Fahne aus dem Zug zu holen. Erst die Beamten schaffen es.

Im langen Zug der Demonstranten haben die meisten von den Vorfällen nichts mitbekommen. Einige glauben, die Stockung sei auf einen Zusammenstoß mit den Kommunisten zurückzuführen. Erst langsam spricht sich die Wahrheit herum. Die Bauern haben inzwischen ihren Versammlungsort, die Auktionshalle der Rotbuntzüchter in der Rendsburger Straße, erreicht. Schwarzloh eröffnet die Versammlung und schildert die Situation. Andere Redner melden sich zu Wort, dazwischen konzertiert die Kieler Stahlhelm-Kapelle.

Auch Kriminalsekretär Schwekendiek ist wieder unter den Bauern. Natürlich inkognito. Die Wogen gehen hoch. Eine Kommission soll gebildet werden, um mit Lindemann zu verhandeln. Der ist schon telefonisch herbeigerufen worden und weiß, es bleibt nichts mehr übrig, als die Kieler Polizeihundertschaft zu holen und die Versammlung aufzulösen.

Kommissar Storkebaum betritt allein die Halle, um den Beschluß mitzuteilen. Er kommt nicht zu Wort. Ihm wird das Deutschlandlied entgegengesungen und anschließend sofort alle sechs Strophen des Schleswig-Holstein-Liedes. Die Schupo räumt die Halle mit dem Gummiknüppel. Hamkens haben die Bauern zwar nicht begrüßt, aber sein Ziel erreicht: Gewalt. Als alles schon vorbei ist, trifft Hamkens abends um neunzehn Uhr, von Flensburg kommend, in Neumünster ein.

Ganz gegensätzliche Leute wollen das wilde Pferd der Krise reiten. Sie sitzen auf dem Lande wie in der Stadt. Lindemann und Bracker sind die ersten, die Tritte bekommen. Später sieht es so aus, als würden sie sogar unter die Hufe kommen. Es fängt ganz privat an. Bracker und Lindemann müssen ihre Urlaubspläne ändern. Der Bürgermeister bleibt in der Stadt, der Polizeioberinspektor weiß, er kann sich in dem Nordseebad Büsum, wo er hin wollte, jetzt noch nicht sehen lassen. Bracker bittet den Fremdenverkehrsspezialisten Ditzen um Urlaubsprospekte von Friedrichroda. Ditzen ist der Mann sympathisch, Brakker ist wie er kein Praktiker, so einer könnte in einer schwierigen Situation durchaus die Nerven verloren und falsch gehandelt haben.

Im «General-Anzeiger» scheint Kahlert seine Versäumnisse in der Lokalberichterstattung ausgleichen zu wollen. Neumünsters «schwarzer Donnerstag» wird am Sonnabend im Echo der schleswig-holsteinischen Presse gespiegelt, ein Leserbrief abgedruckt und über den Protest des Schleswig-Holsteinischen Bauernbundes gegen das Polizeivorgehen bei Lindemann ausführlich berichtet. Der Schleswig-Holsteinische Bauernbund hat auch gleich der Reichsorganisation in Berlin schriftlich mitgeteilt, daß sein Vertrauen in die Durchschlagskraft der verschiedenen Reichsorganisationen restlos erloschen und eine weitere Hinauszögerung der Einheitsfrage untragbar sei.

Kahlert hat eine zweizeilige dicke Überschrift für seine Berichte gewählt: *«Wie wird die Tat sich auswirken?»* «Was war los am Donnerstag?» fragt eine «Stimme aus Leserkreisen» in dieser Ausgabe vom 3. August, «Tausende waren nach Neumünster gekommen, um ihren Führer aus dem Gefängnis zu empfangen. Das war doch sicher nichts Außergewöhnliches. Die Kommunisten empfingen bereits einmal ihren Thälmann und das Reichsbanner einmal seinen Hörsing, ohne daß seitens der Polizei viel Aufhebens davon gemacht wurde. Aber der Empfang Hamkens soll ja diesmal nicht den Konflikt heraufbeschworen haben, sondern die Fahne, das ‹gefährliche Instrument›... Nun ein Wort über den Führer der Polizei: Er sollte sich doch überlegt haben, was es heißt, von einem Fahnenträger einfach die Hergabe der Fahne zu verlangen. Er müßte doch wissen, daß ein guter Fahnenträger die Fahne (wie es ja doch bei allen Fahnenweihen so schön heißt) ‹zu schützen und zu hüten habe usw.›... Bedauert wird in der Landwirtschaft ungemein, daß Bürgermeister Lindemann als Polizeidezernent den blutigen Exzeß nicht zu verhindern vermochte. War er es doch, der bei der Holstenkost-Ausstellung das schöne Wort prägte: ‹Stadt und Land, Hand in Hand!› Man zerstört in einem Augenblick, was man in Jahren aufgebaut hat, und wenn Herr Bürgermeister glaubt, es wären die ‹anderen› gewesen, so irrt er sich. Es waren zum weitaus größten Teil die, die bei der Hoko dabei waren. Und das ist betrübend, zumal man nicht weiß, wie sich die Sache auswirkt.

Mehrere Landwirte der näheren Umgebung.»

Die Drohung am Ende des Briefes versteckt sich kaum. Da soll etwas unter die Leute gebracht werden. Auch Kahlerts Aufmacher der Lokalseite liest sich von ihrem Ende her merkwürdig. Ist das wirklich eine Frage, oder wird hier eine Richtung gewiesen?

Am Montag, dem 5. August, druckt der «General-Anzeiger» einen neuen Leserbrief. Diesmal kommt er aus der Stadt selber. «Ein Geschäftsmann für viele» fragt: «Was ist zu tun? Man liest zur Zeit in den Provinzzeitungen mehr oder weniger aufgeregte Kommentare zu den Vorgängen hier bei uns in Neumünster. Neumünsteraner selbst haben sich aber bisher – soweit es sich nicht um reine Augenzeugenberichte handelte – noch nicht geäußert. Und das ist doch sehr wichtig, die Frage, wie stellt sich die Einwohnerschaft zu diesen Ereignissen. Für uns Kaufleute, die doch auch zum großen Teil von der Landbevölkerung abhängig sind, wird diese Frage außerordentlich wichtig. Ich bin ganz entsetzt, denn ich lese eben, daß die Abhaltung des Reit- und Fahrturniers im September fraglich geworden ist... Gott bewahre Neumünster vor einem Boykott durch die Landwirtschaft! Dazu müssen wir aber auch etwas tun. Wo bleibt der Handelsbund, wo bleiben die Detaillisten, wo bleiben die Handelsvertretungen? Die Geschäftswelt Neumünsters muß klar sagen, wie sie zu der Landwirtschaft steht. Ob sie die Behandlung der Gäste, denn die Landleute waren Gäste Neumünsters, und die Versammlung erlaubt – billigt oder nicht. Gefahr ist im Verzug, es hilft nicht, den Kopf in den Sand zu stecken. Geschäftsleute vor die Front!»

Der Handelsmann nimmt dem Landmann das Wort aus dem Munde, und das schleswig-holsteinische Presseecho hat ihn aufgeschreckt. Eine Zeitung macht Politik. Sie lanciert erst eine Meinung und dann noch eine und spekuliert – nur tüchtig beschworen, werden die Schreckgespenster schon zum Leben erwachen, das Land auf die Stadt einschlagen, das Wort Boykott Wirklichkeit werden. Selbst der «General-Anzeiger» ist nicht zu klein und zu mies, um als politisches Instrument dienen zu können. Kahlert und ein paar andere Leute in Neumünster glauben die Stunde gekommen, es der sozialdemokratischen Stadtverwaltung zu besorgen. Am 17. November finden Kommunalwahlen in Neumünster statt.

Lindemann verdächtigt Kahlert vom ersten Brief an, sich die Zuschriften selber zu verfassen, doch er schaut nicht hinter die Kulissen. Hinter den Kulissen bewegt sich Rudolf Ditzen und erlebt den Regisseur Kahlert. Kahlert macht sich ebensowenig daraus, seinen letzten Mitarbeiter mit der Zeitung zu erpressen wie eine ganze Stadt. Diesen entlassenen Häftling, diesen jungen Ehemann, diesen Hungerleider glaubt er in der Hand zu haben. Wie alle Figuren und Vorgänge, die Rudolf Ditzen in der kleinen Stadt kennengelernt hat, so politisiert sich auch der Betrug. Aus der verfälschten Bescheinigung ist der falsche Brief geworden. Rudolf Ditzen hat auf Kahlerts Anweisung das Schreiben des besorgten Geschäftsmannes selber verfassen müssen. «Das Feuer sei ständig weiter zu schüren», sagt ihm Kahlert.

Lindemann ist diesmal besonders betroffen. Eine Absage des Reit- und Fahrturniers schien ihm bisher gänzlich ausgeschlossen. Und die Landleute, die bisher nur über einen Boykott gesprochen haben, beginnen die Idee auszuprobieren. Am Fünften stellt der Schleswig-Holsteinische Landbund fest, die Stadt Neumünster habe gezeigt, daß der Bauer in ihr vogelfrei sei, darum würden künftig keine Vertreter des Landbundes an Sitzungen, Tagungen, Veranstaltungen, Ausstellungen in Neumünster teilnehmen, bis die Stadt den Bauern sowohl in ideeller als materieller Hinsicht volle Genugtuung gegeben habe. Das erste Verdammungsurteil ist gesprochen.

«Deutschnationale Kundgebung gegen Polizeiterror in Neumünster» heißt am sechsten der Aufmacher zu einem Bericht im «General-Anzeiger». Lindemann ist das jetzt zuviel. Nachmittags bestellt er seinen Mann im «General-Anzeiger» zu sich. «Was ist los mit euch auf dem ‹General-Anzeiger›?» fragt er barsch Rudolf Ditzen.

Rudolf Ditzen sitzt sehr unbequem vor Bürgermeister Lindemann. Er sitzt zwischen seinen zwei Stühlen. Was er mit Lindemann bespricht, darf die Redaktion nicht wissen, und nicht alles, was er aus der Zeitung weiß, glaubt er Lindemann sagen zu können. «Vertraulich» berichtet der Mitarbeiter des Verkehrsvereins, daß die Art der Berichterstattung auf eine strikte Weisung von Wachholtz und Chefredakteur Zachi zurückgehe. Er sagt Lindemann nicht, daß Kahlert ihm erklärt hat, er hätte so über die Veranstaltung auch ohne Wachholtz' Anweisung geschrieben.

Auch Lindemann hat sich für den kleinen Angestellten eine Rolle ausgedacht. Ditzen dient ihm im verdeckten Kampf. Zu den Hauptakteuren zählt auch diese Seite Rudolf Ditzen nicht. Lindemann ist stark genug, um offen anzugreifen, wenn er es für richtig hält. Der Bürgermeister drängt Zachi und Kahlert im Interesse der Stadt, kein «Eingesandtes» mehr zu veröffentlichen. Der «General-Anzeiger» kann sich einem solchen Appell nicht entziehen. Gerade jetzt aber beginnt die Lawine zu rollen, die Kahlert lösen wollte. Mit einem Trick bricht er das Versprechen.

Der Bauer Harms aus Bünzen meldet sich mit einem wirklichen offenen Brief in der Redaktion. Er fragt, ob die Stadtverwaltung bereit sei, Bracker und die Beamten, die gegen die Bauern in der Auktionshalle vorgegangen waren, zu entlassen. Erfolge innerhalb von acht Tagen keine zustimmende Antwort, würden die Bauern keine Viehauktion mehr in der Stadt abhalten und auch sonst die Stadt boykottieren.

Kahlert weiß, ein Abdruck ist in diesem Moment unmöglich. Aber wie wäre es, wenn Bauer Harms seinen offenen Brief im Inseratenteil veröffentlichen würde? Natürlich ohne Berechnung. Bauer Harms ist einverstanden.

Auf dem Rathaus liest man den Inseratenteil des «General-Anzeigers» nicht. Rudolf Ditzen gibt am Morgen einem Beamten einen Hinweis. Er ist kaum eine halbe Stunde wieder in der Redaktion, erscheint ein Bote mit einer Erklärung. Die Stadtverwaltung sähe keinen Anlaß, gegen Beamte vorzugehen, die ohne Ansehen der Person der Staatsautorität Geltung verschaffen. Es sei ein ungeheuerliches Ansinnen, daß eine öffentliche Behörde durch Bedrohung mit wirtschaftlichen Nachteilen zu Amtshandlungen genötigt werden solle. Die Stadtverwaltung werde pflichtgemäß wegen Beamtennötigung Anzeige erstatten.

Vom «General-Anzeiger» wird in einem Schreiben die sofortige Veröffentlichung der Erklärung gefordert und ihm auch Mitteilung von dem Strafantrag gemacht. Kriminalassistent Semmler ermittelt bei Kahlert Identität und Wohnort von Harms. Er beginnt seine Nachforschungen mit dem Satz: «Wenn Sie nicht wollen, brauchen Sie es nicht zu sagen.»

Eine Woche nach dem «schwarzen Donnerstag» glaubt der Bahnhofsfriseur weniger Kunden abzufertigen, scheint den Wirten das Bier in der Leitung zu stehen, verkaufen Carl von Ewigs ambulante Händler für keinen Pfennig Ware auf den Dörfern. Neumünsters Mittelstand gerät in Unruhe. Am 6. August bilden die Geschäftsleute ein «Versöhnungskomitee» für Gespräche mit den Bauern. Nach vierzehn Tagen Geschäftsstockung geraten sie in Panik. Am Fünfzehnten geht ein Telegramm an den Regierungspräsidenten ab: «Handelsbund Neumünster bittet Herrn Regierungspräsidenten dringend, sofortige Untersuchung der Vorkommnisse vom 1. August vorzunehmen und Schuldige zu bestrafen, da hiesiges Wirtschaftsleben durch Boykott der Landwirtschaft schwer leidet.»

Es ist Spätsommer, tote Saison, die Geschäfte gehen sowieso faul, wie leicht ist es da, den unzufriedenen Gewerbetreibenden einzureden, die Vorgänge vom 1. August seien an allem schuld. Neumünsters Mittelstand findet endlich ein zugkräftiges Thema für den Wahlkampf. Auch die Innungen, die Einzelhändler, der Industrieverband telegrafieren, irgend etwas muß doch dabei rauskommen.

Bürgermeister Lindemann demonstriert Gelassenheit. Er geht in Urlaub und läßt sich von Ditzen Fahrkarten nach Mitteldeutschland besorgen. Das «Landvolk» erfindet sogleich, er wolle sich nach einem Posten in Wien umschauen. Und das «Landvolk» druckt auch die «Sühneforderungen», auf die Hamkens und ein paar andere Aktionisten aus seiner Bewegung gekommen sind: würdige Rückgabe der Fahne, Zahlung von zehntausend Mark Buße durch die Stadt, eine lebenslängliche Rente für Muthmann, Bestrafung Lindemanns und Brackers. Das große Verdammungsurteil über Neumünster ist gesprochen.

Diese Stunde scheint auch für einen Karl-Heinz Berthold gemacht. Der Defraudant empfiehlt sich den Neumünsteranern als politischer Biedermann. Als die ganze hundert Mitglieder zählende Mittelstandspartei ihre Protestversammlung gegen den Magistrat einberuft, steht Berthold am Rednerpult, bedauert das den Bauern angetane «Unrecht» und verlangt vom Mittelstand, aus seiner «Tatenarmut» herauszukommen.

Aus dem Saal ruft ihm der Kommunist Timm zu, worum es hier wirklich geht. Um Stimmenfang für die Wahl. Und Rudolf Ditzen schreibt zu Hause «*Eine leider nicht gehaltene Rede von der Protestversammlung in Neumünster*»: «Meine Herren Mittelstandsparteiler! Ich darf Ihnen einen Fall ins Gedächtnis rufen, den mancher von Ihnen miterlebt hat und doch zu vergessen haben scheint. Am 13. Februar 1910 protestierte die Arbeiterschaft gegen jenes Wahlrecht, das Bismarck als das elendeste der Welt bezeichnet hat. Die Polizei ging gegen die Demonstranten mit der Waffe vor, es gab 7 Schwerverletzte und 33 Leichtverletzte! Danach hat das Bürgertum keinen Drang zu Beileidskundgebungen verspürt. Heute, da es nicht um Arbeiter geht, ist es Ihnen unmöglich, das Ergebnis der Untersuchung abzuwarten, es muß die Hand gereicht werden...»

Den sozialdemokratischen Regierungspräsidenten Abegg haben die Angriffe des sich formierenden Bürgerblocks und der ländlichen Aktionisten sichtlich nervös gemacht. Am 27. August wirft er Ballast ab. In einem Schreiben an den Handelsbund bestätigt er zwar die grundsätzliche Berechtigung des Polizeieinsatzes, äußert aber Bedenken gegen seine Art und Weise und entbindet Bracker bis zur endgültigen Klärung der Sachlage im Gerichtsverfahren vom Polizeiexekutivdienst.

Am Dreißigsten des Monats ist auch die NSDAP soweit, auf der Welle des 1. August zu reiten. Sie veranstaltet eine Versammlung. Mit der Annonce bringt der «General-Anzeiger» noch einen besonderen redaktionellen Hinweis. «Ein Besuch der Versammlung dürfte unbedingt zu empfehlen sein.» Kahlert sind die Bauern zu wenig radikal. Er hält nach neuen Parteien Ausschau. Vor Rudolf Ditzen meditiert er darüber, daß er die Zeitung «nationalsozialistisch» einstellen wolle, wenn die Versammlung einigermaßen befriedigend verlaufe. Kahlert muß noch warten. Ein zu geringes Häuflein setzt im Spätsommer 1929 in Neumünster erst auf die Hitlerpartei.

Die kleine Stadt ist nicht zu klein, als daß es in ihren Kleinlichkeiten nicht um ein Stück Republik und ein Stück Faschismus ginge. «Der Sturmlauf des geängstigten Bürgertums beginnt», notiert Rudolf Ditzen in der boykottierten Stadt. Der kleine Mann Ditzen hat nicht die Absicht, seinen Standpunkt und seine Erfahrungen überrennen zu lassen. Immer gibt es bei diesem Rudolf Ditzen einen Punkt, wo die Kompromisse enden. Er macht seine Notizen und seine Untergrundarbeit, eine undankbare, notwendige, wichtige Arbeit. Aber er ist auch bereit, das Visier zum offenen Kampf herunterzulassen. Mit den Sozialdemokraten Bock, Stappenbeck und Gabriel diskutiert er die Lage. Bracker preiszugeben hält er für falsch. «Das wäre eine Schlappe für Lindemann und die ganze Partei.» Stappenbeck stimmt ihm zu und spricht vom unverständlichen Schweigen der sozialdemokratischen Kieler «Volkszeitung». Rudolf Ditzen rät zu einer Gegenaktion. Er selbst will für die «Volkszeitung» schreiben.

In seinen Papieren findet sich der Durchschlag eines «*Landvolk und Regierung*» überschriebenen Artikels. War er es, der für die «Volkszeitung» bestimmt war? Von seiner journalistischen Auseinandersetzung mit den Augustereignissen ist nur ein Teil publiziert worden. Auf jeden

Fall zeigt der Artikel einen anderen als den vom «General-Anzeiger» aufgezwungenen Journalismus. In den Vorgängen um die kleine Stadt spürt Rudolf Ditzen die sich überall vollziehende Auslieferung des Staates an die Rechtsgruppierungen.

«In Billstedt demonstrierten vor kurzem Kommunisten mit einer roten Fahne. Ein Polizeioffizier mit 8 Mann, der die Fahne für provozierend hält, schreitet ein, bezieht Schläge – dort der erfolglose Offizier gegen links wird in Schutz genommen, gerechtfertigt, verteidigt, hier der erfolgreiche gegen rechts wird bestraft. Ein kongruenter Fall, in der Behandlung auffallend verschieden.»

Was Rudolf Ditzen in Neumünster erlebt, ist ein frühes und provinzielles Modell der zum Januar 1933 führenden Entwicklung. Der vor dem rechten Terrorismus zurückweichende sozialdemokratische Regierungspräsident Abegg, der seinen Auftrag verhöhnende Kriminalbeamte Semmler, der deutschnationale Redakteur Kahlert, für den die Presse ein Instrument des politischen Putsches ist, sie alle gehören zur Komparserie der Machtauslieferung an Hitler. Man kennt die Typen aus der Geschichte der Weimarer Republik. Sie tragen nur historisch bekanntere Namen.

«Was der ‹Landvolkbewegung› an Gutem zu Grunde lag, es ging längst verloren unter dem Geschrei seiner hetzerischen Presse, den sinnlosen Forderungen von ein paar Führern, der Verdienstfreudigkeit von Versammlungsveranstaltern. Ein in Panik geratener Haufe von Mittelständlern, eine konzessionsfromme Regierung, eine übervorsichtige Staatsanwaltschaft tun alles, um einer lokalen Bewegung Ausbreitung zu verschaffen.

Es wird ihnen nicht ganz leicht sein zu löschen, was sie so leichtsinnig, so weltfremd anbliesen. Man hat die Gegenpartei mit Duldung verwöhnt, aber wo will man da einhalten?» stellt Rudolf Ditzen fest.

Lindemann ist in diesen letzten Augusttagen wieder in Neumünster, um die dringend nötige Gegenoffensive in Gang zu bringen. Am Dreißigsten veranstaltet er eine Pressekonferenz, in der er zu verstehen gibt, daß er Abeggs Zugeständnisse für einen Mißgriff hält, Brackers Entbindung keine disziplinarische, sondern eine rein polizeitaktische Maßnahme sei und er genügend Möglichkeiten sehe, den Boykott abzuwehren. An eine Handwerksausstellung sei gedacht, und der Landarbeiterbund habe sich auch zu einem Treffen angesagt. Mit Rudolf Ditzen hat er noch etwas Besonderes zu besprechen.

In den nächsten Tagen wollen die Deutschnationalen dem Bürgermeister mit einer Anfrage zum «schwarzen Donnerstag» im Stadtparlament auf den Leib rücken. Berthold gehört zu den Hauptschreiern, und Lindemann würde gerne Bertholds Stellung zu Handel und Wandel in der Stadt etwas näher beleuchten. Lindemann möchte ihn enttarnen. Hat nicht sein Angestellter aus dem Verkehrsverein da ganz bestimmte Erfahrungen mit Berthold gemacht? Wie wäre es, wenn er sie aufschreiben würde? Mit einem «Material für den Bürgermeister» geht Lindemann in die Debatte. Rudolf Ditzen hat ihm Daten über Bertholds Vergehen zusammengestellt, seine Entlassung beim «General-Anzeiger», den Kautionsschwindel, den widerrechtlichen Verbrauch von Wachholtz kassierter Beträge geschildert.

«Ein Strafverfahren war wegen dieser Fälle gegen ihn anhängig, ist aber eingestellt worden, weil er nachträglich mit Hilfe seiner Parteifreunde den angerichteten Schaden wiedergutgemacht hat ... Schließlich hat er in ähnlicher Weise eine ihm in Aussicht gestellte Position beim Wirtschafts- und Verkehrsverein benutzt, um als Geschäftsführer dieses Vereins, der er noch gar nicht war, einen Vertrag über eine Stellenbesetzung mit einem Angestellten abzuschließen, ohne Genehmigung des Vorstandes, auch in diesem Falle, um sich pekuniäre Vorteile zu verschaffen.»

Lindemann braucht das Papier nicht aus der Tasche zu ziehen. Er besteht die Debatte auch so glänzend. Aber der Bürgermeister ist dabei auf einen anderen Gedanken gekommen. Er möchte mit seinem mächtigen Gegner Wachholtz das Spiel wiederholen. Überall in der Stadt munkelt man über die Auflagenziffer des «General-Anzeigers». Rudolf Ditzen soll für den Bürgermeister etwas wagen.

Er, Lindemann, wird Wachholtz empfangen, ihm seine Pläne wegen der Handwerkerausstellung entwickeln und ihn um seine Unterstützung bitten. Und er wird ihn freundschaftlich auf die Schäden aufmerksam machen, die ein Bekanntwerden der falschen Auflagenziffer für den Ruf von Wachholtz haben könnte. Für dieses Gespräch kann Rudolf Ditzen doch sicher die Abschrift der notariellen Bescheinigung über die Auflagenziffer des «General-Anzeigers» beisteuern?

Rudolf Ditzens Situation ist heikler noch als sonst. Gerade hat er den Eltern etwas mitgeteilt, «das uns erst sehr bekümmert hat, in das wir uns hereingefunden haben, der Arzt hat festgestellt, daß sie erwartet». Suse ist schwanger. Rudolf Ditzen wagt für seinen sozialdemokratischen Bürgermeister Kopf und Kragen. Am 7. September hält Lindemann die Abschrift in der Hand. Die Partisanenaktion bleibt unbemerkt. Dafür wird der «General-Anzeiger» merklich stiller.

Überall sinkt in diesen Septemberwochen der so heftig aufgestiegene Stern der «Landvolkbewegung». Die Detonationen der Bomben vor den Dienstgebäuden und Wohnungen der Repräsentanten des staatlichen und kommunalen Verwaltungsapparates verstummen.

Von Mai an hat es ein dutzendmal geknallt. Sprengstoffpakete sind vor den Landratsämtern in Itzehoe und Niebüll hochgegangen, das Finanzamt in Oldenburg ist in Mitleidenschaft gezogen worden, und zuletzt ist in der Nacht zum 30. August ein Attentat auf den stellvertretenden Regierungspräsidenten Grimpe in Schleswig versucht worden. Zwischen dem 9. und 11. September verhaftet die politische Polizei achtunddreißig «Landvolkleute», darunter die Redakteure ihrer Zeitung in Itzehoe und Hamkens, Heim und Muthmann. Nicht allen kann eine Beteiligung nachgewiesen werden, nicht alle können überführt werden, doch die Bombenanschläge hören auf. Auch die Welle der Agitation gegen die Stadt bricht sich. Das Interesse beider Seiten konzentriert sich auf den für Ende Oktober angesetzten «Bauernprozeß».

An der Mehrheit der Neumünsteraner ist der Boykott sowieso vorübergegangen, Arbeiter sind keine Händler und ihr Begriff von Solidarität anders als das, was sich hier gegen die Stadt als «bäuerliche Solidarität» aufspielt. Der Schatten des Verdammungsurteils reicht gerade aus, um noch eine Mehrheit im Hausbesitzerverein für die Beteiligung an der bürgerlichen Einheitsliste «Stadtwohl» bei den Kommunalwahlen zusammenzubringen.

Rudolf Ditzen hat in der verdammten Stadt wie viele andere zugesehen und einen Platz wie wenige andere gehabt. Als «Landvolk»aktionisten und Stadtmacht noch einmal aufeinanderstoßen und diesmal nach Regeln und Paragraphen vor einem Gericht, ist er auch an diesem Schauplatz dabei. Der «General-Anzeiger» hat ihm die Berichterstattung für den am 28. Oktober im Carl-Sager-Haus beginnenden «Bauernprozeß» übertragen. Das Gebäude des Landgerichts faßt das juristische Großunternehmen nicht. Die Zeugenliste weist nicht weniger als hundertsieben Namen auf, sechzig hat allein die Verteidigung benannt. Oberstaatsanwaltschaftsrat Dr. Bomeyer ist als Anklagevertreter aus Kiel herübergekommen, der prominente Anwalt vieler Rechtsradikaler, Lütgebrune, aus Göttingen angereist, Landgerichtsdirektor Dr. Scheer führt den Vorsitz.

Auf dem Wege zum Carl-Sager-Haus passiert Rudolf Ditzen am Morgen des Achtundzwanzigsten die Sperrketten einer halben Hundertschaft Kieler Polizei, die jede Störung verhindern soll. Der extra für die Verhandlung ausgestellte Presseausweis des «General-Anzeigers» legitimiert ihn überall. Der Saal, den er gegen zehn Uhr betritt, ist fast noch leer. Wenige Zuschauer haben sich bisher eingefunden, die Pressetische sind voller, allein zehn Kollegen aus Berlin haben sich angesagt. Als um zehn Uhr dreißig das Publikum eingelassen wird, sind überraschend wenig Landwirte darunter. Auf der Anklagebank nehmen Roß, Muthmann und der Bäckermeister Thieß, der Handlungsgehilfe Jens, der Dentist Bestmann und der Landwirt Hell Platz, Randfiguren des «schwarzen Donnerstag».

Rudolf Ditzen hört einen langen Eröffnungsbeschluß: Aufruhr, Landfriedensbruch, Sachbeschädigung, gefährliche Körperverletzung, öffentliche tätliche Beleidigung und Auflauf werden den sechs zur Last gelegt. Nacheinander soll über den Kampf um die Fahne, die Versammlung in der Auktionshalle und die sich anschließenden Krawalle am Bahnhof verhandelt werden. Roß und Muthmann werden als erste befragt, und der Anführer und der Fahnenträger mischen in ihr Bild einer friedlichen Bewegung rechte Agitation. «Wir Landleute betrachten uns als staatserhaltend und nicht diejenigen, die Deutschland heute dauernd verraten!» ruft Muthmann in den Saal. Lütgebrune weiß, wie seine Mandanten der Justiz kommen müssen.

«Der zweite Verhandlungstag bringt zunächst die mit Spannung erwartete Vernehmung von Bürgermeister Lindemann», informiert der Prozeßberichterstatter. Lindemann geht ruhig und sicher in den Zeugenstand, ganz wie ihn Rudolf Ditzen kennt. Lütgebrune läßt ihn reden. Dann kommt er mit einer Frage, die, wie immer auch der Bürgermeister sie beantwortet, ihn in Schwierigkeiten verwickeln muß. Der «General-Anzeiger» wählt für sie Fettdruck: *Ist in der Besprechung mit der Regierung nicht der Wunsch an Sie ausgesprochen, daß die Polizei besonders scharf gegen das ‹Landvolk› vorgehen solle?*»

Lindemann zögert irritiert. Rudolf Ditzen muß eine Niederlage seines Bürgermeisters bezeugen.

«Lindemann: ‹Ist diese Frage zugelassen?› Vors.: ‹An sich ja. Aber Sie müssen wissen, ob Ihre Aussagegenehmigung soweit reicht.› Der

Verteidiger ist der Ansicht, daß der Zeuge antworten darf. Lindemann: ‹Ich bin nicht dieser Ansicht.› Das Gericht zieht sich zu einer Beschlußfassung darüber zurück, ob es den Zeugen auf Grund der vorliegenden Regierungserlaubnis zu einer Aussage veranlassen kann. Im Zuschauerraum, in dem übrigens, kaum beachtet, der Landvolkführer Hamkens soeben Platz genommen hat, ist die Spannung aufs höchste gestiegen. Die Angeklagten sprechen eifrig miteinander. Der Verteidiger, der mit seiner Frage ins Zentrum getroffen hat, sitzt bewegungslos hinter seinen Akten. Nach erwartungsvollen Minuten erscheint das Gericht wieder und verkündet den Beschluß, daß eine ausdrückliche Genehmigung der Regierung in Schleswig eingefordert wird, die oben angegebene Frage durch den Polizeiverwalter Neumünsters beantworten zu lassen.»

Gleich am zweiten Tage ist Rudolf Ditzen auf die Klippe aufgelaufen, die ihm bei dem Rechtsblatt droht. Der «General-Anzeiger» hat seinen Bericht mit der Überschrift «*Sensationelle Wendung. Bürgermeister Lindemann verweigert die Aussage*» aufgemacht und damit sofort einen Protest des Altonaer Rechtsanwalts Springe ausgelöst, der für die Polizeiverwaltung als Nebenkläger auftritt. Springe wirft dem Blatt im Gerichtssaal sensationell aufgemachte Berichterstattung vor, die geeignet sei, die Schöffen zu beeinflussen. Scharf und öffentlich weist der «General-Anzeiger» Springes Angriff zurück, «denn wir haben nichts berichtet und nichts geschrieben, was nicht fast wörtlich von andern Blättern berichtet und geschrieben worden ist. Daß die Aussageverweigerung nicht nur von uns und der Bürgerschaft Neumünsters, sondern auch von anderer Seite her als Sensation empfunden worden ist, das beweist die Anwesenheit des beschuldigenden Rechtsvertreters, der sonst sicher nicht dort gestanden hätte, wo er gestern stand.»

Sich nicht davon abhalten zu lassen, den Sozialdemokraten Lindemann zu stürzen, formuliert das Blatt als Entschlossenheit, «so zu berichten, wie es im Interesse der Wahrheit und der Leserschaft geboten ist» . Das beste Versteck für journalistische Daumenschrauben, weiß auch der kleine «General-Anzeiger» in der Provinz, heißt immer noch «Pressefreiheit». Rudolf Ditzen lernt das politische «Anmisten» kennen.

Angeklagte, Verteidigung und «Landvolkzeugen» mühen sich, dem Gericht eine rechte Brücke zu bauen. Lütgebrune faßt einen Polizisten in der Vernehmung scharf an: «Es ist in der Halle das Deutschlandlied gesungen worden! Nennen Sie das etwa Gebrüll?»

«Nein», antwortet der uniformierte Zeuge der Anklage.

Bauer Renpage aus Fiefhufen spricht ständig von «Polizeifalle», dem «fragwürdigen Aussehen der Stadtsoldaten», die er eine «Herde Bullen» nennt, was den Staatsanwalt endlich veranlaßt, diese Redeweise zu unterbinden.

«Ich verbitte mir jeden Eingriff in meine Verhandlungsführung», erklärt der Vorsitzende Dr. Scheer.

Nebenkläger Springe bittet, die Zeugin Rasch, Anwohnerin des Großflecken, zu fragen, «ob es nach ihrem Eindruck zu dem ganzen blutigen Zusammenstoß gekommen wäre, wenn die Bauern die Fahne freiwillig herausgegeben hätten».

Lütgebrune fordert einen Gerichtsbeschluß über die Frage. Das Gericht kommt aus seiner Beratung mit der Formulierung zurück: «Hat die Zeugin nach ihrer Beobachtung die Polizei für so erregt gehalten, daß sie selbst bei Herausgabe der Fahne losgeschlagen hätte?»

«Springe erhebt sich lächelnd und verzichtet auf die Beantwortung der so formulierten Frage», berichtet Rudolf Ditzen vom neunten Verhandlungstag. Unverhüllter kann das Gericht gar nicht mehr zu erkennen geben, wie es den Prozeß ausgehen lassen will. Rudolf Ditzen hört den immer wieder gleichen Ereignissen zu, und immer öfter kommt der Satz «Neues konnten die Zeugen nicht berichten» vor. Knapp und sachlich gibt er die Ereignisse wieder.

Um auszusprechen, was er über sie denkt, braucht er ein anderes Forum. Es steht in der Zeitschrift «Tage-Buch» und in dem Roman, den er im nächsten Jahr schreibt. Dort wird alles anders und alles erkennbar sein; Neumünster Altholm heißen, der «General-Anzeiger» «Chronik», Lindemann Gareis, Bracker Frerksen, Kahlert Stuff und dieser Landmann Hutzfeld aus Fiefhufen, der am sechsten Verhandlungstag in höchster Erregung aus der Zeugenbank einen beschädigten Hut auf den Richtertisch wirft, dann der Bauer Banz sein.

Der Fall Hutzfeld ist eine der seltsamsten Angelegenheiten des an Merkwürdigem gewiß nicht armen Prozesses. Der am 1. August durch einen Säbelhieb schwer verwundete Bauer verbirgt sich stumm wie ein Tier sechs Wochen lang in seinem Dorf, um dann plötzlich und laut in die Öffentlichkeit zu treten. Hatte er wirklich zwei Polizisten niedergeschlagen, wie man von ihm sagt, verkörpert seine Dumpfheit die Ratlosigkeit des Bauernprotestes, warum ist der Mann so fürchterlich aufgeregt? Hutzfeld und die vielen anderen geben dem Gerichtsreporter mehr Fragen auf, als sie die Verhandlung beantwortet. Der Saal ist voller wirklicher Geschichten. – –

«Hutzfeld gibt an, daß er erst später nach Neumünster gekommen ist, von den Vorgängen vor der ‹Tonhalle› und bei der Fahnenwegnahme will er nichts gesehen haben. Ein Polizeibeamter sei auf ihn zugestürzt mit dem Rufe: ‹Ihr Hunde, geht auseinander!› Er habe geantwortet: ‹Wir sind zwar keine Hunde, aber der Staatsautorität beuge ich mich. Ich gehe mir ein Glas Bier kaufen.› Er sei nach Schümanns Gasthof zugegangen, habe aber, als er den Fuß auf die Schwelle der Wirtschaft setzte, plötzlich von hinten einen Säbelhieb bekommen, der ihm eine klaffende Schädelwunde und eine Gehirnerschütterung eintrug. Er sei bewußtlos hingestürzt, der Gastwirt und seine Frau hätten ihn von der Straße fortgetragen. Er habe sechs Wochen schwer krank gelegen, noch heute sei er in ärztlicher Behandlung. Der Zeuge, der ständig äußerst erregt ist und sich kaum beherrschen kann, wird von dem Vorsitzenden gefragt, ob er schon vor seiner Verletzung so leicht erregbar gewesen sei. Der Zeuge: ‹Da war ich der ruhigste Mensch von der Welt.›»

Rudolf Ditzen kommt in diesen Wochen kaum aus den Kleidern. Die Prozeßberichterstattung nimmt im «General-Anzeiger» an den Verhandlungtagen im Durchschnitt eine ganze Zeitungsseite in Anspruch. Er arbeitet täglich fast siebzehn Stunden dafür und manchmal, wie am dritten Verhandlungtage, an dem Lindemann dann doch über seine Differenzen mit dem Regierungspräsidenten Abegg aussagt, läuft er noch in das Stadttheater, um über eine «Nathan»-Aufführung zu berichten.

Nach zwölf Verhandlungstagen endet der Prozeß. Erfahrene Beobachter hatten ihm drei Tage gegeben. Der Staatsanwalt fordert im Interesse der «Staatsautorität» fühlbare Strafen. Für Muthmann ein Jahr drei Monate Gefängnis, für Roß ein Jahr zwei Wochen, für Thieß ein Jahr, für Jens zwei Monate, für Bestmann einen Monat, für Hell eine Geldstrafe. Am 12. November verkündet der Vorsitzende Dr. Scheer das Urteil. Muthmann bekommt einen Monat Gefängnis, Roß drei Wochen, Thieß zwei Wochen, Jens erhält eine Geldstrafe von fünfzig Reichsmark, Bestmann und Hell werden freigesprochen. Das Gericht ist unter dem Theaterdonner einer peniblen Prozeßführung auf dem rechten Ufer angekommen.

Das Urteil schont den Aktionisten, die Urteilsbegründung stellt sich auf die Seite seiner Bewegung. Bracker hat seine Pflicht als Polizeibeamter getan. Muthmann seine Pflicht als Fahnenträger. Die Bauern und die Polizei sind gegen ihren Willen in eine Situation geraten, der sie nicht gewachsen waren. Was sich wie eine Versöhnungsformel anhört, ist ein neuer und der eigentliche Schuldspruch der Justiz. In Neumünster haben die «Landvolk»fahne und die Macht auf verschiedenen Seiten gestanden. Die «Situation», der die Bauern und die Polizei nicht gewachsen waren, heißt Republik von Weimar. 1929 braucht man das nicht deutlicher zu sagen. Die Urteilsbegründung beschreibt einen Zustand, der die Parole der rechten Agitation ist. Dieses bißchen Republik existiert für sie als ein unwürdiger nationaler Notstand, der jedes Gegenmittel rechtfertigt. Ein Mann mit den ehrenhaftesten Motiven wurde hier zum Krüppel geschlagen, hatte Muthmanns Verteidiger in seinem Schlußplädoyer gesagt. «Deutschland, erwache!» brüllen Hitlers Stoßtrupps auf den Straßen. Der Prozeßbeobachter des «General-Anzeigers» nennt Muthmann im «Tage-Buch» einen «kleinen Abenteurer», einen «romantischen Fanatiker». Fallada identifiziert die Mentalität des Landsknechts.

In diesen letzten Wochen des Jahres 1929 haben die Lockungen und Drohungen der kleinen Stadt kaum noch Gewalt über Rudolf Ditzen. Neumünster ist nicht mehr seine Stadt. Er hat sich herausgearbeitet. Und dann geschieht noch etwas. Eine Episode nur, aber mit der Fähigkeit des Bequemen, sich vorzudrängen. Es sieht aus, als befreie ihn eine Laune des Schicksals, und er hätte eigentlich nur ruhig darauf zu warten brauchen. Über den liebenswürdigen Zufall ist viel gesprochen worden.

Im August ist er auf Sylt gewesen und hat Rowohlt getroffen. Viermal hat Rudolf Ditzen darüber geschrieben und einmal Ernst Rowohlt und keiner so ganz die Wahrheit. Warum auch, Autor und Verleger schreiben für den Moment und die Stunde, und Stunde und Moment brauchten etwas anderes.

Das erste Mal schrieb Rudolf Ditzen im «General-Anzeiger» darüber. Zwei Freikarten nach Sylt zur Eröffnung der neuen Bahnverbindung über den Hindenburgdamm waren gekommen, und da niemand in der Redaktion fahren wollte, stiegen Rudolf Ditzen und Suse in den Zug. Der kleine Glücksfall brauchte sorgsame Überlegung. Ein bißchen

Essen unterwegs war ja auch nötig und die Haushaltskasse schmal. Dann aber sitzen sie an einem sehr frühen Sonntagmorgen Mitte August im Sonderzug und fahren mit zweihundert anderen Neumünsteranern auf die Nordseeinsel. In Westerland wollen der Journalist und seine Frau gleich an den Strand und an das Meer. Ein Kassenhäuschen blockiert den Zugang. Die Kurverwaltung verlangt 1 Mark Eintritt für den Blick auf die See.

«Der Berichterstatter, fest entschlossen, keinen Pfennig für ein unbestreitbares Allgemeingut daran zu wenden, nahm seine Frau unter den Arm und enteilte mit ihr in parallel zu den Dünen verlaufenden Straßen...» Irgendwo muß ein Übergang sein, und ihre Ausdauer wird belohnt. Sie stehen vor den blaugrünen, weißbrandenden Wellen und haben das gleiche Gefühl wie die jungen Leute neben ihnen, auf deren Wimpel steht: Hoch das Meer! Hoch die rauschende See! Rudolf und Suse wandern über das Rote Kliff nach Kampen. «Wenn man auf der Düne steht und sieht hier das Außenmeer, dort die weite Fläche der Watten, dazwischen den festen Teppich des Heidekrauts... und sieht da hinten die im Naturschutzgebiet immer wilder immer verlassener werdenden Dünengebirge, weiß glänzend in der Sonne, fast drohend im Wolkenschatten – oh, man möchte auch schon so einen begeistert törichten Jubelruf ausstoßen wie die Schulmädchen vorhin, etwa: ‹O Sylter Strand! O Dünenstrand! Ihr könnt mir wohl gefallen, mit Heide, Wogen, Quallen!›»

«O Sylter Strand! O Dünenland!» überschreibt er auch seine freundlich-belanglose Reportage für den «General-Anzeiger», in der zwar noch verschiedene Blumen und ein sein «Lied heimwärts singender Zug» vorkommen, aber natürlich kein Rowohlt. Der kommt zum erstenmal in dem 1932 für die Presse verfaßten Lebensabriß vor und dann natürlich in der Autobiographie und dem Bericht, wie er Schriftsteller wurde, und steht überall *plötzlich* auf der abendlichen Düne von Kampen und sagt: «Fallada!», und Fallada sagt: «Rowohlt?», und Rowohlt fragt ganz unwissend: «Mensch, Fallada, was machen Sie denn eigentlich?» So als ob sie ganz und gar auseinandergekommen wären, steht auch in Rowohlts «Geschichte einer Wiederentdeckung» sein alter neuer Autor Fallada vor ihm.

«Ich hatte kein allzu starkes Bedürfnis nach Geselligkeit und war deshalb ein wenig verstört, als mich plötzlich von einer Düne her Gruß und Anrede erschreckten. Mein Dank und meine Antwort mögen nicht allzu einladend gewesen sein, erst ganz allmählich begriff ich, daß da ein bekanntes Gesicht ‹Guten Tag, Herr Rowohlt, wie geht's, danke auch!› gerufen hatte. Später dann, als wir ins Gespräch gekommen waren und es sich längst herausgestellt hatte, daß ich mit meinem einstigen Autor Hans Fallada zu tun hatte, hörte ich, daß er vom Leben hin und her gerollt worden war..., daß er zur Zeit als Annoncenwerber tätig war. Aus seinen Worten sprach die Sehnsucht nach Berlin, er bat mich eindringlich, nach meiner Rückkunft zu trachten, ihm eine Anstellung zu verschaffen. Es konnte ihm geholfen werden.»

«Die gewünschte Autobiographie lege ich Ihnen in zwei Exemplaren bei», schreibt der berühmte Verfasser des «Kleinen Mannes» seinem Verleger im Sommer 1932, den er nun selbst ausgiebig an der See verbringt. «Sie ist ja etwas sehr persönlich und ungenau, aber Sie wissen ja, daß der übergroßen Präzisheit einige Hindernisse im Weg stehen, und auf Schwindeln möchte ich mich doch nicht erwischen lassen.»

Die Verabredung zu einer kleinen Legende war gegenseitig und der Grund für das Auseinanderfallen von veröffentlichter und wirklicher Lebensgeschichte harmlos. Autor und Verleger lernten ernstere Anlässe als eine neugierige Presse kennen, der man nicht unbedingt mehr sagen mußte, als dem Verkauf des «Kleinen Mannes» guttat. Überdies war ja die Wirklichkeit bloß von redlicher Schlichtheit gewesen. Natürlich hatten sich Fallada und Rowohlt auf der Düne gegenübergestanden, und seinen Berlin-Wunsch hatte er natürlich auch vorgebracht. Aber den kannte ja Rowohlt wie das Schicksal seines einstigen Autors. Er war nett, schreibt Rudolf Ditzen seiner Mutter, und wollte einen Roman haben, doch das sind liebenswürdige Redensarten, auf die man nichts geben kann. Rowohlt entscheidet nur, was ohnehin zwischen ihnen anstand. Am Jahresende weiß Rudolf Ditzen, daß er zum neuen Jahr die langerbetene Stellung im Verlag haben wird.

«Das Glück steht immer hinter der Ecke, wo man es gar nicht erwartet», kommentiert er 1932 mit einem Wort Tante Adas die Wende. Von seinem Anteil zu sprechen, hält er in diesem Moment, wo sich alles so harmonisch fügt, für überflüssig. Später verwehren ihm die Verhältnisse zu erzählen, wie er sich zu dieser Wendemarke durchgeschlagen hat.

Es ist einer der Siege Rudolf Ditzens. Weil er das kleine bürgerliche Ideal nicht zu seinem Schicksal werden lassen will, wird auch Neumünster nicht zu seinem Schicksal. Er erkämpft seinen Sieg nicht gerade glorreich, sondern verwickelt in Miseren und Kleinlichkeiten, aber so kommen sie eben in der Wirklichkeit zustande. Ihm ist gelungen, was er sich als «Hauptsache» vorgenommen hatte: «...sich nicht auf dem Niveau wohl fühlen». Die Zukunft ist offengeblieben, und das macht ihn glücklich. «...ich verliere keine Sekunde das bestimmte Gefühl, daß dies alles ein Übergang ist, belanglos, daß die Stunde kommen wird.»

Rudolf Ditzen ist von auffallender Ruhe. Schreibt er, bringt endlich der Bürger den Künstler auf die Welt, liegen die ersten Seiten eines großen Romans vor ihm, läßt sich ein Spitzwegidyll vom Poeten in der Neumünsteraner Dachkammer malen?

Nichts von alledem. Noch nichts von solcher Deutlichkeit in der kleinen Stadt. Alles ist noch davor. Der Roman erst Erlebnis und Erfahrung. Das realistische Erzählen verändert Weltsicht. Das Greifbarste ist seine Mappe, die er sich angelegt hat, mit den Zeitungsausschnitten über die Demonstration und den Prozeß, den Notizen über die Vorgänge hinter den Kulissen und einer Kritik über das Gastspiel eines kleinen Zirkus namens Monte.

«Nein, ich schreibe nichts», steht in einem Brief aus den Dezembertagen an Kagelmacher. «Ich schreibe jedenfalls nichts, was man Ihnen mit irgendeiner Berechtigung unter die Nase halten könnte. Tagesarbeit, Geldverdienestümperei. Aber auch das kommt wieder. Eigentlich habe ich noch unendlich viel Zeit.»

In einem Brief vom 2. Februar brüstet Hitler sich, daß «längstens in zweieinhalb bis drei Jahren... der Sieg unserer Bewegung eintritt.»

Vom 15. Januar 1930 an haben die Ditzens eine neue Adresse: Berlin NW 40, Calvinstraße Nr. 15a bei Nothmann.

3. Die große Stadt

Bei den Nothmanns in Moabit zwischen Kriminalgericht, Spree und Schloß Bellevue haben sie zwei Zimmer bekommen. Die Ditzens sind vorher viele Straßen abgelaufen und viele Treppen gestiegen. Kaum, daß die Vermieterinnen die schwangere Suse sahen, gingen die Türen vor ihnen wieder zu. Die Nothmanns sind zwei alte Leutchen. Das Haus in der Calvinstraße überzieht Jahrhundertwendeprotz, den Trep-

penaufgang zieren farbige Fenster und den Hausflur Spiegel in Stuck-
rahmen. Die Zimmer haben ihren Preis. Rudolf Ditzen zahlt fast die
Hälfte seiner 250 Rowohlt-Mark. 120 Mark sind per ultimo zu entrich-
ten. Dafür aber haben sie zwei anständige, geräumige Zimmer, ein bißchen fremdes Mobiliar und sind in Berlin.

Nach zehn Jahren hat Rudolf Ditzen wieder eine Adresse in der großen Stadt. Er mag sie, weil sie ihm sinnvolle Arbeit bietet, und er weiß,
daß er hier Leute treffen wird, mit denen er Vernünftiges reden kann.
Hamburg war ein Versteck, Neumünster ein Unterschlupf, Berlin ein
Platz für Wirksamkeit. Alle seine großen Verwandlungen haben mit
dieser Stadt zu tun. Hier ist der Ort der meisten Fallada-Jahre. Berlin
ist seine Stadt. Fallada ihr Autor.

Am 15. Januar tritt er seine Stelle bei Rowohlt in der Passauer Straße
an. Bei Rowohlt soll er sich um den Versand der Besprechungsexem-
plare an die Presse kümmern, die Rezensionen sammeln und sie für den
Verlag aufarbeiten. Rudolf Ditzen macht das Spaß. Wenn er will, kann
er ja pingelig wie ein Bürovorsteher sein. Sofort entwirft er ein Organi-
sationsschema, das einen Überblick gibt, wie die Zeitungen und Zeitschriften mit den Rowohltbüchern umgehen, macht sich daran, die
Berge mit Pressekritiken zu ordnen, Mappen mit Ausschnitten anzule-
gen und Inseratentexte daraus zu machen. Wenn Not am Mann ist,
öffnet er auch mal die Tür und geleitet die Autoren des Verlages zu
seinem Chef.

Sehr unterschiedliche Leute gehen an Rudolf Ditzen vorbei. Der
«Weltbühnen»-Autor Tucholsky und Arnolt Bronnen, der in die Pre-
miere von Remarques Antikriegsfilm «Im Westen nichts Neues»
Stinkbomben wirft, der stille Lyriker Albert Ehrenstein und Joachim
Ringelnatz. Ein gut Teil der Autoren, die 1930 die deutsche Literatur
ausmachen, gehören zum Rowohlt-Verlag: Emil Ludwig, Robert Mu-
sil, Annette Kolb, Franz Blei, Bruno Frank, Alfred Polgar, Ernst von
Salomon.

Rowohlts Charakter ist sein Verlagsprogramm. Eine unbändige Lust
auf das Leben und die Literatur beherrscht den großgewachsenen
Mann. Sein Appetit auf Bücher, Projekte und Autoren ist unstillbar
und manchmal auch unvernünftig. An der Potsdamer Brücke richtet er
eine Rowohlt-Buchhandlung für Rowohlt-Bücher ein, er macht einen
Theaterverlag auf und wieder zu, hebt das «Tage-Buch» und die «Literarische Welt» aus der Taufe und träumt unentwegt vom Abdruck

eines seiner Bücher in der «Berliner Illustrierten», um über solche Publizität an das große Geld zu kommen. Rowohlt verspricht sich das von vielen Büchern und einmal auch von Bronnens Freikorpsroman «O.S.», über den sein Autor Tucholsky in der Weltbühne schreibt: «Dieses Buch ist eine im Tiefsten gesinnungslose Pfuscherei, und man darf sagen, daß es für alles Grenzen nach unten gibt. Der da hat sie überschritten, ein durchgefallener Linker, als Faschist verkleidet.»

Aber für Rowohlt ist «O. S.» ein Kraftakt, wie er gelegentlich die hundert Pfund seines Lektors Paul Mayer am Tage ein paarmal hintereinander hochstemmt, ohne seinen Standpunkt zu verlieren. Diesem Mayer sagt er auf dem Verlagsbalkon, unter dem eine SA-Horde vorbeizieht: «Wenn ich Pfeil und Bogen hier hätte, würde ich denen eins in die dicken Hintern pfeffern, die sind anders als die anderen, die sind gefährlich.»

Rowohlt hat sich für seinen Angestellten Ditzen etwas Besonderes ausgedacht. Er läßt Ditzens Arbeitszeit jeden Tag nach der guten Hälfte der Zeit um zwei Uhr mittags enden. Rowohlt weiß, Ditzen wird mit seiner Zeit etwas anfangen, er wird schreiben und ihm ein Manuskript bringen. Rowohlt behält recht. In der Calvinstraße beginnt Fallada seinen dritten Roman. Das Datum der ersten Seite ist festgehalten: der 4. Februar 1930.

Die große Stadt ist für Rudolf Ditzen voller Vergangenheitszeichen. Kindheit hat er hier erlebt, und der Richter-Vater Karriere gemacht, hier hat ihn die Einsamkeit mit ihren seltsamen Gefährten umstellt, hier hat er den Aufschrei über seine Jugend zu Papier gebracht. Der neue Roman muß ein anderer Roman als *Der junge Goedeschal* werden. Fragwürdig wie sein Verfasser erscheint ihm auch dessen Erzählen. Die frühen Romane hatten nur das Ich der Helden zugelassen.

Den dritten Roman schreibt er aus einer totalen Gegenposition. Mit den Neumünsteraner Ereignissen um die «Landvolkbewegung» wird ein *dokumentarischer* Vorgang gewählt, und die Beschreibung tritt zugunsten einer dialogischen Darstellung in den Hintergrund.

«Ich hatte es mir technisch so schwierig wie nur möglich gemacht. Nach meinen ungeliebten Erstlingen, die gar zu persönlich gewesen waren, sollte der Autor diesmal im Buch ganz fehlen. Mit keinem Wort sollte er andeuten, was er selbst über das Erzählte dachte, das war Sache des Lesers.»

*Die Familie des
Landrichters Ditzen*

*Der Gymnasiast
Rudolf Ditzen, 1911*

Johannes Kagelmacher

Rechts:
Manuskript der ersten Seite
des Romans «Bauern, Bonzen
und Bomben»

Fallada als Angestellter
des Verkehrsvereins Neumünster

Anna Ditzen mit der
Tochter Lore

Vorspiel:

...

In Carwitz, 1939

Rechts: Hans Fallada, Mitte der dreißiger Jahre

In der Feldberger Landschaft

Das Haus in Carwitz

Der Autor bei der Arbeit an einem Romanmanuskript

Links: Falladas Arbeitszimmer

Tante «Ada»

Ursula Losch,
Falladas zweite Ehefrau

Auf dem Totenbett

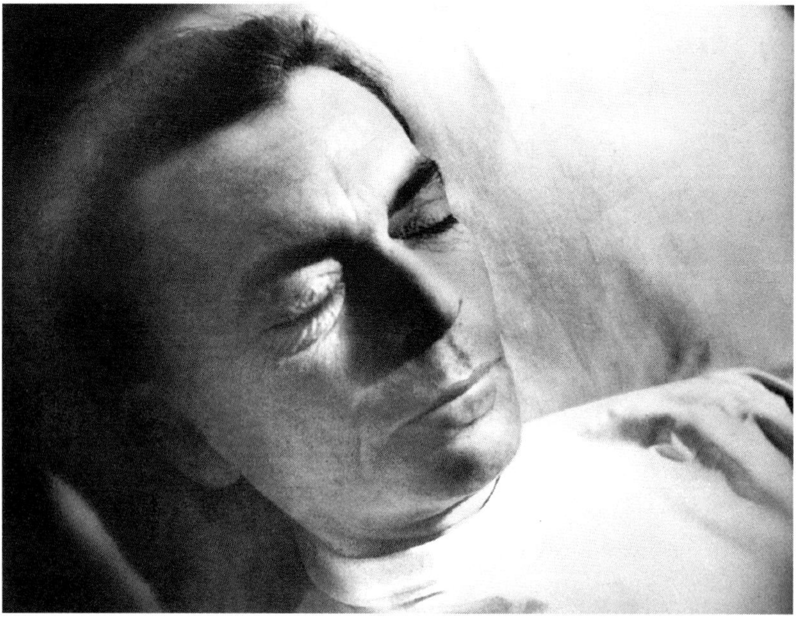

Er schreibt mit tausend Zweifeln. Die Form des neuen Romans quält ihn. Wie herauskommen aus den endlosen Dialogen, wie eine Szene vorbereiten, wie etwas bereits Geschehenes in die Handlung bringen? Keine seiner früheren Schreiberfahrungen hilft ihm bei dem, was er jetzt vorhat. Maupassant geht ihm durch den Kopf, der einmal erzählt hat, wie er bei Flaubert in die Schule gegangen ist und an seinen Büchern das Schreiben gelernt hat. Daß es für ihn einen solchen Lehrer gibt, glaubt er nicht. Er plagt sich ja mit mehr als der Mühe des Aufschreibens. Seine Suche nach der Form des Romans ist wie alle Literatur bei ihm ein Versuch, sein Leben zu formen. Und er weiß längst, wie sehr Literatur aus dem Leben kommt und manchmal mit Leben bezahlt wird. Der Preis seiner Erfahrungen ist hoch. Als Schriftsteller einlösen kann er ihn nur selbst. In den schwierigen Stunden in der Berliner Calvinstraße schreibt sich ein Erzähler aus seiner Vergangenheit frei.

Angekommen auf dem Boden des Realen, wird aus Rudolf Ditzen der Realist Hans Fallada.

Nun endlich beruhigt sich das atemlose Hinterherlaufen hinter dem anderen Leben. Peter Schlemihl und sein Schatten verschmelzen. Übereinstimmung ist erreicht. «...ich hole mir das höchste Glück, das das Leben zu verschenken hat, ich hole es in Brust und Herz: ich schreibe, ich schreibe jede Stunde des Tages und des Nachts, ob ich nun an meinem Schreibtisch sitze oder umhergehe, ob ich Briefe beantworte oder hier mit ihnen rede, alles wird mir zum Buch, eines Tages wird es Buch geworden sein, davon ein Stückchen, und dort eine Miene, und hier die Stühle und Tische und Fenster. Alles in meinem Leben endet in einem Buch. Es muß so sein, es kann nicht anders sein, weil ich der bin, der ich wurde.»

Nur verteidigen muß er das Glück noch. Nur den Namen Fallada behaupten.

Seine Umgebung spürt von alledem wenig. Er macht es lieber ein bißchen harmlos. Den Schrecken der Mutter kann sich der Sohn gut vorstellen, wenn sie hört, er sitzt nun wieder über einem Roman. Also beruhigt er sie gleich, daß diesmal nichts drinsteht, was sie verletzen könnte. «Ich schreibe seit 14 Tagen an einem neuen Roman, von dem ich z. Zt. noch ganz begeistert bin. Das Buch hat mit meinen früheren Büchern nicht die geringste Ähnlichkeit, hat mit mir persönlich gar nichts zu tun, ist auch ein reiner Männerroman. Ich schildere ‹Landvolkbewegung› und eine kleine Stadt.» Und der Schwester Margarete und ihrem Mann, dem Rechtsanwalt Fritz Bechert schreibt er auch etwas, das sich unverfänglich anhört: «Ich arbeite an einem modernen Roman, der sich in der Hauptsache mit Kommunalpolitik beschäftigt.»

Zu Kagelmacher wird er deutlicher. Ihn läßt er schon die Richtung wissen. «Es ist eigentlich eine Geschichte von den kleinen Interessen, dem Kampf der Eigensucht mit der Eigensucht. Dutzende von Typen, ein bisserl Spannung, Anständige, die unanständig sind, Unanständige, die wider Willen auch mal anständig sein müssen. Was sie sogar auch fertigbringen. Ein Gewimmel, eine kleine Stadt – aber gar nicht Hamsun – das flache Land ringsum, die Behörden, die Finanzämter, eine große Provinz.»

Ganz unten spielt Max Tredup das Spiel der Altholmer Bürger. Was man in den Händen hält, wird umgesetzt in Geld, Macht, Vorteil, Einfluß, wer die Regeln verletzt, zur Strecke gebracht. Es ist wie beim Gastspiel des Zirkus Monte, der in der «Chronik» nicht inseriert und deshalb von Redakteur Stuff «angemistet» wird. «Alles wegen mickriger Interessen.» Tredup wirbt mit einer falschen Bescheinigung Abonnenten und Anzeigen. Er würde gewiß schon darüber fallen, erhöhte sich nicht der Altholmer Einsatz. Die Bauern demonstrieren, es gibt einen blutigen Zusammenstoß mit der Polizei, einen Boykott, einen Prozeß. Tredup hält ein Beweismittel in den Händen und verkauft es für einen Tausender an den Meistbietenden. Angstvoll springt er immer auf die Seite der jeweils Stärkeren, aber auf die Dauer verliert er den Atem. Aus dem kleinen Freibeuter wird ein billiges Werkzeug und aus dem Werkzeug ein Opfer. «Welche sind, die haben kein Glück», räsoniert am Ende der stumpfe Kerl, der ihm seinen Knüppel über den Schädel schlägt.

So war es nicht, aber man kennt die Geschichte. Neumünster steht Modell. Fallada erfindet, läßt weg, erzählt weiter, sieht in Hintergründe und übersieht sie. Er schreibt seine erste Studie über die kleinen Leute in den großen Krisen, und da schreibt er etwas auf, das sie alle und er erleben und das sie alle und er nicht verstehen und das sein drittes Buch zum ersten großen Fallada-Roman macht.

Seltsame Bewegungen werden bezeugt. Eine Stadt steht auf Treibsand. Was so ist, kann auch ganz anders ein. Die Dinge brechen aus und brechen über den schwachen Tredup und den starken Altholmer Bürgermeister Gareis herein, sie beherrschen den mächtigen Regierungspräsidenten wie die große «Landvolkbewegung». Den sozialdemokratischen Regierungspräsidenten neutralisiert sein schwarzweißroter Beamtenapparat, dem Bauernprotest trägt ein Mann aus dem Kreis der Fememörder die Fahne voran, die eigenen Genossen opfern den SPD-Bürgermeister Gareis dem bürgerlichen Unmut.

Kurt Tucholsky gehört zu denen, die wissen, was das bedeutet. Er sieht das Menetekel, das Fallada an die Wand geschrieben hat: Die Bürger versprechen sich etwas davon, auf das erste Zeichen die Schlüssel ihrer Stadt in die Hände des Rattenfängers zu legen. Als «Bauern, Bonzen und Bomben» im März 1931 erscheint, stehen in Tucholskys «Weltbühnen»besprechung des Romans die Sätze: «... Das hat einer geschrieben, der diese Umwelt wie seine Tasche kennt, einer, der sich aber doch so viel Distanz dazu bewahrt hat, sie schildern zu können...

Dieses Werk hier habe ich in zwei Nächten gefressen, weil es uns politisch angeht, nur deswegen. Beinah nur deswegen... Und wenn man das alles gelesen hat, voller Spannung, Bewegung und widerstreitender Gefühle: dann sieht man die immense Schuld jener Republik, die wir einmal gehabt haben und die heute zerbrochen ist an der Schlappheit, an der maßlosen Feigheit, an der Instinktlosigkeit ihres mittleren Bürgertums, zu dem in erster Linie die Panzerkreuzer bewilligenden Führer der Sozialdemokratie zu rechnen sind. Der Lebenswille der anderen war stärker; und wer stärker ist, hat das Anrecht auf einen Sieg. Beklagt euch nicht... Ich empfehle diesen Roman jedem, der über Deutschland Bescheid wissen will... Es gibt ein altes Grimmsches Märchen von der Gänsemagd, die eine Prinzessin war und die nun als Magd dienen muß. Den Kopf ihres treuen Rosses haben sie ans Stadttor genagelt, und jeden Morgen, wenn sie ihre Gänse da vorübertreiben muß, sieht sie es an und spricht: ‹O Falada, da du hangest!› Wenn sie dich kriegen, Hans Fallada, wenn sie dich kriegen: sieh dich vor, daß du nicht hangest!»

Fallada versteht Tucholskys Warnung nicht. Was soll ihm denn passieren? Er hat zwar nicht den harmlosen Roman geschrieben, von dem er überall erzählt hat, um diesmal seine Ruhe zu haben, sondern mit Vorbedacht die Ereignisse des 1. August, den «Landvolkprozeß» und die Bombenattentate in den Roman gebracht, aber die Betroffenen dahinten in der Provinz sind doch ruhig geblieben? Wer sonst käme in Frage? Der politische Horizont des Mannes, der seit Jahren den Aufmarsch des Faschismus beobachtet, ist Fallada fremd. «Der olle Tucho ist ein Quatschkopf. Wenn Neumünster etwas wollte, hätte es es längst gemacht.»

Seinen Sechshundertseitenroman hat er in einer unglaublich kurzen Zeit geschrieben. Am 4. Februar beginnt er den Roman in der Moabiter Wohnung, dann notiert Fallada Pausen für den 18., 21. und 22. Februar und: «glatt weiter bis zum 13. März». Am 14. März wird der Sohn Ulrich in der Calvinstraße geboren. Die Pause dauert bis zum 31. («sehr qualvoll, immer Arbeitstrieb, aber starker innerer Widerstand, Unvermögen»), am 22. April ist das Manuskript des Vorspiels und des ersten Buches fertig.

Im Auf und Ab von produktiver Gespanntheit und zweifelnder Unterbrechung wächst das Manuskript. Im Sommer sieht er, es wird ein wirklicher Roman. Rowohlts Lektor Paul Mayer findet das Geschriebene «glänzend». Die Familie kann ein paar Pläne machen. Ein Arbeitskollege erzählt, am nördlichen Stadtrand in Neuenhagen entstehe eine Reihenhaussiedlung.

Die Ditzens fahren nach Neuenhagen. Es ist zwar ein bißchen vor der «Stadt», aber hier draußen kommen dafür die Mieten billiger. Die Häuschen sind bescheiden, fünfundsechzig Mark Miete zu zahlen, ein bißchen Land gehört dazu, man könnte einen Garten anlegen.

Blaue Lupinen müßten gleich gesät werden. Das verbessert den Boden. Im nächsten Jahr kämen Blumen und Sträucher darauf. Fallada weiß, er muß Erde anfassen können, um zu spüren, daß er lebt. Wenn Suse Gemüse und Küchenkräuter zieht, wird auch der Haushalt billiger. Und der Junge, der «Murkel», der würde zwischen Feldern und Bäumen aufwachsen. Am 5. August 1930 zieht die kleine Familie in das Haus Grüner Winkel 10 in Neuenhagen ein.

Die letzten hundertsiebenunddreißig Seiten des Romans – das dritte Buch und das Nachspiel – werden zwischen dem 8. August und dem 2. September fertig. Die Handschrift ist klein und gestochen. Das Arbeitstempo rasend. Und er wird es beibehalten. Kein anderer Verfasser wichtiger Literatur schreibt so intensiv. Schnell und konzentriert arbeitet Fallada bis zu seinem letzten Buch.

Es ist, als ende der Kampf mit der verlorenen Zeit nie.

Rowohlt begeistert der Fallada-Roman. Das ist ein Buch, wie er es sucht. Gegenwart knistert darin. Nur der ursprüngliche Titel ist ihm zu matt. Aus «*Ein kleiner Zirkus namens Monte*» wird «*Bauern, Bonzen und Bomben».* Zwar ist es nicht die «Berliner Illustrierte», die den Roman vorabdruckt, sondern die «Köllnische Illustrierte», aber die steigt im Oktober hoch ein. In zweihundert Städten leuchtet von den Anschlagsäulen ein meterhohes Plakat. Die schwarze Bauernfahne und die Worte «Bauern, Bonzen und Bomben. Der Roman der deutschen Bauernnot 1930» stehen vor einem Hintergrund roter Flammen. In zweihundert Zeitungen erscheint der Romananfang im Inseratenteil, und noch einmal ist er in zwei Millionen Prospekten zu lesen, die gratis verteilt werden.

Rowohlt fragt seinen Autor Ernst von Salomon, welche Auflage er dem Buch zutraut. Salomon hat die Druckfahnen gelesen, er tippt auf sechzigtausend. Fallada lächelt darüber. Das sind ja Phantasien, sagt er. Aber auf zehntausend hofft er schon und behält damit recht. Viel größer als bei den Lesern ist die öffentliche Resonanz. Kaum eine wichtige Zeitung, kaum ein renommierter Kritiker, kaum eine der politischen Gruppierungen geht an dem Roman vorbei.

Die «Rote Fahne» schreibt: «... eine großartige Reportage, erschienen in einem Verlag, der auf der Rückseite des Buchumschlags Bronnens ‹O.S.› anpreist, die Verherrlichung der oberschlesischen Femesubjekte.» Das «Landvolk» läßt aus Itzehoe das Verdikt hören: «Mit sehr feiner Witterung hat der Verlag sich für Werke entschieden, die hart an der Grenze stehen. Ein leichter Ludergeruch von Liberalismus haftet jedem an – auch wenn es sich noch so nationalistisch gibt.» Ernst Weiß meint im «Berliner Börsen-Courier», Falladas Roman sei eine Darstellung der menschlichen Teufelei in einigen abschreckend lebenswahr gezeichneten, krankhaften, wahrhaft des Niederen trächtigen Charakteren. Albert Ehrenstein spricht im «Tage-Buch» Fallada den «Wahrheitspreis» zu und findet in dem «grandiosen Provinzspiegel» etwas, was über den «pedantischen Realismus des Naturalisten» hinausreicht. «Wahrhaftigkeit und Wahrscheinlichkeit einer reproduktiv schöpferischen Phantasie. Einer schlug den verworrenen Kolportageroman des Lebens auf, wo er ihn kennt...»

Über Nacht ist der Name Fallada in vieler Munde. Auch finanziell geht es aufwärts. Allein die Illustrierte zahlt viertausend Mark für den Vorabdruck. Der Erfolg spricht sich selbst nach Lübgust herum. Graf Hahn und der Rittergutsbesitzer von Rohr melden sich mit ihren alten Forderungen. Rowohlt ließe das Geld am liebsten auf seinem Konto stehen, denn wieder einmal ist er in größere Unternehmungen verwikkelt, als seine Kapitaldecke eigentlich zuläßt, doch Fallada will soviel wie möglich Vergangenheit begleichen. Im November überweist Rowohlt viertausendfünfhundert Mark an die Schuldner, es bleiben dann immer noch runde achttausend Mark aus den Verwicklungen auf den holsteinischen Gütern zu zahlen. Er ist dennoch zufrieden, ein Kind hat er, eine gute Frau, ein Heim und ein neues Buch. «... was will ich mehr», schreibt er am Jahresende der Mutter. «Nun bin ich auch sehr glücklich, ich wünsche es mir nicht besser, ich möchte nur, es bliebe so.»

Überraschend, aber es ist so: seinen literarischen Erfolg bezweifelt er heftig. Auch das vertraut er wieder nur Kagelmacher an. «*Bauern, Bonzen und Bomben*» hält er für «geschludert», zu schnell geschrieben, «*Anton und Gerda*» dagegen für wirkliche Literatur. (Den «*Kleinen Mann*» wird er im Oktober 1932 dann für noch «schlechter» halten als «*Bauern, Bonzen und Bomben*».) «‹Anton und Gerda› waren gearbeitet, und noch heute finde ich sie gut (während der ‹Goedeschal› mir unerträglich ist).»

Es kommt aber noch härter. Zu verschieden ist ja dieser Ausbruch von angesammeltem Lebensstoff zu allen früheren Schreiberfahrungen. Die Wirklichkeitsbesessenheit und Kommunikationsfähigkeit des neuen Romans erscheinen Fallada geradezu als Verrat an einstigen Idealen. «Wissen Sie, wieviel von ‹Anton und Gerda› seit ihrem Erscheinen verkauft sind», fragt er Kagelmacher und durchlebt vor ihm seinen literarischen Gestaltwandel als moralisches Dilemma: «Noch keine 500 Exemplare. Arbeiten, Neese, jetzt will ich erst einmal Geld verdienen... ich bin immer ein schwacher Mensch gewesen, und ich scheine jetzt genauso ein Schwein wie alle anderen zu werden, während ich bisher ein Schwein anderer Art war.»

Seine Position als realistischer und volkstümlicher Erzähler ist ihm doch noch recht neu und ungewohnt.

Am Vierzehnten gehen die Ditzens in Neuenhagen zur Reichstagswahl. Die Krise ist ins Laufen gekommen. Zweieinhalb Millionen Arbeitslose drängen sich vor den Stempelstellen. Reichspräsident Hindenburg hat am 18. Juli seinen mit Notverordnungen regierenden Kanzler Brüning das Parlament auflösen lassen, das Brüning die Zustimmung zu seiner Politik verweigert. Brüning leitet eine verwegene Spekulation. Zwar werden die Wahlen seiner Zentrumspartei keine neuen Mandate bringen, dafür rechnet er aber mit einer Schwächung seiner Gegner durch den mit Sicherheit zu erwartenden Stimmenzuwachs der NSDAP.

Am Abend des 14. September schreibt der Sohn der Mutter aus Neuenhagen einen Brief. Was er berichtet, hört sich alltäglich an. «Heute war Wahlsonntag. Wir haben hier draußen außer sehr vielen Plakaten und einem schwarzrotgoldenen Drachen überhaupt nichts gemerkt –, halt, gestern abend brachte der Wind noch irgendwelche Umzugsmusik herüber.» So teilt man sich in Aufruhrzeiten mit, daß es noch vom Sturm verschonte Flecken gibt. Denn Hitlers Gauleiter Goebbels hat dem roten Berlin den Krieg erklärt. Er führt seinen Wahlkampf im Zeichen von Terror und Trommeln. Allein in den beiden letzten Tagen vor der Wahl macht die NSDAP vierundzwanzig Großkundgebungen in der Stadt. Ihre Zeitungen werden in Millionen Exemplaren für einen Pfennig verteilt. Nicht in Zahlen zu fassen sind die Überfälle auf Kommunisten, kommunistische Wahlversammlungen, die Angriffe auf ihre Parteilokale und Zeitungsredaktionen. Für das Ende des Wahlkampfes hat Goebbels noch ein paar besondere Regieeinfälle. Am Sonnabend kommt es vor dem Karl-Liebknecht-Haus der KPD am Bülowplatz zu Zusammenstößen. Für den Wahlabend mietet er den Sportpalast.

Vierundzwanzig Stunden vorher kleben schon die Plakate: Nationalsozialisten, auf zur Siegesfeier.

Am Montagmorgen gegen drei Uhr kennt man die Wahlergebnisse. Die Kommunisten sind in Berlin stärkste Partei geblieben, sie haben im ganzen Land 1,3 Millionen Stimmen gewonnen und stellen siebenundsiebzig Abgeordnete, die Sozialdemokraten hundertdreiundvierzig statt bisher hundertzweiundfünfzig, aus den zwölf Mandaten der NSDAP sind hundertsieben geworden. Hitler hatte mit fünfzig, in Hochstimmung mit sechzig bis achtzig gerechnet. Brünings Spekulation ist gescheitert, aber eine neue Variante sichtbar geworden: Machtübergabe an Hitler. In der «Daily Mail» schreibt Lord Rothermere am 24. September, man solle den Sieg dieses Mannes nicht nur als Gefahr betrachten, sondern erkennen, daß er «allerlei Vorteile» biete: «Er errichtet nämlich einen verstärkten Wall gegen den Bolschewismus.» Einen Tag später druckt Hitlers «Völkischer Beobachter» die Empfehlung nach.

«Ob es besser wird, wer weiß», hatte Fallada am Abend des Wahlsonntags sinniert. Er grübelte über den nächsten Kündigungstermin, und das schien ihm wie Hunderttausenden keine politische Frage zu sein. «Es sieht so trübe aus, und alle Bekannten, Angestellte wie ich, zittern vor jedem Kündigungstermin. Gottlob brauche ich das nicht mehr, aber heute sind ja selbst die sichersten Firmen nicht mehr sicher.»

Bei Rowohlt liegt der fertige Roman. Fallada fühlt eine merkwürdige Leere, wenn er den Tisch ansieht, an dem er «*Bauern, Bonzen und Bomben*» geschrieben hat. «Noch die schlimmsten Stunden, die ich ganz und gar daran verzweifelt war, wie es weitergehen sollte, schienen mir besser als jetzt meine schönsten Freistunden.» Schlaflose Nächte plagen ihn. Er hat sich ja nicht ein ganzes halbes Leben zum Schreiben durchgeschlagen, um es nach ein paar Monaten wieder sein zu lassen. Wie es war, wird es bleiben. Fallada lebt sein Leben schreibend, und allein die Worte einer ganz anderen Glückserfahrung scheinen ihm stark genug, das hohe Gefühl solcher Identität auszudrücken.

«Es war wie ein Rausch oft gewesen, aber ein Rausch über alle Räusche, die irdische Mittel spenden können», sagt der Mann, der Stunde um Stunde diszipliniert am Schreibtisch sitzt und seine Erfahrungen notiert.

Im März 1931 fängt Fallada einen neuen Roman an. Am 2. März schreibt er die Titelseite: «Hans Fallada / Kippe oder Lampen! / Roman.» Acht Tage später hat er schon wieder siebenunddreißig großformatige Seiten mit seiner zierlichen Handschrift gefüllt und Willi Kufalts Kampf um saubere Entlassungspapiere aufgeschrieben. Akkurat notiert er am Rande der Handschrift das tägliche Schreibpensum. Am 17. April steckt Fallada bereits im vierten Kapitel und bricht dann auf einmal die Arbeit ab. Erst zwei Jahre später wird «*Kippe oder Lampen*» fertig und heißt dann «*Wer einmal aus dem Blechnapf frißt*». Am 7. Juni gibt er der Mutter eine Erklärung, warum er den Gefängnisroman, von dem er ihr verständlicherweise nichts Konkretes sagt, jetzt liegenläßt: «Den anderen Roman, den ich schon in Arbeit hatte, das Monstrum, will ich erst einmal zurückstellen und was schreiben, was mir Spaß macht, im Kopf ist es schon fertig, ich jiepere, daß ich daran komme, ich will euch den Titel verraten, der eigentlich alles verrät: ‹Pinneberg und sein Murkel›.»

Heiterer als Kufalts Geschichte ist Pinnebergs Fall nun gerade nicht. Seine Familie durchlebt das große trübe Schicksal der Arbeitslosigkeit.

Nein, es gibt da wohl schwerwiegendere Gründe. Seit Monaten schon reizt das Millionenproblem seinen empfindlichen Wirklichkeitssinn. Als Suse zu Jahresbeginn krank wird und nach Weimar zu einer Kur fährt, zieht er, um Geld zu sparen, aus Neuenhagen vorübergehend in die Stadt zu den Aldendorfs, mit denen die Ditzens befreundet sind. Die Leute haben Geld, Fallada wird freundlich aufgenommen, es fehlt ihm im Hause Aldendorf an nichts, alle Sorgen der großen Stadt sind ausgesperrt. Fallada leidet unter der Schizophrenie der Situation. «Der Ton und der Lebenszuschnitt sagen mir gar nicht zu», bekennt er. «Diese Menschen leben, als gäbe es überhaupt keine Not, keine Arbeitslosigkeit, keinen Kampf in Deutschland. Vergnügen, Theater, Bälle, das ist das A und O und eine Verständnislosigkeit allem Sozialen gegenüber...»

Ein paar Wochen später muß er einen Punkt erreicht haben, wo das Gefühl, die Herausforderung gelte auch dem Schriftsteller Fallada, übermächtig wird. Er legt den einen Roman fort und stellt sich einen anderen vor. Bis er etwas davon zu Papier bringt, vergeht die für Fallada ungewöhnlich lange Zeit von einem halben Jahr. Wirklichkeit läßt sich ja nicht einfach abschreiben, und alle Gegenwart setzt der Literatur ihre besonderen Widerstände entgegen. Dann aber erzählt er eine Geschichte, die unglaublich dicht der Zeitgeschichte folgt.

Ende Juni weiß er über ihren sozialen Umriß Bescheid. Die Mutter erfährt am 21. Juni: «...es soll eine Kinder- und Ehegeschichte werden, mit sozialem Hintergrund, kleines Angestelltenschicksal. Nicht lang, höchstens 30 Druckseiten...»

Auch an ihn geht unter dem Datum des 21. Juni eine Mitteilung ab. Sie ist hektographiert, kommt vom Rowohlt-Verlag Berlin W 50, Passauer Straße Nr. 8/9 und richtet sich an die Gläubiger der Ernst-Rowohlt-Verlag-Kommanditgesellschaft. Fallada ist Gläubiger. Beachtliche Honorarforderungen aus dem Vertrieb von «*Bauern, Bonzen und Bomben*» stehen bei Rowohlt an. «Wir sehen uns zu unserem großen Bedauern gezwungen, Sie um ein Moratorium zu bitten und damit einverstanden zu sein, daß wir bis zur Klärung der Sachlage Zahlungsaufschub erhalten... Es sind verschiedene unvorhergesehene Umstände eingetreten, die uns unerwarteterweise in eine sehr schwierige finanzielle Lage gebracht haben...»

Auch den Rowohlt-Verlag hat nun die Krise ins Rutschen gebracht. Bevor an Zahlungen zu denken ist, muß er erst einmal saniert werden.

Rowohlt bleibt in dieser Zeit nicht mehr Herr im Hause. Ein Treuhänder wird ihm von den Gläubigern vor die Nase gesetzt.

Fallada fehlt das Geld aus den Honoraren bitter. Er hat achttausend Mark Schulden. Nicht wegen Abzahlungen und Anschaffungen, wie er später erzählen wird, es sind die alten Schulden aus den Veruntreuungen. Wie soll er seinen Gläubigern klarmachen, daß der Mann, dessen Name als Verfasser von «*Bauern, Bonzen und Bomben*» von allen Anschlagsäulen prangt, nicht zahlen kann? Also muß er auch den neuen Roman, nach dem er so «jiepert», sein lassen und erst einmal Brotarbeit machen. Das hatte er nach der Neumünsteraner Schreibfron eigentlich nie mehr tun wollen. Fallada hat keine Illusionen. «An und für sich geht es uns ja noch immer besser als zehntausend Arbeitslosen, aber es ist doch ein sorgenvolles Brot, dieses Brot von der Hand in den Mund, ohne Sicherheit für den nächsten Tag. Aber was ist Sicherheit?»

Fallada ist dem Pinneberg-Schicksal schon ganz nahe, als er es Rowohlt im September in einem Exposé als Romanschicksal aufschreibt. Es soll ein ziemlich politischer Roman werden. Der arbeitslose Angestellte Pinneberg fällt darin bis in das Proletariat durch. Sein SPD-Schwiegervater besorgt ihm Arbeit in einer Fabrik. Er hat einen Schwager, der KPD-Mann ist, und Kollegen, die zu den Nazis gehen. Mit Pinneberg soll der Leser die Spannungen seines Daseins erleben: Wie kommen wir mit unserem Geld aus? Was macht das Kind? Werde ich gekündigt? Was wird nun?

Für den Angestellten Fallada steht die Antwort auf eine dieser Fragen im September schon fest. Ihm und allen Rowohlt-Mitarbeitern ist «vorsorglich» zum 1. Oktober gekündigt worden. Eine Weiterbeschäftigung für zunächst einen Monat wird unter der Bedingung in Aussicht gestellt, daß sich die Angestellten mit einer zwanzigprozentigen Gehaltskürzung einverstanden erklären. Die Lage des Verlages ist katastrophal. Manchmal bekommt Treuhänder Gerschel mit Mühe und Not gerade noch das Portogeld für die tägliche Geschäftspost zusammen. Rowohlt geht in diesen Tagen mit Lektor Paul Mayer über den Wittenbergplatz, wo ein Herr besonders freundlich grüßt.

«Kennst du den?» fragt Rowohlt. Mayer verneint.

«Der hat gerade viel Geld an uns verloren, er nimmt es offenbar nicht übel», sagt Rowohlt.

Der kleine Mann Fallada rechnet. Nach dem Lohnabbau erhielte er zweihundert Mark. Rowohlt hatte ihm eine Gehaltserhöhung versprochen. Fallada unterschreibt nicht. Rowohlt dringt in Fallada, es sich anders zu überlegen. Er schätzt ja nicht nur den Autor, er braucht diesen gewissenhaften Mann auch für seine Rezensionsabteilung.

«Sie sind der erste Mensch in meiner ganzen Verlagstätigkeit, der diese Arbeit zur Befriedigung macht.»

«Dann bezahlen Sie mich auch menschenwürdig», antwortet Fallada.

«Ich würde ja, aber . . . » sagt Rowohlt und schaut auf Gerschels Zimmer.

Man beginnt neu zu verhandeln. Dreimal in der Woche soll Fallada nur noch ins Haus kommen, dann aber so lange, wie es die Arbeit erfordert, und mit einem Stundenlohn von zwei Mark fünfzig. Rowohlts Vorschlag kommt bei Gerschel nicht durch. Einen Geistesarbeiter bezahle man nicht nach Stunden, meint der aus dem Ullstein-Haus kommende Treuhänder. Gerschel bietet Fallada eine Pauschale von neunzig Mark. Fallada ist so wenig für seine Arbeit nun endgültig zuviel. Er scheidet als Angestellter aus dem Rowohlt-Verlag zum 17. Oktober 1931 aus. Jetzt ist Fallada Pinneberg. Mit dem Autor wollen es sich die Herren allerdings nicht auch noch verderben. Man bietet ihm einen von November 1931 bis März 1932 laufenden Vertrag mit monatlichen Zahlungen von zweihundertfünfzig Mark. Dafür hat er bis zum 31. März 1932 ein Romanmanuskript abzuliefern. Fünf Monate für einen Roman. Zu verlieren hat er nichts mehr. Nur noch etwas aufzuschreiben. Am 19. Oktober fängt er an. *Kleiner Mann – was nun?* So wird der Roman einmal heißen.

«Es ist fünf Minuten nach vier. Pinneberg hat das eben festgestellt. Er steht, ein nett aussehender, blonder junger Mann, vor dem Hause Rothenbaumstraße 24 und wartet.

Es ist also fünf Minuten nach vier, und auf drei Viertel vier ist Pinneberg mit Lämmchen verabredet, Pinneberg hat die Uhr wieder eingesteckt und sieht erst auf ein Schild, das am Eingang des Hauses Rothenbaumstraße 24 angemacht ist. Er liest:

Dr. Sesam
Frauenarzt
Sprechstunden 9–12 und 4–6»

Vor Fallada liegt ein dicker Stoß weißen Papiers, daneben steht ein Tintenfaß, der Federhalter gleitet gleichmäßig über die Bogen, die ersten Zeilen sind geschrieben. Pinneberg wird heiraten müssen. Emma Mörschel, sein «Lämmchen», bekommt den «Murkel». Pinnebergs Chef Kleinholz schmeißt den frischgebackenen Ehemann raus, er wollte ihn für seine Tochter. Lämmchen greift ein, um ihren «Jungen» zu schützen. Lämmchen glaubt an die Solidarität aller Arbeitenden. «Deine Kollegen werden dich doch nicht reinreißen! Nein, Jungchen, es wird schon werden. Ich glaube immer, es kann uns gar nicht schlecht gehen. Warum denn eigentlich? Fleißig sind wir, sparsam sind wir, schlechte Menschen sind wir auch nicht, den Murkel wollen wir auch, und gerne wollen wir ihn – warum soll es uns da eigentlich schlecht gehen? Das hat doch gar keinen Sinn!» Pinneberg fliegt trotzdem. Der Nazi Lautenbach darf bleiben. Die Pinnebergs haben in der kleinen Stadt Ducherow kein Auskommen mehr. Pinnebergs leichtlebige Mutter bietet ihnen in Berlin ein Unterkommen: NW 40, Spenerstraße Nr. 92 II. Am kleinen Tiergarten ist das, zwischen Spree und Kriminalgericht. Da haben auch die Ditzens einmal mit Berlin angefangen.

Bis zum 3. November hat er an dreizehn Schreibtagen das alles aufgeschrieben, rund hundert Druckseiten, Vorspiel und Erster Teil seines Romans. Für jeden Tag hat er sich ein Pensum gesetzt, und jeden Tag schreibt er lieber noch ein bißchen mehr, als das Pensum verlangt. «Zum vertraglichen Termin müssen wir fertig sein, Pinneberg und ich...», notiert er.

Zwischen halb sechs und sechs Uhr steht er auf und erledigt bis sieben Uhr die ständig wachsende Korrespondenz. Dann weckt er Uli und Suse, frühstückt mit ihnen, gegen acht Uhr marschieren Vater und Sohn in die Welt. Nach Hoppegarten zur Rennbahn, wo die Pferde sich tummeln, ist es schon ein ganzes Stück, dahin nimmt Fallada lieber den Kinderwagen mit. Zur Kleinbahn, die an Neuenhagen vorbeifährt, sind es nur ein paar Minuten, dahin geht der Sohn an Vaters Hand. Doch auch solch ein Ausflug kann lange dauern. Der «Murkel» muß jedes Schild bewundern, jeden Türeingang probieren, von jeder Pfütze das Eis trampeln. Die beiden sind schon bekannte Figuren in der Vorortsiedlung. «Der arme Arbeitslose mit dem Kind» nennt man sie. Was an Zeit bis Mittag bleibt, nutzt er, um Bücher zu lesen und die vielen Buchbesprechungen zu erledigen, die er übernommen hat. Gegen ein Uhr wird in Neuenhagen gegessen, dann ruht er ein bißchen, erledigt

Korrespondenz und widmet sich vielleicht auch dem Jungen noch eine Stunde. Wann aber arbeitet er an dem Roman? Eigentlich immer «...ich bin am Tage spazierengegangen mit meinem Jungen, habe mit der Nachbarin geschwatzt, im Garten gearbeitet, ein bißchen gelesen – aber siehe, ohne daß ich es merkte, hat das Gehirn weitergearbeitet, es ist alles vorbereitet, da sitze ich und schreibe es auf.»

Die Abend- und Nachtstunden verbringt er am Schreibtisch. Bis elf Uhr, bis halb zwölf, bis Mitternacht. Er wird früher noch anfangen und später aufhören, keine Zeit mehr für den Jungen haben und keine Muße, seinen Roman vorzudenken. Wöchentlich fünfzig Druckseiten hat er sich vorgenommen. Bis Ende Dezember will er fertig sein, dann zwei Monate überarbeiten und in einem Monat das Manuskript abtippen. So plant er.

Bei Rowohlt hat sich der «Volksverband der Bücherfreunde» mit einem verlockenden Angebot gemeldet. Gefällt der neue Fallada-Roman, will man ihn gegen ein Honorar von 6000 Mark, von dem Fallada zwei Drittel erhalten wird, in das Programm der Buchgemeinschaft aufnehmen. Allerdings müßte die Hälfte des Romans bis zum 15. November zur Prüfung vorliegen. «...das geht schon fast über meine Kräfte, aber wenn wir damit ein Jahr finanzieller Sicherheit erkaufen können, setze ich mich natürlich auf die Hosen, daß es raucht, und melke mein armes Hirn, daß es ganz klütrig wird.»

Und dann macht er plötzlich eine Pause. Warum? Leisten kann er sich eine Unterbrechung nach dem Ablieferungstermin des Manuskriptes nicht. Fallada setzt das Datum jeden Schreibtages gewissenhaft an den Rand des Manuskriptes. Beständig hat er dadurch einen Überblick über sein «Pensum».

Am 3. November ist der erste Teil fertig geworden. Danach aber bleibt der Roman drei Wochen lang liegen. Am 25. November schreibt er schließlich weiter: «Eine Autodroschke fährt die Invalidenstraße hinauf, schiebt sich langsam durch eine Wirrnis von Fußgängern und Elektrischen, erreicht den freien Platz vor dem Bahnhof...»

Von Krankheit wissen wir nichts, auch kann die Änderung der Überlegungen im «Volksverband der Bücherfreunde» der Grund für die Pause nicht sein, der Rowohlttermin allein ist drohend genug.

Fallada muß sein Tempo unterbrechen, weil der Zwang, die Familie zu unterhalten, noch vor allem anderen steht. In der Hoffnung, daß sich der Roman im Kopf weiterformt, schreibt er jetzt erst einmal Buchbesprechungen und Kurzgeschichten und wieder in Rekordzeiten. Mitte November entstehen an zweieinhalb Tagen allein fünf Kurzgeschichten. «... ich habe schrecklich viel zu lesen, augenblicklich werden es fünfzehn oder gar zwanzig Bücher sein, die auf meinem Schreibtisch liegen und der Besprechung harren. Das alte liebe Freundesverhältnis zu den Büchern geht verloren, auch Bücher werden Pflicht, und man steckt in diese Kritiken von zwanzig oder dreißig Zeilen so viel von seiner Person, man möchte gerecht und anständig sein, nicht wuseln.»

Der Rekord ist Akkord. Wie alle, die noch ein bißchen Arbeit haben, treibt ihn die Furcht vor dem nächsten Tag zu erschöpfendem Tempo. Denn als er wieder an den Roman gehen will, sitzt er plötzlich fest. Es hapert erst an ein paar Abenden, dann hört der Strom der Bilder und Gedanken so gut wie ganz auf. Er versucht es mit einsamen Spaziergängen und mit Kaffee, mit Garnichtlesen und mit Viellesen, es hilft nicht. Nun ist er soweit, auch diesen Roman wieder mit dem großen Messer zur Welt zu bringen. Er fährt nach Berlin und trinkt. Das schleppende Tempo bleibt. Die Pinnebergs leben bei der Mutter und lernen ihren Freund, den undurchsichtigen Herrn Jachmann, kennen. Jachmann hat Beziehungen. Er bringt Pinneberg als Verkäufer im Konfektionshaus Mandel unter. Lämmchen steht vor der Entbindung. Da kommt Fallada endgültig nicht mehr weiter.

«Es schreibt nicht mehr in mir, es arbeitet nicht mehr vor. Da fliehe ich von zu Haus, ich mag keinen Menschen mehr sehen, mitten im Winter, im halben Dezember, fahre ich nach der Insel Hiddensee... Und ich renne über den Strand, eigentlich friere ich immer, und dann suche ich Bernstein oder ich schwatze und trinke mit den Fischern – und immer wieder einmal zwischendurch gehe ich in mein Zimmer und schreibe, schreibe..., es ist wie ein Rausch, ich überschreite mein Quantum, ich schreibe in einem Tag das zweifache, das dreifache Pensum. Nun ist der Murkel geboren, nun ist der Kinderwagen gekauft, nun geht der Krach mit der Krankenkasse los..., weiter, weiter!»

Weihnachten ist er wieder in Berlin. Von der Insel bringt er fast den ganzen zweiten Teil des Romans mit. Pinneberg fürchtet sich vor den Kunden. Ob sie kaufen oder nicht, davon hängt seine Stellung bei Mandel ab. Seine Demut scheint nicht zu nützen, wie seine guten Zeugnisse ihm nicht nützen, dort unterzukommen. Jachmann nützte. Was nützt überhaupt? Was schützt ihn? Wer ist er? «Ach, er ist ja einer von Millionen, Minister halten Reden an ihn, ermahnen ihn, Entbehrungen auf sich zu nehmen, Opfer zu bringen, deutsch zu fühlen, sein Geld auf die Sparkasse zu tragen und die staatserhaltende Partei zu wählen.

Er tut es, und er tut es nicht, je nachdem, aber er glaubt denen nichts. Gar nichts.» Pinneberg hat das dunkle Gefühl, in allem und jedem laure etwas. Was Altholms Bürger noch überrascht, erwartet er. Alles ist unsicher. Selbst in der Freude hockt Pinnebergs Sorge:

Wird es dauern?

«Nein. Dauern wird es nicht», sagt ihm Fallada. Solche Fragen läßt die Krise nicht zu. An der Schwelle des Jahres 1932 sind die guten Stunden des kleinen Mannes kurz geworden. Pinneberg muß anders fragen. «Also: Wie lange wird es dauern?» Zwölf Monate vorher hatte Fallada geschrieben: «Eigentlich habe ich noch unendlich viel Zeit.»

Am zweiten Weihnachtsfeiertag bekommt die Schwester Elisabeth ihren Festtagsbrief, und darin steht ein Romanplan voller apokalyptischer Züge. Ein Gaskrieg löscht das Leben in der Welt aus. Ein kleiner Angestellter names Meyer gehört mit seiner Braut zu den wenigen Überlebenden und läuft durch das tote Berlin. In einem Nachspiel erzählt eine in Fell gekleidete Alte ihren Enkeln die Legende von den fliegenden Riesen, die Tod und Verderben säten.

In fünf Tagen schreibt Fallada zwischen dem 10. und 14. Januar 1932 die fehlenden Kapitel des zweiten Teils nieder. Pinneberg stürzt über die rigorosen Verkaufsmethoden bei Mandel und fliegt auf die Straße. Nun steht nur noch das «Nachspiel» aus. Den Rowohlttermin wird er halten können, wie er jetzt weiß, doch wird das auch ein gutes Buch? Fallada zweifelt. So recht glaubt er nicht an einen Erfolg, wie er der Mutter am 25. zu erkennen gibt. Wieder macht er eine Pause, weil er wieder in einem Stimmungstal ist. Nur selten werden wichtige Bücher ja mit Überlegenheitsgefühlen geschrieben. Fallada ist so unsicher, daß er zupackt, als sich ihm etwas zeigt, was er für die Chance einer «grundlegenden Lebenswende» hält.

Ein Bekannter, der Direktor Falkenhagen von der Shell-AG, will fünfundzwanzigtausend Mark anlegen. Fallada soll für ihn einen Bauernhof in Pommern oder Mecklenburg ausfindig machen, und Falkenhagen will ihm die Pacht überlassen. Fallada lädt Kagelmacher ein mitzumachen, der in Leipzig herumsitzt und nicht einmal das Reisegeld nach Berlin hat. Doch dann zerschlägt sich das Vorhaben. Die in Frage kommenden Höfe in Mecklenburg werden nur an Bauern abgegeben.

Direktor Falkenhagen kauft sich in Bayern ein, und der Autor Fallada geht mit seinem Roman in die letzte Runde.

Zwischen dem fünfzehnten und neunzehnten Januar schreibt er die achtunddreißig Manuskriptseiten des «Nachspiels». Pinneberg, Lämmchen und der Murkel kommen in einer Laube des ehemaligen Verkäuferkollegen Heilbutt unter, der jetzt mit Aktfotos gut verdient. Pinneberg ist seit einem halben Jahr arbeitslos und hat das Angestelltensymbol Krawatte in die Tasche gesteckt. Nun paßt er nicht mehr in die feinen Berliner Gegenden, und ein Polizist vertreibt ihn grob daraus. «Armut ist nicht nur Elend, Armut ist auch strafwürdig. Armut ist Makel, Armut heißt Verdacht.»

Wie kann der noch einen Menschen ansehen? «Aber du kannst doch mich ansehen!» tröstet ihn Lämmchen und nimmt seine ganze Not in ihre Arme. Lämmchen, das ist Zuflucht, Hoffnung, Sicherheit.

«Du bist doch bei mir, wir sind doch beisammen...»

Rowohlt bekommt pünktlich sein Manuskript, und dann ist es erst einmal ruhig um den Autor. Es ist eine Ruhe vor dem Sturm. Am 7. April telegrafiert Rowohlt: «Nach Kämpfen mit Gott und dem Teufel habe ich soeben 4 Uhr 47 mit der ‹Vossischen› abgeschlossen. Pinke Dienstag zur Verfügung. Herzlichst Rowohlt.»

3500 Mark Vorabdruckhonorar überweist die «Vossische Zeitung», von denen 1095 Mark an Fallada gehen, und das ist schon eine andere Summe als die Zehnmarkscheine, die ihm die «Vossische» für seine Buchbesprechungen zahlt. In fünfzig Folgen druckt das renommierte Blatt seinen Roman zwischen dem 20. April und dem 10. Juni. Natürlich ist er glücklich, doch am Vorabend großer Veränderungen fühlt er sich nicht. Seine Pläne anderntags sind klein. Die Hetze müßte sich jetzt überwinden lassen. Für den nächsten Roman will er ein Jahr Zeit und zwölf Monatsraten zu zweihundertfünfzig Mark von Rowohlt fordern. Sehr viel mehr traut er seinem Roman noch immer nicht zu. Der Welterfolg trifft ihn unvorbereitet. Doch mit diesem Buch liegt das Pinneberg-Schicksal hinter Fallada – und kommt in einer Woge wieder auf ihn zu.

Was er beklemmend genau beschrieben hat, ist ja die Geschichte Zehntausender unter den Millionen Arbeitslosen, die Geschichte der Entmutigten, der von den Verhältnissen Überwältigten, der Ratlosen, der bang Fragenden: was denn nun? Da hat einer über sie geschrieben, und nun schreiben sie ihm. Fallada bekommt eine Flut von Briefen.

Lämmchen und Pinneberg werden zur Erholung eingeladen, Leute, die er nie gekannt hat, teilen ihm ihre Sorgen mit. Er wird nach Geld für ein Paar Schuhe gefragt und warum der Roman «*Kleiner Mann – was nun?*» heißt, und er antwortet dem Angestellten Benda, der hundertdreiunddreißig Mark netto im Monat verdient: «... wenn der Titel meines Buches eine Frage ist, so darum, weil auch der Verfasser keine Antwort auf jene Frage weiß, die Sie ihm stellten. Er ist nämlich auch ein armes Luder – und der Fall wird bei ihm noch dadurch erschwert, daß er nicht an ‹Patentlösungen› siehe Notverordnungen, Programme politischer Parteien, Ideen *großer* Wirtschaftsführer glaubt. ‹Kleiner Mann – was nun?› ist ihm eine Frage und bleibt ihm eine Frage.

Wenn mein Buch trotzdem etwas wie eine Antwort andeutet, so weiß ich recht gut, daß diese Antwort unbedeutend ist. Sie lautet: die Lösung, die Erlösung kann nur im Privaten liegen...»

Er, der die kleinen Leute kennt und liebt, bleibt ratlos, wenn er ihnen den einen entscheidenden Schritt vorangehen soll. Wer von den vielen an die Wand Gedrückten, die er schildert, kommt schon auf den rettenden Gedanken, sich gegen die gesellschaftlichen Übermächte gesellschaftlich zu wehren? Sie bleiben wie ihr Autor schutzlos vor den großen Wechselfällen. Wo sie umgestoßen werden, stehen sie tapfer wieder auf und versuchen wenigstens ihre bescheidene Welt in Ordnung zu halten. Die Botschaften, die er für die kleinen Leute bereit hält, sind seine Stärke nicht.

Das Zeugnis, das er ablegt, bestimmt den Rang seiner Bücher. Nicht spurlos und damit wirklich sinnlos macht sein Erzählen die große Lebensangst Pinnebergs und Lämmchens große Lebenskraft. Das kaum noch Vorstellbare dieser Zeit macht der Roman vorstellbar, und das zu Erfahrende bietet sich als Erfahrung an. Bücher leben im Austausch mit der Zeit, und die Zeit wichtiger Bücher dauert. Pinnebergs Irrtum ist geklärt. Bleibend hält aber Pinnebergs Geschichte klar, was Arbeitslosigkeit bedeutet, wie Lebensangst sozial wurzeln kann. Und Lämmchen schließt ihren «Jungen» nicht nur in dem hilflosen Trost des Romanendes in die Arme. Ihre Haltung hat in Ducherow einen Anfang und heißt da: «Lämmchen glaubt an die Solidarität aller Arbeitenden.»

Warum sollte, was Angst und Hast der kleinen Leute in der großen Krise beschreibt und selbst in Angst und Hast geschrieben wird, nicht darunter auch gelitten haben? Fallada spürte, daß da etwas offengeblieben war. Im Juli 1932 bekennt er dem Publizisten Bernhard von Brentano: was meine politische Einstellung oder die meines Pinneberg angeht, so ist es doch so, daß heute der Angestellte in den meisten Fällen eben nicht Stellung nimmt. Er pendelt – und vor extremen Positionen hat er einen Horror (solange er noch Stellung hat). Ob ich, der Autor, das für richtig halte, hat meiner Ansicht nach nichts mit dem Buch zu tun. Da will ich nur zeigen: So ist es heute. Wie es morgen sein wird? Das Nachspiel meines Pinneberg ist ja nur ein Ausklang, da wird schon angedeutet, der abgerißne Kragen, daß eines Tages auch Pinneberg sich entscheiden wird. Diese Entscheidung wird in einem zweiten Teil fallen: ‹Die Siedler›, den ich allerdings in zwei oder drei Jahren schreiben möchte.»

Sein Roman hat einen Nerv der Zeit getroffen. In einer vom «Tage-Buch» ermittelten Liste der meistgekauften Bücher steht Falladas «Kleiner Mann» in fast allen deutschen Städten an der Spitze. Hesse nennt in einer Umfrage nach den besten Büchern des Jahres 1932 zuerst den Fallada-Roman. Bei Feuchtwanger rangiert er gleich nach Joseph Roths «Radetzkymarsch». Seit Remarques «Im Westen nichts Neues» habe kein Buch mehr solch eine Anteilnahme beim Publikum ausgelöst, beobachtet Monty Jacobs, der Feuilletonchef der Vossischen Zeitung. Noch nie hat das Blatt zu einem Fortsetzungsroman so viele Zuschriften bekommen und auf der Leserbriefseite abgedruckt.

Fallada hat eine Geschichte erzählt, die noch immer überall stattfindet «...das macht Ihren Roman so besonders wert, daß man bedingungslos von Beginn bis zu Ende mitgehen kann, ohne auch nur ein einziges Mal eine Unwahrscheinlichkeit zu entdecken und eine Schranke zu fühlen, die so viele Romane vom wirklichen Leben trennt...», formuliert eine Leserin die Wirkung.

Fast fünfzig Provinzzeitungen folgen dem Beispiel der «Vossischen» und bringen einen Vorabdruck, der dem «Kleinen Mann» Leserschichten erschließt, die sich ein Buch nicht leisten können. Rowohlt vergibt Übersetzungsrechte nach England, Frankreich, den USA, Dänemark und rechnet mit 40000 verkauften Exemplaren bis Jahresende. Ein Hörspiel wird nach dem Roman produziert und natürlich meldet sich auch der Film.

Wochenlang sitzt Fallada im Frühsommer mit Erich Engel über einem Treatment und versucht das Unmögliche: Einen «unverlogenen Arbeitslosenfilm» und ein Drehbuch, das den «Geldbonzen» gefällt.

Nie wieder will er nach dem Scheitern dieses Unternehmens einen Film machen. Natürlich ist die Sache damit nicht erledigt. Fritz Wendhausen schreibt für die «Neppach-Film» nun das Drehbuch und führt auch gleich Regie. Caspar Neher übernimmt die «Bauten», und für die Rollen wird eine Starbesetzung aufgeboten: Herta Thiele (Lämmchen), Hermann Thimig (Pinneberg), Ida Wüst (Mia Pinneberg), Fritz Kampers (Jachmann), Victor de Kowa (Heilbutt) und Theo Lingen als einer der Verkäufer.

Thomas Mann läßt Rowohlt wissen, er habe seit langem nichts so «Liebenswertes» wie den «Kleinen Mann» gelesen und spricht von seiner «bitteren Lebenswahrheit». Robert Musil findet die Einleitungskapitel so ausgezeichnet, daß ihm «alles Spätere gar nicht besser gefallen kann», und Jakob Wassermann stellt fest: «Sonderbar, bei der völlig naturalistischen Methode, die Sie wählen und die Ihnen glückt, wie kaum einem anderen, hat man doch den Eindruck, am Schluß ein Volksmärchen gelesen zu haben...»

In Arno Schirokauers Kritik im «Tage-Buch» steht der Satz: «Plötzlich spürt man: Menschen, Millionen, stecken bis zum Halse im Sumpf», und Carl Zuckmayer bekennt in der «Vossischen Zeitung» seine Schwierigkeiten, sich über so vertraute Gestalten wie Pinneberg, Lämmchen, Frau Mia und den Jachmann äußern zu sollen. «...diese Leute wohnen gleich nebenan, man kann ihre Schatten abends auf den Gardinen sehen, sie sind in jedem Viertel gut bekannt, man soll nichts über sie in die Zeitung bringen! Über den Fallada jedoch kann man sich ungeniert äußern, er hat das Recht auf die Tarnkappe, unter der er lange gehaust haben mag, verwirkt, er gehört uns mit Haut und Haaren, er ist ein Besitz geworden und wird es bleiben! Er hat etwas geschaffen, was weit über den sogenannten ‹Zeit-Roman› hinausgeht, auch weit über die Kategorie des Nur-Realistischen, Abgeschilderten, Aus-der-Nähe-Gesehenen...»

Der Name Fallada ist nun in aller Munde, und die Redaktionen reißen sich darum, etwas von dem berühmten Autor zu bringen. Man nimmt ihm seine weniger guten kleinen Geschichten jetzt ebenso wie die wirklich guten kleinen Geschichten ab. Kaum ist der Vorabdruck in der «Vossischen» abgeschlossen, steht am 15. Juli schon die Humoreske «Der Fliegenpriester» in der Unterhaltungsbeilage, und natürlich kommt auch die Weihnachtsbeilage nicht ohne einen Fallada aus. Die

Erzählung «Kleine schwarze Hund, särr biese» ist da zu lesen, die später einmal «Hoppelpoppel – wo bist du?» heißen wird. Im Oktober druckt die «B. Z. am Mittag» «Schuller im Glück», und es macht dem «Frankfurter Generalanzeiger», der Chemnitzer «Volksstimme», der Berliner «Bunten Woche» gar nichts aus, nachzudrucken.

Auch Bücher zu rezensieren wird ihm weiter angetragen, und Fallada ist die Arbeit nicht zu mühselig und zu schlecht bezahlt, um sich als Kritiker weiter zu Wort zu melden. Ihn interessieren besonders die modernen Amerikaner, Sinclair Lewis, Ernest Hemingway, seine Kollegen Erich Kästner, Peter Martin Lampel, Günter Weisenborn und dann ein paar namenlose Autoren, die «Arbeitslosenromane» geschrieben haben. Der unbekannt gebliebene Kritiker Fallada ist ein glänzender Kritiker. Auch hier ist er ein lesbarer Autor und schreibt Feuilletons über das, was beim Erzählen von Geschichten für ihn zählt.

An Georg Schäfers Roman «Straßen führen auf und ab» mißfällt ihm die Unwahrhaftigkeit von Ton und Fabel. Ein Generaldirektor wird darin zum Retter eines Arbeitslosen und seiner Braut. «Papierdeutsch, Papiergefühle, Papiermenschen, ein Buch aus Papier», stellt Fallada am 3. Juli in der Vossischen Zeitung fest.

Große Literatur scheint ihm auch nicht gerade der Roman von Claire Bergmann «Familie Deutsch» zu sein, den er am 23. Oktober für die Vossische bespricht. Er kritisiert falsches Deutsch, den «typischen» Fehler eines Erstlingsbuches: «statt eines Helden gibt es deren neun», «die Dialoge sitzen nicht». Dennoch hält er die «Familie Deutsch», die auch ein Arbeitslosenschicksal erzählt, für ein gutes Buch. Er spürt Verwandtes, und die Auseinandersetzung mit dem Roman gerät ihm unversehens zur Poetologie des eigenen Buches: «Der Witz bei diesem Buch ist der, daß dieses durchschnittlich gesehene, durchschnittlich geschriebene Buch haargenau dem Durchschnitt des deutschen Volkes von heute entspricht... Es ist genau das, daß sich einer (oder eine) der mitten drin in all diesen Dingen steckt, hingesetzt und geschrieben hat, was ihm am Herzen liegt. Alles, alles. Es ist so, daß dieser eine darum geschrieben hat, weil er eben diese Dinge nicht einfach hinnimmt, sondern immer wieder empfindet: es ist eine Schweinerei, es muß anders werden, ich muß das mal sagen. Es ist so, daß der anonyme Arbeitslose, einer aus sechs Millionen, seinen Mund aufgetan hat und spricht. Durchschnittlich und darum erschütternd...»

Günter Weisenborns Roman «Barbaren» mit der Geschichte des Werkstudenten Borbeeke interessiert Fallada, weil er einen «Durchschnitt durch das tägliche Leben und die Entwicklung eines solchen Mannes von heute» gibt. Richtig lebendig scheint ihm die Sache nicht zu werden, denn «der Autor hat seinem Beweis viel von seiner Beweiskraft genommen, dadurch, daß er Einmaliges, nicht Allgemeingültiges zum Thema machte.»

Literatur fängt für Fallada mit der alltäglichen Wirklichkeit an. Am Ziel ist sie damit noch nicht. Fallada sagt zu Irmgard Keuns vielbeachtetem erstem Roman «Gilgi, eine von uns»: «Eigentlich bist du ja das schreckliche Mustermädchen aus den Marlittromanen, phantasielos, trocken und sehr brav, ein Uhrwerkmädchen, mit einem Dampfhammer müßte man dich erschlagen, aber was hat deine Dichterin aus dir gemacht! In diesem Buch stehen wundervoll ehrliche Dinge über die Beziehung der beiden Geschlechter, warum es eben nicht genug ist, sich liebzuhaben, von der dunklen Welt und von der hellen Welt; von unserer Zeit...»

Bis zum Beginn des Jahres 1933 ist der fleißige Fallada auch ein fleißiger Rezensent. Dann verstummt der Kritiker Fallada. Wie soll er einem Buch noch nachsagen, daß es von einem Mann geschrieben ist, «der möchte, daß diese elende Erde etwas leichter werde, nicht nur denen, die in ihr ruhen, sondern gerade denen, die auf ihr schuften»?

Das literarische Ereignis des Sommers 1932 ist das Erscheinen des «Kleinen Mannes», das politische der Austausch des Kanzlers Brüning gegen Franz von Papen durch den Reichspräsidenten Hindenburg. Fallada ist zu dieser Zeit in Kölpinsee auf Usedom und erholt sich mit seiner Familie von den Strapazen der letzten Monate. Vor August wird er nicht in die große Stadt zurückkommen. Zu schön ist diese ungestörte Ruhe mit Suse und dem Murkel an der See. Nun ist er Hans im Glück und der erste Teil seines Märchennamens erfüllt sich mit Sinn. Hat er Lust und liest im Strandkorb nach Schirokauers Artikel im «Tage-Buch» über den «Kleinen Mann» weiter, kann er auf der nächsten Seite in einer Glosse gleich noch etwas über die Sterne erfahren, unter denen Deutschlands berühmter Astrologe Hanussen das Papenkabinett stehen sieht. Unter Hitlers SA-Führern und in der Berliner Gesellschaft zu Hause, plaudert der ehrgeizige Hellseher nur zu oft als Zukunft aus, was da für sie verabredet wird.

Papen steht nach Hanussens astrologischer Berechnung im 10. Haus des Jupiter und «manifestiert hier das Handeln im nationalen Sinne, ist das Prädikat der nationalen Würde selbst, zeigt diese Bestrebungen in jeder Weise an». Dann ist da noch Uranus, «der planetare Repräsentant der Nationalsozialisten», der nach Hanussens Einsichten einen «günstigen Aspekt zu Jupiter» wirft.

«Kunststück», kommentiert das «Tage-Buch», «wo doch Jupiter dem Uranus die Auflösung des Reichstages und die Aufhebung des SA-Verbotes geschenkt hat. Da starren nun törichte Politiker auf den Schleicher und auf den Hitler und auf den Kaas und zerbrechen sich die Köpfe, wer mit wem.»

Die Frage war in der Kulisse, in die Hanussen blicken durfte, entschieden worden. Nicht den Zentrumspolitiker Kaas und noch nicht den Führer Adolf Hitler sah der Generalfeldmarschall von Hindenburg berufen, seine Vorstellungen wieder ein Stück voranzubringen. Er beherzigte den Ratschlag des Reichswehrministers Kurt von Schleicher, Franz von Papen zu wählen, ein Mann ohne eigene politische Macht, aber stark genug, das parlamentarische System weiter zu zerstören, wie er mit der Absetzung des sozialdemokratischen Ministerpräsidenten von Preußen, Braun, und der Wiederzulassung der einige Zeit verbotenen SA bewies, die Ernst Thälmann als offene Aufforderung zum Mord bezeichnete – aber Jupiter Papen war nicht stark genug, es endgültig zu stürzen.

Dafür war ja Hitler angetreten, der Politiker der totalen Lösungen, an die sich das Bürgertum erst gewöhnen mußte. So hielt er sich abseits, als ihn der Reichspräsident einlud, sich am Papenkabinett zu beteiligen. Hindenburg grollte ihm nach den gescheiterten Verhandlungen nicht allzusehr. Im Gegenteil, er gab ihm am 14. August ein Wort auf den Weg, das mehr als ein paar Ministersessel zählte: «Wir sind ja alte Kameraden und wollen es bleiben, da später uns der Weg doch wieder zusammenführen kann.»

Daß Fallada der heraufkommende politische Sturm aufschreckt, davon gibt es kein Zeichen. In keine der Diskussionen unter Deutschlands Intellektuellen über die Lage ist er verwickelt, an keiner ihrer Aktionen beteiligt. Es scheint, als lebe Fallada in einem ganz anderen Jahr 1932 als alle anderen. Tucholsky grübelt, ob er zum Prozeß gegen Ossietzky aus dem Ausland zurückkommen soll, «... denn sie werden ihn nicht einmal zu Festung begnadigen – ein Grund mehr für mich, nicht zu kommen, denn sie werden, haben sie mich einmal, mir alle nur erdenklichen Geschichten machen.»

Heinrich Mann unterzeichnet eine Erklärung «Der Schriftsteller und der Krieg», worauf ihm der Verfasser nationalistischer Schlagetotromane Walter Bloem droht: wer es künftig wagt, unsere heiligsten und gewaltigsten Erinnerungen, den stolzen und unerschütterlichen Glauben des ‹Militaristen› und des ‹Nationalisten› zu bespötteln und zu beschimpfen, bekommt es mit uns zu tun...»

Erich Mühsam verfaßt ein Flugblatt gegen die Verjagung der sozialdemokratischen Regierung Preußens und verteilt es vor Berliner Betrieben, Erich Weinert spricht vor zwanzigtausend Arbeitern nach einem halbjährigen Auftrittsverbot im Berliner Sportpalast seine antifaschistischen Gedichte. Selbst ein so wenig politischer Schriftsteller wie Jakob Wassermann gibt eines der vielen Signale der überall zu beobachtenden Politisierung, als er auf die Umfrage des Unterhaltungsmagazins «Uhu» «Was mir in dieser Zeit als Wichtigstes am Herzen liegt» erklärt: «...daß das wunderbare deutsche Volk in Gefahr ist, den Lockungen der Hetzer und den Lügen der Demagogen zur Beute zu werden, und daß dies der größte, der unheilbare Schmerz eines Schriftstellers ist, dessen Wohl und Wehe unabänderlich an dieses Volk geknüpft ist.»

Was aber Fallada am Herzen liegt, kann eine Stunde von Berlin am Rande der Stadt oder besser noch viel ferner von ihr ausgetragen werden. Das Pinneberg-Gefühl der großen Überwältigung beschäftigt ihn. Daß man sich vom Leben entfernt, alles künstlich, unwirklich, unendlich kompliziert wird, beschreibt Fallada dem «Uhu» als sein Zeitproblem, und daß er fürchtet, Schreiben sei gar keine richtige Beschäftigung, und er manchmal unter der Gespensterfurcht leide, ebensowenig zu leben wie Gareis oder Stuff oder Lämmchen, und dann in den Garten seines Siedlungshäuschens gehe, um zu graben oder auch nur einen Ast hochzubinden. Da wisse er, daß er wirklich sei. All das mit dem Gärtchen sei erst Spielerei. Einen Bauernhof mit zwei Pferden und sechs Kühen möchte er haben, eine Wirtschaft, die er soweit wie möglich selbst besorgen kann. «Und dann erst, wenn ich nicht nur in der Natur spiele, sondern arbeite, werde ich schreiben können, ein Buch, das vielleicht so wirklich wird, wie ein Buch vielleicht sein kann. Dann wird alles viel einfacher sein, und meine Sorgen heute werden gar keine Sorgen mehr sein.»

Man sollte denken, für einen Erfolg sei es immer die rechte Zeit. Auch er hat seine Stunde. Für den Erfolg des «Kleinen Mannes» hätte er mehr als das halbe Jahr zwischen dem Sommer 1932 und dem Januar 1933 gebraucht. Nicht um zu lernen, wie man mit dem Geld umgeht, das plötzlich aus allen Himmelsrichtungen herbeiströmte, das war das kleinere Problem.

Hatte er nicht das Recht, nun an vielen guten Abenden mit vielen guten Freunden in den guten Berliner Restaurants zu sitzen und gut zu essen und noch besser zu trinken? Das konnte nur eigenes und fremdes Moralisieren beargwöhnen. Für das Beiwerk des Erfolgs fand er sowieso bald das rechte Maß.

Mehr Zeit, als ihm zur Verfügung stand, hätte er für das Kernstück seiner neuen Situation gebraucht. Sich hatte er in der Literatur gefunden. Nun war zu finden, wohin seine und alle Literatur gehört. Das Wohl und Wehe eines Schriftstellers ist unabänderlich an sein Volk geknüpft, hatte der brave Jakob Wassermann gesagt. Das war kein Fallada-Satz. Und deshalb wohl kam ihm seine Beschäftigung so unwirklich vor. Aber warum eigentlich hätte ihm nicht gelingen sollen, sich mit seiner Schriftstellerperson in der Gesellschaft einzufinden wie vorher mit seinen Geschichten? Es lag auf dem Wege.

Keiner seiner Irrtümer war endgültig gewesen, und warum sollte ausgerechnet der Irrtum dauern, die Gespensterangst des einsamen Schreibens sei draußen vor den Toren der Stadt auszugleichen?

Jetzt geht er ihm erst einmal ein Stück entgegen. Und so geht er in das Jahr 1933.

4. Die Städte leeren sich

Im September 1932 trifft Fallada einen alten Herrn. Der Herr Sponar hat ein Haus zu verkaufen oder wenigstens zu vermieten, so genau weiß er das noch nicht. Fest steht immerhin, ihm sind sein Haus und sein Grundstück zu groß und zu teuer geworden, seit er im vorigen Jahr seinen kleinen Betrieb für die Herstellung von Alabasterschalen schließen mußte. Das Anwesen liegt in Berkenbrück bei Fürstenwalde, etwas außerhalb des Ortes, zwanzig Minuten von der Bahnstation, direkt an der Spree und nicht allzuweit von dem idyllischen Dehmsee entfernt. Das Sponarsche Anwesen wäre schon nach dem Geschmack Falladas.

Er ist in den letzten Wochen sehr rührig gewesen, mit dem reichlich fließenden Geld zu einem eigenen Haus draußen auf dem Lande zu kommen. Zwei Tage ist er allein mit Geyer durch Mecklenburg gefahren, hat mit ihm Katen, Höfe und kleine Güter angesehen und endlich in Ganzlin in Nähe des Plauer Sees etwas nach seinen Vorstellungen gefunden. Nicht zu groß und nicht zu klein und mit Wasser in der Nähe. Doch als Kaufpreis und Übergabe schon geregelt sind, wird ihm die notarielle Überschreibung mit der Begründung verweigert, es käme nur ein Landwirt für den Besitz in Frage. Fallada und Geyer gehen in die nächste Dorfkneipe, setzen sich sehr fest auf einen Stuhl und trinken sich bis zum nächsten Morgen den Ärger von der Leber.

Mit dem Ehepaar Sponar klappt die Sache besser, obwohl Fallada auffällt, daß «sie sehr ängstlich an das Vermieten herangehen». Er wird das einstöckige Haus, das unten Ziegelmauerwerk hat und oben braun verputzt ist, kaufen, vorerst zur Miete darin wohnen und die Hypotheken für das Haus und das achttausend Quadratmeter große Grundstück übernehmen. Die Sponars bleiben auf Lebenszeit wohnen, die neuen Besitzer beschränken sich auf die erste Etage. Links von der geräumigen Diele dort oben wird Ulis Zimmer sein, in der anderen Ecke das geräumige Schlafzimmer. In der Mitte der Diele das kleine Zimmer mit Balkon und Spreeblick soll das Wohnzimmer werden und der größere Raum daneben sein erstes eigenes Arbeitszimmer. Mitte November zieht die Familie Ditzen von Neuenhagen nach Berkenbrück. Man wird im Hause Rother Krug Nr. 9 miteinander auskommen müssen, die alten Leute haben ihre Eigenarten. Sponar nennt sich stolz «Bildhauer», obwohl er bestenfalls Kunstgewerbe gemacht hat, und seine Frau sieht immer etwas beleidigt aus, als passe ihr das alles nicht, wie eine «entthronte Königin» notiert Fallada. Aber so sind vielleicht alte Leute.

Zu Beginn des neuen Jahres hat er wieder die Arbeit an der Strafgefangenengeschichte aufgenommen, von der er die ersten Kapitel schon im Februar / März 1931 geschrieben hatte. «Damals habe ich es liegenlassen», erfährt die Mutter am 8. Januar 1933, «es war mir zu bitter und trübe. Aber ich habe doch gesehen, daß ich dieses Buch erst schreiben muß, ehe ich weiter kann.»

Es sind die Tage, in denen Hitler darauf drängt, endlich das Vorzimmer der Macht verlassen zu können. Er hat es nötig. Bei den Reichstagswahlen vom 6. November 1932 sind ihm zwei Millionen Stimmen und vierunddreißig Mandate verlorengegangen, die KPD hat siebenhunderttausend neue Wähler und elf zusätzliche Mandate gewonnen. Am 19. November beschwört Hitler den Reichspräsidenten Hindenburg, seine Bewegung «im vaterländischen Interesse» zu erhalten. Die Landtagswahlen in Thüringen am 5. Dezember bringen der NSDAP den bislang empfindlichsten Stimmenrückgang. Am 6. Dezember notiert Goebbels in seinem Tagebuch: «Die Lage im Reich ist katastrophal. In Thüringen haben wir seit dem 31. Juli nahezu 40 Prozent Verlust erlitten.» Hitlers Notwendigkeiten sind die Notwendigkeiten noch ein paar anderer Leute. Mit der Trumpfkarte Hitler ist vielleicht bald kein Stich mehr zu machen. Der Bube muß jetzt gespielt werden.

Im November betraut Hindenburg Papen nicht mehr mit der Regierungsbildung und Hitler noch nicht. Beide haben Umsturzpläne. Doch nicht das stört den Reichspräsidenten. Ihre Aussichtslosigkeit ist ihm unerträglich. Der Kanzler ohne parlamentarische Basis, von Papen, denkt an eine staatsstreichähnliche Verfassungsänderung. Hitler in seiner totalen Manier an eine Kanzlerschaft mit den präsidialen Vollmachten Hindenburgs. Hindenburg schenkt Papen beim Abschied sein Bild mit der Widmung: «Ich hatt' einen Kameraden», und Hitler läßt er durch seinen Staatssekretär Meißner einen Brief hinterherschicken, in dem der Herr Reichspräsident «Ihnen, sehr verehrter Herr Hitler», dankt «für Ihre Bereitwilligkeit, die Führung eines Präsidialkabinettes zu übernehmen. Er glaubt aber, es nicht vor dem deutschen Volk vertreten zu können, dem Führer einer Partei seine präsidialen Vollmachten zu geben, die immer erneut ihre Ausschließlichkeit betont hat...» Man möchte dabeibleiben, und so betraut Hindenburg mit der Kanzlerschaft den Reichswehrminister von Schleicher, der ihm im Hintergrund schon so gute Dienste geleistet hat.

Papen gibt sich nicht geschlagen. Hat er schon keine Mehrheit; hat er doch gute Verbindungen. Er zettelt im Januar eine Intrige an, die glückt, so wie Intrigen immer glücken, die bewegen wollen, was sich sowieso bewegen will. Gleich 1933 plaudert der Papen-Biograph Gert Bucheit aus, was nun gespielt wird. «Während Schleicher, der der wahren Staatskunst der selbstrichterlichen Entscheidung die Taktik der halben Lösungen vorzieht..., schmiedet der Privatmann Papen – einzig geleitet von den Interessen seines Landes, an dessen Wiederaufstieg er mit Inbrunst glaubt – den Bund der nationalen Konzentration. Im Hause des Bankiers v. Schröder in Köln führt er die erste klärende Aussprache mit dem Führer der NSDAP, seinem großen Gegenspieler von gestern, herbei. Er spricht zu ihm als Mann zu Mann und überzeugt ihn von der Notwendigkeit, den unseligen Pluralismus der Parteien und ihren Machtansprüchen durch den geschlossenen Einsatz aller aufbauwilligen und nationalen Kräfte zu überwinden. Hitler werde der erste nach Hindenburg sein und das Bündnis zwischen altnationaler und national revolutionärer Richtung dem künftigen Kabinett seinen Charakter geben.»

Am 4. Januar hat das Treffen bei Schröder stattgefunden. Bis zum Dreißigsten dauert es nun noch, bis jeder der Beteiligten den anderen auf die Formel festgelegt zu haben glaubt, die seine Interessen durchsetzt. Hitler wird an diesem Tage Reichskanzler, Papen Vizekanzler, der Deutschnationale Industrielle Hugenberg übernimmt das Wirtschaftsministerium, der Stahlhelmführer Seldte das Arbeitsministerium. «Wir rahmen also Hitler ein», erklärt Seldte. In den Abend- und Nachtstunden marschiert die SA mit lodernden Fackeln durch das Berliner Regierungsviertel. In einem der Fenster der Reichskanzlei ist Hitler nervös und tänzelnd zu sehen. Von Zeit zu Zeit schnellt er den Oberkörper mit grüßend erhobenem Arm in Richtung des pathetischen Feuerbandes der Marschierer vor. Es ist das erste der großen Feuer am Rande seines Weges.

Fallada beschäftigen der neue Roman und der Film nach seinem Erfolgsbuch. «Ich bin wahnsinnig geworden, ich mache jetzt mit ein paar Leuten einen Film» ist das Wichtigste, was er Kagelmacher am 22. Januar zu schreiben hat, und auch in anderen Briefen aus diesen Tagen steht kaum anderes, als daß etwa Caspar Neher – Brechts und Piscators berühmter Bühnenbildner – die Dekorationen zu seinem Film macht, der in Johannisthal entsteht, einem der grünen Vororte Berlins, wo einmal die deutsche Fliegerei anfing und nun in den Ateliers neben dem Flugplatz die Anfangsmeter einer wechselvollen Johannisthaler Filmgeschichte gedreht werden.

Auch der 30. Januar schreckt Fallada noch nicht auf. Einen Ausnahmefall stellt er unter den Bürgern des Landes keineswegs dar. Er glaubt mit vielen, am Ende werde auch Hitler «abwirtschaften» wie vorher schon Brüning und Papen und jetzt Schleicher und alles weitergehen wie bisher. Ein Parteiprogramm ist das eine, seine Verwirklichung etwas ganz anderes, denkt Fallada. «Sie werden schon einen Pflock zurückstecken – sie werden viele Pflöcke zurückstecken.»

Doch selbst viele, die viel mehr von der Bedrohung wissen, übersehen ihr Ausmaß. Und wie sollten sie auch. Es gibt keine Erfahrung außerhalb der Erfahrung, und der Faschismus wird von unglaublicher Gestalt sein. Dr. Döblin betreibt in Berlin seine Praxis fort, Ossietzky, Kisch, Renn und Brecht sind in der Stadt, Erich Mühsam wird nach der Reichstagsbrandnacht nicht auf Flucht vorbereitet, Thomas Mann ganz zufällig auf einer Auslandsreise sein.

Fallada nimmt sein Erfolg in Anspruch. Endlich liegen die bösen Jahre hinter ihm, und daß gerade jetzt viel schlimmere heraufziehen sollen, will er nicht glauben. Zu gern vertraut er Rowohlts Lagebeschreibung: «Und dann denken Sie mal an mein Familienleben, Väterchen, Sie wissen, ich war schon zweimal verheiratet und lebe nun in meiner dritten Ehe. Was ist das denn anderes als das dritte Reich. Und nun will ich Ihnen eins verraten, wenn ich mal mit der Elli Krach habe, kommt auch noch das vierte Reich...»

Rowohlt ist in diesen Wintertagen der trinkfeste und unbekümmerte Gefährte seines Glücks. «Jeden Abend sind wir jetzt unterwegs, wir erledigen auf einmal all die seit langer Zeit aufgeschobenen Besuche...», heißt es in einem Fallada-Brief aus dem Februar. Am Abend des 27. Februar brennt der Reichstag. Hitler, der die Nachricht in der Charlottenburger Wohnung von Goebbels erwartet, ruft seinem Gauleiter bei ihrer Übermittlung zu: «Jetzt habe ich sie!» Und als er nach rasender Autofahrt vor dem brennenden Gebäude eintrifft, brüllt er in der Wandelhalle des Parlaments die Losung des Unternehmens: «Es gibt jetzt kein Erbarmen, wer sich uns in den Weg stellt, wird niedergemacht. Das deutsche Volk wird für Milde kein Verständnis haben. Jeder kommunistische Funktionär wird erschossen, wo er angetroffen wird. Die kommunistischen Abgeordneten müssen noch in dieser Nacht aufgehängt werden. Alles ist festzusetzen, was mit den Kommunisten im Bunde steht. Auch gegen Sozialdemokraten und Reichsbanner gibt es jetzt keine Schonung mehr.»

Rowohlt und Fallada sitzen zu der Zeit mit ihren Frauen in einem der Berliner Nobelrestaurants, den Schlichterschen Weinstuben. Sie haben vorzüglich zu Abend gegessen und einen herrlichen Steinwein in den Gläsern. Ab und zu haben sich die Männer zwischendurch den Magen mit einem Himbeergeist gewärmt. Fallada plaudert entspannt und fröhlich und ein bißchen spottlustig. Er erzählt Geschichten und Späße, denn das kann er auch sein, ein charmanter Gesellschafter. Der Wein hat eine gute Wirkung getan. So sicher ist das bei Fallada nicht. Es kann auch ganz anders kommen, er kann streitsüchtig, prahlerisch und rechthaberisch werden. Unter der Kaffeemaschine flackert die bläuliche Spiritusflamme. Gleich wird der Mokka fertig sein. Der Verleger und sein Autor sind zufrieden, und sie haben auch allen Grund dazu. Sie haben einen Welterfolg gehabt. Jetzt gibt es einen anderen. Den Roman der Margret Mitchell über den amerikanischen Bürgerkrieg «Vom Winde verweht». Was ist ein Welterfolg?

«Einen Welterfolg zu haben ist die leichteste Sache der Welt!» sagt Fallada, jetzt interessiere ihn anderes. Hätte er aber eines Tages wieder Lust auf einen Welterfolg, werde ihm das ohne Schwierigkeiten gelingen.

Rowohlt ist ganz der guten Meinung seines Autors. Ein rosiger, zwei Zentner schwerer Säugling, der aus jeder Pore Alkohol atmet. «So ist es!» sagt der Verleger und: «Sie haben ganz recht, Väterchen!»

Rowohlt hat den Zustand erreicht, wo eine seiner bekannten Einlagen zu erwarten ist. Gleich wird er sich einen Sektkelch bestellen und ihn zum Schrecken der Damen bis auf den Stil verzehren. Aus der Kaffeemaschine beginnt der Mokka zu tropfen. In die behaglich gesättigte Stimmung bricht plötzlich der Oberkellner ein. Er läuft von Raum zu Raum und ruft: «Der Reichstag brennt! Die Kommunisten haben ihn angesteckt!» Fallada und Rowohlt springen auf. Jäh ändert sich die Stimmung. Das wissen auch der Verleger und sein angeblich unpolitischer Autor, daß da ein Vulkan brodelt. «Wir sahen uns mit verständnisvollen Augen an», heißt das Indiz, das Fallada später notiert. «Ganymed», rufen sie den Zahlkellner herbei. «Bestellen Sie uns eine Autotaxe. Wir wollen zum Reichstag, Göring kokeln helfen!» Sie spüren die Gefahr, aber ihre eigene ist es noch nicht.

Die Frauen sind schreckensbleich und versuchen, die Angetrunkenen von dem Vorhaben abzubringen, das Fallada und Rowohlt sich immer lauter bestätigen. Nur erst einmal raus aus diesem als nazifreundlich bekannten Lokal, denken Anna Ditzen und Elli Rowohlt, draußen wird man weitersehen.

«Schließlich ist es unseren Frauen doch gelungen, uns aus der Tür, auf die Straße und in ein Auto zu bugsieren», erinnert sich Fallada am Ende der Naziherrschaft, «ich nehme an, unter dem Vorwand, mit uns das brennende Reichstagsgebäude anzusehen. Wir fuhren aber doch nicht dorthin, eine gewisse Beruhigung war wohl eingetreten, sondern zuerst setzten wir Rowohlt und seine Frau in ihrer Wohnung ab, dann machte sich der Wagen auf seine weite Fahrt nach dem Osten, wo ich damals mit meiner Frau und meinem noch einzigen Sohn in einem kleinen Dorfe an der Spree wohnte.»

Um Haaresbreite wären Fallada und Rowohlt der Nacht der langen Messer zugelaufen, die sich ihre Opfer holt: Kommunisten, Sozialdemokraten, Antifaschisten, auch Leute, mit denen irgendein SA-Mann irgendeine Rechnung begleichen will, Dichter, Publizisten, Ärzte, Rechtsanwälte. Kisch, Ossietzky, Renn werden nach der Reichstagsbrandnacht verhaftet, Erich Mühsam fällt den Häschern in die Hände, weil er so schnell das Geld für eine rettende Fahrkarte nicht zusammenbringen kann, Freunde empfehlen Thomas Mann, in der Schweiz zu bleiben, wo er sich zufällig aufhält, und wie bei so vielen klingelt am Morgen auch bei Alfred Döblin das Telefon, der gerade im Radio gehört hat, die Kommunisten hätten den Reichstag angesteckt, einer der Attentäter sei bei dem gegen das deutsche Volk gerichteten Verbrechen auf frischer Tat gestellt worden.

Ein Bekannter fragt Döblin, was er denn tun wolle, auch er sei doch bedroht. Döblin nimmt das so ernst nicht. Als die besorgten Anrufe aber nicht aufhören, faßt er am Abend einen Entschluß. Er wird einen Ausflug machen und in drei oder vier Monaten, wenn man mit den Nazis fertig ist, zurückkommen. Mit einem kleinen Handkoffer verläßt er das Haus. Vor der Tür steht ein SA-Mann, der einen Zivilmantel über die Uniform gestreift hat, Posten und folgt dem Dr. Döblin. Mit Mühe kann er seinen Verfolger in der Untergrundbahn abschütteln, den Anhalter Bahnhof erreichen und sich in einen Zug nach Stuttgart setzen. Aus der kleinen Reise wird eine Reise in die Emigration. Zwölf Jahre lang trägt Alfred Döblin die am 28. Februar gelöste Fahrkarte als Erinnerung an einen beinahe tödlichen Irrtum über den deutschen Faschismus bei sich. Falladas Illusionen über die eigene Lage sind dauerhafter. Er hat sich doch nirgendwo politisch exponiert und braucht so weder einen dramatischen Zusammenstoß mit der «neuen Regierung» zu befürchten noch selber einen dramatischen Schritt für die Zeit, wo sie amtieren wird, unternehmen? Ein «kleiner Mann» unter den Schriftstellern und gewiß ein anderer Typ als Brecht, für den er Geld gegeben hat, damit er außer Landes kommen kann. Eines Tages hat

Peter Suhrkamp, den er aus der Arbeit am «Uhu» kennt, vor ihm gestanden und gesagt: «Hören Sie, Bert Brecht ist bei mir versteckt. Ich sammle Geld für ihn. Heute nacht noch muß ich ihn über die Grenze in die Tschechoslowakei bringen. Wieviel geben Sie? Wahrscheinlich bekommen Sie das Geld nie wieder.» Auch Brecht hatte nicht gewußt, wie nahe ihm die Gefahr war. Plötzlich hatte ein Polizeiauto vor dem Haus gestanden, als er von einer Besorgung zurückkam. So wie er ausgegangen war, ohne Hut und Mantel, kehrte Brecht um.

Auch Fallada macht Anfang März eine Bilanz. Dazu ist denn doch zu viel geschehen, um einfach weiterleben zu können wie bisher. Die Filmangelegenheit ist ins Rutschen gekommen. Deutlich spielt die politische Lage in das Projekt hinein. Einige Juden sind über Nacht als Mitarbeiter «untragbar» geworden. Der Rowohlt-Verlag wird im «Völkischen Beobachter» als «Synagogenableger» beschimpft, denn Rowohlt ist immerhin der Verleger Tucholskys und des antinazistischen «Tage-Buch».

Der «Kleine Mann» allerdings marschiert brav weiter, direkt ist er also nicht betroffen, und warum soll sich das ändern. «. . . für Zeitungen will ich in absehbarer Zeit doch nicht schreiben, da der Roman nicht nur ruft, sondern sogar schreit, und mein neues Buch ist ja – seine Lichtseite – ein ganz unpolitisches Buch, das keinen Anstoß erregen kann!» Und dann ist da die schwer errungene Konsolidierung seines Lebens, die kleine Familie, die Möglichkeit, als ein Mann von Vierzig endlich auch im üblichen Lebenszubehör er selbst zu sein, die Möbel anzuschaffen, die ihm gefallen, die Bücher zu kaufen, die er liebt, und vielleicht auch ein Haus und die Vergangenheit auszuzahlen. Die großen Entscheidungen haben alle ihren Alltag. «. . . wir können behaglich leben, Schulden abtragen und ab und an, was wir uns sehr wünschen, auch anschaffen. . .»

Die eine Gefangenschaft dieses Mannes bringt seine andere zur Welt. Der Augenblick seiner Freiheit reicht gerade aus, den elementaren Teil seiner Sehnsucht, zu schreiben und zu leben, zu stillen. Sein Leben bleibt ein Problem. Vieles wird ähnlich und anders sein, er wieder in einem System immer enger werdender Spiralen leben und er wieder daraus so verzweifelt wie mutig auszubrechen versuchen. Die erste Szene dieses neuen Dramas ist banal. Es beginnt Karfreitag 1933 in Berkenbrück.

Die Sponars treten mit Gesangbüchern in der Hand aus dem Haus, um in die Kirche zu gehen. Im Garten freuen sich die Ditzens an den aprilblühenden Krokussen, Tulpen und Hyazinthen. Die Sponars bleiben vor ihnen stehen. Die Frau redet sie mit ihrer immer etwas klagenden Stimme an: «Wir haben», sagt sie, «die Gewohnheit, am heiligen Karfreitag das heilige Abendmahl zu nehmen, und wir haben weiter unsere Freude daran, wenn wir Sie vorher, für alles, was wir Ihnen wissentlich oder unwissentlich Übles getan haben, um Verzeihung bitten können.»

Das Ehepaar Sponar hat Tränen in den Augen. Fallada und seine Frau möchten am liebsten vor Scham und Zorn über diese Szene in den Erdboden versinken. Sie sollen mich zufrieden lassen mit ihrem religiösen Privatquatsch, das ist ja alles kleinliches Theater, denkt Fallada. Die Sponars schreiten der Berkenbrücker Dorfkirche zu, um die Karfreitagspredigt zu hören. An diesem Tage ist Jesus ans Kreuz geschlagen worden, beim letzten Abendmahl mit seinen zwölf Gefährten soll er nach Lukas gesagt haben: «Die Hand meines Verräters ist mit mir über Tische.» Und von dem Verräter Judas ist das Wort überliefert: «Ich habe übelgetan...» Die Sponars haben auch ihre Osterverräterei hinter sich, und nun sind sie als gute Kirchgänger von der Härte der Pflicht betroffen, die sie als Bürger erfüllt haben.

Die Sponars haben Fallada wegen einer «Verschwörung gegen die Person des Führers» denunziert. Worin die bestehen soll, wird ihm niemand sagen, und er kann nur vermuten, daß der Vorwurf auf einen Besuch Ernst von Salomons am Gründonnerstag zurückgeht, der seiner konservativen Kritik an dem neuen Regime freien Lauf gelassen hat. Die Sponars haben jedenfalls einen Vorwand gesucht, sich den Mieter vom Hals zu schaffen und auf seine Kosten wieder zu ihrem Besitz zu kommen. Landauf und landab laufen die verkrachten Existenzen dem Faschismus so zu.

Am Ostersonntag weiß Fallada, was es mit dem Getue der Sponars auf sich hatte. An diesem 16. April erscheinen ein Trupp SA-Leute und ein Landgendarm zu einer Haussuchung. Während ihrer dreistündigen Tätigkeit lassen sie keinen Raum und kein Behältnis aus und langen schließlich auf dem Boden an, wo sie Koffer und Kisten durchwühlen, um auch dort nichts Fallada Belastendes zu entdecken.

Fallada hört den Gendarmen sagen: «Es hat sich nicht der geringste Anhaltspunkt ergeben. Ich darf den Mann nicht verhaften.»

«Aber es ist so – wir haben die bestimmtesten Nachrichten. Sie müssen ihn festnehmen», erklärt der Führer des SA-Trupps.

Der Gendarm stülpt den Tschako auf und zieht sein Koppel zurecht. «Ich kann es nicht, und ich tue es nicht.»

«Dann nehmen wir ihn eben fest!»

«Tun Sie, was Sie wollen, aber ich habe damit nichts zu tun», sagt der Beamte und geht.

«Mit ihm verließ die Legalität das Haus», notiert Fallada später. Auch das haben ihm viele unter seinen Bekannten in diesen Wochen gesagt: Hitler, an der Macht, wird sich den Teufel um die «Legalität» scheren.

Die Brüder können mir ja gar nichts, ich bin unschuldig, hatte er bei Beginn der Aktion gedacht. Jetzt sieht er, die Leute, die der preußische Ministerpräsident Göring zu Hilfspolizisten gemacht hat, können alles, was sie wollen. «Ich begriff, daß ich wirklich in Gefahr war und es für mich besser war, das Ganze nicht mehr als Lappalie anzusehen. Ich würde vielleicht alle meine Kraft brauchen, um heil aus dieser Affäre zu kommen.»

Es macht Schwierigkeiten, einen Wagen für seinen Abtransport zu bekommen. Endlich rollt ein klappriges Auto an, dessen Motor noch mit der Kurbel angeworfen werden muß. Fallada wird im Fond zwischen zwei SA-Leuten eingezwängt. Der Truppführer setzt sich ans Steuer, ein vierter Mann neben ihn. Langsam setzt sich das Auto in Richtung Fürstenwalde in Bewegung, sie kommen durch das Dorf, durchfahren ein paar Felder und gelangen in den dürftigen Kiefernwald. Der Wagen hält, und der Truppführer entwickelt plötzlich eine überraschende Freundlichkeit. Er bietet seinem Gefangenen Zigaretten an und empfiehlt ihm, wie den anderen auch, auszusteigen. «Wenn Sie vielleicht einmal austreten wollen? Wir werden noch eine ganze Weile fahren müssen.»

Fallada hat das Gefühl, daß sich da irgend etwas anbahne. Eine auffällige Veränderung ist mit dem Truppführer vor sich gegangen. Fallada sieht die Zeitungsüberschriften «Auf der Flucht erschossen» vor sich. Alles paßt so gut zu einem solchen Szenario. Die harmlose Einladung, die leere Straße, das einsame Waldstück. Das ist keine Zeit für guten Glauben. Und dies auch nicht der Ort, um auszuprobieren, was die SA mit ihm wirklich vorhat. Fallada wehrt sich an diesem Ostersonntag das erstemal, wie man sich gegen den Faschismus wehren muß: mit allen Kräften. Er krallt sich in das zerschlissene Wagenpolster und sagt fest: «Sie werden mich nicht auf der Flucht erschießen. Wenn Sie das tun wollen, so müssen Sie mich schon in Ihrem Wagen erschießen. Und wenn die Polster noch so zerfetzt sind. Man wird es doch sehen.»

«Schmeißt das Schwein aus dem Wagen!» brüllt der Truppführer, als eine Stimme sagt: «Aber Herr Fallada, was ist denn mit Ihnen los? Kann ich Ihnen irgendwie behilflich sein?»

Unbemerkt von den erregten Männern ist der Hausarzt der Ditzens aufgetaucht, der mit seinem Auto gerade von Berlin kommt. «Alles in Ordnung», legt Fallada seine Begleitung fest, «ich fahre mit diesen Herren nur nach Fürstenwalde aufs Gericht. Bin bei ihnen ausgezeichnet aufgehoben. Sagen Sie meiner Frau, es gehe mir gut.»

Auch die Situation, die Fallada in Berkenbrück hinter sich gelassen hat, ist voller Merkwürdigkeiten. Das Haus Rother Krug Nr. 9 jedenfalls wird abgeschirmt, als wolle man da in aller Heimlichkeit etwas besorgen. Ständig steht ein SA-Posten vor der Tür, die Postzustellung ist vorübergehend unterbrochen und das Telefon gesperrt. Rowohlt wundert sich, daß in Berkenbrück niemand an den Apparat geht. Am Mittwoch nach dem Fest erkundigt er sich in einem Brief, ob Fallada eine Osterreise gemacht habe, und schickt, unruhig geworden, anderntags am zwanzigsten gleich noch ein Telegramm hinterher. Erst von Anna Ditzen erfährt er, was geschehen ist, doch vorher ist sie bei ihrem Mann in Fürstenwalde, erzählt ihm von der Bewachung und was sie mittlerweile über die Verhaftung gehört hat.

Sponar hat ihn denunziert. Sponar hatte das Haus seinem Mieter zum Hypothekenwert abgeben wollen. Gewiß keine besonders günstige Situation für den ruinierten Sponar, aber eine anständige Möglichkeit, von seinen Schulden loszukommen. Hitlers Machtantritt hat ihn auf einen anderen Gedanken gebracht. Er probiert ein bißchen aus, was sich mit der NS-Parole, der deutsche Mittelstand sei von den Juden und den Marxisten zugrunde gerichtet worden, anfangen läßt. Dieser Fallada, der sein Haus übernehmen will, gehört doch zu diesem System. Irgendwann stand im «Völkischen Beobachter», Fallada sei der «Paradegoi» aller Juden des Kurfürstendamms. Also geht der Herr Sponar zu seinem alten Freund, dem Ortsgruppenführer und Bauunternehmer Gröschke in Berkenbrück, bespricht mit ihm die Angelegenheit, und der setzt seine SA in Bewegung.

Fallada ist nach seiner wilden Verhaftung in das Amtsgerichtsgefängnis der Stadt Fürstenwalde gebracht worden. Über seinem Schicksal liegt weiter Dunkel. Er muß nach wie vor fürchten, in eine der zahllosen Aktionen zur Liquidierung politischer Gegner geraten zu sein. Fallada braucht sich nur umzusehen, wer mit ihm verhaftet worden ist, um Bescheid zu wissen. Die Abende und die Nacht wird er zu zwei jüdischen Lehrern in eine Gemeinschaftszelle gesperrt. Diese Haft ist anders als seine anderen Gefängnisaufenthalte. Keine seiner Erfahrungen gilt hier. Jeder Augenblick kann etwas Schreckliches bringen. Nach zwei Tagen erst eröffnet man ihm, daß es da gewisse Anschuldigungen gäbe, die untersucht werden müßten, und nun darf er Suse zum erstenmal auch an diesem 18. April ein Lebenszeichen geben. Vielleicht hat man ihn doch nicht einfach nur als eines der Opfer der braunen Bartholomäusnächte geholt. «Und nachdem nun die Aufregung der ersten Tage vorüber ist, nachdem mir klargeworden ist, daß mir nicht irgendwelche gestaltlose Gefahren drohen, denen man nicht begegnen kann, sondern greifbare Vorwürfe, die, wenn sie erst eröffnet worden sind, auch widerlegt werden können...», beginnt Fallada seinen Brief, der alle Zeichen der Einschüchterung trägt, denn auch das schreibt er Suse: «Ich bitte Dich also jedes unnötige Telefongespräch, jede briefliche, mündliche Mitteilung zu vermeiden...»

Anderentags hat er andere Gedanken. Seine Furcht vor diesem SA-Gefängnis entlädt sich jetzt in fieberhafter Aktivität. Suse soll sofort wegen einer Besuchserlaubnis und anderer Dinge zum Landrat. «Hoffentlich hast Du Dir gleich ein Auto genommen und bist nach Seelow gefahren, Schreiberei ist eine umständliche Geschichte, und wenn man auf eine solche Erlaubnis wartet, wird die Zeit lang. Und selbst wenn Du geschrieben hast, kannst Du trotzdem noch immer fahren. Am schönsten wäre es ja, wenn Du den Landrat selber sprechen könntest, vielleicht gelingt es Dir sogar, ihn zu überzeugen, daß ich kein gefährlicher Mensch bin... Nach diesem Brief schreibe ich an den Landrat in Seelow, ich will versuchen, klarzulegen, warum ich keine Schutzhaft verdiene, ich verspreche mir nicht viel davon, aber man muß nichts unversucht lassen.»

Wie aus diesen jagenden Grübeleien, was denn nur das Beste wäre, herauskommen? Das Beste ist: schreiben. Und an die Familie denken. Das Feste in seinem Leben. So war es doch immer; wenn er schreibt, wird aus dem Getriebenen ein Treiber. Am 20. April beginnt er die

Geschichte Willi Kufalts weiter zu erzählen und für den Sohn Uli ein paar Kinderlieder zu schreiben. «Ich habe unterdes programmgemäß meinen Roman in Gang gebracht. Zuerst dachte ich, es würde niemals werden, immer kam mein eigenes kleines Schicksal mir störend in den Weg, aber schließlich bekam ich doch einen Zipfel zu fassen, und wenn ich den erst habe, geht es immer weiter. Ich muß mich tüchtig zusammennehmen, um mich auf das Schicksal meines Helden zu konzentrieren, aber da es dem auch gerade ziemlich dreckig geht, kamen wir schließlich doch überein. Gestern habe ich fünf Druckseiten geschrieben...»

Am nächsten Tag sind es schon wieder mehr. Zwölf bekommt er fertig. «Es ist doch eine der seltsamsten Geschichten: in der letzten Zeit ist mein Hirn doch wahrhaftig voll und ganz mit anderen Dingen beschäftigt gewesen, mit keiner Zeile habe ich an den ollen Roman gedacht, aber nun, da ich wieder schreibe, zeigt sich, daß doch ein ganz unbewußter Bezirk innen weiterdenkt, fertig macht, daß ich bloß zu schreiben habe...»

Als Rowohlt endlich von der Verhaftung weiß, nimmt er Verbindung mit dem Rechtsanwalt Dr. Alfons Sack auf, der bei den Nazis verkehrt. Der wird helfen können. In regellosen Zeiten gibt es eben keine regelrechten Wege. Sack läßt seine Verbindungen spielen. Der zuständige Landrat gehört zu seinen Freunden, und so kommt Fallada am 30. April frei. Er ist tief verstört. Unruhig hetzt er in den nächsten Wochen mal hierhin, mal dorthin. Geschlossene Räume machen ihm angst.

Mit den Sponars unter einem Dach zu wohnen ist ihm nach seiner Entlassung unmöglich. Er bezahlt die Miete für ein Vierteljahr voraus und verläßt mit seiner Frau, die im fünften Monat schwanger ist, und dem Sohn Uli das Haus. Die Ditzens haben für ihre Berlinbesuche eine Adresse, und die heißt Pension Stössinger, Lietzenburger Straße Nr. 48, Telefon Oliva 6006, Telegrammadresse «Stössingheim». Dahin weichen sie erst einmal aus. Fallada überläßt sich dem beruhigenden Gedanken, seine Verhaftung sei nicht mehr als ein böser Zwischenfall, den er allein den Ränken zweier alter Intriganten verdanke. «Ich persönlich habe nichts zu befürchten», schreibt er der Mutter am 4. Mai aus der Lietzenburger Straße, «ich bin und bleibe ein unpolitischer Mann, und so wird auch das eines Tages bereinigt sein...»

In der Pension Stössinger wohnen Leute mit Schicksalen. Eine amerikanische Fallschirmspringerin beispielsweise und ein indischer Edelsteinverkäufer, doch Fallada interessiert der Professor Nathanson, der Jude ist und sehr jüdisch aussieht, ein Mann, der besser Berlin miede. Nathanson war schon draußen und ist doch aus London zurückgekehrt. Der Professor hat eine Kunstfaser mit dem Namen «Wistra» erfunden. Nach seiner Abreise hat es mit der Produktion der Faser absolut nicht mehr geklappt. Und nun haben ihn die Nazis mit viel Geld und vielen Versprechungen wieder zurückgeholt. Also nehmen die Braunen ihr Parteiprogramm selber nicht so ernst, denkt Fallada. Der Professor ist ja ein lebendiger Beweis.

Fallada spricht bei Dr. Sack vor, um ihm seine Vorstellungen zu entwickeln, wie man gegen die Sponars vorgehen könne. Dr. Sack explodiert. Er kennt eben die neue Macht besser als Fallada. Der Anwalt brüllt ihn an: «Sie Idiot, Sie. Und solchen Trottel habe ich aus der Schutzhaft geholt. Fein ruhig hätten Sie sich verhalten müssen, keinen Mucks hätten Sie tun sollen – und nun fängt dieser Flachkopf schon wieder Stunk an. Machen Sie, daß Sie aus meinem Büro kommen. In der Schutzhaft müßten Sie verfaulen.»

Fallada muß an die Worte seines Vaters denken, der ihm gepredigt hat, Recht sei ein heiliges Gut, mit der kleinsten Lücke reiße der ganze Damm. Er schläft wenig und grübelt und trinkt viel. «... ich verbohrte mich immer tiefer in meine sinnlosen, strikten Rechtsphantasien», erinnert er sich später.

Der Fall Sponar gibt solches Maß an Zermarterung allein nicht her. Viel Grundsätzlicheres spielt in diese schlaflosen Nächte und betäubten Tage hinein. Er ist ja bereit, sich zurückzuziehen, aber selbst der Kompromiß braucht einen Rest Gesetz.

Gibt es vielleicht gar nicht mehr das Stückchen Damm, hinter dem sich ein unpolitischer kleiner Mann sein läßt? Die Antwort bleibt aus. Seine Natur unterbricht den Kreislauf der Grübeleien, Fallada erleidet einen Nervenzusammenbruch. Der still und umsichtig in der Kulisse wirkende Peter Suhrkamp nimmt sich nun auch Falladas an und schafft ihn mit Frau und Sohn in ein Sanatorium vor den Toren Berlins in Waldsieversdorf.

In den Nachtstunden des 10. Mai 1933 durchzieht neuer Brandgeruch die Berliner Innenstadt. Auf dem Platz neben der Staatsoper ist ein großer Holzstoß aufgeschichtet. In der Nähe stehen Möbelwagen mit mehr als zwanzigtausend Büchern von Schriftstellern, die auf «schwarzen Listen» stehen. Sieben Scheinwerfer sollen das bevorstehende Autodafé in gleißende Helligkeit tauchen. Gegen dreiundzwanzig Uhr zieht ein Fackelzug von Nazistudenten heran, an ihrer Spitze der NS-Studentenführer Fritz Hippler und der neue Ordinarius für politische Pädagogik Alfred Bäumler. Die Braunen werfen ihre Fackeln in den Holzstoß und anschließend zwanzigtausend Bücher. Sie brüllen: «Gegen Klassenkampf und Materialismus, für Volksgemeinschaft und idealistische Lebenshaltung! Ich übergebe der Flamme die Schriften von Marx und Kautsky.

Gegen Dekadenz und moralischen Verfall! Für Zucht und Sitte in Familie und Staat! Ich übergebe der Flamme die Schriften von Heinrich Mann, Ernst Gläser und Erich Kästner.

Gegen Frechheit und Anmaßung, für Achtung und Ehrfurcht vor dem unsterblichen Volksgeist! Verschlinge, Flamme, auch die Schriften von Tucholsky und Ossietzky!»

Dieses Gebrüll droht auch Fallada. Anfang Juni meldet er sich zum erstenmal seit Wochen wieder bei Kagelmacher. In seinem Brief ist er vorsichtig. Aber wenn er Kagelmacher schreibt, daß er noch immer Rückfälle habe, wobei Erscheinungen aufträten, wie er sie im Alter von zwanzig Jahren hatte, kann Fallada darauf vertrauen, daß Kagelmacher ein Bild vom Ausmaß der Krise hat. «Ich habe aber das Gefühl», hört Kagelmacher, «daß ich diese Erscheinungen in Kürze überwunden haben werde. Wenn Sie auch kein Zeitungsleser sind, so werden Sie doch wissen, daß der Mann, der den ‹Kleinen Mann› geschrieben hat, heute nicht enfant gâté ist...»

Natürlich ist er auch in Waldsieversdorf nicht zur Ruhe gekommen. Der mit Fallada befreundete Leiter der Feuilletonabteilung des Rowohlt-Verlages, Peter Zingler, hat ihm neue Hiobsbotschaften übergebracht. Seinen Roman vom Kleinen Mann hat man für den Film übel zugerichtet. So geht er denn auch im August nicht zur Premiere des Streifens, der dem Goebbelschen «Angriff» viel besser als das Buch gefällt. Er stellt «erfreuliche Unterschiede» zu ihm fest.

Suhrkamp regelt inzwischen in Berlin die Sponarsche Angelegenheit. Er verkauft dazu Falladas Hypotheken an eine Großbank, und die präsentiert dann den Sponars ohne viel Federlesens ihre Forderungen. «Berkenbrück ist uns sehr teuer zu stehen gekommen», teilt Fallada am 25. Juni der Mutter mit, «aber wir sagen uns ja, daß viele heute ähnliches und Schlimmeres erfahren und daß wir immerhin mit einem blauen Auge davongekommen sind!»

Und dann gibt Suhrkamp Fallada einen dringenden Rat. Wenn er schon nicht außer Landes gehen und beispielsweise das Angebot annehmen will, in Hollywood als Szenarist zu arbeiten, so wird es Zeit für ihn, den ruhigen Winkel zu finden, in dem er glaubt, den Sturm überstehen zu können. Suhrkamp schickt ihn auf Reisen. Gut hundert Kilometer nördlich von Berlin bei Feldberg findet Fallada mit Unterstützung von Zingler endlich das, was er schon lange sucht. Ein Bauernhaus zwischen Feldern und Wäldern mit einem Stück Land in dem ruhigen Dorf Carwitz.

Am 21. Juli wird für Rudolf Ditzen die Eigentumsüberschreibung vorgenommen. Im Herbst wird man umziehen können. «Berlin, die Stadt überhaupt, ist mir von Grund auf verhaßt und schädlich», heißt es im Juli und im November. «Carwitz ist mir lieber als Hollywood mit all seinen Zechinen…»

Was alles sind die großen Städte? Vielleicht sind sie das empfindliche Herz ihrer Länder. Vielleicht spürt man in ihnen am ehesten ihre Bewohnbarkeit und ihre Unbewohnbarkeit.

In diesem Jahr 1933 leeren sich die Städte Deutschlands. Vertrieben werden aus ihnen auch die Dichter. Becher, Benjamin, Horváth, Brecht, Feuchtwanger, Hasenclever, Else Lasker-Schüler, Heinrich und Thomas Mann, Robert Neumann, Remarque, Anna Seghers, Toller, Tucholsky, Weinert, Weiskopf, Wolf, Wassermann, Werfel, Arnold und Stefan Zweig. Und auch Hans Fallada.

Ich habe mich nicht selbst geschaffen

1. Auf dem Lande

Im Mai 1934 können die Leser der «Berliner Illustrierten» einen Mann betrachten, dessen Wünsche Wirklichkeit geworden sein sollen. Wer schaut sich so etwas nicht gern an. Er fährt in einem einspännigen Wagen über Land und hat einen kleinen Jungen neben sich auf dem Kutschbock, er hebt diesen Jungen auf einen Schimmel und packt auch am Sägebock handfest zu, um Feuerholz zu machen. «Wieder Bauer unter Bauern» steht über einer Serie von Fallada-Bildern in der Illustrierten und «Der Lieblingswunsch des Dichters ist in Erfüllung gegangen. Der frühere kleine Gutsbeamte konnte durch seinen Welterfolg einen kleinen Bauernhof erwerben.»

Der Fotograf, der die Bilder für einen Vorabdruck des neuen Romans «Wir hatten mal ein Kind» gemacht hat, heißt Heinrich Hoffmann. Höher hinauf geht es in diesen Jahren nicht, wenn man Bilder haben will. Hoffmann ist einer der Männer aus dem engsten Kreis um Hitler, Kumpan schon seiner frühen Jahre und Leibfotograf. Hoffmann besitzt praktisch das Monopol auf die NSDAP-Bildberichterstattung und ist doch unentwegt dabei, seinen Aktionsradius auszudehnen. Peter Zingler ist auf den Gedanken gekommen, an Hoffmann wegen der Bilder heranzutreten. Im März hat Hoffmann Carwitz besucht und Fallada fotografiert. Zingler hat sich wie Rowohlt und Fallada davon etwas versprochen, denn Falladas Situation ist voller Fragezeichen. Es hat in den letzten Monaten ein paar Anrempeleien gegeben, doch nichts Konkretes. Den Vorhang über der Szene werden die Romane heben, die Fallada in den letzten Monaten in höchster Konzentration geschrieben hat. Fallada und seine Freunde ahnen wenig Gutes. Zingler hält es jedenfalls für nötig, den Teufel mit Beelzebub auszumanövrieren. Ein Vorabdruck, hinter dem der Name des «Reichspressefotografen» Heinrich Hoffmann steht, darf als abgesegnet gelten. «...das ist also sehr günstig für mich», sagt Fallada am 30. März der Mutter.

Wegen des Romans «Wir hatten mal ein Kind» macht sich keiner aus dem Fallada-Kreis Sorgen. Das ist ein ganz unpolitisches Buch und ganz anders erzählt als die letzten Romane. Viel mehr beschäftigt sie der Gefangenenroman, der unter dem Titel «Wer einmal aus dem Blechnapf frißt» in den ersten Frühjahrstagen 1934 erschienen ist. Im Verlag hat man seine literarische Qualität sehr gelobt. Trotzdem halten alle den «Blechnapf» für eine gefährliche Sache. In Einzelheiten, wie in der Verurteilung eines auf Besserung gerichteten Strafvollzuges, glaubt Fallada sich zwar einig mit den gegenwärtigen Ideen, «...in anderen Dingen, in der ganzen Art, wie es das Verbrechen und den Verbrecher sieht, weicht es ab», erfährt die Schwester Margarete am 13. Februar über das Werk. «Wir haben auf Vorschlag einiger Redakteure noch einige Stellen gemildert, ich habe auch eine kleine Vorrede geschrieben, in der ein Knicks gemacht wird, trotzdem ist es immerhin nicht ausgeschlossen, daß das Buch verboten wird.»

Die Geschichte Willi Kufalts ist das ganze Gegenteil des 1934 Erwünschten. Sie paßt nicht in das faschistische Milieu der markigen Gestalten, der gereckten Kinne, der flatternden Fahnen, der tönenden Phrasen. «Der Heroismus erhebt sich leidenschaftlich als kommender Gestalter und Führer der Völkerschicksale. Es ist die Aufgabe der Kunst, Ausdruck dieses bestimmenden Zeitgeistes zu sein», hat Hitler ein Jahr zuvor kategorisch verordnet.

Und hier nun ein Gestrauchelter als Held eines Romans, ein Mann, der über eine kleine Unterschlagung ins Zuchthaus geraten ist und danach keinen Boden mehr unter die Füße bekommt. Ein Buch, das zur Anteilnahme zu überreden sucht, wo doch alles darauf angelegt ist, solche Schicksale aufzuhängen, abzuspritzen, unter das Fallbeil zu legen.

Um sein Buch durchzubringen, setzt er sich hin und schreibt am 30. Januar eine Vorrede, und da steht nun: «Mit diesem Roman rennt sein Verfasser offene Türen ein: der sogenannte humane Strafvollzug, dessen lächerliche wie groteske, wie beklagenswerte Folgen auf seinen Seiten dargestellt werden, ist nicht mehr. Während der Autor schrieb, verwandelt sich auch dies Stück der deutschen Wirklichkeit...»

Betroffen lesen Rowohlt und Lektor Paul Mayer die Ergebenheitsadresse. Doch Fallada glaubt auf die verlogene Vorrede nicht verzichten zu können. Auswanderung scheide für ihn nämlich aus, da all sein Geld in dem neuen Haus stecke, das auch nicht von heute auf morgen zu verkaufen sei und er im Ausland mit seiner Familie ja von irgend etwas leben müsse. «Ich muß in den bitteren Apfel beißen.»

«Wenn das neue System vielleicht nicht tausend Jahre bestehen wird, sondern nur zehn oder fünfzehn Jahre, dann wird man unserem Freund das Vorwort als unzweideutiges Bekenntnis zu den Nazis vor die Nase halten», wirft Paul Mayer ein. «Alle Zeugenaussagen, er habe das Vorwort nur zur Tarnung geschrieben und die Nazis in Wirklichkeit gehaßt, haben dann keine Beweiskraft. Seine Stellungnahme hat er ja hier schwarz auf weiß fixiert.»

«Ich kann nicht anders», erklärt Fallada, und Rowohlt macht der Debatte mit den Worten ein Ende: «Es ist ja sein Buch, er muß es wissen.»

Unerhört schwer ist ihm dieser Roman gefallen. Um ihn zu schreiben, mußte er zurück in die Gefängnisse, wieder die Demütigungen des Häftlings auf sich nehmen, mit der Furcht Kufalts leben, sein Schicksal werde die Strafanstalt sein. «Das ist ein fürchterliches Buch, ich wollte, ich hätte es nie geschrieben», gesteht er Kagelmacher und weiß zugleich, daß er das Buch schreiben mußte, weil er sein Leben als Erzähler lebt und nicht an dieser Etappe vorbeikommt.

Er hat den Roman angefangen und wieder weggelegt und neu hervorgeholt. Keiner der großen Fallada-Romane hat so viel Zeit verbraucht und ist mit so vielen Unterbrechungen geschrieben worden. Im März 1931 hat er das Buch begonnen, es für den «Kleinen Mann» liegenlassen und sich danach wieder an den Gefängnisroman gesetzt. Er hat in Berkenbrück daran geschrieben und im Gefängnis in Fürstenwalde, in der Pension Stössinger und in Feldberg im «Deutschen Haus», wo er auf den Umzug ins benachbarte Carwitz wartete. Nirgendwo hat ihn die Geschichte Kufalts losgelassen, und überall standen die Umstände ihr entgegen. Als die Mutter ihm sagt, wie schmerzlich dieses Buch seiner Vergangenheit für sie wäre, antwortet er ihr: «Aber es ist ja auch kummervoll für mich. Ich habe nie zu den Schriftstellern gehört, die sich ihre Themen auswählen, ich muß schreiben, was ich schreiben muß.»

Der «Blechnapf» ist ein existentielles Buch für Fallada. Seine Häftlingsjahre und ein zerrissenes Schreibjahr hat der Roman aufgenommen, das will und kann er nicht verloren geben, ein solches Buch glaubt Fallada freikaufen zu dürfen.

In diesem Frühjahr 1934 hat Fallada seinen ersten großen Zusammenstoß mit dem System, und das Dorf zwischen den Seen und Wäldern in Mecklenburg schützt ihn nicht davor. Wie seine emigrierten Kollegen bedroht ihn der herrschende Gegensatz zu aller und jeder Humanität, und sein Bleiben erspart auch ihm nicht die tiefe Problematisierung des ganzen Lebenssinns, die viele der ins Exil Gegangenen erleiden. Denn das sich auswachsende Ungeheuer Faschismus zu begreifen, das Land einem Usurpator folgen zu sehen, als Dichter in eine fremde Sprache zu geraten und die verloren zu haben, zu denen man gesprochen hat, dazu alle persönlichen Verhältnisse einer ungewissen Zukunft ausgeliefert zu sehen stellt schon einen Ansturm des Historischen dar, der alle Kraft abverlangt und nicht wenige Dichter zu Tode erschöpft.

«Daß ich aus dieser Existenz hinausgedrängt worden», trägt am 14. März 1934 der nach Zürich übersiedelte Thomas Mann in sein Tagebuch ein, «ist ein schwerer Stil- und Schicksalsfehler meines Lebens, mit dem ich, wie es scheint, umsonst fertig zu werden suche, und die Unmöglichkeit seiner Berichtigung und Wiederherstellung, die sich immer wieder aufdrängt, das Ergebnis jeder Prüfung ist, frißt mir am Herzen.» Ein Jahr zuvor hat auch er das bei der Machtübernahme hervorgetretene Gesicht des deutschen Faschismus für den Ausdruck eines nationalen Taumels gehalten, der abklingen werde, und sich eine zeitweilige Rückkehr nach München zur Legalisierung seines Schweizer Aufenthaltes vorgestellt.

Thomas Manns Illusionen lösen sich im ersten Exiljahr in Krisen auf, die bis in die persönlichsten Bereiche dringen. Sehr wenig ist von der überall bewunderten schönen Regelmäßigkeit übriggeblieben, mit der dieser Dichter seine Arbeit erledigte, beinahe täglich notiert jetzt das Tagebuch die Einnahme starker Dosen Luminal und Phanodorm, um die in Depression und Schlaflosigkeit abgleitenden Nerven einigermaßen zu stabilisieren.

Der abgeschiedene Fallada in Carwitz ist im Kleinen wie im Großen der Gefährte von Gefährten. Da allerdings ist er von dem Züricher Thomas Mann unterschieden: Carwitz ist der denkbar ungünstigste Ort, um über den Faschismus dazuzulernen.

Seltsamer Zufall, die Situation des Carwitzer Autors wird für Thomas Mann zu einer Station, sein zufälliges Außerlandessein in eine programmatische Abwesenheit zu verwandeln. Als Fallada am 8. April

1934 der Mutter von der Resonanz seines neuen Romans «*Wer einmal aus dem Blechnapf frißt*» schreibt, steht in seinem Brief auch der Satz: «Ein sehr großer Erfolg ist er in der kleinen Schweiz, wohin schon etwa 3000 Exemplare gewandert sind.» Eines dieser Exemplare wird von Thomas Mann, der voller gespannter Aufmerksamkeit die Entwicklung der literarischen Szene in Deutschland verfolgt, in Zürich erworben. Eine Besprechung in der «Neuen Zürcher Zeitung» hat ihn darauf aufmerksam gemacht.

An jenem 14. März, an dem er die Hinausdrängung aus seiner Existenz als schweren Schicksalsfehler im Tagebuch beklagt, notiert er nur wenige Zeilen weiter über den Fallada-Roman: «Er hat ein Sträflingsschicksal zum Thema und scheint es altruistisch-sozial zu behandeln. In einem Geleitwort aber sagt der Verfasser, daß seine Schilderung des Strafvollzugs der deutschen Wirklichkeit nicht mehr entspreche, und verhöhnt und verwirft die Humanität, die in der vergangenen Epoche den Strafvollzug zu regulieren versucht hatte, als grotesk und lächerlich. Wozu der feige Eselfußtritt nach dem Besiegten, Gefallenen? Das Buch tritt ein für den Schutz des besserungsfähigen Verbrechers nach der Strafverbüßung. Es hat selber eine humane Tendenz. Mit ihr mußte wohl eine Staatsmacht versöhnt werden, nach deren Willen einem einmal Bestraften überhaupt keine Hoffnung auf Leben und Versöhnung mit der Gesellschaft bleibt.» Und dann zieht Thomas Mann einen Trennungsstrich, auf den Hans Fallada nicht kommt. «Um in Deutschland möglich zu sein, muß ein Buch seine menschenfreundliche Gesinnung in einer Einleitung verleugnen und in den Boden treten.»

In Deutschland trifft der Roman bei seinem Erscheinen auf eine Atmosphäre des Schweigens. In der fast völlig gleichgeschalteten Presse wagt sich niemand an das Buch. Rowohlt kann Fallada am 16. März zwar mitteilen, daß der Verkauf gut sei und verschiedene Berliner Buchhändler dem Roman einen besonderen Platz in ihren Schaufenstern eingeräumt hätten, aber die Zeitungen hielten sich zurück, keine wolle als erste mit einer Meinung auftreten. «Sie sehen: Hosen gestrichen voll, wo man hinsieht ... das sind nun einmal die Zeiten.»

Wie alle öffentliche Erörterung aufgehört hat, gibt es auch keine Literaturdiskussion mehr. Nur ein paar Einzelgänger agieren noch. Monty Jacobs, der langjährige Feuilletonredakteur der «Vossischen Zeitung» und Freund Falladas, ist einer von ihnen. Fallada ist bei

Monty Jacobs in Nikolassee gewesen, und Jacobs hat ihm seine Lage geschildert. Ihn, den Mann, der zu den einflußreichsten und umworbensten Figuren der Berliner Kulturszene gehörte, kenne von den Gebliebenen keiner mehr.

«Sie sehen an mir vorbei, sie wagen nicht einmal zu grüßen...»

Dreizehn Tage bevor die «Vossische Zeitung» ihr Erscheinen einstellen muß, bringt sie am 18. März noch eine Rezension des Fallada-Romans von Monty Jacobs. Sie handelt von der gesellschaftlichen Einsamkeit Kufalts und seiner über die Haft hinausreichenden sozialen Verurteilung durch die Verhältnisse. Monty Jacobs lobt den Autor, der das durchschaubar gemacht hat. «Er braucht nämlich nicht zu plakatieren, er braucht die Tendenz, die Schuld der bürgerlichen Gesellschaft am Schicksal seines Schlehmihl nicht auszuschreien. Nicht einmal flüstern muß er sie, und doch hört sie der Leser, er liest sie zwischen den Zeilen.»

Am 24. März meldet sich Felix Riemkasten zu Wort, ein Mann voller Sympathien gegenüber dem Autor und auch später noch bei jedem Buch zur Stelle, aber trotz seiner Vorstellung, der Fallada-Kenner zu sein, oft ein Verkenner seiner Intentionen. Hier fragt er banal nach dem Positiven, da ein Kufalt kein Romanheld sein könne. Drastischer und nun ganz im faschistischen Jargon hört Fallada das am 10. Mai durch Bernhard Payr, den Archivleiter der «Reichsstelle zur Förderung des deutschen Schrifttums», der ihm in der «Niedersächsischen Tageszeitung» bescheinigt, sein Buch sei «ein nicht ungeschickter Versuch, die heroische Lebensansicht unserer Zeit durch wirkungsvolle liberalistische Mittel zu sabotieren».

Und dann sind sie plötzlich alle zur Stelle, die literarischen Hetzhunde und Beutemacher des Systems, um ihn zur Strecke zu bringen. Seine menschenfreundlichen Geschichten sind ihnen fremd, und sie neiden ihm ganz einfach auch seinen Erfolg und wissen nicht anders, als durch den Rufmord voranzukommen. Will Vesper schreibt im Juliheft der Zeitschrift «Die neue Literatur», die er sich eigens gegründet hatte, weil man ihn woanders nicht haben wollte: «Ein in vieler Hinsicht peinliches Buch, schlecht und gewissenlos gemacht. Arbeit auf Bestellung...» Und ein Karl Rauch bekennt im «Deutschen Wort», das seiner Inferiorität durch den gestohlenen Untertitel «Die literarische Welt / Neue Folge 1934» abzuhelfen sucht: «Was ein derartiges Buch im nationalsozialistischen Deutschland soll, bleibt unverständlich.»

Fallada protestiert. Er versucht, von einem Mann wie Vesper den Anstand des Literaturkritikers zu verlangen. Daß er noch vor einem halben Jahr den «Kleinen Mann» eine «Sitten- und Lebensdarstellung ersten Ranges» genannt hatte und jetzt vom «Blechnapf» als Buch «mit fauligem Aasgeruch» spricht, läßt er Vespers Sache sein, doch: «Zu verantworten vor mir haben Sie die konkrete Behauptung, mein Roman ‹Wer einmal aus dem Blechnapf frißt› sei eine ‹Arbeit auf Bestellung›. Sie gebrauchen diese Bezeichnung in herabsetzendem, verächtlich machendem Sinn. Ich frage Sie: Wer hat diese Arbeit bei mir bestellt, Herr Vesper? Wer hat sich verkauft und wer hat gekauft, Herr Vesper?»

Auf Falladas Einschreibebrief antwortet Vesper gewunden. Er habe «auf deutsch» etwas anderes gemeint, Fallada entnimmt erstaunt, Arbeit ohne inneren Zwang, Debatte ist das nicht. Es ist die stupide Absurdität von Propaganda. Parolen werden hier ausgegeben. Fallada spürt es: «Unter diesen Umständen glaube ich Ihnen ohne weiteres, daß Sie für jedes Ihrer Werturteile einen Beweis aus meinem Buch erbringen können. Sie brauchen dann immer nur etwas anderes zu verstehen, als was geschrieben steht. Ich für meinen Teil finde derartige Kritik völlig sinnlos...»

Im Juni hatte mit Hellmut Langenbucher einer der NS-Oberinquisitoren das Kesseltreiben angeblasen. Von bodenloser Verwendbarkeit und hemmungslosem Eiferertum, verwaltet der Neunundzwanzigjährige 1934 sowohl das «Börsenblatt für den deutschen Buchhandel» wie er stellvertretender Leiter der sich bombastisch «Reichsstelle zur Förderung des deutschen Schrifttums» nennenden parteiamtlichen Zensur Alfred Rosenbergs ist. Als sie später als «Hauptamt Schrifttum» firmiert, ist er auch da als Lenker eines ständig anschwellenden Kontrollapparates mit eigenen Verlautbarungsorganen dabei, von denen die «Bücherkunde» das wichtigste wird.

Langenbucher allerdings, voller geheimer Zensorensehnsucht mehr als ein Aufpasser zu sein, publiziert seine Rücksichtslosigkeiten am liebsten in der altrenommierten «Berliner Börsenzeitung» und läßt sie dann von seinem Hausblatt und anderen NS-Organen nachdrucken. So steht auch sein rüder Angriff «Falladas Blechnapf- und die deutsche Literaturkritik» zuerst am 10. Juni in dem Berliner Blatt und dann erst im «Völkischen Beobachter» und einer Reihe ähnlicher Organe.

Die Ablösung der Kritik durch die Zensur als literarisches Regulativ sucht Langenbucher einmal mehr durch ihr angebliches Versagen bei der Beurteilung des neuen Fallada-Romans zu begründen und eröffnet seine Tirade dann auch gleich mit dem Satz: «Einer der Stützpunkte, auf den sich die intellektuellen Feinde Deutschlands zurückgezogen haben, ist die Literaturkritik», um sehr schnell bei der Einweisung des Romanproblems in ein Konzentrationslager anzulangen: «Kufalt ist einer von jener Sorte degenerierter Menschen, für die wir heute die Sicherheitsverwahrung haben.» Am Ende fragt Langenbucher den «deutschen» Buchhandel unmißverständlich drohend, wie lange er noch dafür sorgen wolle, «daß Falladas ‹Blechnapf› eine Auflage bekommt, die zu erreichen zehn dichterisch wertvollen Werken zusammen nicht gelingt».

Fallada bekommt sofort zu spüren, was das heißt. Der Absatz des «Blechnapfs» beginnt zu stocken, und die Redakteure der «Berliner Illustrierten» sind drauf und dran, den Vorabdruck seines Romans «*Wir hatten mal ein Kind*» abzusagen. Fallada ist sich darüber im klaren, worauf das hinauslaufen kann. Am 17. Juni vertraut er Kagelmacher an: «Von der behördlich anerkannten Literatur setzt augenblicklich ein konzentrischer Angriff gegen mich ein, der offensichtlich das Ziel hat, mir das Schreiben unmöglich zu machen.»

Es ist eine Situation, in der sich wieder die Schicksalsfrage der Emigration stellt. Möglichkeiten, mit einem legalen Anlaß auszureisen, hat es für den berühmten Autor des «Kleinen Mannes» in den letzten Monaten wiederholt gegeben. Am 6. April hat der Schweizer Carl Seelig bei ihm angefragt, ob er im April oder Mai «nicht zufällig» in die Schweiz käme. «In diesem Falle würde ich Sie bitten, im Rahmen der von der angesehenen Buchhandlung Dr. Oprecht und Helbling arrangierten Vortragsabende... aus Ihrem ungedruckten Roman eineinhalb Stunden vorzulesen.» Fallada lehnt ab, wie er im November 1933 eine Einladung des Kopenhagener Studentenvereins abgeschlagen hat und wie er Februar 1935 dem deutsch-dänischen Kulturverein absagen wird. Da sind die kleinen Gründe – seine Vorstellung, kein guter Vorleser zu sein, das Problem, seine Vorstrafen würden bei der Beantragung eines Passes wieder hochkommen –, und da ist ein großer unausgesprochener Grund, der aus der Hartnäckigkeit seiner Absagen spricht. Es ist die Furcht, ein solcher erster Schritt könne Lust auf die Freiheit machen, und das Trauma, nur dort als Schriftsteller bestehen zu können, wo er zum Schriftsteller geworden ist. «...ich sitze hier so fest im

Norddeutschen, daß ich mir keine andere Umwelt zum Produzieren denken kann», steht im Kagelmacher-Brief.

Seine Vergangenheit wirft sehr lange Schatten. Denn auch das spielt eine Rolle: Am 16. Juni hat er endgültig seine Schulden aus den Unterschlagungen gegenüber Hahn und Rohr beglichen. Endlich ist die volle bürgerliche Rehabilitierung erreicht. In einem Winkel seines Daseins hat er mit diesem Vaterziel ja immer gelebt. «Es ist jetzt gewissermaßen Festzeit für mich: Gestern habe ich den Rest meiner Schulden aus meiner schlimmen Zeit abgetragen, es waren doch über 13000 Mark, und das war wirklich manchmal nicht ganz einfach. Aber nun bin ich alles los, es hatte mich doch immer bedrückt, und ich kann mich ganz Carwitz widmen.»

Der wichtigste Grund für sein Bleiben liegt aber seit Anfang März bei Rowohlt auf dem Schreibtisch. Es ist der Roman «Wir hatten mal ein Kind», den Fallada sein «liebstes und schönstes Buch» nennt. «Mir ist, als hätte ich meinen ersten Roman geschrieben, das Buch, das ich wirklich bin...», läßt er am 4. März seinen Verleger wissen. Zwei Tage später hört die Schwester Margarete: «Es ist weit besser als all meine anderen Bücher, alles andere verblaßt dagegen...» Und Kagelmacher erfährt am 9. März: «Vor einer Woche bin ich mit meinem Wittow-Roman fertig geworden. Das Manuskript ist abgeliefert worden. Es ist nun mein schönstes Buch geworden, weit über den Stand aller anderen Schreiberei von mir.»

Von keinem anderen Werk ist Fallada so überzeugt wie von diesem Roman. Mit ihm zählt er sich zur deutschen Literatur, und das Ereignis hat für ihn eine Dimension, die sich nur mit den Erwartungen vergleichen läßt, die er mit dem «Goedeschal» verband. Fallada sieht sich vor einem Ereignis, das mehr bedeutet als alle Angriffe. Das Land verlassen heißt im Sommer 1934 für ihn vor allen Dingen, diesen schwerwiegenden Roman aufzugeben.

Und wirklich, das ist ein anderes Buch, als er sie in den letzten Jahren geschrieben hat. Behäbiger, weiträumiger und von weiter herkommend. Schwerer im Gang und reicher im Faltenwurf der Episoden. Über Jahrzehnte und Generationen reichend, eine Geschichte, auf dem Dorf beginnend, in die Stadt wechselnd und sich auf dem Lande erfüllend. Zu Hause in Pommern und auf Rügen, wo er herkommt und sich heimisch fühlt. Sie erzählt das Leben des Bauernsohns Johannes Gäntschow, der vom väterlichen Hof geht, weil mit dem älteren Bruder Max ein anderer darauf Anspruch hat und der sein Heil als Arbeiter unter Arbeitern suchen muß. Gäntschow findet es nicht, denn sein Herz gehört den Äckern. Er kehrt als Verwalter fremden Eigentums auf das Land zurück, besitzt endlich einen eigenen Hof und lebt mit einer stillen Frau zusammen. Doch am Ziel ist Gäntschow immer noch nicht. Das scheint ihm Christiane zu sein, die Tochter des Grafen Fidde, die er seit Kindertagen kennt.

«*Wir hatten mal ein Kind*» ist keine der wirklichkeitssatten und selbstredenden Geschichten, die Fallada so ausnahmsweise unter den deutschen Romanciers beherrscht. Und Fallada will diesmal so auch nicht Wirklichkeit darstellen. Überall setzt sich das Buch in seiner Methode von den drei vorhergehenden Romanen ab. Immer schien ihm dort ja eine Art dichterischen Elementes zu fehlen, hier nun soll es Gestalt annehmen. Am Ende entsteht nicht so sehr ein großer Roman als ein großes Bild seiner poetischen Vorlieben.

Fallada glaubt, für einen «dichterischen» Roman die soziale Genauigkeit des Geschehens abschwächen zu müssen. Mündete die eigene Problematik in den anderen Büchern in aktuellen Zeitgeschichten, versucht er hier moralisch-philosophische Themen zu gewinnen. Gäntschows Geschichte bewegt sich durch Falladasche Problempaare, sie erörtert Glück und Unglück, Wahrheit und Lüge, ländliche und städtische Existenz. «Frei kann man nur für sich sein..., brüderlich zu sein ist unklug», hält Gäntschow dem Solidaritätsgedanken der Arbeiter entgegen. Beständig nötigt ihm die selbstgewählte Einsamkeit rebellische Behauptung ab oder stürzt ihn in Entmutigung. Immer aber überfordert das Alleinsein Johannes Gäntschow. Als er am Ende mit Christiane zusammenkommt, ist das zu einem Glück aus «lauter Splittern» geworden. «Vielleicht gibt es keine anderen Glücksmöglichkeiten als diese...», philosophiert er. «Immer auf der mittleren Linie...»

Vollkommen erfährt der Einzelgänger nur das Unglück. Ein Kind stirbt ihm. Der Hof geht zugrunde. Seine Verbindung mit Christiane wird öffentlich beschmutzt. Er hat das Gefühl, in einer Welt voller Feiglinge und Lügen zu leben, und einmal mehr rennt der Sucher Gäntschow gegen das düstere Bild an. Er jagt mit dem Verleumder im Kutschgespann an der Rügenschen Steilküste entlang. Jäh wird aus der wilden Fahrt tödlicher Ernst, und er stürzt in die Konsequenz seines Schicksals: «...alle Quälerei war umsonst, jeder stirbt allein, und allein zu sterben ist bitter.»

Die melancholischen Botschaften des Romans «*Wir hatten mal ein Kind*» kommen in scheinbar vitalen Geschichten und heiteren Szenen daher. Eine Welt ganz aus Phantasie scheint Fallada geschaffen und sich endlich die Lust, einmal frei zu fabulieren, erfüllt zu haben. Beinahe alles ist unterlassen, was dem Roman einen konkreten Hintergrund geben könnte. Um 1910 ist Gäntschow unter den Arbeitern und 1923 auf den Gütern, doch dann verliert sich die Handlung in eine große Allgemeinheit. Und auch das eigene Erlebnis ist aus diesem Buch so gut wie ausgeschlossen. Gewiß, Gäntschow trägt ein paar Züge Kagelmachers, aber «so wie mein Held Johannes Gäntschow sind Sie nun freilich doch nie gewesen», schreibt er ihm, gleich als der Roman fertig ist.

Eine Reminiszenz gestattet er sich an die Tochter des kleinen Beamten, mit der er einmal verlobt war und die er so sehnsuchtsvoll geliebt hat. Auf einem der Güter, über die Gäntschow zieht, arbeitet «ein schönes stilles Mädchen aus Ostpreußen»: Jagusch.

Fallada ist im Roman nur eine komische Randfigur, der Schüler Lenz, «eine wunderlich unerträgliche Mischung aus Tiefsinn und Albernheit, der seinen Wandervogelkameraden in Holland die Suppe versalzt», und selbst das Ereignis, das ihn auf Roman und Titel gebracht hat, ist zu einer nebensächlichen Episode im Schlußteil geschrumpft: Am 18. Juli hatte Anna Ditzen in Berlin Zwillinge geboren, von denen nur die «Mücke» genannte Tochter Lore am Leben geblieben war. Fallada geistert die Warnung der Eltern durch den Kopf, es wäre bei seiner Veranlagung besser, keine Kinder zu haben. Er will der Sache auf den Grund gehen und eine Autopsie vornehmen lassen.

«Seien Sie unbesorgt, Herr Ditzen, Ihr Töchterchen liegt schon auf Eis», antwortete ihm ein Arzt.

«Verdammt noch mal, es war gerecht. Wenn Dummheit und Roheit straflos blieben, was würde aus dieser Welt, welche Welt? Es konnte kein Zweifel darüber bestehen, daß er dumm und roh gewesen war. Es hatte alles seine Ordnung. Es war genau richtig», sinniert Johannes Gäntschow vor seinem toten Kind.

«All meine Bücher, vom ‹Goedeschal› angefangen bis zum ‹Blechnapf› hin, werden mir blaß und undeutlich vor diesem Buch. Wie ich nach rund zwanzig Jahren städtischen Umhergetriebenseins wieder heimgefunden habe auf das Land, so habe ich, glaube ich, heimgefunden zu meinen liebsten geistigen Vätern: Jean Paul und Wilhelm

Raabe», steht in einem Brief, den er Rowohlt für die Buchwerbung schickt.

Nichts von dem, was Fallada hier ausspricht, hält stand. Der eine Irrtum ist so groß wie der andere, und ein dritter steht dahinter. Carwitz erweist sich als äußerst fragwürdiges Zuhause. Fallada wird sich bald wieder den Erzähler Fallada zum Vorbild nehmen, und der die anderen Bücher verleugnende Roman «Wir hatten mal ein Kind» vertieft nur die Konfrontation mit dem NS-Literaturbetrieb.

Wieder ist es Langenbucher, der die Hatz auf Fallada anbläst, und wieder bedient er sich dazu der «Berliner Börsenzeitung». Am 11. November 1934 läßt er dort den Artikel drucken «Wir hatten mal... Grundsätzliche Betrachtungen zu einem neuen Buch von Fallada.» «Grundsätzlich» zählt Langenbucher Raabe darin zu seiner «volkhaften Dichtung», fälscht ihn in einen Antisemiten um und straft Falladas Bezug auf Raabe mit den Worten ab: «Welch eine rohe Anmaßung!»

Dabei hatte Karl Rauch diesmal in seinem «Deutschen Wort» in Gäntschow die «Urgestalt des Mannes» entdeckt und den Roman als «Abbild, Sinnbild und Schau allen Lebens» gefeiert, damit aber nur Langenbucher die Möglichkeit gegeben, dem ja schon von Vesper angefeindeten Konkurrenzunternehmen nun auch seinerseits die Existenzberechtigung mit dem Satz abzusprechen: «Eines der Scheidewasser auf dem Gebiet der literarischen Urteilsbildung ist Hans Fallada, darin sehen wir seine Bedeutung für uns...»

Aus Langenbuchers Abstempelung spricht die Gesinnung, die den Judenstern erdachte. Langenbucher erfindet für Fallada ein Ghetto besonderer Art. Fallada wird fortan eine literarische Unperson. Rowohlt versucht eine bescheidene Gegenoffensive. Vorbei sind die Zeiten, wo er gegen die Weisungen der neuen Mächtigen ihre eigene Ignoranz ins Feld führen konnte. Als Goebbels Fallada im Sommer 1933 geschrieben hatte «... ich mache Sie darauf aufmerksam, daß Ihre Werke in schwedischer Sprache bei dem Verlag Bonnier erscheinen, der in der Deutschenhetze an führender Stelle steht», inspirierte Rowohlt seinen Autor zu der Antwort: «Sehr geehrter Herr Minister, als ich meine auf lange Jahre lautenden Verträge mit dem Verlag Bonnier abschloß, war mir noch nicht bekannt, daß die Lebenserinnerungen des Reichspräsidenten von Hindenburg in diesem Verlag erschienen sind und meines Wissens auch heute noch erscheinen...»

Rowohlt bittet den seinem Verlag verbundenen Hermann Broch um ein Wort. Broch zögert nicht. Ihn beeindruckt der Mann, der versucht, in diesem unmenschlich gewordenen Land, das auch seine österreichische Heimat bedroht, menschliche Geschichten zu erzählen. Broch gibt Fallada mit seinem Brief vom 19. November eins der für ihn selten gewordenen Zeichen von Solidarität. «Ich bewundere es», liest Fallada, «daß Sie in dieser kriegsumsäumten Welt mit unentwegter Beharrlichkeit das menschliche Herz, die menschliche Seele aufzudecken imstande sind und nicht ablassen, es zu tun.» So stark wie Fallada die «dichterische Position» in dieser Zeit zu halten hat für Broch «etwas Tröstliches, es ist gleichzeitig die Position wahrhafter Humanität».

Broch kennt den Fallada der Bücher. Daß er ähnlich wie Broch «manchmal ganz mutlos» ist, erfährt er durch den Briefschreiber. Doch zählt am Ende nicht allein, was einer in die Kunst bringt, und seine Privatheit nur so weit, wie sie dazu beiträgt oder davon abträgt? Der verzweifelte Fallada ermutigt Broch und fordert Langenbucher heraus. Schreiben ähnelt manchmal dem Kampf Davids gegen Goliath.

Fallada kann sich trotz des öffentlich gezeigten guten Mutes nicht allzu sicher gewesen sein, daß der Roman «*Wir hatten mal ein Kind*» wirklich einigermaßen erträgliche Verhältnisse für ihn begründen könne. Wie anders wäre es zu verstehen, daß dieser besessene Schreiber seit März nichts Neues mehr anpackt und sich in den Ausbau des Anwesens in Carwitz versenkt?

Im September ist er mit Suse in Berlin. Das Nichtstun quält ihn. Er trinkt. Und er weiß, daß es bei dem nicht hilft, was ihn beschäftigt. Fallada bricht aus. Er schickt Suse zurück nach Carwitz und fährt selber wieder einmal auf die Insel Hiddensee. Jeden Tag macht er kilometerlange Märsche, sammelt Bernstein, sitzt mit den Fischern zusammen und hat viele schlaflose Nächte. Natürlich beschäftigt ihn ein neuer Roman, und er weiß, es muß ein ganz bestimmter Roman werden. «...ich habe viel gegrübelt und mir überlegt, wie man ein aktuelles Buch schreibt, ohne es aktuell zu machen», hört die Schwester Elisabeth am 12. Oktober.

Als er nach Hause kommt, gerät er in eine neue Kampagne. Fallada ahnt, daß er nicht mal solch ein Buch mehr wird schreiben können. Er beginnt ins Bodenlose zu stürzen. Endlich hatte sich Rudolf Ditzen in Hans Fallada gefunden. Nun ist die bitter erkämpfte Identität wieder bedroht.

Um den Jahreswechsel schreibt er von November 1934 bis Januar

1935 den gänzlich unverbindlichen Illustriertenroman «*Altes Herz geht auf die Reise*» runter, der ihn wenig froh macht. Und dann tritt ihm noch das materielle Ausmaß seiner Bedrohung vor Augen, denn es sind immerhin fünfundzwanzig- bis dreißigtausend Mark Steuern bei rapide gesunkenen Einnahmen zu zahlen. Es kommt zu einem Ausbruch, der ein Zusammenbruch ist. Am 16. März verläßt er unvermittelt Carwitz, hastet nach Berlin, fährt zu Rowohlts Sommerhaus in Grünheide bei Erkner, zettelt einen Krach mit seinem Verleger an, jagt mit einer Taxe nach Hof, steigt dort in einen Zug nach München um und landet am 18. März in einer Nervenklinik der Isarstadt. «Manische Depressionen» stellen die Ärzte fest.

Willi Burlage, der Freund aus den Leipziger Gymnasialtagen, Zeuge der unseligen Briefaffäre und inzwischen Nervenarzt geworden, erklärt später Anna Ditzen die Situation in den Begriffen der Schulmedizin. Ihr Mann leide an endogenen Verstimmungen, die lange arbeiteten und durch einen äußerlichen Grund in depressiven Anfällen zum Ausbruch kämen.

Anfang April kann ihn seine Frau aus der Kuranstalt Neuwittelsbach nach Carwitz zurückholen. Dort bringt er apathische Wochen ohne jeden Gedanken an Arbeit zu. Anfang Mai versucht ihm Suse durch eine Behandlung in der Berliner Charité bei Professor Bonhoefer zu helfen. Bonhoefer nimmt ihn bis Ende des Monats auf seine Station 6, entläßt ihn dann nach Carwitz und gibt ihm noch vier Wochen eine Krankenschwester an die Seite.

Vierzehn Tage würden ihm völlig im Gedächtnis fehlen, schreibt er Kagelmacher am 4. Juli. Er habe Todesängste bei starken Halluzinationen ausgestanden. Keinen Alkohol mehr zu trinken schwört er sich und beschwört den nichtigsten Grund dieses wüsten Zusammenbruchs.

Im September 1935 erreicht die Fallada-Kampagne ihren vorläufigen Schlußpunkt. Er ist bürokratisch-administrativer Natur. Fallada war 1930 nach Erscheinen von «*Bauern, Bonzen und Bomben*» Mitglied des Schutzverbandes Deutscher Schriftsteller geworden, der am 11. März 1933 mit seinen in Deutschland verbliebenen Mitgliedern in einen «Reichsverband Deutscher Schriftsteller» zwangsweise überführt wurde. Er verfiel 1935 der Auflösung, um durch einen Lenkungsapparat ersetzt zu werden, der ein noch rigoroseres Kontrollsystem garantieren sollte. Schriftsteller, aber auch Buchhändler waren nun verpflichtet, wenn sie ihre Tätigkeit ausüben wollten, der «Reichsschrifttumskammer» anzugehören. Am 12. September ging Fallada der Bescheid zu, die RSK verweigere ihm als «unerwünschten Autor» die Übernahme. Die Zwangsorganisation sprach damit faktisch ein Berufsverbot aus, das sich auch auf die Auslandsaktivitäten erstreckte. Fortan war der Vertrieb von Werken und die Vergabe von Rechten dorthin verboten. Rowohlt und Fallada intervenierten zunächst vergeblich, erst zum Jahresende gelang ihnen eine Revision. Fallada erhielt den Ausweis Nr. 841 der RSK.

Fallada erscheint in diesen Herbstwochen seine Lage aussichtslos. «Das einzige, was noch möglich ist, wäre eine Emigration, natürlich nur gesetzlicher Art, so daß mir die Rückkehr immer möglich wäre», schreibt er Kagelmacher am 20. September. «Der Gedanke widerstrebt mir sehr, denn was sollen wir schließlich in fremdem Lande – Dänemark oder England kämen in Frage? Dazu müßte man Carwitz, ja alles Errungene aufgeben – nein, es wäre doch sehr bitter.»

Was er an Schreibprojekten jetzt anpackt, trägt alle Zeichen des Rückzugs in den bloßen Broterwerb oder die Allegorie. Er schreibt Filmdialoge für den Regisseur Reinhold Schünzel und im Oktober in siebzehn Tagen das «*Märchen vom Stadtschreiber, der aufs Land flog*». Zum erstenmal probiert er die Kunst des Äsop, in unverfänglichen Bildern eine verfängliche Fabel unter die Leute zu bringen, und schreibt sich von der Seele, wie es ihm mit Carwitz ergangen ist, der endlich wirklich gewordenen Traumgestalt vom einfachen und geborgenen Leben draußen fern der Stadt. Es ist ihm gegangen wie dem Stadtschreiber Guntram Spatt, der seinen Hof plötzlich eingeschlossen von «finsteren Mächten» und bedroht von «bösen Geistern» gesehen hat, und er hofft, daß sich auch ihm erfüllen möge, was er den Stadtschreiber hat erfahren lassen: sich zu behaupten durch die Liebe.

Das Konzept, das sich da ergeben hat, sich den Lebensunterhalt mit unverbindlichen Arbeiten zu sichern und gleichzeitig auszuprobieren, ob sich Verbindlicheres in Metaphern sagen läßt, baut Fallada aus. Am 30. Oktober beginnt er mit dem «*Wizzel Kien*» sich einen mittelalterlichen Schalk auszudenken und ein auf acht Teile geplantes Narrenbuch zu schreiben. Was ihn bewegt, kostümiert er bis hin zur Sprache so entschieden, daß der wirkliche Fallada in diesem Manuskript gebliebenen Vorhaben beinahe unkenntlich wird. Natürlich hat er an eine Veröffentlichung gedacht und darüber auch mit Rowohlt gesprochen, der von dem Vorhaben nicht gerade erbaut ist, aber im Grunde genommen erfüllt das Projekt eine andere Funktion: Es beschäftigt Fallada lange und verlegt den Zeitpunkt eines erneuten Zusammenstoßes in eine tröstliche Ferne.

Ein anderes Buch hat er fertig. Es ist der für die «Berliner Illustrierte» geschriebene Roman «*Altes Herz geht auf die Reise*», ein rechter Illustriertenroman, den er noch ein bißchen bearbeitet. Viel hält er nicht davon. «Das alte Herz ist entschieden mein schwächstes Buch, mit nachlassenden Lenden, etwas einfallsarm erzeugt...», schreibt er Kagelmacher am 29. Oktober 1935. Ausgerechnet dieser Roman löst bei seinem Vorabdruck im April 1936 einen der wüstesten Angriffe auf Fallada aus. Rowohlt setzt ihn davon in Kenntnis.

Die Zeitschrift «Volksgesundheit» bietet den NS-Behörden einen «Fall Fallada» an. Man braucht ihn eigentlich nur noch zu verhaften. «In der Systemzeit war Herr *Fallada* einer jener Schriftsteller, die alles daransetzten, ihren jüdischen Kollegen in ihrer zersetzenden Tätigkeit nicht den Vorrang zu lassen. Damals schrieb Herr Fallada mit Vorliebe Romane, die ohne weiteres eine Zierde des Feuilletons der ‹Roten Fahne› hätten sein können. Viele hundert Seiten z. B. verschwendete er auf die Schilderung eines Zuchthäuslers und des Zuchthausniveaus. Wer sein Buch ‹... wer einmal aus dem Blechnapf fraß› gelesen hat, der dürfte sich über Herrn Fallada durchaus klar sein. Auf eine ähnliche Weise bewegte sich dann Herr Fallada in seinem Roman ‹Wir hatten mal ein Kind›.

In letzter Zeit war es einigermaßen stille um Herrn Fallada geworden. *Doch jetzt ist er wieder da.* In der ‹Berliner Illustrierten Zeitung› läuft augenblicklich ein Roman von ihm, der den Titel trägt: ‹Ein Herz ging auf die Reise›. Wir wollen Herrn Fallada nicht den Schmerz antun und uns gründlicher mit diesem seinem neuesten Machwerk beschäftigen. Vielleicht bemüht sich darum einmal der *Reichsnährstand* und dessen Organ, die ‹NS-Landpost›. Wir wollen lediglich feststellen, daß Herr Fallada im Verlaufe der Fortsetzungen seines neuesten Romans sich auch bemüßigt fühlt, ein Gebiet zu streifen, *das uns ganz besonders interessiert...*»

Der Zorn des Blattes entlädt sich über Fallada, weil er es gewagt hat, in seinem Roman einen heilkundigen Schäfermeister auftreten zu lassen. «Im nationalsozialistischen Deutschland nimmt man den Begriff der ‹Volksgesundheit› eine ganze Portion ernster als in der Epoche, in der Herr Fallada seine größten Lorbeeren pflücken konnte», prasselt es auf ihn herab. «Wir sehen uns also gezwungen, Herrn Fallada zu bescheinigen, daß *er immer noch in jenen Schuhen steckt, in denen er wandelte, als er seine Zuchthauspornographie schrieb und sich in einem System, das alles nur darauf anlegte, das deutsche Volk physisch und psychisch zugrunde zu richten, seinen ‹Ruhm› erwarb*... Wir sind nicht gewillt, durch irgend jemand, dem wir noch großzügig erlauben, in Deutschland sich sein Brot zu verdienen, uns unser Aufbauwerk an der deutschen Nation stören zu lassen. Das mag sich auch Herr Fallada für die Zukunft merken. Aber auch diejenigen, die dazu da sind, die Arbeiten derartig belasteter Zeitgenossen, wie Herr Fallada einer ist, auf ihre Verwendbarkeit zu prüfen.»

Als das Gras von ein paar Jahren über die Sache gewachsen ist, wird aus dem Roman ein Film. Ein Geschichtenschreiber wie Fallada ist eben selten. Natürlich ist das Buch vorher gründlich umgeschrieben worden. Im Juni 1938 beginnen die Dreharbeiten in Carwitz. Das Dorf und seine Umgebung geben die Kulisse ab. Neben so bekannten Schauspielern wie Eugen Klöpfer und Gerhard Bienert spielt auch mancher Carwitzer eine kleine Rolle. Fallada hält sich ganz aus der Sache heraus und schaut eben mal so wie ein zufälliger Betrachter den Dreharbeiten zu. «Ich will an etwaigen Mißerfolgen mich keinesfalls als Berater beteiligen. Der Regisseur ist mir jedenfalls sympathisch, wenn man ihn nur einigermaßen gewähren läßt, wird es trotz des verballhornten Inhaltes ein guter Film», schreibt er der Mutter am 12. Juni.

«Lieber gleichgeschaltet als ausgeschaltet, damit kann ein Bankier zur Not auskommen, ein Schriftsteller nicht», hatte Heinrich Mann ein Motiv der Emigration formuliert.

Falladas Leben in Deutschland ist der schlimme Alltag dieses Satzes. Das ist keine Zeit, sich dem Anspruch an die dichterische Position unbemerkt entziehen zu können. Fallada existiert auf dem Streckbett des Unmöglichen: im faschistischen Deutschland ein Schriftsteller zu sein. Ende November 1935 muß er erneut in eine Nervenklinik. Es ist das Sanatorium «Heidehaus» in Zepernick im Norden von Berlin. Dr. Willi Burlage leitet es, sein alter Schulfreund aus den Leipziger Tagen.

2. Ein Kreuzweg

Ruhig sitzt Fallada in Carwitz nicht. Er sitzt fest. Es sind wenig Wege von da Anfang 1936 begehbar. Er kann probieren, mit Unverbindlichem durchzukommen. Er kann sich anpassen. Oder das Gegenteil tun. Und er kann auch das Schreiben aufgeben. Fallada erwägt es ernsthaft. Man würde dann auf einem sehr niedrigen Standard von Carwitz leben, viel würde das bißchen Landwirtschaft, das zum Haus gehört, nicht abwerfen. Der Boden ist noch nicht soweit. Ein Jahr brauchte man dazu mindestens noch. Es sind nicht viele Möglichkeiten, aber sie gehen ihm alle auf einmal durch den Kopf.

Seine Existenz ist das Bücherschreiben, und vom Bücherschreiben existiert er. So simpel und so kompliziert ist das Problem. Das sind eben die beiden Seiten der Medaille Literatur. In dem schlechten Jahr 1935 hat er kaum etwas zurücklegen können. Hohe Arztkosten sind entstanden, ganz zu schweigen von den noch zu zahlenden Steuern.

Im November hat er sich zum erstenmal zu einem Verkauf aus der erarbeiteten literarischen Substanz entschlossen. Das Geschäft hilft gleich zwei Verfolgten. Fallada kann mit den Filmrechten vom «Blechnapf» in Deutschland nichts anfangen und der zur Auswanderung gezwungene jüdische Kaufmann Joseph aus Köln nichts mit seiner festliegenden Reichsmark. Also tauscht man Rechte gegen Mark. Viel bringt das nicht ein. Fallada fürchtet wegen der Arzt- und Steuerschulden immer noch eine Zwangsvollstreckung für Carwitz und sucht eine Hypothek. Von Januar bis Mai erzielt er ganze dreihundertachtundfünfzig Mark aus dem Verkauf seiner Bücher. Im Oktober findet er endlich jemanden, der ihm eine Hypothek auf Carwitz gibt.

Ruhig sitzt Fallada in Carwitz wirklich nicht. Seine feste Burg ist in den ersten Monaten des Jahres 1936 das Sanatorium «Heidehaus». Gewiß ist er «krank». Aber man weiß ja, wie oft Krankheit eine Krankheit am Leben ist. Und nun seine gar. Da leidet noch ein Dichter mehr an ihr und stellt sich unter ihren Schutz. Bis Ende Mai lebt Fallada im «Heidehaus» bei Willi Burlage. Ab und zu versucht er, den Fuß vor die Tür zu setzen. Kapitulieren will er nicht. «Es geht ja wirklich nicht so, daß einen der schäbigste albernste Dreck immer umschmeißt.» Im April kommt er nach Hause, arbeitet im Garten und am *Wizzel Kien* und zieht sich sofort nach dem Angriff der «Volksgesundheit» in das «Heidehaus» zurück.

Im Juni kommt er endlich wieder nach Carwitz. Daß er an einem Kreuzweg steht, weiß er. Fallada hält sich still und läßt sich die Richtungen durch den Kopf gehen. Die Entscheidung ist schwer. Wieder einmal hat er keine anderen als schlechte Aussichten. «Keine Produktionslust» zu haben klagt er Kagelmacher am 13. Juni, und «am besten wäre es, wenn ich zwei Jahre mit Schreiben aussetzen würde».

Tanta Ada hat sich für einen Besuch im Herbst angekündigt (ihn wird sie da weiter skeptisch betrachten, die Kluft ist nicht verheilt und auch die «Enterbung» nicht rückgängig gemacht, die sie ein paar Jahre vorher ausgesprochen hat, doch mit Suse wird sie sich anfreunden). Tante Ada ist eine recht beschäftigte Übersetzerin geworden, und im Vorfeld ihres Besuches regt sie auch den Neffen wieder zu diesem Geschäft an. Diesmal mit Erfolg. Er widmet sich im Sommer der fiktiven Familienbiographie des Amerikaners Clarence Day «Life with Father», die bei Rowohlt und in der Deutschen Buch-Gemeinschaft erscheint. Fallada überträgt eine harmlos-heitere Geschichte von einem gütigen Übervater und seinen Kindern. «Er hatte immer die besten Absichten uns gegenüber, bekam es... aber mit der Angst, daß seine große Herzensgüte ihn in Ungelegenheiten bringen könnte.»

Im Juli aber entscheidet sich Fallada. Er geht in die beschwerlichste Richtung. Fallada macht sich wieder an einen Gesellschaftsroman, diesmal erzählt er vom Inflationsjahr 1923, seine lauen Bücher sind ihm überdrüssig geworden. Der Druck der letzten Jahre mündet in einen trotzigen Entschluß: «Ich schrieb ohne Rücksicht auf die Folgen den Roman ‹Wolf unter Wölfen›. Endlich hatte mich wieder einmal das alte Feuer gepackt, ich schrieb ohne hochzusehen, ich schrieb aber auch, ohne mich umzusehen – weder nach rechts noch nach links.»

Am 27. Juli 1936 beginnt er die Arbeit an «Wolf unter Wölfen». Er treibt sie wie immer schnell und konzentriert voran. Aber anders als sonst, schirmt er sich nach außen sorgfältig ab. Weder die Eltern noch Kagelmacher oder die Schwester Margarete erfahren etwas von dem Projekt, und selbst gegenüber Rowohlt bewahrt er Stillschweigen. Lediglich Schwester Elisabeth, mit der ihn ein besonders enges Verhältnis verbindet, hört nach einem halben Jahr, daß er an etwas Neuem arbeite, das jedoch für die «Schublade» geschrieben werde. Fallada will sich von den Verhältnissen nicht irritieren lassen. Sein Mut braucht Stille.

Rowohlt bezieht er nur ein, um die dünne Schutzwand zu verstärken. Im Januar bittet er ihn, in Zukunft alle negativen Kritiken und

Besprechungen von ihm fernzuhalten, er müsse und wolle arbeiten und könne sich keine Rückfälle in Depressionen mehr leisten.

Als er im März 1937 den zweiten Teil des Romans anfangen will, unterbricht ein Brief Elisabeths die Konzentration. Der Vater sei in Leipzig ins Krankenhaus eingeliefert worden, man spreche von einem Blasenleiden, es sei aber Krebs und der alte Herr nicht mehr zu operieren.

Die Jahre haben zwischen Vater und Sohn vieles ausgeglichen.

Wilhelm Ditzen hat nach einigem Zögern die großen Bucherfolge des Sohnes endlich als die immer gewünschte soziale Konstituierung angenommen. Der Roman «Wir hatten mal ein Kind» entsprach dann auch seinem literarischen Geschmack, und er tauschte sich mit dem Sohn darüber aus, vor allen Dingen über den aus der Greifswalder Landrichterzeit vertrauten pommerschen Hintergrund. Wilhelm Ditzen erträgt seine Krankheit, wie er zu leben richtig fand, alles Persönliche nach innen verschließend.

«. . . im übrigen ist er unverändert der Mann», berichtet Fallada seiner Schwester Elisabeth vom Krankenbett, «der immer sein Gesicht wahren, seine Haltung bewahren will – er nimmt sich unendlich zusammen.» Fallada beeindruckt der Vater, und zugleich erschrickt er wieder vor diesem Pflichtbegriff, der nicht nach dem Sinn fragt, den er erfüllen will. «Keine Kraftkuren mit dem Ertragen von Schmerzen ihm zuzumuten», bittet er Elisabeth. Er weiß um die Tabus in der Familie und den Einfluß des Vaters auf sie. Wilhelm Ditzen kann nur noch menschlich sterben. Er braucht Morphiumspritzen. Erst zwei Tage vor dem Tode des pensionierten Reichsgerichtsrates im April entschließen sich die Ärzte, ihm seine Schmerzen zu erleichtern.

Am 14. April 1937 endet Wilhelm Ditzens Leben. In der Todesanzeige in den «Leipziger Neuesten Nachrichten» steht: «Nach schwerem Leiden ist heute früh mein geliebter Mann, unser treuer Vater, Großvater, Bruder und Schwager Reichsgerichtsrat i.R. Wilhelm Ditzen in seinem 85. Lebensjahr sanft entschlafen.»

Rudolf Ditzen hat den Vater verloren, der das bürgerliche neunzehnte Jahrhundert zu leben und weiterzugeben versuchte, wie er es verstand.

Seine korrekte Karriere reicht noch ein Stück über den Tod hinaus. Fünf Tage nach dem Ableben Wilhelm Ditzens erhält die Witwe ein Schreiben des Reichsgerichtes mit der Aufforderung, die ihrem Mann verliehenen Ordensauszeichnungen bestimmungsgemäß an die Generalordenskommission des Preußischen Staatsministeriums «abzuliefern», soweit sie nicht vom Besitzer schon käuflich erworben wurden oder noch erworben werden sollen. Für den Wilhelm Ditzen verliehenen Roten Adlerorden 4. Klasse hätte Elisabeth Ditzen 5 Reichsmark, für den Kronenorden 2. Klasse 60 Reichsmark an die Bürokasse des Preußischen Staatsministeriums zu zahlen. Die Witwe verzichtet. Am 26. April gehen die Orden dem Hauptbüro des Reichsgerichtes zu.

«Ich bin leider mit einer kleinen Depression aus Leipzig zurückgekommen und habe mich gleich hier ins Bett legen müssen», hört Elisabeth von ihrem Bruder am 25. April aus Carwitz. Einen Tag ist er gerade wieder auf den Beinen und beginnt die Schlafmitteldosen herabzusetzen, die er braucht, um zur Ruhe zu kommen.

Gewiß der Tod des Vaters hat ihn erschüttert. Aber da ist noch etwas anderes. In Leipzig sind sich Fallada und Rowohlt begegnet. Rowohlt hat es sich nicht nehmen lassen, an der Beerdigung des alten Ditzen teilzunehmen, und dabei ist man ins Reden gekommen. Die dünne Ruhe um den Roman endet. Fallada sieht ihn auf dem Weg in die Öffentlichkeit. Rowohlt stellt taktische Erwägungen an, rechnet Termine aus, drängt darauf, das Manuskript zu lesen, und sagt seinem Autor ein Datum, bis zu dem er den Roman haben will. Fallada sieht sich nun allem gegenüber, das er vermeiden wollte.

In Carwitz verfällt er in die alte Arbeitshetze. Er steht bei Morgengrauen auf, schreibt den ganzen Tag bis in die Nacht, schläft von Woche zu Woche weniger und ist schließlich so nervös, daß er es manchmal gerade noch schafft, zwei Stunden zu schlafen. Anfang Mai bricht er die eigenen ungeheuerlichen Schreibrekorde noch einmal und bringt in einer einzigen Woche 123 Druckseiten zu Papier. Als Rowohlt am 23. Juni nach Carwitz kommt, kann er schon den ganzen Roman lesen, mit Fallada über Änderungen reden und die Ablieferung des Manuskriptes für den 15. Juli vereinbaren. Rowohlt begeistert das Buch. Er gehört zu den Männern, die ihre Jahre nicht matter, sondern mutiger gemacht haben. Auch er will wie Fallada lieber aufs Ganze gehen. «Ich bringe das Buch unter allen Umständen», sagt er Fallada in Carwitz.

Drei Tage vor dem mit Rowohlt besprochenen Termin gibt Fallada das Romanmanuskript auf die Post. «Nach zwei, eigentlich drei Ausruhebüchern, jedenfalls milden Büchern, wird es wieder hart, wenn auch nicht böse wie der ‹Blechnapf›... Es ist nicht mehr soviel zu verlieren, und manchmal sagt man sich, lieber ein Ende mit Schrecken als ein Schrecken ohne Ende», schreibt er am 23. Juli Kagelmacher, und einen Monat später heißt es: «... ich bin ziemlich am Ende meiner Kräfte, und meine Grundstimmung ist traurig.»

Fallada hat mit einem Roman Widerstand geleistet, und sein einsamer Widerstand hat ihn erschöpft. So wie er rebellierte Johannes Gäntschow, und so wird später das Ehepaar Quangel in seinem letzten Roman gegen den Faschismus kämpfen – fern aller stärkenden Solidarität.

Für lange Jahre ist «Wolf unter Wölfen» der letzte Roman, der die Schwächen und die Stärken Falladaschen Erzählens vereint. Kein zweiter Roman von solcher Wichtigkeit wird in dieser Zeit in Deutschland geschrieben. «Wolf unter Wölfen» redet davon, wie die Inflation das Leben der kleinen Leute aus den Angeln hebt und einige andere satter, reicher, mächtiger macht. Was im Lande geschieht, sieht Fallada von den Dörfern und Gütern des Jahres 1923 an, und Radach und die Menschen und Verhältnisse, die er da kennenlernte, gehen ein in das dritte seiner großen Zeitbilder aus den Jahren der Weimarer Republik. Am Ende ist er auch hier ratlos, wie denn die Menschen diese Zeit bestehen könnten, die den Nachkommenden dieses Buch bewahrt. Nur guter Absicht ist Fallada, wenn er seinen Wolfgang Pagel am Ende etwas finden läßt, was seiner Meinung nach ganz unabhängig von allem ist, was geschehen kann: «Eine liebende Geliebte ist das ruhige Glück, dem nichts mehr zu wünschen übrigbleibt.»

Johannes R. Becher, Generationsgefährte und literarischer Gefährte der Bürde des Faschismus, sprach, wenn er von «Wolf unter Wölfen» sprach, aus brüderlicher Erfahrung zuerst davon, was hier gewagt und was hier dem umstellten und gefangenen Fallada gelungen war. Er betrauerte 1947, daß durch den Tod Falladas nun ein ähnlich großer Roman über die Jahre des Faschismus ausbleiben würde, wie ihn Fallada mit diesem Buch über die Inflationszeit geschrieben hatte. «Schon einmal, in ‹Wolf unter Wölfen›, war es ihm gelungen, in der Nachfolge eines Grimmelshausen, deutsche Zeitgeschichte zu gestalten. Die ganze deutsche Gesellschaft steht ihm Modell. In allen ihren Wechselwirkungen und Widersprüchen zieht sie an uns vorüber, eine Balzacsche Galerie, und aus dem festen Boden des Realen wachsen Visionen...»

Als Hermann Broch im November 1937 den Roman las, übersah er bei aller Erzählkunst nicht, daß es ein mit gebundenen Händen geschriebenes Werk war. Broch sah einiges recht anders als Fallada, ließ sich aber nicht zu einer peinlichen Rechthaberei aus der Ferne verleiten und schrieb Fallada einen beteiligten Brief. Beinahe unmöglich muß es dem Österreicher Broch erschienen sein, daß Fallada noch ein zweites Mal so in Deutschland würde schreiben können, und er gab ihm für diese Zukunft behutsam und deutlich das Reden und Schweigen der Schriftsteller bestimmende Losungswort: «Allein solange man in seiner Dichterei steht, bleibt man ihrer Erkenntnispflicht verhaftet.»

Broch sah in der «schlichten Tüchtigkeit», zu der der große Beschreiber Fallada seine Figuren finden läßt, ein Element oberflächlicher Lösung und merkte doch den «optimistischen Auswegen» Falladas die Verzweiflung an, auf das bohrende «Was nun?» seiner Bücher nicht antworten zu können. «...man hat das Gefühl», schreibt ihm Broch, «als würden Sie all dieses großen Könnens nicht froh werden, als nütze Ihnen all Ihre Anständigkeit nicht, als quälten Sie sich furchtbar ab, um aus einer ungeheuren Bedrückung, Hilflosigkeit und Hoffnungslosigkeit herauszufinden.»

Fallada bekennt Broch die Herausforderung durch seine Geschichten und den Schmerz, kein wirklich gutes Ende für die kleinen Leute in den großen Krisen zu wissen. Sie tröstend, ist er ungetröstet und von jenem wachhaltenden Schmerz, den er am Ende seiner Geschichten nicht auszudrücken wagt.

«Sehr verehrter lieber Hermann Broch», schreibt Fallada am 1. Dezember 1937, «man kann auf Ihren Brief nur mit der vollen Wahrheit antworten – oder gar nicht. Da ich Ihnen schreibe, will ich versuchen, die Wahrheit zu sagen, soweit ich es eben kann. Sie haben vollständig recht: Meine Lösungen sind Verlegenheitslösungen, es könnte ebensogut anders kommen, nein, es wäre viel richtiger, wenn mein Pagel versackte. – Wenn mir die Herren vom Film oder von den Zeitungen ihre Vorschläge machen, wie man den Lebensweg meiner Figuren etwas erfreulicher gestalten könnte, so sage ich weise: Ja, das kann man machen. Und ich lasse es anders kommen, ich bin ein richtiger Herrgott, ich kann alles mit meinen Menschlein tun, und sie werden nicht einmal unglaubhaft – nur glücklich machen kann ich sie nicht... Ich selbst habe mich auf die Linie einer tüchtigen Schlichtheit zurückgezogen, wie Sie ganz richtig sagen, aber das ist natürlich nur ein fauler Kompromiß, damit ist es nicht getan. Aber wie anders? ...Ich habe versucht, mich damit zu trösten, daß ich sage: warum muß ich denn etwas anderes tun als das Bestehende schildern? Bin ich ein Besserer? Ein Erzieher? Nein, ich bin nur ein Schilderer.»

«*Wolf unter Wölfen*» erscheint im Oktober 1937, und die erste Auflage ist binnen weniger Wochen verkauft. In der Presse wagen sich ein paar positive Stimmen hervor, Rowohlt und Fallada einigen sich, davon nur sehr vorsichtig Gebrauch zu machen, «um nicht den Neid der Götter zu erregen». Rowohlt zeigt darum öffentlich auch gar nicht erst das Erscheinen der zweiten Auflage an. «Daß noch nichts geschehen ist, sagt gar nichts. Immerzu, immer feste weiter, wohnt in der Wolke der Blitz», überlegt Fallada.

Das Unwetter bleibt allerdings aus. Im Januar hört Fallada nur ein dumpfes Grollen. Die «Bücherkunde» nennt den Roman den «Wirrwarr einer zügellosen Phantasie» und fordert wieder auf, «gegen literarische Machwerke, wie die Falladas, auf das schärfste die Stimme zu erheben». Aber da weiß Fallada schon durch den Regisseur Veit Harlan, daß Goebbels bei einem Empfang für den Außenminister Stojadanowitsch in höchsten Tönen den Roman gelobt hat. «Das sei ein wirklich echter Zeitroman! Das sei geschrieben! Das sei gekonnt!»

Irgendwann muß der Propagandaminister Goebbels im Herbst 1937 einen Wink gegeben haben, Fallada für den Film einzuspannen. Wenn es um seine Propagandawaffe geht, ist er so heikel nicht, da übersieht er schon einmal, daß ein Schauspieler eine «Halbjüdin» zur Frau hat oder ein Szenarist Fallada heißt. Mit großem Aufwand hat Goebbels gerade eine Kampagne gestartet, die sich mit allen Aspekten der Filmherstellung bis hin zur Themenfindung und Drehbucharbeit beschäftigt. Ein Stoff solle aus dem «Leben» kommen und die Herzen ergreifen, erklärte Goebbels auf der 1937 einberufenen 1. Tagung der Reichsfilmkammer und meinte, man müsse die Leute geschickter übertölpeln. Im Abstand von wenigen Wochen melden sich im November die beiden großen deutschen Filmgesellschaften bei Fallada in Carwitz.

Die Tobis-Klang-Film-Gesellschaft macht den Anfang, und Rowohlt muß den Kontakt vermitteln. «... habe neuen Stoff für Sie, belieben Sie mich morgen mittag dringend zu sprechen...», telegrafiert ihm Rowohlt am 6. November. Anderntags treffen sich der Verleger, Fallada, der Schauspieler Emil Jannings und ein Vertreter der Tobis in Berlin. Die Hauptperson ist Jannings. Der wuchtige Mann hat gerade den größten Erfolg seiner Karriere im Nazi-Film hinter sich.

In Veit Harlans Monumentalfilm «Der Herrscher» hat er den Industriellen Mathias Clausen gespielt und Thea von Harbou ihm diese Rolle nach Gerhart Hauptmanns Drama «Vor Sonnenuntergang» geschrieben. Aus Dialogen sind dabei Parolen geworden. Die ehemalige Mitarbeiterin Fritz Langs kann und macht alles, was gebraucht wird, wie eben der Darsteller des Professor Unrat aus dem «Blauen Engel» auch. Dem «Herrscher» ist die Verfilmung des «Zerbrochenen Krugs» gefolgt, dessen Drehbuch der Harbou genauso glatt von der Hand ging und dessen Dorfrichter Adam Jannings meisterlich verkörperte.

Bei der Premiere des «Zerbrochenen Krugs» im Oktober saß Goebbels nicht unter den Zuschauern, wohl aber bei der Uraufführung des «Herrschers» im März und sah sich an der Seite von Harlan und Jannings an, wie Clausen-Jannings auf der Leinwand über sein Werk und seine Familie herrscht. «Wer zum Führer geboren ist, braucht keine Lehrer für sein Genie» hat die Harbou dem Industriellen Clausen in den Mund gelegt, und der Regisseur Harlan hat ihm für seine Rede vor dem Verwaltungsrat ein Hitlerbild über den Kopf gehängt. Jannings donnerte darunter: «Mein Wille ist das oberste Gesetz für das ganze Werk. Dem hat sich alles zu fügen, auch wenn ich damit den ganzen Betrieb in den Abgrund stürze.»

Goebbels ist entzückt. So stellt er sich die Gewöhnung des Volkes an den Faschismus durch den Film vor. Veit Harlan sagt er, was sie aus dem Film gemacht hätten, habe mit dem Stück Hauptmanns gar nichts mehr zu tun, und ebendeshalb sei der «Herrscher» so vortrefflich gelungen.

Der Film und seine Macher werden mit Ehrungen und Anerkennungen überhäuft. Dem Prädikat «staatspolitisch und künstlerisch besonders wertvoll» folgt der «Nationale Deutsche Filmpreis» und dem Preis ein Empfang in der Reichskanzlei bei Hitler und dem Empfang bei Hitler der «Ehrenring des Deutschen Films» für Jannings und dann noch ein Staatsamt und eine Reise in seiner neuen offiziösen Eigenschaft als Kultursenator nach Schweden. Von der ist er gerade zurück, als er Fallada und Rowohlt in den Berliner Mampestuben gegenübersitzt und ihnen Witze über Goebbels erzählt.

Jannings verfügt reichlich über die Erfolge, die das System vergeben kann, aber was er wirklich braucht, erwartet er von dem Schriftsteller mit den skeptischen Augen hinter den runden Brillengläsern, dem kleinen Mann aus Carwitz: eine große Rolle. Denn das ist sein Problem.

Die Tobis hat zwar einen Generalvertrag mit Jannings, aber noch immer keine neue spektakuläre Aufgabe für ihn.

Jannings ist unruhig. «Jetzt schreibt Ihnen Fallada den wunderbaren Stoff vom Eisernen Gustav...», beschwichtigt der Tobis-Vertreter Jannings, und zu Fallada sagt er, daß man von ihm etwas in der Art von Frank Lloyds berühmter «Cavalcade» erwarte, deutsche Geschichte zwischen 1914 und 1933, illustriert durch das populäre Schicksal des Gustav Hartmann, der 1928 mit seiner Droschke von Berlin nach Paris und wieder zurück fuhr.

Auf was er im Begriff ist, sich einzulassen, entgeht Fallada, und von Goebbels' Filmkonzept weiß er schon gar nichts. Für ihn ist das ein lukrativer Auftrag. Jannings hat ihm ja schon einmal telegrafiert, daß er in einem Film gerne den Johannes Gäntschow spielen würde, und die zwanzigtausend Mark der Tobis kann Fallada mehr als gut gebrauchen. Und dann hat er noch eine taktische Überlegung. «Aus Prestigegründen unendlich wertvoll» nennt er vor der Schwester Elisabeth den Auftrag.

Sorgen macht Fallada die Handlung. Um die Parisfahrt ist eine Menge hinzuzuerfinden. Daß durch seine Geschichte auch die SA marschieren soll, sagt ihm an diesem Abend niemand. «Stoff lag eigentlich wenig vor», notiert Fallada 1944 heimlich in der Strelitzer Anstalt, die Miseren aufzeichnend, die ihn dahin gebracht haben, «es gab einen uralten Droschkenkutscher in Berlin, den nannten sie den Eisernen Gustav, weil er so eisern an seiner Pferdedroschke festhielt und sich durchaus nicht auf Autotaxe umstellen wollte... Dieser eiserne alte Mann (war) auf die Idee gekommen, mit seiner Pferdedroschke nach Paris zu zuckeln... Der Versuch war über Erwarten geglückt, der alte Mann war mit Jubel aufgenommen worden. Dann war er wieder heimgefahren und vergessen...»

An diesem Novemberabend fragt Fallada, wann die Arbeit fertig sein solle.

«Eigentlich gestern», heißt die Antwort.

«Mindestens ein Vierteljahr brauche ich», sagt Fallada.

Am 12. November fertigt die Tobis den Vertrag aus. Fallada habe ihr, steht darin, bis zum 28. Februar 1938 für Jannings einen verfilmbaren Roman zu schreiben, dessen Stoff die Geschichte einer deutschen Familie zwischen 1914 und 1933 sein solle.

Mitte des Monats folgt der Tobis die UFA. Unverbindlicher und weniger direkt, aber Mathias Wieman, der sich an Fallada wendet, ist auch ein anderer Typ als Jannings. Diplomatischer und nicht so auf du und du mit den Größen des Systems, doch auch er darin bereitwillig verstrickt. Der Schauspieler von Rang ist ranghohes Mitglied des Kunstausschusses der UFA und einer der Hauptredner auf der Tagung der Reichsfilmkammer gewesen. «Soldaten der Kunst zu werden», hatte Wieman da an seine Kollegen appelliert, «dienend der höchsten Idee, auf die uns der Satz des Führers vereidigt hat, welcher lautet: ‹Die Kunst ist eine erhabene und zum Fanatismus verpflichtende Mission›.»

Rowohlt ist Fallada mit der Tobis gekommen, jetzt revanchiert sich Fallada mit der UFA. Am 28. November läßt er Rowohlt wissen, Wieman habe ihm «vertraulich» geschrieben, er sei beauftragt, vor dem UFA-Kunstausschuß über Verfilmungsmöglichkeiten des «Wolf» zu sprechen. Doch als er das mitteilt, ist das Projekt schon gescheitert. Die UFA lehnt kategorisch ab, und von Wieman ist ein Brief an den «lieben und aufrichtig verehrten Herrn Fallada» unterwegs, in dem steht, der Bogen des Romans «ist weiter und kühner gespannt, als der Film es aufnehmen kann».

Die kleine Beziehung Fallada – Wieman beschädigt das nicht. Denn die hat schon Anfang des Monats begonnen, als Wieman am 5. November in einem Rundfunkinterview *Wolf unter Wölfen* als Darstellung eines Infernos lobte, «das wir alle noch erlebt haben», und Fallada ihm dankte, nicht wegen des Beifalls, «glauben Sie mir, ein Autor kennt ein Buch viel zu gut, als daß ein Lob die Stimme des Gewissens zum Schweigen bringen könnte, es ist nicht immer das geworden, was man erträumte. Sondern ist es das gewesen, daß Sie so menschlich ergriffen sprachen...» Im Dezember ist Wieman mit seiner Frau in Carwitz, man bespricht dies und das und neue Filmmöglichkeiten und wechselt auch danach noch gelegentlich ein Wort oder einen Brief.

Nach sechzehn Arbeitstagen hat Fallada schon zweihundert Seiten für die Tobis geschrieben und ist am 26. November im Kohlrübenwinter 1916/17 angelangt, «eine angenehm beschissene Zeit», wie er mit dem Blick auf sein damaliges Berliner Leben sagt. Er hetzt die Geschichte hastig weiter voran, und je weiter er mit ihr kommt, desto größer wird seine Abneigung gegen die bestellte Arbeit. Zu viel ist ihm in dem Roman «geschludert», aber er weiß, daß er die Arbeit unter dem Termindruck der Tobis gar nicht anders bewältigen kann. Und dann sind da die Vorgaben, die er erfüllen muß, und die langsam wachsende Ahnung, vielleicht ein Ungeheuer zu zeugen, das ihn selber verschlingen könnte. Er hat das meiste schon zusammen, als ihm Jannings im Januar noch einmal zu verstehen gibt, wie groß sein Interesse ist, eine große Rolle zu spielen. Er sei wegen des Films bei Staatssekretär Funk gewesen und habe mit Goebbels und dem «Führer» gesprochen, schreibt er Fallada, und alle seien begeistert und gespannt.

«Ich leider gar nicht», kommentiert Fallada.

Ende Januar ist er soweit, die handschriftliche Fassung in die Maschine übertragen zu können. Hackendahls Fuhrunternehmen hat der Krieg ruiniert wie die Familie. Die Kinder sind vor seiner strikten Moral – «Fleiß, Pflichtgefühl, unbedingte Rechtlichkeit, Unterordnung unter den Willen eines Höchsten» – in das Gegenteil entlaufen: der Sohn Erich ein Schieber geworden, die Tochter Eva eine Prostituierte, die Schwester Sophie distanziert sich von der Familie, und der Heinz Hackendahl, der Jüngste, schafft es gerade, in einem kleinen Idyll mit dem Mädchen Irma unterzukommen.

Das Abtippen hat er sonst selbst besorgt und dabei immer noch das Manuskript verbessert. Diesmal reicht die Zeit dafür nicht, und er sucht eine tüchtige Abschreiberin. Rowohlt weiß Rat. Er kennt eine Frau Bakonje, die für einige Tage nach Carwitz kommen kann und als versierte Kraft gilt. Unverfänglich warnt Rowohlt auch vor ihr. Sie sei rein «arisch», schreibt Rowohlt Fallada und meint, die Bakonje sei wohl sogar Mitglied der Reichsschrifttumskammer. Bald ist Frau Bakonje in Carwitz und nimmt sich im Februar des Manuskriptes an. Sie schreibt wirklich gut. Und ganz nebenbei rügt sie an Falladas Manuskript «mangelnde vaterländische Begeisterung».

Zwei Tage vor dem vereinbarten Termin liefert Fallada der Tobis und dem Rowohlt-Verlag den *Eisernen Gustav*. Doch was eben noch so wichtig war, behandeln die Tobis-Leute nun schleppend. Als er sie am 8. März in Berlin trifft, hört er, daß man erst einmal auf das Urteil von Jannings warten müsse. Jannings äußert sich zwar Mitte März begeistert – doch Jannings ist nicht in Berlin. Er sitzt in seinem Haus am Wolfgangsee in Österreich und schmollt. Man bietet ihm keine neuen Erfolge. Und auch sein Minister Goebbels ist ungehalten. In Filmkreisen spricht man davon, daß er von Leuten geredet habe, die ihren dicken Arsch lieber im Ausland fotografieren lassen wollen.

Die Filmdramaturgen sagen Fallada, nun müsse ja erst das Drehbuch gemacht werden, denn in dieser Form könne man das Manuskript ohnehin nicht dem Dr. Goebbels zeigen.

Im Juli kommt Jannings endlich nach Berlin zurück. Alles ist wieder in Ordnung, und bald wird Jannings zum Verwaltungsratsvorsitzenden der Tobis ernannt, und nun kommt auch wieder Leben in die Sache. Fallada wird Ende Juni nach Berlin bestellt und ihm in Anwesenheit von Jannings gesagt, was man von ihm erwarte: Weiterführung der Handlung bis zur Machtergreifung 1933. Es sei ein Unding, die Geschichte in der Systemzeit enden zu lassen. Das sei übrigens ein Wort von Dr. Goebbels, der auch scharf das Fehlen von «Juden» rüge. Schließlich sei auch ein anderer Titel nötig. Fallada wird ein Termin gesetzt. Bis zum 1. September wird das veränderte Manuskript erwartet. Ein Drittel des Manuskriptes ist neu zu schreiben, überschlägt Fallada. «Ich bin natürlich verzweifelt, aber es hilft nichts. . .», sagt er der Mutter am 30. Juli.

Es muß vieles zusammengekommen sein, um nach den quälenden Kompromissen nun auch noch diese Order anzunehmen. Es geht ja seit langem schon nicht mehr bloß um seine Person. Seit einem Jahr läuft vor der Reichsschrifttumskammer gegen Rowohlt ein Ausschlußverfahren wegen «Tarnung jüdischer Autoren». Hat es Erfolg – und alles sieht danach aus –, ist Rowohlt seinen Verlag los und er seinen Verleger. Vielleicht kommt auch Rowohlt mit dem Gustav-Buch noch mal ein Stück weiter, mag er denken.

Am 2. August geht Fallada daran, das Tobis-Diktat zu erfüllen, am 29. August ist er schon damit fertig. 192 Seiten hat er dazu geschrieben und dem Manuskript einen neuen Namen gegeben: *«Ein Mann hält aus.»* Heinz Hackendahl wird Nazi, der Eiserne Gustav ein Gefährte seines Sohnes, die Tochter Eva findet in das bürgerliche Leben zurück, und nur der Sohn Erich bleibt ein Linker und erschießt am Ende den Nazibruder Heinz beim BVG-Arbeiterstreik von 1932. Fallada hat sich des Auftrages in grober Kolportagemanier entledigt. Alles spricht von der Not der Nötigung.

Als Fallada am 6. Oktober erneut zu einer Besprechung nach Berlin gerufen wird, hört er vieles über das Projekt und wenig Gutes. Bevor noch für den Film «Ein Mann hält aus» die Kulissen stehen, ist er schon in den Kulissen des Nazi-Films gestorben. Die Kunst, die Presse, die Erziehung sind ein Terrain, auf dem der Propaganda-Minister Goebbels und der NSDAP-Mythologe Alfred Rosenberg einen erbitterten Kleinkrieg um Kompetenzen und Einfluß führen. Den Buchautor Fallada haben die Rosenberg-Instanzen schon lange verurteilt, nun haben sie das Hin und Her um das Tobis-Projekt genutzt, um auch den Filmautor Fallada kaltzustellen.

«In einem kürzlich gehaltenen Vortrag hat der Vertreter der Reichsschrifttumskammer vor Berliner Buchhändlern erklärt, daß Einzelurteile über mein Schaffen ganz belanglos seien, die Einstellung der RSK gehe dahin, daß alles, was Fallada geschrieben habe, unbedingt abzulehnen sei...» weiß er im Oktober 1938 und ergänzt 1944 in Strelitz, daß Alfred Rosenberg erklärt habe, ein repräsentativer Film mit dem Namen Fallada sei untragbar und seine Ausrottung als «Kulturbolschewist» in höchstem Maße wünschenswert.

Aus Berlin fährt Fallada mit dem Entschluß nach Carwitz zurück, wenigstens aus dem Rowohlt-Roman vom «Eisernen Gustav» soviel wie möglich von dem Nazischluß für die Tobis rauszunehmen. Rowohlt ist aus der Reichsschrifttumskammer ausgeschlossen worden. Er wird seinen Verlag in andere Hände geben müssen. Noch verschweigt er, daß er auch das Land verlassen will.

Natürlich kann er nicht zu der ursprünglichen Fassung zurück. Aber wenigstens die schlimmsten Passagen will er streichen. «Am Montag schreibe ich den endgültig letzten Schluß für die Buchfassung», hört Elisabeth gleich am 7. Oktober, «der Film ist völlig Hekuba geworden. Die andere Gruppe soll gesiegt haben, und ich bin wohl wieder unten durch. Es war nur ein kurzes Aufatmen.»

Heinz Hackendahl wird nun zwar auch im Rowohlt-Roman ein Nazi, aber es unterbleibt die Erlösung der Familie Hackendahl als beziehungsvolles Vorspiel zur politischen Erlösung Deutschlands durch die Machtergreifung.

Als «Der Eiserne Gustav» erscheint, geben einige Gauleitungen der NSDAP die Anweisung an die Buchhandlungen, das Werk nicht in ihre Schaufenster zu stellen, und wo das nicht befolgt wird, tauchen SA- und SS-Trupps auf. Natürlich ist auch die «Bücherkunde» wieder zur Stelle und verlautet, der Roman sei in seiner Grundstruktur destruktiv.

Den großen Blitz, den Fallada fürchtete, hat der heitere Himmel geborgen, der ihm für einige Monate vorgemacht wurde. «Der eiserne Gustav» hat nichts eingebracht, nur gekostet. Die neuen Götter, deren Neid er fürchtete, kennen ihn jetzt aus der Nähe, und ihr Haß ist persönlich geworden. Goebbels hatte ihn sprechen wollen, als es um die

Weiterführung der Handlung gegangen war, Fallada aber das von Jannings arrangierte Treffen ausgeschlagen und dafür den Satz eingetauscht: «Wenn Fallada heute noch nicht weiß, wie er zur Partei steht, so weiß die Partei, wie sie zu Fallada steht.»

Worauf er sich eingelassen hatte, war ihm bald klargeworden. Das spricht gegen ihn.

«Ich bin auch nicht mit der richtigen Anteilnahme dabei, dazu verbietet mir die gebundene Marschroute eingehende Beschäftigung gerade mit den Dingen, die mich interessieren würden», weiß er schon im Januar und nach der ersten Fassung im März. «Ich habe es immer für einen geradezu kompromittierenden Mist gehalten (und denke noch heute so), ich habe einen schrecklichen Dauerkater beim Schreiben und Diktieren gehabt.» Und als er im Oktober alles hinter sich hat, spricht er von einer «widerwärtigen Arbeit» und «nichts Erfreulichem».

Worauf er sich eingelassen hatte, wußte er. Und das spricht für ihn.

Er tröstet sich nicht. Er weiß, er war in Gefahr, unter die Nazischreiber zu geraten. Sie hätten ja so gern einen Mitmacher Fallada. Der Gedanke macht ihn elend. Sie werden ihn nicht bekommen. Aber was nun?

«... ich habe das Gefühl, als hätte ich alles geschrieben, was ich zu schreiben habe, und es gäbe nun nichts mehr für mich zu tun.» Der Satz trägt das Datum des 17. Oktober 1938.

3. Wartezeit

Und nun? Aushalten will er jetzt wenigstens. Durchkommen. Anständig aushalten wäre gar nicht so wenig in diesem Land. Und schwer. Und wichtig. Auf einen Zeugen Fallada käme es schon an.

Die Chancen, wegzukommen, sind im Jahre 1939 endgültig verpaßt. Rowohlt ist gerade noch glimpflich davongekommen. Am 1. Februar hat er sich in Rotterdam eingeschifft und mit seiner Familie Europa in Richtung Brasilien verlassen. Die Deutsche Verlagsanstalt hat den Rowohlt-Verlag übernommen. Das Büchermachen wird nach dem Fortgang Rowohlts für Fallada noch ein Stück schwerer und viel unpersönlicher. Fallada quält das. Aber er hat ja ein Konzept: «Irgendwie habe ich das Gefühl, man wird eines Tages alles überstanden haben, bloß durch geduldiges Warten.»

Den Sommer über hat er einen Roman geschrieben. Die Zeitschrift «Die Dame» will ihn von ihrer Nummer 17 ab im August drucken. *«Himmel, wir erben ein Schloß»* heißt der neue Fallada-Roman. Der Angestellte Max Schreyvogel macht eine Erbschaft und eine Erfahrung: Reichtum bringt das Leben durcheinander. «Ich bin beides gewesen», sagt Schreyvogel, als er des Geldes Last los ist, «kleiner Mann und großer Mann. Kleiner Mann bin ich jetzt, da ich dies schreibe, wieder, aber es ist nicht mehr dasselbe..., wir können alle nicht mehr in der alten herrlichen Unschuld die Spiele unserer Kindheit spielen!» Es ist wieder eine der nebensächlichen Fallada-Geschichten, aber selbst sie zu schreiben ist etwas anderes als warten. Fallada lebt und arbeitet und ist nicht still.

«Die Dame» widmet dem Vorabdruck eine kleine Einführungsreportage. Sie macht das selten, aber alle Tage hat sie auch keinen Fallada-Roman. Der Fotograf Max Ehlert hat in Carwitz Bilder gemacht und ein Redakteur ein paar Zeilen über Fallada geschrieben. Carwitz ist ein Paradies, und der Schriftsteller Fallada arbeitet unter glücklichen Bedingungen. Man kennt das ja, und die Bilder gleichen sich. Fallada als dickvermummter Imker bei seinen Bienen, mit der Familie auf dem See, am Feldrain den Kindern vorlesend.

Max Ehlert ist wieder ein sehr prominenter Fotograf. Ehlert ist auch beim «Führer» zugelassen und hat darum in seiner Nähe beim «Fest der Deutschen Kunst» in München fotografieren dürfen. Der Bildbericht steht gleich neben dem Vorabdruck. Hitler plaudert sehr zivil mit irgendwelchen Damen und Herren. August 1939.

Und ein Reporter der Illustrierten sitzt am Mittagstisch der Falladas, der Hausherr an der Spitze, die Hausfrau und die Kinder daneben, weiter unten die Hofarbeiter und eine Hilfe. Auch das Arbeitszimmer hat er gesehen, vollgestellt mit Büchern und gleich neben dem Eßzimmer. «Dort sitzt er zu genau eingeteilten Arbeitszeiten und schreibt in seiner kleinen Handschrift seine großen Bücher. Wenn er aufblickt, sieht er durch die Fenster seinen Garten und die bunten Blumen des Sommers. Das ist die Welt, die er sich geschaffen hat und in der er schafft.»

Am 1. September fallen Hitlers Armeen in Polen ein. Der zweite Weltkrieg hat begonnen. «Wir versuchen die Kinder möglichst wenig merken zu lassen von allem, was uns Sorgen macht», schreibt Fallada seiner Mutter am 2. September.

Mitte des Monats bekommt er einen Brief vom «Tonfilmstudio Carl Froelich». Carl Froelich, der Regisseur mit dem Professorentitel, ist ein wichtigerer Mann noch als Jannings oder Wieman, Froelich ist der Präsident der Reichsfilmkammer. «Wir sind zur Zeit damit beschäftigt, als nächsten C.-Froelich-Film einen Stoff vorzubereiten, der uns besonders zeitnah, sowohl dem künstlerischen Niveau wie auch der künstlerischen Zielsetzung nach, erscheint. Herr Prof. Carl Froelich sieht hier die Möglichkeit, mit Ihnen zusammenzuarbeiten...»

Der Brief bedeutet etwas. Ist das Tuch zwischen dem Film und ihm nach dem Debakel mit dem *Eisernen Gustav* doch nicht völlig zerschnitten? Das wäre wichtig. Ein paar Asylmöglichkeiten in der Unterhaltung bietet der Film schon noch, und Carl Froelich ist immerhin auch der Regisseur des Filmlustspiels «Wenn wir alle Engel wären» nach Heinrich Spoerls Roman.

Also macht Fallada sich auf nach Berlin, auszukundschaften, ob da ein Unterschlupf winkt. «Der Name Froelich wird mir indirekt recht nützlich sein, wenn aus dem Film etwas wird», sagt Fallada, als er wieder in Carwitz ist. Mancher, der eigentlich zu den Schriftstellern draußen gehörte, probiert es mit dem Film. Axel Eggebrecht zum Beispiel, der Sohn des Leipziger Hausarztes der Ditzens und Falladas Mitschüler am Königin-Carola-Gymnasium, der sich vor 1933 einen Namen als linker Publizist zu machen begann, wird bald für Willi Forsts erfolgreiche Operettenfilme die Drehbücher schreiben.

Ein «Heimkehrerfilm» solle es werden, sagt man Fallada in Berlin. Die Handlung ungefähr so: Ein Auslandsdeutscher kommt aus Amerika zurück und trifft hier ein Mädchen aus dem Volke, das ihn zum «neuen» Deutschland bekehrt. Die Rolle werde Zarah Leander übernehmen. Die Menschen in dem Film sollen «Nationalsozialisten» sein, aber nicht davon sprechen. Professor Froelich brauche das Manuskript zum 27. November. Traue er sich das zu?

«Ja, das traue er sich zu», sagt Fallada in Berlin. Über die Leander als «Mädchen aus dem Volke» amüsiert er sich. Daß er für die Diva keine nationalsozialistischen Parolen aufschreiben soll, wird ihn erleichtert haben, und vielleicht wird er gewußt haben, daß der Vorschlag der Filmleute nichts anderes ist als ein Neuaufguß des im Vorjahr gezeigten Froelich-Films «Heimat», wo es die Leander war, die mit ihrem Kind aus Amerika in den Schoß der Familie zurückkehrte. Fallada wird ihr eine Schnulze schreiben.

Mitte Oktober sind zwei Drittel des Manuskriptes fertig. Einen kompletten Roman schreibt Fallada diesmal vorsichtshalber nicht, sondern eine lose Skizzenfolge, der er den Titel «Das Herz, das dir gehört», gibt. Ende des Monats ist er schon wieder soweit, ans Abschreiben denken zu können, doch da er diesmal keine Sekretärin hat, setzt er sich selber an die Maschine, um den Vertrag mit Froelich ja zu halten.

Fallada hat sich einen völlig unpolitischen Auszug nach Amerika ausgedacht. Ein Sohn entläuft seinen verständnislosen Eltern. «Die haben ihn fortgetrieben, und ich habe ihn kennengelernt als den, zu dem sie ihn gemacht haben», soll Zarah Leander sagen, «willenlos, ohne Mut und Glauben, schwach, mit sich und aller Welt zerfallen. So kam er zu mir. Und ich habe ihn zu dem gemacht, was er dann wurde: mutig, stark, froh, gläubig.»

Anfang November schickt Fallada Froelich sein Manuskript, und nun beginnt wieder die Warterei mit Vertröstungen und Änderungsvorschlägen, die reine Spiegelfechterei sind. Nach Monaten kommt endlich die Absage. Carl Froelich hat eine neue, noch dringendere Aufgabe. Die Offensive gegen Frankreich und das dort stehende englische Expeditionskorps ist beschlossen, und ein antibritischer Stimmungsfilm wird gebraucht. Carl Froelich dreht die Geschichte der von den Engländern hingerichteten Maria Stuart. Die Schwedin Zarah Leander spielt und singt die Hauptrolle. Ein bißchen Fallada ist noch im Titel des Films. Froelich nennt ihn: «Das Herz einer Königin».

Beim Filmgeschäft bleibt Fallada auch nach dieser neuen Enttäuschung. Er braucht es wie die Illustrierten zum Überleben, denn seine Bücher bringen ihm kaum Einnahmen. Das immer knapper werdende Papier verteilen die NS-Behörden nach einer «Klassifikation der Autoren», bei der Fallada miserabel abschneidet. Als ihm allerdings die Deka-Film im Oktober 1940 vorschlägt, an einem Streifen mitzuarbeiten, der sich mit den Einrichtungen der Deutschen Arbeitsfront beschäftigen soll, lehnt Fallada ebenso höflich wie bestimmt ab. Sein Gesundheitszustand sei sehr schlecht, «so daß es ganz unmöglich ist, neue Arbeitsverpflichtungen zu übernehmen». Weihnachten 1940 schreibt ihm die Wirklichkeit einen Prolog zu seinem Heimkehrerfilm, der kaum weniger absurd ist als die von Fallada ausgedachte Geschichte. In Carwitz läutet das Telefon. «Sie werden aus Bremen verlangt.»

Fallada staunt. «Suse, aus Bremen. Wer kann mich aus Bremen verlangen? Ich kenne keinen Menschen in Bremen.»

«Nun raten Sie mal, wer am Apparat ist!» sagt eine verstellte Stimme.

Fallada stutzt einen Augenblick, dann brüllt er los: «Rowohlt! Mensch!!! Väterchen!!! Das ist doch ganz ausgeschlossen! Sie sind doch in Brasilien. Väterchen, wie ich mich freue.»

«Blockadebrecher», sagt Rowohlt. «Vorgestern in Bordeaux angekommen. Lasse mich nächste Woche oder so bei Ihnen sehen.»

Die Ditzens verbringen ein verwirrtes Weihnachtsfest. Sie können noch immer nicht glauben, daß Rowohlt aus Amerika zurückgekommen sein soll. Die Gestapo hat ihn in ihren Listen. «Die Ratten betreten das sinkende Schiff», meint Erich Kästner in Berlin zu dieser seltsamen Heimkehr. Rowohlts Vorstellung, nun könne man ihm doch eigentlich die Ausübung seines alten Berufs nicht verweigern, platzt bald wie eine Seifenblase. Rowohlt wird in die Armee gesteckt.

Fallada hat in diesem Jahr 1940 mit dem «Ungeliebten Mann» eines seiner vielen Wartebücher mehr geschrieben und gleichzeitig sein Gewissen mit dem Gedanken an den «Wizzel Kien» beruhigt. «Für den Sommer habe ich vor, wieder an meinem riesenlangen (auf 4000 Seiten geplanten) mittelalterlichen Schelmenroman zu gehen, der in seinen Anfängen seit 3 Jahren unter meinen Manuskripten ruht. Ich muß eifrig schanzen, sonst schmeckt mir die Zeit nicht.»

Neben der Auftragsware beschäftigt ihn immer noch ein Projekt, das ihm das Gefühl gibt, ein ernsthafter Schriftsteller zu sein. Unter dem tröstenden Dach solcher Vorhaben beginnt er nach dem «Ungeliebten Mann» 1941 den Roman «Ein Mann will hinauf», schreibt die Erzählung «Das Abenteuer des Werner Quabs», ein Jahr später «Zwei zarte Lämmchen, weiß wie Schnee» und «Die Stunde, eh du schlafen gehst» und 1943 den Roman «Der Jungherr von Strammin».

Fallada fleddert für diese Arbeiten seine aufgeschriebenen Romane und seine unaufgeschriebenen Probleme und mischt sie unter die Geschichten. Vieles, was er schon einmal erzählt und gedacht hat, kehrt nun gewendet und arg verdünnt wieder: Werner Quabs ist nach vollendeter Schulzeit für die Landarbeit völlig untauglich und muß vom Vater in die Stadt und in die Buchhändlerlehre gegeben werden; hinter Dramburg, von wo aus er einmal dem Dr. Tecklenburg das flehende Telegramm nach Tannenfeld schickte, werden im Roman des Mannes, der nach oben will, noch einmal die Waffen für die schwarze Reichswehr versteckt, die der Leutnant Fritz aus dem Wolfsroman im Neuloher

Forst vergraben ließ; in der Gäntschow-Landschaft tummelt sich jetzt unbeschwert der Jungherr von Strammin.

«*Ein Mann will hinauf*» ist das letzte Buch, an dessen Entstehung noch einmal der Film mitwirkt. Im Spätsommer 1941 meldet sich die Wien-Film in Carwitz und verhandelt mit ihm über einen verfilmbaren Roman. Er hat nun beinahe alle großen Filmgesellschaften durch. Am 4. Oktober ist Fallada soweit, der Wien-Film vorzuschlagen, das Schicksal eines jungen elternlosen Mannes zu erzählen, «der aus einer märkischen Kleinstadt etwa im Jahre 1910 nach Berlin kommt, um diese Stadt und für diese Stadt kämpft, bis sie ihm nach Jahren der Verlassenheit zu einer Heimat wird. Parallel hierzu läuft die Liebesgeschichte mit einer Berlinerin, die im Persönlichen etwa den Kampf um die Stadt wiederholt. Die Handlung läuft äußerst bis zum Jahre 1930...»

Um keinen Preis will Fallada ein zweites Mal in eine Situation wie beim «*Eisernen Gustav*» geraten. Die Wien-Film hat andere Gedanken, die nicht ihre Gedanken sind. Routinemäßig ist das Exposé dem «Reichsfilmintendanten» Fritz Hippler vorgelegt worden, und dessen Vorstellungen werden Fallada weitergereicht. Besser, als seinen Helden zum Architekten zu machen, wäre es, wenn er ein Transportunternehmen hätte, das mit der Stadt wächst, erfährt er, und daß es günstig wäre, wenn sich das Geschehen über mehr als zwanzig Jahre und fast bis in die Gegenwart erstreckte. Während er das eine in die schon konzipierte Geschichte einbaut, lehnt er das andere strikt ab. «Gebranntes Kind scheut Feuer: Sie wissen, ich habe dies auch einmal auf ausdrückliche Anordnung bei einem Jannings-Film tun müssen, und trotzdem meine Ausführung von allen Stellen gebilligt wurde, wäre ich doch beinahe darüber zu Fall gekommen.»

Am 15. Oktober kommt der Vertrag mit der Wien-Film, der am 28. Februar 1942 erfüllt sein soll, zustande. Am 26. Februar schickt Fallada zwei dicke Manuskriptpakete mit fast fünfhundert Seiten Text nach Wien. Ein Nachspiel in der Gegenwart hat der Filmroman nun doch, aber es ist eine unpolitisch-melancholische Gegenwart, aus der Karl Siebrecht, der Junge aus der märkischen Kleinstadt, zurückblickt.

«Ich finde, dein Traum hat dich und andere ziemlich viel gekostet. Und was ist von ihm geblieben?» fragt ihn Rieke, das Mädchen aus Berlin. «Ja, was ist von ihm geblieben?» fragt auch Karl Siebrecht, der Berlin erobert hat. Es ist die Stadt der kleinen Leute aus dem Pinneberg-Roman, der Schieber des «Gustav», das Babylon des Wolfsromans, und es ist doch nicht Berlin, eher eine Stadtkulisse, errichtet von einem, der sein Handwerk versteht und keine richtigen Häuser mehr bauen darf.

Auch aus diesem Buch wird kein Film. Es versandet einfach. Nach einigen Mühen und einiger Umschreiberei bringt Fallada das Manuskript schließlich wieder bei der «Berliner Illustrierten» unter.

Am Grunde der Wartebücher Falladas dämmern seltsame und sich eigenartig ähnliche Fragen. Der ungeliebte Mann erzwingt Liebe, der brave Buchhändler Quabs sucht ein Abenteuer, Karl Siebrecht will eine Stadt erobern. Ob in märchenhafter Ferne oder halbwegs in der Realität wollen sie mehr, als sie haben, und wissen nicht, was das Glück ist. Quabs fängt in seiner kleinen Stadt einen Löwen und erkennt die Fragwürdigkeit des Ruhms, Schreyvogel erlebt die Last des Geldes, Karl Siebrecht vertut sein Leben an eine Stadt. «Berlin – das hieß nur Zerfall, Gärung, das hieß Suff und Hurerei, ewiger Protest, endloser Streit, Umzüge dafür und Umzüge dagegen.»

Sie alle verlieren sich an Phantome, wie sich ihr Schöpfer an die Beschwörung von Phantomen verloren hat. Als ein blasser Schatten geht sein Schicksal durch die Geschichten. Die immer leerer werdenden Bücher quälen ihn. «Alles, was nur sich selbst dient, ist letzten Endes sinnlos», hatte er vor noch nicht allzu langer Zeit Kagelmacher geschrieben.

Fallada entließ Schreyvogel ins Heitere, Quabs in die Bürgerlichkeit. In dem einigermaßen wirklichen Leben Karl Siebrechts wird die Jagd nach Geld und Ruhm angeklagt. Aber was hat es mit der eigenen Leere auf sich? Natürlich weiß er, daß seine Situation mit dem Faschismus zusammenhängt. Doch da muß noch etwas anderes sein. Etwas, was an ihm liegt. Etwas, was er selber in der Hand hat.

Im April 1941 ist er auf den Gedanken gekommen, eine «Art Jugenderinnerungen» zu schreiben. Bald hat er einen ganzen Berg von Stoff zusammen. Die Berliner Zeit beginnt noch einmal lebendig zu werden, die Gestalten der Geschwister tauchen auf, der Bruder, der im Kriege fiel, die Wandervogelfahrt nach Holland, ein Weihnachtsfest im Hause der Ditzens. Von Elisabeth weiß er, daß sie ein Tagebuch aus der Berliner Zeit besitzt und auch sonst ein gutes Gedächtnis für die Kinderjahre hat, also bittet er sie um Anekdoten, Dönkens und ihre Aufzeichnungen für das neue Buch.

«Alles soll... freundlich gehalten sein, nichts Düsteres, auch möchte ich dabei Papa, Mutti und vor allem auch Tante Ada eine Art Denkmal setzen. Genau an der Wahrheit werde ich mich nicht halten, sondern auch zuerfinden, pointieren usw. Also etwas Rosenrotes und Amüsantes...»

Fallada spricht von den freundlichen Begebenheiten der Jugend und schweigt von Konflikten, und wenn er sich ihnen einmal nähert, dann in phantasievollen Anekdoten, die das Bild einer sorglosen Epoche nicht beschädigen. Rudolf Ditzens trübe Jugendjahre finden ihren ersten Bearbeiter: den heiteren Erzähler Hans Fallada, der das entzückende Buch *«Damals bei uns daheim»* schreibt.

Gleich im nächsten Frühjahr baut er den Erfolg aus. Diesmal gibt er *«Bilder aus dem Familienleben eines Schriftstellers zwischen 1929 und 1942»*. Im Stile der Fallada-Reportagen in der «Berliner Illustrierten» und der «Dame» plaudert er in dem neuen Erinnerungsbuch *«Heute bei uns zu Haus»* über das Idyll Carwitz, Frau und Kinder, Bienen und Hunde, den Garten, das Haus und das Beiwerk seiner Schreiberei.

Alles ist hell, und wenn einmal ein Schatten auf die durchsonnte Landschaft fällt, so doch nur, um sich aufzulösen. «All diese Tage habe ich beim Schreiben gedacht: ‹Es stimmt ja alles nicht, was du erzählst...›», wagt er sich in der freundlichen Geschichte am 12. Mai 1942 hervor, «so war es einmal, aber so ist es schon lange nicht mehr. Ist das noch eine Heimat, von der man weiß, man wird sie aufgeben...»

Suse und er haben beschlossen, sobald es die Zeitverhältnisse erlauben, Carwitz aufzugeben. Doch es ist nicht von der unter der Last der Zeit bröckelnden Ehe die Rede und schon gar nicht von der Zeit, sondern von den Gedanken des Ehepaars an die flügge gewordenen Kinder und dem zu großen Haus, und bald ist auch das nur eine überflüssige Sorge gewesen.

Eine wunderbare Autofahrt in das liebliche Süddeutschland machen die Ditzens mit einem «Glück aus Leder, Lack und Stahl», und wenn sie Sorgen haben, dann mit der Technik des Wagens oder engen Garageneinfahrten und mit nichts sonst, nicht mit dem Filmroman vom *«Eisernen Gustav»*, der bei der Tobis festliegt, weil Goebbels Jannings nicht traut, nicht mit dem Nazischluß, den er für das Buch schreiben soll, denn gerade dazwischen liegt die fröhliche Reise nach Nürnberg, Rothenburg, Mergentheim, Ochsenfurt im April und Mai 1938.

Eine halbe Wahrheit ist immer weniger als die Hälfte der Wahrheit.

In den Sommer 1941 fällt der Anfang eines der merkwürdigsten Kapitel in Falladas literarischer Laufbahn. Es ist das verborgenste. Schon seinen Anfang versteckt es.

Eigentlich will er wieder einen großen Roman schreiben. Eine Geschichte voller Zeit und Menschen, in der man darüber philosophieren kann, was die Menschen unglücklich macht. Ist es nicht die eitle Jagd nach Geld? Ist es nicht der Wahn, den Sinn des Lebens kaufen zu wollen? Was ist es, das lohnt? Was ist es, das sein Leben lohnt? Ist die große Menschenfrage nicht das Leben?

Nie hat er sie aufgegeben und nie hat sie ihn losgelassen. Nur wenn er Antworten weiß, kann er sein, aber die matten Bücher antworten nicht, so emsig er auch schreibt. Über leere Geschäftigkeit will er schreiben, er hat sie ja lange schon an sich beobachtet. «Sie haben ganz recht, ich liege meiner Schreiberei mit einer völligen Besessenheit ob», hatte er Hermann Broch wissen lassen. «Ich kann nicht eine Woche pausieren. Ich muß schreiben, schildern, erzählen, aber im Grunde ist es ein trauriges Geschäft, es macht nicht glücklicher, es gibt keinen Sinn. Ich verdiene Geld, aber ich kann nichts mit dem Geld anfangen, denn ich habe keine Zeit dafür. Ich habe eine Familie, die ich liebe, aber ich habe keine Zeit für sie, denn ich muß immer schreiben!»

Bald nach dem Erinnerungsbuch über die Jugendjahre geht Fallada an die neue Arbeit. Das erste Indiz für sie ist ein Brief vom 21. Juli 1941, am Tage seines achtundvierzigsten Geburtstages, den er der Mutter schreibt. Bevor er ihr noch etwas sagt, mahnt er schon zur Verschwiegenheit. Allenfalls seine Lieblingsschwester Elisabeth könne etwas erfahren. Schon nicht mehr Margarete, die mit ihrem Mann, dem Rechtsanwalt Fritz Bechert, in Zittau lebt. Fallada drängt die Mutter: «Bitte rede außer zu Hörigs, die auch schweigen müssen, noch nicht von diesem Plan. Es darf nichts herauskommen, sonst könnte mir jemand anderes den Rang ablaufen oder auch das mir nicht hold gesinnte Propagandaministerium einen Strich durch die Rechnung machen.»

Fallada hat, wie er betont, einen großen Plan, «die Lebensgeschichte eines Börsenjobbers zu schreiben, natürlich ohne aufdringliche antisemitische Tendenz, etwa einen modernen ‹Jud Süß›.» Den Stoff soll ihm die Wirklichkeit liefern. Seinen Roman will er dem Fall der jüdischen Kaufleute Barmat und Kutisker nachschreiben, der in den zwanziger Jahren großes Aufsehen erregt hatte. Kutisker und Barmat hatten sich nach einem Aufstieg aus kleinen Verhältnissen in ihre Geschäfte verwickelt und waren von der Höhe eines Millionenvermögens in eine Kette von Prozessen gestürzt. Eine wilde öffentliche Pogromhetze begleitete die Untersuchungen. Das «Tage-Buch» machte eine der wenigen Ausnahmen: «... so stehen wir in jeder Beziehung vor dem furchtbaren Zustand», konnte Henry Barmat dort erklären, «daß die gerichtliche Erledigung eines solchen Falles nach einer Praxis, die diesmal angewandt worden ist, eigentlich nur eine bedeutungslose Beigabe zu der viel wichtigeren Tatsache ist, daß die eigentlichen Entscheidungen – die materielle und moralische Zertrümmerung der Verdächtigen –, wie in Zeiten reiner Gewaltherrschaft im Grunde genommen ohne jedes Verfahren und ohne Rechtsgarantien fallen...»

Den Fall Barmat – Kutisker 1941 einfach als ein Schicksal aus den Inflationsjahren erzählen zu wollen heißt, ein tödliches Experiment zu machen. Als Veit Harlans «Jud-Süß»-Film im Vorjahr ins Stocken gekommen war, weil einige Schauspieler sich weigerten, mitzuspielen, hatte Goebbels sie rücksichtslos in ihre Rollen pressen lassen. Doch Fallada bedenkt die Geschichte der Kaufleute nur als die große Parabel vom Erfolg, auf die er nach langem Suchen endlich gestoßen ist.

Um den Hintergrund des Romans zu recherchieren, meldet sich Fallada in Berlin beim Justizministerium mit der Bitte, die Prozeßakten studieren zu dürfen. Die Antwort ist positiv, und so mietet sich Fallada am 1. September in dem vornehmen Hotel «Excelsior» am Anhalter Bahnhof zuerst einmal für eine Woche ein. Die Beamten im Ministerium sind überaus entgegenkommend. Schnell häufen sich die Aktenberge vor ihm, er bekommt einen eigenen Arbeitsraum und dazu noch eine Sachbearbeiterin, die seine Material- und Kontaktwünsche entgegennimmt.

«Ich habe hier mindestens noch eine Woche zu tun», meint Fallada am 9. September, «es ist eine sehr mühselige und anstrengende Arbeit, Dutzende von Aktenbänden sind durchzublättern, mit vielen Richtern und Staatsanwälten zu sprechen, die seinerzeit den Fall bearbeitet haben.» Aus der einen Woche werden zwei, und dann ist er drei Wochen in der Stadt, aber länger hält er es ohne die Familie nicht mehr aus. Am 24. September fährt er zurück. Die Großzügigkeit der Beamten reist mit. Zu «treuen Händen» hat man ihm die wichtigsten Aktenbände für ein Vierteljahr anvertraut. Er soll in Ruhe weiterarbeiten können. Doch inzwischen hat sich ja die Wien-Film gemeldet, und so ruht vorerst das Kutisker-Projekt.

Vier Tage nach der Rückkehr klopft der Gendarmeriemeister Stark an Falladas Tür. Nein, mit dem Berlinaufenthalt hat sein Kommen nichts zu tun. Stark zeigt Fallada einen Brief aus Schwerin. Die Kriminalpolizeileitstelle Abteilung Rauschgifte beschuldigt Rudolf Ditzen, regelmäßig Rauschgifte zu beziehen. Er sei als Süchtiger anzusehen.

Irgend jemand muß ihn denunziert haben. Kann er die Vorwürfe nicht entkräften, droht die Einweisung in eine Anstalt. Man wäre ihn bequem und glaubwürdig los. «Sie ahnen gar nicht», schreibt er ein bißchen später einem Münchner Freund, «was man aus Neid, Haß und Übelwollen heute auszuhalten hat, wenn man wie ich auf einem Präsentierteller sitzt, und weit und breit kein Mensch ähnlicher Denkungs- und Arbeitsart...»

Gegen die schreckliche Schlaflosigkeit in den Perioden angespannter Arbeit nimmt er Pernocton und Alional-Roche. Die Mengen sind nicht klein. Suse kauft in der Feldberger Apotheke Hunderterpackungen. Warum sollten ausgerechnet Medikamente im Krieg nicht knapp werden? Das dem Gendarmen zu erklären fällt schwer. Schlimmer aber ist, daß er seine ganze Suchtbiographie preisgeben muß.

Ja, er sei längst entwöhnt. Das liege schon Jahrzehnte zurück. In der Heil- und Pflegeanstalt Stralsund, die später Professor Horstmann leitete. Wie er zu den Mitteln gekommen sei? Harmlos. Auf selbst geschriebenen, selbst angefertigten Rezepten. Stark protokolliert alles sorgfältig. Die Angelegenheit sei damit erledigt. Vielleicht doch nicht? Fallada teilt sie vorsichtshalber seinem Berliner Rechtsanwalt Carl Haensel mit.

Was steht schon zwischen ihm und dem Abgrund? Jederzeit kann man ihn hinunterstürzen. Vorwände gibt es genug. Im April 1941 ist der Verlobte der Frau Kauter, die ab und an etwas für ihn schreibt, über Nacht festgenommen und vor den «Volksgerichtshof» gebracht worden. Erich Ohser, der die populären Bildgeschichten von Vater und Sohn gezeichnet hat, ist es ähnlich ergangen. Ehe es zur Verhandlung gekommen ist, hat Ohser sich das Leben genommen. Eines Tages lag die Todesanzeige der Familie auf Falladas Schreibtisch. Ein paar Wochen vorher noch hatte Ohser im Januar 1943 eine Fallada-Karikatur gezeichnet.

Vielleicht hätte er den Brief, den ihm der Hauptmann Graff aus dem Oberkommando der Wehrmacht «persönlich» im August schrieb, doch als eine Art Schutzbrief annehmen sollen? Graff wollte seiner Dienststelle vorschlagen, daß ein Autor «mit Blick und Sinn für die im Felde entstandene echte Anekdote in der nächsten Zeit für drei bis sechs Wochen einen Frontabschnitt bereist, um dort für die Zwecke der Dienststelle einschlägiges Material zu sammeln». Fallada hat Graff eine halbe Absage und eine halbe Zusage gegeben.

Das Presse- und Propagandaamt des Reichsarbeitsdienstes holt im Frühjahr 1943 die andere Hälfte der Zusage. Es schickt Fallada als «Sonderführer» im Majorsrang – und mit der Berechtigung, Zivil zu tragen – von Mai bis Juni auf eine Reportagefahrt nach Südfrankreich, wo er in der Umgebung von Bordeaux Lager und Einsatzorte des RAD kennenlernen soll.

Nach der holländischen Wandervogelfahrt des unglückseligen Gymnasiasten ist er in keinem anderen Land mehr gewesen, und das war 1910. Eine ganze Epoche liegt dazwischen, und jetzt ist er fünfzig, als sich die schöne große weite Welt endlich ein Stückchen vor ihm auftut, die man am glücklichsten kostet, wenn man jung ist und sie leicht und folgenreich in den Lebenslauf dringen kann. Wie die vielen kleinen Leute hat ihn der Krieg nach draußen gebracht und Gewalt das andere Land ihm geöffnet. Was für eine Begegnung. Und doch beeindruckt ihn Südfrankreich tief, all seine verborgenen Ansichtskartenträume werden wahr, und sichtbar wird, daß natürlich auch der mecklenburgische Einsiedler zur Weltläufigkeit begabt war.

«Lieber Herr und Frau Kock, auch Ihnen beiden möchte ich gerne einen schönen Gruß von meiner Frankreichreise senden. So ungern ich gefahren bin, so gerne reise ich jetzt immer weiter. Es ist herrlich hier...» schreibt er dem Feldberger Bürgermeister am 5. Juni aus Auvergne auf einer Ansichtskarte des Mont Doré. «Es gibt Feigen und Lorbeer und Palmen. Morgen gehe ich in eine Arena und sehe einen Stierkampf an. In drei Tagen denke ich im Mittelmeer zu baden, und dann komme ich auch bald nach Spanien, vielleicht sogar ein Stückchen über die Grenze. Ich sehe so viel Schönes und Interessantes, daß ich mit meinem Reisetagebuch gar nicht nachkomme.»

Nicht eine Zeile schreibt er für den RAD, aber Karten und Briefe, die an Suse, die Geschwister, Kagelmacher und die Frau Bakonje adressiert und für die Zensur bestimmt sind. Er macht eine *Frankreichreise*. Für den RAD eine *Reportagefahrt*. Natürlich ist er auch auf Flugplätzen und in Lagern, aber da interessiert er sich in erster Linie für den Wein und den Kognak.

«Ja, mein lieber Kagelmacher, ich war in Frankreich und sogar in Spanien... Ich bin nämlich durch eine gnädige Fügung des Himmels Sonderführer des RAD geworden...» heißt es da oder: «Dieses Leben in Lägern oder auf Flugplätzen hat mich ganz seltsam verwandelt, es ist wunderbar, einmal aus der Meckerei und der Vermiestheit des Binnenlandes herauszukommen...»

Fallada rechnet auf Empfänger, die ihn kennen. Else Marie Bakonje sagt er in einem Satz, was er hofft, setzt im nächsten seiner Hoffnung die schützende Narrenkappe auf und deutet im übernächsten die Maskerade an. «Ich bin noch nie so optimistisch gewesen wie in diesen Tagen nach dem Verrat Italiens und bei unserem ständigen Zurückgehen im Osten. Vieles habe ich erfahren, vieles gesehen. Ich weiß, daß wir nur noch zwei oder drei Monate Zeit brauchen, dann sind wir für einen ganz anderen Krieg fertig, und dann wird England in vier Tagen am Boden liegen, und dann wird auch Amerika spüren, was das ist: Krieg. Das sind Töne, die Sie nicht mehr gehört und die Sie auch nicht von mir erwartet haben, aber wir müssen an den Sieg glauben...»

Wie er geradezu höhnisch mit der Zensur spielt, zeigt der Brief, den er im Oktober Dr. Wyss von der «Neuen Zürcher Zeitung» in die Schweiz schickt, der im Februar auf einer vom Propagandaministerium organisierten Pressefahrt bei ihm in Carwitz war. «Ist es nicht eigentlich wunderbar, daß ich, der in guten Zeiten immer nur trübe Bücher schrieb, jetzt in dunkleren Zeiten anfange, immer freudigere zu schreiben?»

Als er im Juli wieder zu Hause ist, denkt er durchaus über das Tagebuch nach. Er ist ja ein ordentlicher Partner, und er ist ein ordentlicher Autor. Gegen seine Überzeugung will er auch hier nicht schreiben. Einen persönlichen Erlebnisbericht will er schreiben, etwa dreihundertfünfzig Druckseiten und vielleicht von ferne vergleichbar mit «Heute bei uns zu Haus», aber nichts Programmatisches, nichts Politisches, nichts Propagandistisches, sondern einfach eine auch mit Humor gewürzte, ganz persönliche Erzählung von einem älteren Einsiedler, der aus seiner Höhle aufgescheucht wird und in die wilde weite Welt gesandt wird. «Es ist tatsächlich die erste und einzige größere Reise meines ganzen Lebens, daher habe ich wohl so intensiv gesehen und erlebt», schreibt er am 11. Juli Martin Stiebing, dem Leiter der Roman-Abteilung des Scherl-Verlages. «Wie weit und ob Sie das verwenden können, weiß ich natürlich nicht. Jedenfalls muß die Arbeit, wenn sie fertig ist, zuerst zur Reichsleitung zur Zensur, denn schreiben werde ich – wie stets – wie mir's ums Herz ist...»

Es bleibt bei der Idee, und Fallada läßt den RAD sein Herz nicht sehen. Wie es darin aussieht, wissen die Behörden auch so.

Am 21. Juli 1943 feiert er in Carwitz seinen fünfzigsten Geburtstag. Ein Bekannter vertraut ihm an, er habe gehört, auf einer Pressebesprechung sei in Berlin die Anweisung gegeben worden, Falladas fünfzigsten Geburtstag öffentlich nicht zu erwähnen. Die Regelung wird mit einer Ausnahme eingehalten. Die macht die «Münchener Illustrierte», wo sein Freund Hasinger sitzt. Sie veröffentlicht ein Bild. Fallada zeigt sich mehr erleichtert als betroffen. «Der Zustand einer milden Ungnade ist noch immer der wünschenswerteste...»

Zingler hat Fallada zu seinem fünfzigsten Geburtstag eines der bissigen Parlamentarierporträts Daumiers geschenkt, unter dem «Pot-de-naz» steht. Fallada übersetzt sich das in «Nazifresse». Wenn er zornig ist, schaut er sich das fette Gesicht mit dem brutalen Kinn und den in Fettwülsten verschwindenden Augen an und häuft stumme Beschimpfungen auf das Blatt.

Das Kutisker-Barmat-Projekt ist für Fallada die ganze Zeit vergessen. Aber er hat es nun einmal in die Welt gesetzt, und es wird ihm wiederbegegnen. Da spricht ein Mitarbeiter des Rowohlt Verlages, der Dr. Pagel, im Propagandaministerium, als es um die ständig schwieriger werdenden Papierzuteilungen für die Falladabücher geht, wohl um gut Wetter zu machen, von dem Barmat-Kutisker-Projekt, und die Goebbelsgehilfen sind sofort hellwach. Überall werden Weisungen für den heraufziehenden Untergang ausgegeben. Goebbels hat nach der Stalingradniederlage im Februar den «totalen Krieg» ausgerufen. Auf der sogenannten Wannseekonferenz ist die «Endlösung der Judenfrage» als millionenfacher Mord beschlossen worden. An seinem Schreibtisch im Propagandaministerium arbeitet der Oberregierungsrat Dr. Rudolf Erkmann daran mit. Als Fallada von seiner Frankreichreise zurückkommt, findet er in Carwitz einen Brief des Oberregierungsrates.

«Wie ich erfahre», schreibt ihm Erkmann am 8. Juni, «sind Sie seit längerer Zeit mit Vorstudien für ein neues großes Werk beschäftigt, das die Ereignisse des Barmat-Kutisker-Skandals von einst zum Gegenstand haben soll. Im Laufe der letzten Wochen ist unsere gesamte propagandistische Arbeit wieder konsequent auf die alte gegen das Judentum gerichtete Linie eingeschwenkt, deren konsequente Verfolgung von größter Bedeutung für die Erreichung des Sieges sein wird. Dabei besteht vor allem Interesse daran, daß unsere Anschauungen in dieser Frage im Ausland mehr und mehr Boden gewinnen. Während die Presse- und Rundfunkarbeit ihre Wirkungen mehr durch den täglichen Bericht erzielt, soll das deutsche Schrifttum in der gleichen Richtung mehr in die Tiefe wirken... Es ist daher als ein besonderer Glücksfall anzusehen, daß Sie sich mit einem Stoff bereits befaßt haben, der weitgehend gestattet, die jüdische Frage zur Darstellung zu bringen...

Ich möchte Sie, sehr geehrter Herr Ditzen, daher heute fragen, ob Sie bereit wären, diese Arbeit als nächste so weit zu fördern, daß sie möglichst bald zur Wirkung kommen kann. Selbstverständlich würde von der Papierseite her gesorgt werden, daß dem Buch ein entsprechender Raum zur Verfügung steht.»

Jetzt weiß man, daß in Carwitz ein Autor lebt, dessen Werk «von jeher im Ausland stärkste Beachtung erfahren» hat. Man weiß es, weil der Name Fallada «diesem Buch einen besonders günstigen Weg bereiten wird». Vor Fallada liegt die Einladung, ein Komplize zu werden. Carwitz ist plötzlich voll der bösen Geister, die er leichtfertig beschworen hat.

Der Frau Bakonje sagt er, daß er einen antisemitischen Roman für das Propagandaministerium schreiben soll und man in den rühmendsten Ausdrücken von seiner Künstlerschaft spricht. Ist die Frau Bakonje empört? Ermuntert sie ihn? Jedenfalls sagt er ihr: «Sie glauben doch nicht, daß der Fallada, der's in der Ungnade nicht getan hat, jetzt, da die Sonne etwas heller scheint, einen billigen antisemitischen Roman im ‹Stürmer-Stil› schreiben wird? (Ganz abgesehen davon, daß er das gar nicht könnte!) Sie wissen doch, daß mich dieses Kutisker-Thema schon seit über zwei Jahren beschäftigt, und daß nur Gründe, die im Stoff lagen, mich von der Ausführung abgehalten haben.»

An Feuchtwangers «Jud Süß» denkt er, und zugleich verdammt er den Roman. Nicht annähernd so «pöbelhaft» antisemitisch werde sein Buch ausfallen. Er ist guter Meinung von sich. Ihn interessiert doch gar nicht der Jude Kutisker. Ihn bewegt, daß einer seinem Leben keinen Sinn geben kann und dafür Schimären nachjagt. Kutisker ist der neue Schlemihl und Fallada ihr rastloser Bruder. Ist er nicht dem

Schreiben verfallen wie sie dem Gold? Warum denn nur muß er Buch an Buch reihen?

«Nein, ich werde zweifelsohne einen alten Juden zeichnen, aber einen Wahnsinnigen, vom Geldkomplex Besessenen. Der Kutisker-Stoff bietet ja überhaupt den Vorteil, daß er das Thema des vom Geldkomplex Besessenen in einer Reinheit bietet, wie es sonst nirgend vorkommt.»

Daß er den Teufel im Haus hat, weiß Fallada. Daß er ihn eingeladen hat, nicht. Vorsichtig will er loskommen. Wie soll er dem Propagandaministerium den Widerspruch erklären, daß ihn der Stoff interessiert und er den Auftrag ablehnt? Schuldlos ist die Situation nicht zu bestehen. Fallada spricht von einem Plan und seinen Hindernissen. Aber damit er die Hindernisse hoch machen kann, muß er Dr. Erkmann den Plan plausibel erklären. «Kutisker ist die Verkörperung des Geldwahnsinns, wie man ihn nur bei Juden findet», schreibt er am 26. Juni, und daß ihm der Barmat-Fall zu unübersichtlich erscheine und es noch Betroffene gäbe. Ein Haufen von Prozessen würde sich ergeben. Er sähe keinen Ausweg, steht in dem Brief, doch auch daß er für einen Wink dankbar wäre.

Oberregierungsrat Dr. Erkmann spricht mit seinem Abteilungsleiter und hat im August die böse Botschaft für Fallada, «daß das politische Interesse an diesem Roman ein so großes ist, daß von hier aus irgendwelche privatrechtlichen Einsprüche, Prozesse usw. zweitrangige Bedeutung haben...»

Fallada meldet sich postwendend im Rowohlt Verlag bei Heinrich Maria Ledig-Rowohlt, der die Geschäfte des Unternehmens führt. Im Haus verfolgt man mit Spannung die Entwicklung des Kutisker-Projektes, hofft man doch, es könnte die immer kritische Haltung des Propagandaministeriums gegenüber dem Verlag mildern. Am 11. August schreibt Fallada Ledig besorgt: «Sie wissen ja, daß dieses Thema mich an sich seit langem reizt und daß ich es wirklich gern ausgeführt sähe, ich bin nur etwas beunruhigt über das ‹Hohe Interesse› an dieser Arbeit, und ich fürchte, daß der Roman in seiner Haltung nicht so ausfallen wird, wie man dort erwartet. Aber das hilft nun alles nichts, losgearbeitet wird bestimmt, wenn auch noch einige Zeit bis zur Fertigstellung vergehen wird.»

Fallada entwirft Dr. Erkmann ein Exposé des Romans, dabei erscheint ihm aber die Angelegenheit Kutisker zu kompliziert, und er kommt auf den Fall Lubliner, der vielleicht geeigneter wäre. Gleichzeitig rückt er den Kutisker-Roman in die Ferne des Jahres 1944, denn erst müsse er noch das RAD-Tagebuch ausarbeiten.

Es hört sich glaubwürdig an. Er befindet sich gerade auf seiner zweiten Reise für den RAD, die ihn diesmal zwischen dem 2. August und 3. Oktober 1943 in den «Sudetengau» nach Niemes in die Nähe von Liberec führt. Doch weder jetzt noch danach entsteht eine Zeile für das RAD-Tagebuch, wie er auch keinen Handschlag für den Roman macht. Nur in seinen Briefen ist immer wieder mal von beiden die Rede. Fallada wartet und nun wirklich – auf irgend etwas.

Als er Anfang Oktober wieder in Carwitz ist, erreicht ihn die Hiobsbotschaft, daß man ihm die Papierzuteilung für drei ungedruckte Manuskripte, «Die Stunde eh du schlafen gehst!», «Ein Mann will hinauf», «Der Jungherr von Strammin», nicht genehmigen wird. Er läßt seinen Verleger Heinrich Maria Ledig-Rowohlt wissen: «Unter diesen Umständen ist es ja vollkommen sinnlos, weitere Romane zu schreiben, wenn ich daran denke, daß ich an einem Roman schreibe, der vielleicht in 5 Jahren erscheinen, wenn er für mich längst veraltet und freudelos geworden ist, so vergeht mir jede Lust, ihn auch nur anzufangen.» Aber es kommt noch schlimmer. Als «Beitrag» zum «totalen Krieg» wird die Deutsche Verlagsanstalt mit ihrer Rowohlt-Tochter geschlossen, so daß er keinen Verlag mehr hat, und nicht einmal ein Illustriertenroman ist mehr möglich, weil es kaum noch Illustrierte gibt. Schreibend lebt und fühlt er. Also trinkt er wieder, und weil er trinkt, kommt es ihm nicht mehr darauf an zu verbergen, daß er schon lange ein Verhältnis mit der Haustochter Anneliese hat.

Unter dem Druck der Zwänge, Denunziationen, Beschränkungen leidet nicht nur dieser Mann. Er hat eine Frau, und die sorgt sich um die Kinder und um die Verwandten in Hamburg, die Opfer der Bombenangriffe sind, und die alte Frau Ditzen, die nach Carwitz gekommen ist, und das Haus und die Landwirtschaft, und wenn sie diesem Mann schon seit den ersten Ehejahren manches nachgesehen hat, so ist das immer nur ihrer beider Sache gewesen. Anna Ditzen stellt Rudolf Ditzen zur Rede. Das Mädchen klatscht ihre Angelegenheiten durch die Handvoll Carwitzer Häuser.

Die Sehnsucht nach dem großen wirklichen Leben ist ja noch immer in ihm trotz seiner Gefangenschaft in diesem elenden Nest und diesem elenden Land, und das Mädchen hat ihm davon geben sollen, wie der

Schnaps, den er runterstürzt. Er weiß, wie sinnlos das ist, aber zerstören kann er nur sich, die Frau, die Familie, das Mädchen. Er schreit und brüllt, läuft durch das Haus und den Garten, und da stehen seine Bienenstöcke, und er reißt an diesem Januartag die Fluglöcher auf und die Abdichtungen heraus, macht kaputt, worum er sich Jahre sorgte, und dann schreibt er auf einen Zettel ein paar Sätze: «Ich sage allen Mitgliedern der Familie herzlich Lebewohl. Das Gärtnerzimmer bleibt in seinem jetzigen Zustand, also zu meiner ständigen Verfügung. Sämtliche Bienen sind getötet, verwendbarer Honig ist nicht mehr in den Waben. Ich gebe, sobald es mein düsterer Zustand erlaubt, Nachricht. Vorläufig bin ich in den Kuranstalten Westend... Ich hoffe von Herzen, daß von nun an Friede ins Haus einzieht...»

Wie viele Male hat er sich eigentlich schon vor seinen versagenden Nerven in die Kuranstalten gerettet? Erst im November ist er wieder für eine gute Woche bei Professor Zutt gewesen. Er nimmt Anneliese mit nach Berlin. Zerstritten kommen sie in der Stadt an. Um irgendwelchen mitgenommenen Kaffee hat es einen Zwist gegeben. Fallada weiß um seine Abhängigkeit von ihr. Er sucht und schafft den Bruch.

Berlin zeigt ihm ein brandiges und zernarbtes Gesicht. Der Januarschnee verhüllt kärglich nur die Zerstörungen. Hier draußen zwischen Charlottenburg und Olympiastadion gibt es nur wenige. Die Stunde dieses Viertels schlägt erst in der Nacht vom 14. zum 15. Februar 1944. Die Patienten und das Personal des Sanatoriums erleben sie in einem halb über der Erde gelegenen Unterstand, in den das Krachen der Bomben dröhnt und der Schein der Brände fällt. Nach dem Angriff gibt es in der Villenstraße nur noch zwei bewohnbare Gebäude. Das Sanatorium und das Haus des Luftschutzbundes.

Fallada bahnt sich am Morgen einen Weg durch die Nußbaumallee. Überall versperren Trümmer, übereinandergestürzte Bäume, auf die Straße geschleuderte Zäune das Vorwärtskommen. Auf dem Balkon einer zum größten Teil zerstörten Villa steht eine alte Frau und ruft einem Mann auf der Straße etwas zu. Sie hat oben in dem zerbombten Zimmer die Nacht verbracht, hört Fallada. Bei fünf Grad Kälte. Fallada läuft weiter. In der Nähe ist das Haus Wiemans. Kein allzu weiter Weg. Bis zur Oldenburgallee. Er steht vor einem ausgebrannten Gebäude. Durch die leeren Fenster blickt ein trüber Februarhimmel. Es war mir, «als sähe ich das Gehäuse von etwas, das einmal eine Seele hatte», sagt Fallada.

Aus dieser Stadt muß er weg. Einundzwanzig Angriffe erlebt er in ihr. Carwitz scheidet aus. Suse erscheint eine Rückkehr verfrüht. Aus dem thüringischen Eisfeld war eine Haustochter der Ditzens gekommen, die Margarete Norweg, die jetzt wieder bei ihren Eltern, den Reichs, in der kleinen Stadt lebt. Vielleicht wäre das eine Zuflucht? Am 28. trifft Fallada in Eisfeld ein: Eine Krankenschwester hat ihn begleitet. Sie sagt, er würde im Schlaf viel sprechen, von Alarmen und was ihn sonst bewege.

Ich habe bisher noch nie im Schlaf gesprochen, sagt Fallada und träumt weiter von brennenden Häusern und krachenden Bomben. Die Reichs geben dem Schriftsteller ein geräumiges Zimmer, aber es ist kalt und schlecht beleuchtet. Er kann darin gerade lesen, nicht schreiben. Abends spielt er mit den Leuten Karten und redet Belangloses. Der alte Reich ist seit achtzehn Jahren in der Partei und Ortsbauernführer.

Bei gutem Wetter läuft Fallada in das Gebirge. Drei, vier, fünf Stunden ist er unterwegs. Die kurzen Tage sind lang für einen Mann ohne Pflichten. Die Hälfte seines Weges geht über offene Felder, die andere durch den Wald. Dann steht er vor einer Handvoll Häuser, die Hinterrod und Waffenrod heißen. Im Gasthaus «Zum kalten Hasen» fragt Fallada nach einem Schnaps für den Rückweg. Der hohe Schnee und die blasse Sonne geben der Landschaft Farben. Ein helles Blau und ein verwaschenes Rosa. Was ist das alles? Wo ist er bloß hingeraten? Eisfeld. Eisfeld…

Am 3. März ist Fallada wieder in Carwitz. Das Frühjahr geht ereignislos hin. Manchmal denkt er an den Kutisker. Manchmal ist er bei Anneliese. Manchmal beschäftigt er sich im Haus und im Garten. Einmal ist er beim Rechtsanwalt in Neustrelitz. Die Ditzens werden sich scheiden lassen.

Aushalten wollte er. Durchkommen in die besseren Zeiten. Geduldig warten. Eine große Frage und eine große Einsamkeit ist daraus geworden.

«Was soll aus Suse werden, sie ist meine Gefährtin gewesen, es tut mir so bitter weh. Oft liege ich lange und frage mich, wozu ich überhaupt noch lebe. Nichts freut mich mehr. Die Kinder sind rasch vergehende Lichtblitze in einem tiefen Dunkel. Meine Arbeit freut mich nicht mehr. Ich bin sehr alt geworden, nicht nur äußerlich, ich bin lebensmüde. Was soll ich noch? Niemand scheint mich mehr zu brauchen. Der Traum, ein großer Künstler zu werden, ist ausgeträumt. Ich bin nur ein Bücherschreiber wie so viele. Vielleicht habe ich zu sehr nach Geld und Erfolg geschielt, ich weiß es nicht. Es waren ja oft auch schwere Zeiten, in denen ich lavieren mußte... Ich bin so allein, wie ich es nie für möglich gehalten hätte. Die, die ich liebte, nach den schwachen Kräften meines Herzens, sie verachten und hassen mich. Alle meine Freunde verlassen mich, und doch wollte auch ich einmal das Beste, daß es das nicht immer wurde – ich habe mich nicht selbst geschaffen...»

Sturz in die Freiheit

1. Das Totenhaus

Daß nun die so oft beschworene Zuflucht verlorengegangen sein soll, kann Fallada nicht fassen. Am 5. Juli 1944 ist die Ehe von Anna und Rudolf Ditzen in Neustrelitz geschieden worden.

Was die Jahre zusammengebracht haben, geht nicht an der Tür eines Gerichtssaals auseinander. Falladas Gefühle urteilen anders als das Urteil. Aber Suse hat er zu dem Urteil gebracht. Für sie steht es fest. Er hat aufgehört, ihr Mann zu sein. Sie braucht einen Gefährten und einen zuverlässigen Vater für die Kinder, wie er Verständnis, wie wenig sein Leben sein Leben ist.

Von wem darf man verlangen, sein knappes Dasein ganz in die unendliche Geschichte zu geben? Die noch dazu ganz alltäglich daherkommt. Da muß es doch erlaubt sein, sich auch alltäglich zu verhalten. Der Mann trinkt. Er redet tagelang kein Wort mit der Frau. Oder schreit sie an. Er zürnt, daß sie ihre heimatlos gewordenen Schwestern aufgenommen hat. Er wirft ihr vor, mit den vielen Weibern unter seinem Dach wäre es wie in einer Strindbergschen Hölle. Er liebt sie und legt sich zu einer anderen. Warum muß Suse allein verstehen, daß der Zorn des Mannes über diese Zeit sich kleine Auswege sucht? Warum soll man ihm erlassen, das zu bedenken?

Anna und Rudolf Ditzen haben es schwer mit unserer doppelten Existenz. Diesem Leben, von Menschen gezeugt und von der Geschichte gemacht.

Fallada zieht jetzt für dauernd in das Gärtnerzimmer drüben im Stallgebäude. Wenn es ihm im Hause zu laut wurde oder er sich mit Suse gestritten hatte, wohnte er dort schon öfter. Die Scheidung ist in Carwitz keine Trennung. Sie gehören unter dem Dach des alten Bauernhauses alle weiter zusammen. Keiner kann es dem anderen noch mit guten Worten sagen. Sie drehen sich ihnen im Munde um. Drei Tage nach der Scheidung bekommt Suse einen anteilnehmenden Brief Frau Burlages. Fallada liest ihn. Er nimmt sich das Recht, Frau Burlage eine Antwort zu geben, die «sie sich hinter den Spiegel stecken wird».

Am selben Tag klingelt in Carwitz das Telefon. Die Stimme einer jungen Frau ist zu hören. Fallada verabredet sich für den Abend mit ihr. Die alte Frau Ditzen ist empört. «Heute abend fährt er wieder nach Feldberg», sagt sie und nimmt sich das Recht zu dem Satz: «Ehebruch hat es in unserer Familie noch nie gegeben.»

«Es handelt sich da um rein körperliche Dinge, ich habe mir nie eine andere oder bessere Frau als Suse gewünscht», begründet Fallada sein Recht.

Die Frau in Feldberg ist eine Frau aus Berlin. Sie ist zweiundzwanzig Jahre alt, Mutter einer kleinen Tochter und seit nicht allzu langer Zeit die Witwe eines Mannes, der ein paar Jahrzehnte älter war als sie. Er hat ihr eine Kette von fast hundert Seifengeschäften hinterlassen, eine durch die Bomben ramponierte Siebenzimmerwohnung in Schöneberg und ein Holzhaus in Feldberg. Dort lebt sie mit der Tochter und ihrer Mutter ruhiger als in dem vom Krieg geschüttelten Berlin.

Ursula Losch muß von jener Anziehungskraft gewesen sein, die auf alle Männer wirkt und die keiner beschreiben kann, weil er etwas aussprechen müßte, dem er eigentlich nicht traut. Natürlich war sie auch eine gutaussehende Frau. Mit dieser Frau versucht Fallada das Neustrelitzer Urteil zu seinem Urteil zu machen. Diese Frau wird sein Todesengel.

Im Sommer 1944 hat er sie in Feldberg kennengelernt, und vielleicht war es wirklich so, wie es im «*Alpdruck*» beschrieben wird, wo am Stammtisch des Schriftstellers Doll in der kleinen Stadt eine sehr junge, sehr auffällige Frau auftaucht. «Wie jung sie war, was steckte für ein Leben in diesem Wesen, wie mitreißend konnte sie lachen über die dümmsten Geschichten des Amtsrichters! Doll fing selber an zu erzählen, und wenn einer gut erzählen konnte, so war er es... Er erzählte rascher, überstürzte sich, übertrumpfte alle – dazwischen rief er nach Wein, Wein, Wein!»

Auf alle Fälle will er Suse und sich und den Leuten zeigen, daß er noch etwas gilt. «...ich wollte mich rächen, die begehrteste, reichste Frau der Gegend wollte ich heiraten», schreibt er später der Schwester. Die Verluste seines Schriftstellerlebens suchen ihren Ausgleich.

Nun auch im Allerpersönlichsten Zerrissenheit zu erleben ist mehr, als Fallada kann. Am Nachmittag des 28. August ist der Punkt erreicht, wo sein gespaltenes Leben das alles zugleich nicht mehr erträgt.

Fallada war bei Ursula Losch. Er kommt nach Carwitz, um sich ein paar Sachen zu holen. Er hat getrunken. Fallada betritt sein Haus, das nicht mehr sein Haus ist. Suse begegnet ihrem Mann, der nicht mehr ihr Mann ist. Sie sitzen sich am Küchentisch gegenüber. Er sagt ihr barsche Worte. Sie hat eine Arbeit vor sich zu liegen und schweigt. Die junge Hausgehilfin besorgt den Abwasch.

Den Mann ärgert die Ruhe, mit dem die Frau auf sein betrunkendes Gerede reagiert. Er fuchtelt mit einem kleinen Terzerol herum. Nicht daß er es gebrauchen will. Es gibt seiner Verlegenheit ein bißchen Kraft. Die Frau soll auf ihn hören. Plötzlich löst sich ein Schuß. Er fährt zwischen der Frau und dem Mädchen hindurch und landet im Tischbein. Suse gerät in Wut. Welch ein Unsinn, das Mädchen und sie so zu gefährden. Sie geht auf den Mann zu, nimmt ihm die Waffe weg, schlägt ihm damit einmal auf den Rücken, läuft zum See hinunter und wirft das Terzerol weit hinein. Der Mann kommt schwerfällig hinterher. Suse telefoniert mit Dr. Hotop in Feldberg. Wenn ein Außenstehender an der Sache zu beteiligen ist, dann allenfalls der Arzt.

Doch Dr. Hotop kann nicht kommen und schickt den Gendarmen, den die Ditzens gut kennen und mit dem der Mann ruhig und friedlich nach Feldberg mitgeht. Alles scheint erledigt zu sein. Aber in einer Kleinstadt wie Feldberg wird solches Geschehnis natürlich schnell bekannt, und der junge Staatsanwalt, der zufällig in Feldberg ist, bringt Fallada nach einer Nacht im Spritzenhaus in das Amtsgerichtsgefängnis Neustrelitz und erstattet Anzeige. Fallada wird in die für geistesgestörte Kriminelle vorgesehene Landesanstalt Strelitz gesperrt.

Suse wird in dieser Angelegenheit nicht vernommen. «Ich kann aber bestimmt sagen, daß Fallada nicht auf mich schießen wollte, sondern mich mit dem Schuß erschrecken wollte...», erklärt sie später. Die Eskalation der Angelegenheit hat sie vergeblich aufzuhalten versucht. Auch der gerichtsmedizinische Gutachter Medizinalrat Dr. Hecker sucht die Strafwürdigkeit einzuschränken. Hecker weiß bald soviel, wie im Dorf und in Feldberg die Runde macht, der Mann trinkt. «Stärkeren Alkoholmißbrauch treibt er 1943 gelegentlich einer Vortragsreise durch Frankreich. Nach Hause zurückgekehrt, wurde ihm von seinem

Verlag der Stuhl vor die Tür gesetzt, was zu neuen Exzessen Anlaß gab.»

Der Alkohol ist unmoralisch. Das andere eine bloße Tatsache. Streng hält sich die Diagnose an den Mann Fallada. «Mit der Ehescheidung verlor er jeden Halt. Ständige Reibungen im noch gemeinsamen Haushalt, alkoholische Exzesse, Schlafmittelmißbrauch erstreckten sich über Monate. Schließlich schießt er bei einer wohl von ihm provozierten Auseinandersetzung, unter Alkohol stehend, in den Tisch, an dem seine Frau ihm gegenübersitzt.» Hecker erkennt am Ende seines Gutachtens auf «verminderte Zurechnungsfähigkeit» und liefert Fallada aus, wo er ihn nach seinen Begriffen schützen wollte. Bei der nächsten Kollision droht Fallada «lebenslänglich», denn Hecker fordert vom Gericht, ihn energisch darauf hinzuweisen, «daß eine neue Straftat dann unweigerlich zur Dauerunterbringung führen muß».

Bevor noch das Gutachten erstattet ist, verfahren Falladas Richter mit ihm schon wie mit einem Geistesgestörten: Fallada wird unter ein halbes Hundert schwachsinniger Krimineller gesteckt und teilt die Zelle abwechselnd mit einem Mörder, einem sterilisierten Gewaltverbrecher und einem Gewalttäter, der als die bedrohlichste Erscheinung der Anstalt gilt. «Ich komme mit ihm, einem gefährlichen Schläger, gut aus, wie überhaupt mit allen hier (unberufen!), meine große Anpassungsfähigkeit bewährt sich wieder einmal», beruhigt Fallada die Mutter Anfang November.

Nur keine Unruhe zeigen. Keine Emotionen. Nicht gegen die Anstalt rebellieren. Und sich nicht in der Zelle zu Hause fühlen. Sich als ein Mann geben, der sich natürlich nach draußen sehnt, aber versteht, daß ein paar unangenehme Wochen vor ihm liegen. Ihm sind eben ein paar Sachen über den Kopf gewachsen.

Überall sind Augen und Ohren auf ihn gerichtet. Der Staatsanwalt liest seine Briefe. Die Anstaltsärzte kontrollieren seine Reaktionen. Die uniformierten Wärter achten auf die Einhaltung der Vorschriften. Die Kalfaktoren belauern den merkwürdigen Mann, der auf einem Schemel sitzt und schreibt, sitzt und schreibt...

Zur «Beobachtung» ist Fallada in die Anstalt eingewiesen worden. Was sich daraus entwickelt, weiß er nicht. Vielleicht ist es wirklich so, vielleicht kommt er in ein Gefängnis. Vielleicht verschwindet er auch für immer in einer Anstalt. Alles, was er macht und was er sein läßt, kann sein Schicksal entscheiden. Eine gefährliche Rolle. Aber er ist ja geübt. Leben heißt lange schon für ihn, sich zu verbergen. Immer der andere zu sein, den es nicht gibt, ist voller zehrender Trostlosigkeit. Eines Tages gibt es diesen anderen wirklich.

Die Landesanstalt Strelitz ist der brutalste aller seiner Schizophreniezwänge. Fallada klammert sich schreibend an die Realität. Bei der Anstaltsleitung kommt er um eine Genehmigung ein, an seinen Büchern arbeiten zu können. Fallada muß den Kutisker-Roman als Alibi vorgeschoben haben. Tatsächlich wird ihm die Erlaubnis erteilt und eine besondere Zelle für sein Schreiben tagsüber zugewiesen. Sie hat keinen verschließbaren Schrank, kein verschließbares Fach, sie ist offen und jedem zugänglich. Gefangene laufen durch die Zelle, Wachtmeister sehen ihm über die Schulter. Andere als dumme Fragen zur Arbeit eines Schriftstellers haben sie nicht. Am meisten interessiert sie seine fliegenkleine Schrift, die eigentlich wie eine winzige zackige Wellenlinie aussieht.

Nur bei Tageslicht kann er seine kleinen Wellenlinien malen. Künstliche Beleuchtung gibt es für die Zellen nicht. Im September sind die Arbeitstage noch von tröstlicher Länge. Im November kann er erst gegen acht Uhr mit der Arbeit anfangen und muß meistens nachmittags gegen halb vier seine Sachen zusammenpacken. Zu wenig Zeit für Fallada. Viel zu wenig für den weggeschlossenen Dichter. Mit dem Federhalter zeichnet er ein magisches Quadrat um sich. Nicht gerade tröstliche Geschichten bekommen darin Leben. Aber seine eigenen. Legt er ihn aus der Hand, brechen die Gedanken in wirre, quälende Bahnen aus.

«Ich habe soviel hier geschrieben, wie – pausenlos hintereinander – wohl noch nie in meinem Leben, es sind wohl schon 1000 Druckseiten», hört die Mutter am 7. November. «Und vorläufig fließt der Strom der Erfindung immer gleichmäßig fort. Und das ist ein Glück – solange ich schreibe, vergesse ich die Gitter vor den Fenstern und die trübe, trostlose, graue Umgebung, in der keine Menschen mehr sind, sondern nur noch die Gespenster von Menschen...»

Seine Strelitzer Manuskripte schreibt Fallada in einer unfaßbaren kleinen Schrift. So hatte sich der listenreiche Odysseus in der Zyklopenhöhle auf das Winzige besonnen und damit über den Riesen triumphiert. Hat Fallada eine Seite beschrieben, wendet er sie und füllt in entgegengesetzter Richtung die Zeilenzwischenräume mit neuem Text. In sechzehn Tagen zwischen dem 6. und 21. September schreibt er nach ein paar Erzählungen den Roman «*Der Trinker*». Aus seiner Geschichte wird die Geschichte des wohlsituierten Kaufmanns Erwin Sommer, eines weichen, verletzlichen Menschen, der sich nach Liebe und Anerkennung sehnt und sich in das Nichts des Alkohols fallen läßt, wenn ihm das Leben zu schwer wird. Sommer hat betrunken seine Frau Magda bedroht. Nun erwartet er in einer Anstalt sein Urteil.

Zeit für die Zeit hatte sich Fallada nie genommen. Bevor sie sich noch zu umgänglicher Ebenmäßigkeit geglättet hatte, wagte Fallada schon die Zeugenschaft und wagte in seinen großen Büchern dabei beständig viel. In Strelitz wagt er das Leben. Findet man bei ihm, was er über die Anstalt schreibt, verschwindet er für immer hinter den Mauern.

Entdeckt man, was er nach dem Trinker-Roman aufzuzeichnen beginnt, hängt man ihn an einen Galgen oder schlägt dem Fallada den Kopf ab.

Ohne allen schützenden Abstand beschreibt Fallada in einer Mordanstalt eine Mordanstalt des Systems. Es ist eine der langsam funktionierenden. Die Menschen werden in ihr nur zu Tode verwaltet, gehungert, entwürdigt, verbraucht. Bürokratie und Brutalität teilen sich die Herrschaft. Locken auf dem Kopf einer Frau lösen den wilden Zorn einer Wärterin aus. Ein Kalfaktor darf einen hilflosen Geistesgestörten tiefer in seine Schrecken prügeln. Nirgends gibt es eine Bemühung, etwas Menschliches zu bewahren. Nur die: «Sie hatten zu arbeiten, solange noch ein bißchen Leistung aus ihren ausgemergelten Körpern auszupressen war, und alles andere interessierte nicht! Mochten sie glücklich sein oder verrecken, draußen war das Leben, und dies war das Haus der Toten.»

In der Geschichte des Trinkers Erwin Sommer hat sich Fallada ein Bild seiner Situation und seiner Psychologie gemacht. Zu seinem Schicksal gehört aber noch mehr: die politische Geschichte des Hans Fallada. Nach dem «Trinker» nimmt er ihre Spur auf. Er mischt Überlegungen und Erlebnisse auf neuen Manuskriptseiten.

«Töricht» nennt er den Gedanken des Jahres 1933, das alles beträfe ihn nicht, weil er sich ja politisch nie betätigt habe, und schildert die Signale der Reichstagsbrandnacht und der Berkenbrücker Verhaftung. Seine Opposition beginnt mit «bürgerlichen» Gründen. Er haßt die Nazis, weil er ihre «Rohheit, ihren ewigen Anspruch an die Gewalt, ihre Dummheit und Ungebildetheit» verabscheut. Den letzten Rest der Illusionen, sie würden sich «beruhigen», treibt der Krieg ihm aus. «Die letzten Jahre haben dann freilich dafür gesorgt, daß dieser Haß nichts Bürgerliches mehr an sich hatte, er war nicht politisch, sondern elementar.»

Die Unterdrückung löst eine Eruption aus. Die stumme Beschimpfung der Nazigrößen vor der Karikatur Daumiers bekommt Worte: «Sie reden viel von dem Gangstertum, das sich jetzt so sehr in der Politik des Auslandes breitmachen soll. In Deutschland braucht es sich nicht erst breitzumachen. Da sitzt es bereits in den höchsten Ämtern und Posten, sie haben sich ihre Gangster dafür fein ausgesucht.» Solche Sätze sind sein Todesurteil. Doch ohne die Wahrheit kommt er nicht mehr aus. Also wagt er sie auch politisch.

«Zu lange schon trage ich sie in mir herum. Ich muß einfach. Und weiß, daß ich wahnsinnig bin. Ich gefährde nicht nur mein Leben, ich gefährde, wie ich immer mehr merke, das Leben vieler Menschen, von denen ich berichte…» trägt er am 30. September in das Manuskript ein. «Wird man mich nicht plötzlich von hier fortholen, zu irgendeiner Untersuchung wegen Defätismus, ehe ich dies M. S. habe vernichten können? Wird man sich nicht auch auf diese Seiten stürzen, und wird nicht auch die kleinste Schrift dann nicht mehr retten können, wenn man erst einen einzigen Satz entziffert hat? Soll ich nicht lieber doch alles zerreißen, was ich in den letzten Tagen geschrieben habe, und ins Klo streuen. Ich weiß es nicht. Ich kämpfe mit mir.»

Von einer anderen Arbeit hört Anna Ditzen am 14. Oktober: «Ich schreibe täglich meine zwölf bis fünfzehn Druckseiten am Kutisker.» Ende des Monats sieht er das Ende der Arbeit vor sich, doch «vor dem Schluß will ich dann eine Pause eintreten lassen und etwas Leichteres schreiben, z. B. für Mücke eine Dachsgeschichte zu Weihnachten».

Am 19. November erfährt die Mutter: «Meiner Arbeit am Kutisker Roman bin ich herzlich müde, es wird Zeit, daß er zu Ende geht, ich werde aber wohl mindestens noch die ganze kommende Woche damit zubringen. Meine Arbeitsleistung ist stark gesunken, ich bringe es nur noch auf kaum 10 Druckseiten täglich, allerdings ist ja auch der Arbeitstag sehr kurz geworden.» Und Geyer schreibt er am selben Tag, daß er sich nur durch ständiges Arbeiten das Leben erträglich machen könne, und «da ich bereits weit über 1000 Druckseiten geschrieben habe, wird der Kopf langsam müde». Endlich ist der Roman am 28. November fertig, wie er nach Carwitz meldet.

Zwei Tage später wird er aus der Ungewißheit seines Anstaltdaseins erlöst. Fallada geht ein Strafbescheid über eine Haftstrafe von dreieinhalb Monaten zu. Sie gilt mit dem 13. Dezember als verbüßt. Der Strom der endlosen Grübeleien kann sich beruhigen. Also ist er noch einmal davongekommen. Die befürchtete Zwangsentmündigung hat nicht stattgefunden. Zwei Wochen noch. Die wird er durchhalten. Er behält die gefährlichsten Manuskripte. Und eigenartig, daß ausgerechnet in dem Moment, wo er erfährt, die Anstalt verlassen zu können, er auch mit dem Kutisker fertig ist.

Fallada bringt ohne Zwischenfall den «Trinker» und die anderen Aufzeichnungen aus der Anstalt. Über die für die Tochter Mücke geschriebene Kindergeschichte braucht er sich keine Gedanken zu machen. Alles in allem sind das kaum vierhundert Druckseiten. Aber tausend hatte er doch geschrieben. Trägt er noch ein anderes Manuskript am 13. Dezember auf dem Weg nach Carwitz bei sich? Sicher ist der Kutisker doch mehr als das Phantom, für das er oft in den Lebensgeschichten Falladas galt. Woran arbeitete Fallada durch zwei Monate noch so besessen, nachdem er Anfang Oktober mit dem «Trinker» und den Aufzeichnungen fertig war? Gewiß nicht nur an der kleinen Dachsgeschichte für die Tochter.

Zu den vielen Zwängen der Anstalt gehört, daß sie ihn gezwungen haben muß, sich wieder an den verhaßten Kutisker zu setzen. Also versucht er sich erneut an der Sisyphusarbeit, aus einem seiner ganzen Struktur nach antisemitischen Stoff einen Roman ohne antisemitische Tendenz zu machen. Natürlich spürt er die alte Unmöglichkeit der Sache, und das Gefühl ist so gewaltsam, daß es selbst in seine zensierte Post dringt. «Der Stoff arbeitet sich sehr schwer, immer wieder habe ich auch Hemmungen zu bekämpfen, die sich aus meinem Innern entgegenstemmen» schreibt er Suse am 14. Oktober aus Strelitz. Daß er in die Lage geraten könne, etwa einen antisemitischen Propagandaroman zu schreiben, hatte er 1943 vor der Frau Bakonje noch für unmöglich gehalten und im Mai 1944 der Schwester Elisabeth erklärt: «Ich schreibe den Roman natürlich so, wie ich ihn in normalen Zeiten geschrieben hätte, ob er dann hinterher an offizieller Stelle zusagt, ahne ich nicht, kümmert mich auch nicht.» Aber zwei Monate später hat sich das Bild schon gewandelt. Er spricht gegenüber der Ärztin Dr. Schmidt-Rost im Juli von dem «berüchtigten Kutisker-Roman» und daß dessen Fertigstellung «in weiter Ferne» läge. Eine ungewöhnliche

Perspektive bei dem zu beinahe jeder Schreibleistung fähigen Fallada. Doch er hofft ja auch darauf, daß der Roman auf andere Weise sein Ende fände: «Er soll etwa 1800 Druckseiten umfassen, und ich liege mit ihm sozusagen im Wettrennen mit dem Kriege. Es ist mir nicht zweifelhaft, wer in diesem Rennen siegen wird.» Daß Fallada in Neustrelitz dann fürchtet, in eine Untersuchung wegen Defätismus hineingezogen zu werden, kommentiert dieser Satz.

Es ist ein Brief aus Strelitz vom 18. 9. 1944 an Hans Franke, Lektor im Heyne-Verlag, der nicht nur weitere Auskünfte über Romaneinzelheiten gibt, sondern ein deutliches Zeugnis für die tatsächliche Existenz eines Kutisker-Manuskriptes ablegt. Franke hat Fallada Eindrücke von ihm gelesener Manuskriptseiten übermittelt, und nun reagiert Fallada, geht auf die Ghettodarstellung und einzelne Figuren ein, Lubliners 200-Seiten-Geschichte, und resümiert: «m. E. müßte der 1. Teil von der ersten bis zur letzten Seite noch einmal neu geschrieben werden.»

Die bisher letzte Spur des düsteren Buches geht durch den Januar 1945. Am 19. bekommt der Buchhändlerfreund Paul Collrep wieder einmal einen Brief, und da steht auch etwas von zukünftigen Arbeitsplänen. Fallada ist voller Erleichterung, dem durch die Anstaltsumstände gegebenen Zwang, sich wieder mit dem Kutisker beschäftigen zu müssen, entronnen zu sein. «Ich habe vor, in der nächsten Zeit viel zu arbeiten, wenn auch das meiste vorläufig in der Schublade liegenbleiben wird. Freilich kaum ein großer antisemitischer Roman, den das Propagandaministerium bei mir in Auftrag gegeben hat und der in großer Auflage erscheinen soll. Bis zu seiner Vollendung wird allerdings noch einige Zeit vergehen. Bestellungen geben Sie lieber dafür noch nicht auf.»

Das schon vor Wochen fertige Buch ist nun immer noch ein Torso. Sich damit zu beeilen hat Fallada keine Absicht. Dies Buch würde bestimmt gedruckt werden. Die Rote Armee steht an der Oder. Die Amerikaner haben den Rhein überquert. Wie auch immer der Wechselbalg aussah. Ihr Kommen befreit Fallada von ihm.

«Liebe Mutti, ich möchte Dir heute, da mich ein etwas hoffnungsvoller gestimmter Brief von Suse erreicht, doch auch die Hand drücken und Dich bitten, mir manches rasche böse Wort zu verzeihen und auch an Deinem Teile zu versuchen, daß aus den Trümmern wieder etwas aufgebaut wird...» Den Monat November beginnt Fallada mit der Hoffnung, alles ließe sich noch einmal regeln und den Kindern eine Heimat erhalten. Die endlosen Nächte sind voller Grübeleien, und aus den Nachtgedanken werden Traumbilder, wenn er in seinen leichten hastigen Schlaf fällt.

Mit Mücke sucht er Pfifferlinge. In der Ferne leuchten ganze Felder gelber Pilze. Kommt er mit dem Mädchen zu ihnen, ist alles zertreten und zerstört.

Er liegt in einem Bett auf der offenen und sehr belebten Straße und trägt dabei Ketten.

Am Tage hat er die Überlegungen eines Hausvaters. Wenn er nach Hause kommt, wird manches für ihn zu tun sein. Der Katze müssen ein paar Junge weggenommen werden, und auch den Nachwuchs der Hündin Teddy wird er etwas «verkürzen» müssen. Die Kaninchen müssen gefüttert werden, mahnt er die Familie, Weihnachten steht vor der Tür.

Für die Mücke liegt unter dem Weihnachtsbaum die Geschichte des griesgrämigen Dachses Fridolin. Eine Druckerei und einen Verlag gibt es für sie nicht. Also gründet er rasch einen eigenen Verlag und setzt seine eigene Druckerei in Gang. Auf der Maschine tippt er die Fridolin-Geschichte ab und gibt ihr auch noch ein Titelblatt: Grüner-Gurken-Verlag Carwitz steht darauf. Warum sollte solch phantasievoller Vater nicht auch ein phantastischer Vater sein können? Eine heile Welt ist Carwitz nie gewesen, doch oft eine freundliche. Auch für ihn wird es ein «schönes» Weihnachtsfest. Mit Suse «ausgesöhnt» trägt er in den Kalender ein.

Aussöhnen heißt nicht, sich lieben. Es kann auch heißen, ein Urteil gemeinsam anzunehmen. Fallada braucht Suses Verständnis für seine Schritte. Selbst wenn er von ihr weggehen will. Es gibt viel an dem Mann, wo er wirklich «ihr Junge» ist. Jetzt hat er sich also mit ihr ausgesöhnt.

Am zweiten Feiertag ist er bei Ursula Losch in Feldberg. Am zweiten Feiertag verlobt er sich mit Ursula Losch. Am 1. Februar 1945 werden sie heiraten. Das Jahr 1945 soll ein vernünftiges Jahr werden. Im Neujahrsbrief an die Schwester Elisabeth nimmt er sich das jedenfalls vor. «Ich bin an diese neue Heirat, um Euch gegenüber offen zu sein, mit sehr kühlem Herzen gegangen, ich wollte einfach bald wieder heiraten, wie ich nun einmal nicht allein leben und der jetzige Zustand ja hier in Carwitz für mich vollkommen unerfreulich war.»

2. Das neue Haus

Im April machen die Deutschen Pläne. Was sie danach machen und was sie in der Stunde des *Zusammenbruchs* machen werden, wie sie das Ende nennen. Es sind wenige, die das Wort *Befreiung* denken. Auch Hans Fallada bereitet sich vor. Mit Suse ist er übereingekommen, auf alle Fälle Carwitz für die Familie zu halten. Kein Gedanke mehr an Fortzug oder Verkauf. Das alte Haus bleibt ihre Heimat. «Ich werde dort sein, wenn wirklich die Russen oder die Amerikaner kommen.»

Der Bungalow in Feldberg soll den Zufällen der Zeit überlassen werden. Die Siebenzimmerwohnung der Loschs in der Schöneberger Meraner Straße ist nach den großen Bombenangriffen in einem kaum noch bewohnbaren Zustand.

Wie ein Schatten lag auf ihm, Suse würde wegen der Heirat zürnen. Warum sollte gerade sie toleranter sein als seine alten Bekannten? Dabei ist ein ganz sachliches freundschaftliches Verhältnis entstanden. Rowohlt und Zingler, seine Trauzeugen bei der kurzen Zeremonie auf dem Schöneberger Standesamt mit ihren trockenen Formeln, haben nur schwer verbergen können, wie fremd ihnen diese neue Ehe ist.

Vielleicht wäre Rowohlt gar nicht da, wenn das Paar auf den Gedanken gekommen wäre, sich noch kirchlichen Zuspruch zu holen und er sich die Verkündung des strikten Sakraments hätte anhören müssen, daß nur der Tod einen Mann und eine Frau scheiden dürfe.

Und selbst Professor Zutt, der doch schon von Berufs wegen zur Toleranz verpflichtet ist, hat diesmal, als Fallada bald nach der Heirat in die Kuranstalten kam, seinem Ärger über die endlose Kette der Zusammenbrüche Luft gemacht. Ziemlich zerknirscht hat ihn Fallada um Verständnis gebeten: «Es ist ja doch immer wieder bei mir das alte Lied: Wenn der Schüler seine Schularbeiten fein säuberlich erledigt (und das war in diesem Falle meine Hochzeit mit dem, was voraufging), läßt er sich erst einmal gehen...»

Der April 1945 ist warm und sonnig und in Feldberg ruhig. Nur ferner Kanonendonner erinnert, daß die Rote Armee die Oder überschritten und Berlin eingeschlossen hat. In der alten Stadt Prenzlau haben sich SS-Wehrmachtseinheiten verschanzt. Sie liegt wie ein blutiger Riegel vor Feldberg.

Fallada ist jetzt zweiundfünfzig, Brillenträger, seit dem vorigen Jahr ausgemustert, aber was zählt das jetzt, wo Kinder und alte Männer in die verlorenen Haufen des *Volkssturms* gesteckt und in das große Sterben geschickt werden.

Wenn Fallada irgend kann, bleibt er in dem strohgedeckten kleinen Holzhaus der Loschs, um nicht noch in letzter Minute von irgendeinem Wahnsinnigen eine Waffe in die Hand gedrückt zu bekommen. Was zu besorgen ist, erledigt Ursula, die Gänge zur Apotheke, zu den paar Geschäften, zur Post, die noch immer zu funktionieren versucht. Zehn Tage bevor die Rote Armee am 28. April in Feldberg ist, kann Fallada noch einen Brief an die Schwester Elisabeth aufgeben: «Ansonsten führen wir ein Leben, das nur wenig von den Zeitläufen berührt wird. Ich bin leider meistens krank...»

Die junge Frau hat in sein Leben die Krankheiten des jungen Mannes zurückgebracht: Alkohol und Morphium. Eine Ampulle Morphium ist im Krieg, wo überall Verwundete und Sterbende zum Alltag gehören, beinahe leichter zu bekommen als eine Flasche Schnaps. Ausgerechnet in diesem stillen Winkel unter dem Dutzend Leute, mit dem er verkehrt, muß er auf einen solchen Boten stoßen. In der großen Krise hatte ihm immer doch noch das kleine Glück gewinkt. Nun kehrt sich das Verhältnis um. Gerade als die historische Not dieses Mannes endet, hängt sich sein Alltag miserabel und dumm an ihn und sucht ihn um die gute Möglichkeit seines Schicksals zu betrügen.

Am 21. April sind Rokossowskis Truppen über die Oder gekommen, am 26. überwinden sie den Prenzlauer Riegel. Sie ziehen in eine total zerstörte Stadt ein. Ein paar Dutzend Kilometer sind es jetzt noch bis Feldberg. Doch davor liegt eine Kette großer und kleiner Seen, ein Gelände, durch das kaum Straßen führen. Die großen Wege nach Westen gehen südlich und nördlich vorbei. Der tote Winkel gibt Feldberg eine Frist. Voller Furcht erwarten viele ihren Ablauf. Unten in der Stadt sind der Rechtsanwalt und seine Frau, die Zahnärztin, entschlossen, sich das Leben zu nehmen, wenn die Russen kommen. Auf der anderen Seite des Haussees, an dem Feldberg liegt, zählt Fallada hoffnungsvoll die Stunden, die es noch dauern kann. Alles mögliche kann noch passieren.

Die Brücke über den Luzin nach Prenzlau ist zur Zerstörung vorbereitet und der Sprengmeister Wasick vom Schotterwerk auf den Kirchturm geschickt worden, um diesen weithin sichtbaren Orientierungspunkt bei Annäherung der Roten Armee in die Luft zu jagen. Am Rande des Ortes liegt ein streng von SS-Mannschaften bewachtes Depot ausgelagerter Akten der Reichskanzlei, im Süden Hohenlychen, in dessen SS-Sanatorien die Prominenten von Himmler bis Speer immer wieder Zuflucht suchten. Dahinter das Konzentrationslager Ravensbrück, im Hullerbusch vor Carwitz das Jagdschloß des Barons von Schröder, der damals Hitler und die Hochfinanz zusammenbrachte und der jetzt einen hohen SS-Rang bekleidet, und gleich im ersten Dorf an der Straße nach Neustrelitz in Möllenbeck bewirtschaftet der Schatzmeister der Nazipartei Schwarz ein Gut. Die Gegend ist voller Unwägbarkeiten.

Erleichtert hört Fallada, daß die SS Feldberg räumt. Die Aktenstapel des Depots werden hastig in Säcke gestopft und auf wartende Lastkraftwagen geworfen. Plötzlich erschüttert eine Explosion die Luft. Die Verbindung der Stadt mit der Prenzlauer Straße ist zerstört worden. Von seinem luftigen Sitz auf dem Kirchturm kann Sprengmeister Wasick erkennen, wie die SS Feldberg verläßt und die Volkssturmmänner nach Hause gehen. Auf dem Kirchturm weht jetzt eine weiße Fahne. Der Stadtkommandant Weber hat sich vergiftet, der Rechtsanwalt mit seiner Frau erschossen.

Am 28. erreichen die sowjetischen Panzer Feldberg und rollen gleich weiter in Richtung Westen. Am Nachmittag erst kommt eine Gruppe von Soldaten in die etwas außerhalb der Stadt gelegene Siedlung Klinck-Ecken. Drei Rotarmisten nähern sich dem Holzhaus der Ursula Losch.

«Alle sitzen bleiben!» befiehlt in dem autobiographischen Roman «Der Alpdruck» der Schriftsteller Doll, der besser Fallada hieße, seiner Frau, ihrer alten Mutter und den beiden Kindern, um den drei Russen mit der geballten linken Faust entgegenzutreten, dem Gruß der deutschen Kommunisten. «Die Spannung, die zornige Ungeduld waren von ihm gewichen, die Zeit des Wartens war vorüber, im Buche des Schicksals war eine ganz neue Seite aufgeschlagen...»

«Towarisch», sagt der Schriftsteller. Die Soldaten sehen ihn mißtrauisch und kühl an. Sie haben eine lange neue Erfahrung mit den Deutschen gemacht. Der Mann vor ihnen läßt den Arm sinken. Er schämt sich. «Die Täuschung, es würde nur eines Wortes, eines Blickes bedürfen, um sich mit den anderen Völkern zu verständigen, daß nicht alle Deutschen mitschuldig waren, auch diese Täuschung war vergangen.»

Wie hatte er nur daraufkommen können? Hatte er nicht oft genug selber gesagt, wenn er daran dachte, was aus diesem Land an Zerstörung, Blut und Tränen über die Welt gebracht worden war, «das kann uns nie verziehen werden»? und daß sein Leben und das seiner Kinder nicht ausreichen würde, die Reinigung des deutschen Namens in der Welt noch zu erleben. «Sich und ihnen wünschte er die Kraft zu ertragen, was ihnen auferlegt war», notiert er.

Das häufigste russische Wort, das Fallada in diesen Tagen hört, heißt «Rabota». Überall verlangt die Rote Armee von den Deutschen Arbeit, damit sie überleben. Jeden Morgen haben sich Feldbergs Einwohner auf einem Sammelplatz einzufinden und bekommen ihre Aufgaben zugewiesen. Fallada hat mit anderen Männern eine bunt zusammengewürfelte Herde von tausendfünfhundert Rindern zu hüten, die zum größten Teil aus Vieh besteht, das die Flüchtlingstrecks zurückgelassen haben. Ursula Losch transportiert aus dem Barackenlager der SS Lebensmittelvorräte in einen Schuppen an der Bahn. Fallada ist nicht sehr lange Kuhhirt.

Im Morgengrauen des 8. Mai steht eine sowjetische Streife vor ihm. Die Soldaten sind erregt und halten ihm einen Rucksack vor, aus dem eine SS-Uniform quillt. Sie vermuten, Fallada hielte einen Offizier auf dem Grundstück versteckt. Als man ihn nicht findet, wird Fallada auf die Kommandantur gebracht. Der Rucksack muß ihm von einer Nachbarin, die die Frau eines geflohenen SS-Offiziers ist, in der Nacht über den Zaun geworfen worden sein, erklärt Fallada. Das Verhör ist kurz. Nach einer Viertelstunde kann er wieder gehen. Der Stadtkommandant Major Sidelnikow weiß jetzt, daß in Feldberg ein Schriftsteller wohnt, der keine Nazibücher geschrieben hat. Major Sidelnikow kommt aus einem Land, in dem ein Schriftsteller eine Autorität ist.

Genau in der letzten Minute dieses Tages um vierundzwanzig Uhr beginnt in einer Berliner Pionierkaserne in der Nähe des S-Bahnhofs Karlshorst die Zeremonie, die den zweiten Weltkrieg in Europa formell beendet. Vor den Vertretern des sowjetischen und des alliierten Oberkommandos unterzeichnet der Generalfeldmarschall Keitel die Urkunde über die bedingungslose Kapitulation Deutschlands. Major Sidelnikow läßt am 9. Mai die Feldberger sich vor der Kommandantur versammeln. Sein Politstellvertreter Oberleutnant Toljekin wird zu ihnen über diesen Sieg sprechen. Wer von ihnen empfindet in dieser Stunde *Befreiung*, fragen sich die Offiziere. Sie kennen Max Güldner aus dem Schotterwerk, der sie mit ein paar anderen Arbeitern unterstützt und in der Stadt schon «Bürgermeister Max» gerufen wird, aber wer noch? Dieser Schriftsteller vielleicht? Fallada wird durch den Dolmetscher gefragt, ob er zur deutschen Bevölkerung sprechen könne?

Öffentlich zu reden, hat er sich nie zugetraut. Nicht einmal aus seinen Büchern hat er lesen wollen. Öffentlich gar mitzureden, schien ihm der kleine Mann besser zu lassen. In dieser Stunde überwindet er die Hemmung und das Schweigen. Er wird den Russen zeigen, was er mit dem einen gestammelten Wort meinte.

Fallada wird in das obere Stockwerk der Kommandantur geführt. Unten auf dem Platz, an dem sich die Straßen nach Prenzlau und Neustrelitz kreuzen und das niedrige Schulgebäude liegt, das wie ein Bauernhaus aussieht, stehen ein paar hundert Menschen. Die sowjetischen Offiziere und Max Güldner sind auf den Balkon hinausgetreten. «Der Krieg ist aus! Die Nazis sind zum Teufel!» ruft «Bürgermeister Max» seinen Feldbergern zu und daß Toljekin jetzt zu ihnen sprechen werde. Der Offizier sagt nicht viel. Und aus dem wenigen macht der Dolmetscher noch knappere Sätze. Wojna konez. Der Krieg ist zu Ende, sagt der Offizier. Es ist eins der ungeheuren Worte des Jahrhunderts. «Wojna kaputt» haben die Soldaten glücklich und traurig gerufen.

Nachdem der Offizier davon gesprochen hat, daß die Sowjetunion die Deutschen nicht ausrotten, sondern ihnen helfen wolle und den Marschall Stalin hochleben läßt, ist Fallada an der Reihe. Sonderlich beliebt ist er nicht in der kleinen Stadt. Zu anders ist dafür sein Leben als das der meisten Leben hier. Mehr als auf seine Worte merkt mancher darauf, daß der Mann, der da redet, Wodka getrunken hat, und das bleibt ihnen als ein Zeichen ihres andauernden Unverständnisses haften. Aber da sind auch Menschen, die auf seine Worte achten und sie auch später noch im Ohr haben.

«Liebe Feldberger! Auf diesen Augenblick habe ich zwölf Jahre lang gewartet», hört der junge Tischler Heinrich Kardel, dem der Krieg einen Arm genommen hat, Fallada sagen. «Wie ist unser Leben mit Füßen getreten worden, und alles nur, weil wir, die vielen kleinen Pinnebergs, nicht genügend gewußt hatten. Nun wollen wir es besser machen! Noch fehlt Brot, die Milch für unsere Kinder. Aber wenn es gelungen ist, durch die Umsicht und das beherzte Verhalten der Roten Armee unsere Stadt vor einer sinnlosen Zerstörung zu bewahren, so wird es uns auch mit unser aller Kraft gelingen, diese Schwierigkeiten zu überwinden. Danken wir der Sowjetunion und gehen an die Arbeit, den Hunger zu stillen. Schwören wir: Lieber trocken Brot – doch nie wieder Krieg! ‹Kleiner Mann – nun!› Nun verändere dein Leben, jetzt kannst du es, wir alle helfen dabei.»

An diesem Tag beginnt Fallada wieder zu schreiben. Fallada sucht seine Aufzeichnungen aus der Strelitzer Anstalt heraus und fängt an zu übertragen, was er an Erfahrungen mit dem Faschismus gemacht hat. Man darf die Russen mit der Wahrheit nicht allein lassen. Er setzt die Überschrift «*Der unerwünschte Autor. Meine Erlebnisse während 12 Jahre Naziterror*» darüber und das Datum des 9. Mai 1945 hinzu und schreibt eine Einleitung. Mit seiner Rede vom Vormittag wird er lange nicht zu Ende sein.

«Zwölf Jahre lang, zwölf endlose trostlose Jahre hindurch habe ich unter der Naziherrschaft nicht ein Wort von dem schreiben dürfen, was mir am Herzen lag. Zwölf Tage nach der Besetzung Feldbergs durch die Russen gibt mir der Kommandant Gelegenheit, die folgenden Erinnerungen an meine Erlebnisse während dieser zwölf Jahre aus dem Geheimmanuskript auf die Maschine zu übertragen. Die Tatsache allein widerlegt die lügnerischen Behauptungen der Nazipresse, mit denen das deutsche Volk seit zwölf Jahren verdummt worden ist, daß die Bolschewiken (das Wort «Russen» wurde stets sorgfältig vermieden) nichts seien als eine kulturlose asiatische Horde, die nur Plünderung und Schändung mit sich brächte – vor allem Kindermord. Ich darf endlich wieder arbeiten, wie mir's um Herz ist, und meine Kinder sind von den Russen nicht ermordet, sondern mit Süßigkeiten beschenkt worden...»

Acht Tage später wird Fallada in das Stadtamt geholt. Überall in ihrem Besatzungsbereich läßt die Sowjetische Militäradministration deutsche Selbstverwaltungsorgane bilden. Sidelnikow macht Fallada zum Bürgermeister von Feldberg. Der kleine Mann soll regieren. Eine provisorische Stadtverwaltung mit zehn Mitarbeitern steht Fallada zur Seite und eine kleine Gruppe von Männern, die Polizeidienst machen. Sehr unterschiedliche Menschen sieht diese erste Stunde. Der Arbeiter Max Güldner wird in der Stadtverwaltung «Leiter für Arbeitsfragen», und der Schmied und Werkmeister Kock übernimmt die

Polizei. Am 30. Juni 1933 haben ihn die Mecklenburgischen Granit-werke Feldberg entlassen und ihm bescheinigt, daß er ein guter Fachmann mit stets zufriedenstellenden Leistungen war, «doch mit Rücksicht auf die politischen Verhältnisse haben wir die Kündigung ausgesprochen...»

Als Falladas Stellvertreter amtiert ein junger Mann, ein ehemaliger Leutnant, der plötzlich in Feldberg aufgetaucht ist und als Antifaschist gilt. Victor Brings interessiert sich sehr für die wohlhabenden Familien und deren Töchter. Als sich eine von ihnen mit Sack und Pack davon-macht, ist auch der Stellvertreter wieder verschwunden. Der Bürger-meister von Feldberg hat sich nicht nur um seine kleine Stadt zu kümmern. Die Landgemeinden der Umgebung gehören zu seinem Amtsbereich und die Sorge für ein paar tausend Flüchtlinge, die hier eine neue Heimat suchen. Auf den Feldern ist die Saat verwüstet, und manche Felder sind unbestellt geblieben, von einer geordneten Versor-gung kann keine Rede sein, die Schulen sind geschlossen, und überall liegen Waffen und Munition herum. Beinahe täglich bekommt der Bürgermeister Meldungen wie die seines Polizisten Wolff, der ihm am 21. Juni anzeigt, daß im Eichholz ein Flakgeschütz Kaliber 3,7 Zentime-ter und ein Geschütz Kaliber 2 Zentimeter stehen.

Unendlich viel ist aufzubauen und zu regeln, und wie er das machen soll, weiß Fallada nicht, denn so gut wie nichts an Hilfsmitteln haben die Nazis und die SS übriggelassen, am meisten aber quält ihn, daß «sogar der Wille zur Mitarbeit der Einwohner» zerstört zu sein scheint.

Das Stadtamt, in das er einzieht, ist tüchtig ausgeräumt worden, und das Plündern nimmt kein Ende. Eine Rosa und eine Elisabeth werden mit zwei lederbezogenen Stühlen erwischt, die der Stadt gehören. Viel-leicht brauchen die Frauen die Stühle, vielleicht glauben sie nicht daran, daß im Stadtamt noch jemals einer darauf sitzen wird, vielleicht sind sie aber auch bloß so unverschämt, ihm den sprichwörtlichen Stuhl unter dem Hintern wirklich noch zu stehlen. Der Bürgermeister Ditzen gibt die Anordnung, die beiden Diebinnen von Sonnabend, den 2. Juni, 6.30 Uhr bis Sonntag, den 3. Juni, 6.30 Uhr zur «Abschreckung» in Haft zu nehmen.

Es kommt ihm vor, als überließen sich die Menschen dem Gefühl, mit dem Zusammenbruch des Faschismus habe alle Ordnung und aller Gemeinsinn aufgehört und jeder existiere nur noch für sich. In der ersten Zeit kann er ganze 100 Gramm Brot pro Tag als Entgelt für die Arbeitseinsätze vergeben und im Juli für die achtzig Patienten und das Personal des neu von ihm eingerichteten Krankenhauses pro Woche 250 Gramm Fett, 50 Gramm Honig, 500 Gramm Fleisch, 1000 Gramm Nährmittel und ein Ei – soweit vorhanden, wie das Protokoll vermerkt. Aber da gibt es einen Fuhrmann G., der beschuldigt wird, sich aus dem Verpflegungsamt 75 Kilo Erbsen, 125 Kilo Roggen, 50 Kilo Hafermehl, 200 Kilo Roggenmehl angeeignet zu haben. Wieviel Zeit zum Überleben hat der Fuhrmann G. gestohlen?

Manchmal gibt es auch gute Nachrichten. Leutnant Nitschajew kommt am Vormittag des 10. Juli von der Kommandantur zu ihm herüber und sagt ihm, daß er für die Feldberger sieben Tonnen Kartoffeln beschafft habe. Sie liegen in Conow, einem Dörfchen gleich vor der Stadt. Der Bürgermeister solle sie möglichst bald dort abholen.

«Und was ist mit dem Erlaubnisschein, den man für den Transport braucht?» fragt Fallada.

Den bekomme der Kaufmann Ihlenburg aus der Strelitzer Straße, antwortet ihm der Leutnant.

Der Dolmetscher Franz Carl, der das Gespräch übersetzt, ist gleichzeitig auch Stadtrat für Handel und Versorgung. Ihm fällt ein, daß die Frau Luczak schon die Bescheinigung habe, die ebenfalls in der Strelitzer Straße ein Geschäft betreibe.

«Nun gut», sagt der Leutnant, «holen Sie die Kartoffeln und lassen Sie die sieben Tonnen durch die Kaufleute Goldenschweger, Ihlenburg und Müller an die Bevölkerung verteilen.»

Der Bürgermeister Ditzen will ein gerechter Bürgermeister sein. In Notzeiten zählt jede Kleinigkeit riesengroß. Der Bürgermeister muß mit der Gleichheit und der Gerechtigkeit wie ein Buchhalter umgehen.

«Goldenschweger, Ihlenburg und Müller genießen durch den Brotverkauf schon eine gewisse Vorzugsstellung», erklärt der Bürgermeister. «Ich schlage vor, daß auch die kleinen Kaufleute wie Luczak, Bandelow und Möbius an dem Verkauf beteiligt werden.»

Am Nachmittag geht Fallada zu der Frau Luczak, um den Lieferschein zu holen und den Transport in die Wege zu leiten. Vor dem Laden stehen schon zwei hochbeladene Kastenwagen mit Kartoffeln. Auf dem Kutschbock des einen sitzt die Frau Luczak, auf dem anderen ihr Sohn.

«Wie kommen Sie dazu, die Kartoffeln, ohne mich zu benachrichtigen, zu holen?» fragt Fallada. Solch eine Ladung ist wertvoll wie Gold. «Sie können unmöglich beide Wagen behalten», sagt der gerechte Bürgermeister.

Hat sie sich nicht Mühe gegeben? Sich ein Gespann Pferde von der Kommandantur besorgt, die Kartoffeln geholt? Die Frau gerät in höchste Erregung. Solch eine Ladung ist wertvoll wie Gold. «Ich gebe nichts heraus!» schreit sie Fallada an.

Der Bürgermeister bedeutet dem Kutscher des zweiten Wagens, weiterzufahren. Mit erhobenem Arm läuft in diesem Moment der Sohn drohend auf den Bürgermeister zu, besinnt sich wieder, kehrt um und beginnt die Pferde des zweiten Wagens auszuspannen. Jetzt könnte sich der Bürgermeister nur noch um die Kartoffeln für seine Feldberger schlagen. Er holt den Polizeimeister Kock zu Hilfe. Es ist unendlich schwer, gerecht zu sein, wenn die Menschen hungern und darben. Am Nachmittag, als er wieder ruhiger geworden ist, läßt er ein Protokoll schreiben.

«Frau Luczak, die aus Berlin geflüchtet ist, habe ich selbst die Führung des ehemaligen Döscherschen Geschäftes übertragen (Döscher ist vor dem Russeneinmarsch geflohen). Sie hat sich zweifellos um dies völlig verwahrloste Geschäft verdient gemacht. Auch ihr Bemühen, durch die Hineinnahme von Kartoffeln wieder neue Ware heranzuschaffen, ist durchaus anerkennenswert. Trotzdem geht es nicht an, daß sie völlig eigenmächtig über von der Kommandantur der Stadtverwaltung zugewiesene Ware verfügt... Es scheint mir unbedingt nötig, daß sie ein für allemal dahin belehrt wird, daß den Anordnungen der Stadtverwaltung Folge geleistet werden muß. Außerdem wäre es ungerecht, wenn ein einziges Geschäft mit der Verteilung eines so großen Postens beauftragt würde.

Der Bürgermeister
Ditzen»

Am 19. Juli erläßt der Chef der Sowjetischen Militäradministration für das Land Mecklenburg Generaloberst Fedjuninski seinen Befehl Nr. 2, der überall plakatiert wird. Auch in Feldberg mahnt der Befehl: «Die Einbringung der Ernte verläuft äußerst langsam. Ein großer Teil sowohl der Land- als auch der Stadtbevölkerung hilft nicht bei der Einbringung der Ernte...

Von der erfolgreichen Ernteeinbringung hängen das Wohl der Land-

und Stadtbevölkerung und die ehrliche Einhaltung der Abgabeverpflichtungen gegenüber der Sowjetischen Militärverwaltung ab sowie die Sicherstellung von Saatgut für das Landwirtschaftsjahr 1945 / 46.»

Am 30. Juli treffen sich die Offiziere der Feldberger Kommandantur mit den Vertretern der Stadtverwaltung im Deutschen Haus, um über die Ernteaussichten zu beraten. In Laeven sind 13 Hektar Roggen und Kartoffeln durch die Kriegsereignisse vernichtet worden. In Möllenbeck hat das Vieh 10 Hektar zerfressen, in Wittenhagen steht das Korn schlecht und ist durch Fahrzeuge zerfahren. Nun darf nichts mehr verlorengehen. Niemand darf sich vor der Ablieferung drücken, erklärt Major Sidelnikow. «Jeder soll froh sein, daß er noch lebt, und soll weiter ehrlich arbeiten. Die Stadt und die Dörfer müssen verpflegt werden.»

So ähnliche Worte hatte Fallada im Mai da oben auf dem Balkon gesprochen. Eine große Müdigkeit liegt jetzt auf ihm. Fremd und einsam fühlt er sich in seinem Amt. Es ist eine lärmende Einsamkeit und eine einsame Beschäftigung. Bitten, Fragen, Schluchzen, Proteste, Anordnungen, Einsprüche, Meinungen hört er, und nie hat er einen Augenblick für das Alleinsein, um zu bedenken, was er sieht und hört, Zeit für die einsame Arbeit, aus der seine Geschichten kommen.

Wie wenig Bereitschaft zur Mitarbeit hat er entdeckt. Er schreibt sich den zornigen Satz auf: «Sie waren so böse, so kleinlich, so auf das eigene Ich bedacht, sie mußten befohlen, geschoben, oft mit Strafen bedroht werden.» Sein bißchen Energie ist aufgezehrt. Er bewundert die sowjetischen Offiziere. Sie packen die Dinge anders an, und sie glauben an die Menschen. Eines Tages steht ein Mitarbeiter der «Täglichen Rundschau» vor ihm.

«In der Kommandantur hält man auf Sie große Stücke, man hat mir erzählt...», sagt der Offizier Grigori Weiß.

«Der Kommandant und seine Leute sind gute Menschen, aber vielleicht etwas zu vertrauensselig. Wenn einer etwas elementar Gutes macht, heben sie ihn gleich in den Himmel», antwortet Fallada.

«Wie es heißt, taten und tun Sie viel für die ehemaligen Häftlinge, für die zwangsverschleppten Russen, die hier in der Stadt gearbeitet haben.»

«Ich habe noch nicht ein Hundertstel von dem gemacht, was man hätte machen sollen, machen müssen...»

«Andere haben nicht einmal das getan. Sie haben sich als Bürgermeister bewährt.»

Im nächsten Jahr erinnert er sich an die Feldberger Offiziere: «Dort wurde auf weite Sicht geplant und vorausgearbeitet, dort dachte man nicht nur an das Heute.» Er weiß kaum, wie das Heute aussehen soll, geschweige denn die Tage danach. Er ist ja gar nicht so anders als die, die ihm nicht geholfen haben, weil sie nicht wissen, wozu und wofür. Zu tief ist der Einschnitt, der da zu bewältigen ist. Mühselig und langwierig wird die Verwandlung des Landes und seiner Menschen sein. Immer ist dieser Mann ehrlich. Auch in dem, was er nicht kann.

Wenn er an das Ende seiner Amtszeit denkt, sieht er den Bürgermeister an seinem Schreibtisch sitzen. Eigentlich müßte er zur Kommandantur. Er denkt nichts Bestimmtes. Nicht einmal, daß der Weg sinnlos sei, wie alle Wege sinnlos waren, da nach seiner Meinung alle Wege für die Deutschen nur im Nichts enden konnten. Nur grauer Nebel ist um ihn, durch den nichts dringt, kein Blick, kein Laut. Schließlich geht er auf die dringende Mahnung seiner Sekretärin doch zur Kommandantur. «Es war ebenso gut und schlecht wie alles, was er jetzt tun konnte... er hatte keinen Selbsterhaltungstrieb mehr.»

Mitte des Monats bricht Fallada unter seiner Aufgabe zusammen. Ursula Losch unternimmt einen Selbstmordversuch. Am 13. August 1945 wird Fallada mit seiner Frau in das Krankenhaus Neustrelitz eingeliefert. Nach vierzehn Tagen werden sie entlassen und gehen nach Berlin. Dort haben sie ja eine Wohnung.

3. Ein Haus in Berlin

Der Zug, in dem Fallada und seine Frau sitzen, ist bis auf den letzten Platz gefüllt, die Abteile sind schmutzig, die Fenster zerschlagen. Mittags an diesem 1. September 1945 hätte der Zug Neustrelitz verlassen sollen, erst am Abend setzt er sich mühselig in Bewegung. Niemand hat beim Einsteigen auf den anderen geachtet. Ein wilder Storm von Menschen ergoß sich in den endlich einfahrenden Zug. Auf den vielen Stationen, an denen er unterwegs hält, kommen immer mehr hinzu. Auf den Trittbrettern, den Wagendächern, den Puffern machen sie die Reise mit.

Im Morgengrauen stehen die beiden vor dem Haus in der Meraner

Straße Nr. 12. Das letztemal waren Fallada und Ursula im Februar hier. Es ist wenigstens stehengeblieben, wenn es auch arge Zerstörungen aufweist. Eine Frau, die sie nicht kennen, öffnet die Tür der Losch-Wohnung. Sie ist bewohnt, zwei Zimmer sind ausgebrannt, für die Neuankömmlinge ist gerade noch ein Raum frei. Das ist keine Zeit für leere Zimmer.

Sie sitzen wie Fremde in ihrem alten Gehäuse. Sie hausen ohne Betten, ohne Bettwäsche, der Schriftsteller hat keinen Füllfederhalter, keine Tinte, keine Schreibmaschine. Keine Zeile eines Manuskriptes kann er schreiben, keinen Brief. Erst im November kommt er wieder zu einer Maschine. Und die Familie hat keine Lebensmittelkarten, denn sie sind ja ohne Zuzugsgenehmigung nach Berlin gekommen, und alles, was sie brauchen, müssen sie auf dem schwarzen Markt kaufen.

Ein Brot kostet da hundert Mark. Ein Brot sättigt nicht lange. Ursula weiß etwas, was zufriedener macht und sogar billiger als Brot ist. Für eine Ampulle Morphium zahlt sie fünfundsechzig Mark. Sie kennt einen Herrn in Dahlem, der sie ständig beliefert, und für ihren Mann bringt sie ein Schlafmittel mit, das in richtigen Dosen glückliche Träume schenkt. Es ist ein vornehmes Haus in der Schorlemer Allee Nr. 21 a in Dahlem, in das sie geht. Ein Persianer wandert dahin und ein Herrenpelzmantel und noch ein Damenmantel, ein Anzug und eine chinesische Deckelvase, Gegenstände mit einem Zeitwert von fünfund-dreißig- bis vierzigtausend Mark, wie Fallada ausrechnet.

Wenn die Frau ihre Spritze hat, überzieht ein entspannter, beinahe glücklicher Ausdruck gleich nach dem Einstich ihr Gesicht. Fallada kennt das ja. «In einem Zeitraum von fünf Sekunden hatte sie den Mann und Schmerzen und Enttäuschungen und Sorgen vergessen. Sie hatte vergessen, daß sie verheiratet war und ein Kind hatte», notiert er in seinem Bericht über diese Zeit und: «Im Augenblick schien es ihm unmöglich, bei dieser so ferne gewordenen Frau zu sitzen. In all den Mißhelligkeiten vergangener Wochen und Monate war er nicht so allein gewesen wie in diesem Augenblick.»

Mit dieser Frau wieder an dem alten Abgrund zu stehen, fühlt Fallada deutlich. Ist er denn noch immer nicht weiter als der junge Mann damals? Schon einmal hat er sich in dieser Stadt im Teufelskreis gedreht. Sich von Ursula Losch zu lösen, erwägt er nicht zum erstenmal und verwirft es nicht zum letztenmal. Eigentlich ist das Zusammensein mit ihr ein Rest der Ausweglosigkeit, in die er am Ende mit seiner dichterischen Existenz geraten war – aber eben ein privater Rest, schwer zu durchschauen und voller Emotionen. Ein Problem mit dem Namen einer Frau.

Überall in diesen Tagen erkundigt sich ein Mann nach Hans Fallada: Johannes R. Becher. Oftmals hat er sich im Moskauer Exil vorgestellt, wie das sein wird, wenn er heimkommt, was an Kultur und Gesittung überlebt hat, mit wem man von den in Deutschland Gebliebenen bei der geistigen Erneuerung wird zusammenarbeiten können. Lange vor seiner Rückkehr nach Berlin hat Becher schon nach Fallada und Wiechert, Hauptmann und der Huch, Kellermann und Kästner gefragt. Im Jahre 1943 ist Heinz Willmann zu ihm in die Redaktion der «Internationalen Literatur» in Moskau mit einer deutschen Illustrierten gekommen, die man bei einem gefangenen Soldaten gefunden hat. Fallada posiert darin in der Uniform eines Offiziers des Reichsarbeitsdienstes. Das sage noch nichts, hatte Becher Willmann erklärt. Fallada ist ein großer Erzähler, kein politischer Mensch. Er glaube nicht, daß er sich wirklich mit dem Faschismus eingelassen habe.

Becher hat Hauptmann in Agnetendorf und Kellermann in Potsdam gefunden, und an einem Tag im Oktober steht Hans Fallada vor ihm. Von allen, um die er sich gesorgt hat, ist dieser ihm am nächsten. Der hat einen hochrangigen preußischen Juristen zum Vater gehabt, er einen bayrischen. Der hat in dem Schicksalsjahr 1911 mit einem jungen Mann aus dem Leben gewollt, er mit einem Mädchen. Der war danach in Tannenfeld, er daneben in Jena. Der ist einer der wenigen Überlebenden aus der Generation, die ihren Vätern laut absagte, und er ist einer. Becher glaubt, seine Antwort gefunden zu haben.

Becher sieht, bevor Fallada helfen kann, muß ihm geholfen werden. Die Zuzugs- und Kartenangelegenheit muß geregelt werden. Fallada braucht Wohnraum, in dem er so ungestört, wie es die Zeit nur erlaubt, arbeiten kann. Becher erwartet viel von ihm. Er weiß, welche Ausnahmeerscheinung dieser volkstümliche Erzähler in der deutschen Literatur darstellt, und Fallada ist ihm ein neidlos bewundertes poetisches Vorbild. Seinem Talent traut Becher zu, «die unsterbliche Chronik unseres zweiten dreißigjährigen Krieges zu schreiben». Solch ein Stück Gedächtnis der Zeit darf nicht verlorengehen.

Über einen neuen Romanplan kann Fallada Becher noch nichts sagen, aber für die Presse wird er etwas haben, und Bechers Angebot in der Organisation, deren Präsident Becher ist und die sich programmatisch «Kulturbund zur demokratischen Erneuerung Deutschlands» nennt, mitzuarbeiten, nimmt er an. Ein Weg öffnet sich aus der Wirrsal des einsamen Lebens in Berlin. Allein hätte er nie da rausgefunden, und so emsig Uschi von Amt zu Amt gelaufen ist und all ihren Charme hat spielen lassen, hat auch sie bis zu diesem Tage nichts erreicht.

«Wir waren völlig pleite und alles, was wir noch an Schmuck usw. aus dem Chaos gerettet hatten, war endgültig dahin. Zudem war und ist Becher von einer unübertroffenen Hilfsbereitschaft, ohne ihn wäre ich schwer aus der fatalen Depression herausgekommen», schreibt er einen Monat später Rowohlt, nun schon wieder mit einem eigenen Dach über dem Kopf, aus dem neuen Haus in Niederschönhausen, Eisenmengerweg Nr. 19. Becher hat es ihm besorgt. Es ist leer. Einrichten muß er sich selber darin.

«Die schlimme Zeit ist durchwatet, nun geht es wieder aufwärts», geht dem Schriftsteller Doll nach seiner Begegnung mit Granzow/Becher im *Alpdruck* durch den Kopf. «In diesem Augenblick denkt Doll mit keinem Gedanken daran, daß es vielleicht doch nicht ganz so einfach ist, daß es nicht mit einer Wohnung, mit Lebensmitteln und Sachen getan ist. Vergessen hat er jetzt, daß Krieg war, die Leidenszeit vorher, daß er ein leergebrannter Mensch ist, ohne Inhalt... Daß auch der hilfsbereite Granzow diesen Inhalt nicht geben kann, daß er ihn sich selber schaffen muß...» Die ersten Arbeiten, mit denen Fallada sich wieder zu Wort meldet, sind Beiträge zu einer politischen Rechenschaft. Nach dem Besuch bei Becher schreibt er am 12. Oktober dem Kulturbund einen offenen Brief und formuliert aus seinen Erfahrungen der Wende ein Programm: «Zur gleichen Zeit, da ein Johannes R. Becher, ein Paul Wegener, ein Bernhard Kellermann und mancher andere berufene Mund aufriefen zu einer Sammlung aller an Deutschland glaubenden Kräfte, machte ich Stunden, Tage, Wochen fast völliger Verzweiflung durch. Meine schwerste Arbeit war nicht der Einbringung der Ernte, der Steuerung des Flüchtlingswesens, des Hungers und der Krankheit gewidmet, meine schwerste, verzweifeltste, aussichtsloseste Arbeit galt der sittlichen Haltung des deutschen Menschen... Es muß einen Wiederaufstieg für uns geben, vor allem muß die deutsche Jugend gerettet werden, die jetzt, seit die Leerheit der Hitlerparolen klargeworden ist, ganz dem Nihilismus verfallen scheint... Die Stunde der Verzweiflung ist vergangen, der lange Tag der Arbeit hat begonnen.»

Becher gibt Fallada eine Gestapoakte in die Hand. Minutiös bis hin zum Todesurteil des «Volksgerichtshofes» ist darin auf neunzig Seiten ein Stück Hitlergegnerschaft kleiner Leute aus dem Berliner Wedding festgehalten.

«*Über den doch vorhandenen Widerstand der Deutschen gegen den Hitlerterror*» überschreibt er den Aufsatz, der im Novemberheft der Zeitschrift «Aufbau» gedruckt wird. Ein Mann und eine Frau lehnen sich auf, weil ihr alltäglicher Gerechtigkeitssinn verletzt worden ist. Ihre Aktionen sind hilflos und sie keine Helden. Sie legen Karten mit selbstgeschriebenen Losungen in der Stadt ab, und als sie vor der Gestapo stehen, hoffen sie, ihre Tat ungeschehen machen zu können. Ein Opfer, das umsonst war in einem aussichtslosen Kampf?

«Aber vielleicht doch nicht ganz aussichtslos? Vielleicht doch nicht ganz umsonst?» Fallada lernt an seinem kleinen Mann etwas Neues kennen. Den Widerstand. Er wird darüber reden müssen. «Ich, der Autor eines noch zu schreibenden Romans, hoffe es, daß ihr Kampf, ihr Leiden, ihr Tod nicht ganz umsonst waren.»

Fallada ist mutig sich ein gutes Stück vorangegangen. Roman Pereswetow von der «Täglichen Rundschau» ist bei ihm gewesen, um ihn für die Mitarbeit an der Zeitung der Sowjetischen Militäradministration zu gewinnen. Becher hat ihm die Adresse gegeben. Niemand öffnet, als Hauptmann Pereswetow an der Wohnungstür klopft. Ist die Adresse falsch? Der Journalist Pereswetow ruft Becher an.

«Klopfen Sie stärker!» rät ihm Becher.

Pereswetow wiederholt den Versuch. Es ist gegen Mittag. Als sich die Tür öffnet, steht ein Mann im Pyjama vor ihm, und auch seine Frau ist zu dieser Stunde nicht anders bekleidet. Das Zimmer ist dunkel. Die Gardinen zugezogen. «Die Nacht war für diese Menschen noch nicht vorüber, oder waren sie nicht zum Mittagessen aufgestanden, weil sie keins hatten?» kommentiert Pereswetow. In dem ausgemergelten Mann erkennt er nur mühsam den Schriftsteller Fallada, wie er ihn aus den Bildern in der «Berliner Illustrierten» in Erinnerung hat, einen kräftigen Herrn mit kleinem Bäuchlein in dem Knickerbockeranzug und einem runden Dickkopf.

Ein Stück vom Eisenmengerweg entfernt an der alten Dorfaue Pankows hat der Arzt Dr. Julius Bell in der Breiten Straße eine internistische Praxis neu eröffnet. Bald gehören auch Ursula Losch und Fallada zu seinen Patienten. Beide sind süchtig, hat der Arzt rasch festgestellt, und Fallada ihm daraus auch kein Hehl gemacht. Die Frau kann ohne Morphium kaum noch leben. Fallada braucht Beistand, wenn die Erregungszustände der Abstinenz sie überkommen. Dr. Bell hofft, Ursula Losch mit einer Therapie helfen zu können. Becher und Fallada wollen am 8. Dezember gemeinsam in Schwerin über den Nürnberger Kriegsverbrecherprozeß sprechen. Was aber wird in der Zeit mit der Frau sein? Im Haus am Eisenmengerweg leben jetzt zwei Kinder. Jutta Losch und Uli Ditzen. Fallada hat seinen Sohn Uli nach Berlin geholt, damit er hier die Schule besuchen kann. Fallada schickt dem Arzt einen Brief.

«Sehr geehrter Herr Dr. Bell,

wie vorausgesehen werde ich morgen, Sonnabend, früh um 8 Uhr nach Schwerin fahren und voraussichtlich erst am Montag Mittag zurückkehren. Ich wäre Ihnen dankbar, wenn Sie wie besprochen in dieser Zeit nach meiner Frau sehen würden, ev. durch die Schwester. Meine Frau hat kein M. in der Reserve, ich habe am Donnerstag und Freitag innerhalb von 24 Stunden je 5 ccm gegeben. Mit bestem Gruß Ihr dankbarer Fallada.»

Falladas Worte in Schwerin hören sich wie Beschwörungsformeln an: «Wir stehen nicht nur an einem Ende, wir halten nicht nur vor einem Zusammenbruch, wir haben nicht nur das Chaos, sondern wir stehen vor einem Beginn...»

Am Mittwoch schreibt er der Mutter aus Berlin einen Weihnachtsbrief. Viel ist verloren, mehr gewonnen. «Dies ist das erste Friedens-Weihnachten, das wir feiern, keine Bomben fallen, an den Fronten ist Ruhe, es wird nicht gestorben für eine kaltblütige schurkenhafte Führerschaft. Es wird schon besser werden.»

Zu Weihnachten ist er mit Uschi bei Becher eingeladen. Wilhelm Pieck und Konstantin Fedin sind unter Bechers Gästen. Fedin überrascht das fahrige, unkonzentrierte Wesen Falladas. Man spricht auch über die Reise von Becher und Fallada nach Schwerin und den Nürnberger Prozeß.

«Der Nürnberger Prozeß ist den Deutschen unwichtig», erklärt nervös Fallada. «Sie wissen ohnehin, daß sie betrogen worden sind, sie hassen die Vergangenheit, aber da sie keine Zukunft sehen, wieso soll denn die Zukunft besser sein als die Vergangenheit?»

Wilhelm Pieck antwortet ihm: «Gerade weil der einfache Deutsche, der Arbeiter, der Bauer, die Vergangenheit haßt, will er und wird er keine schlechtere, sondern eine bessere Zukunft suchen. Aber eine bessere Zukunft, als er sich selber geben kann, wird ihm keiner geben.»

Fallada und Ursula Losch haben viel getrunken. Geht im Rausch immer wieder verloren, was er sich vernünftig aufgebaut hat? «Auch Ulla machte schlapp, die ja sonst jedem Alkohol gewachsen ist», steht in einem Brief, den er Silvester schreibt.

Das neue Jahr beginnt mit einem Brief der Frau Bakonje. Falladas ehemalige Sekretärin hat im «Neuen Hannoverschen Kurier» gelesen, der Schriftsteller habe in Berlin erklärt, jetzt kommt es vor allen Dingen darauf an, die Jugend zu retten, und er wolle einen Roman über den aussichtslosen Kampf eines kleinen Mannes aus dem Volke gegen die Hitlersche Staatsmaschinerie schreiben. Frau Bakonje übergibt der Westberliner Frauenzeitschrift «sie» einen «offenen Brief». Frau Bakonje hat sehr persönliche Motive dafür.

«Sind Sie, Fallada, wirklich berufen (oder sagen wir schon jetzt berufen), an der demokratischen Erneuerung Deutschlands und an der Rettung der Jugend mitzuwirken? Sie, der Sie sich noch im Herbst des Jahres 1943, als Mann von über fünfzig Jahren, gewissermaßen von den Nazis einfangen ließen?» fragte die Frau, die einmal den «mangelnden Patriotismus des ‹Eisernen Gustav›» rügte. «Ich konnte ja nie Ihre politischen Anschauungen teilen, da ich von ziemlich weit links herkam, während Sie... Nun, das mag man in Ihren Büchern nachlesen, besonders in Ihrem ‹Eisernen Gustav› und den ‹Bauern, Bonzen und Bomben›.»

Frau Bakonjes Denunziation findet kaum Echo. Fallada versetzt sie eine Zeitlang in absurde Ängste. Hans Habe, der Kolumnist der in München erscheinenden «Neuen Zeitung», bezeichnet Fallada als «literarischen Alibisucher des Hitlertums», sieht aber im Vorgehen von Falladas Sekretärin ein Beispiel faschistischer Gesinnung. «Daß das Private nicht mehr privat war, daß hinter jedem Schlüsselloch ein Auge schielte, daß man von seinen eigenen Sekretärinnen verkauft wurde, daß man mit dem Begriff des Radios den Begriff einer dicken Bettdecke verband – das waren ja gerade die kleinen, aber um so bezeichnenderen Merkmale des Nationalsozialismus.»

Unter den Papieren des Dr. Bell findet sich ein Zettel, der über die Situation am Eisenmengerweg viel sagt. Ursula Losch ist die Absenderin. «Lieber Dr. Benn», hat sie geschrieben und dann in Dr. Bell verbessert, «ich bin in einer schrecklichen Abstinenz und weiß wirklich nicht mehr, was ich machen soll. Bitte, bitte helfen Sie mir, schicken Sie mir etwas, damit ich über den schlimmsten Zustand wegkomme. Mit bestem Gruß. Ursula Losch.»

Dr. Bell sieht im Januar, daß seine Patienten aus eigener Kraft nicht mehr vom Morphium loskommen. Was er noch machen kann, ist, sie mit Kenntnis der Gesundheitsbehörden bis zur Einlieferung in eine Anstalt mit Spritzen durchzuhalten.

Anfang Februar kommen Fallada und seine Frau in den Kuranstalten Neuwestend unter. Professor Zutt trennt die beiden streng. Der Arzt gibt der Frau die Schuld an Falladas Zusammenbruch. Am 15. Februar 1946 meldet Fallada sich bei Geyer: «... mein hoffnungsvoller Start in der deutschen Literatur ist erst einmal ganz in der Versenkung verschwunden. Aufträge genug, Aufträge über Aufträge, aber erst einmal muß ich wieder arbeitsfähig werden – die Entleerung der übermäßig angeschwollenen Briefmappe ist erst einmal eine Vorprobe dazu. Aber an meiner Vertippe werden Sie ja merken, daß auch das noch nicht alles glatt geht. Sie wissen ja sicher – ja, das weiß ich nun schon nicht mehr, was Sie sicher wissen sollen. Unterdes ist nämlich mein Ältester bei mir hier zu Besuch gewesen, und dabei hat sich so viel Neues ergeben, nämlich an Schwierigkeiten, daß ich ganz aus dem Konzept gekommen bin.»

Uli ist mit der kleinen Jutta allein im Haus zurückgeblieben. Drückende Schulden lasten auf Fallada, und dem Haus Eisenmengerweg Nr. 19 droht die Sperrung der Stromversorgung, da das Kontingent hoffnungslos überzogen ist. Davon erfährt Geyer zwar nichts, aber doch die dringende Bitte, ihm tausendfünfhundert Mark rasch zu leihen. Als Geyer eine Besuchserlaubnis erhält, fragt er Professor Zutt als erstes, ob Falladas Gesundheit wieder in Ordnung kommen werde.

«Um Fallada ist mir nicht bange, der schafft es bestimmt. Erstaunlich, wie schnell er sich jedesmal erholt. Viel mehr Sorge macht mir seine junge Frau, denn sie ist dem Rauschgift mehr verfallen als er. Und solange Fallada unter dem Einfluß dieser Frau steht, wird er immer wieder rückfällig werden», antwortet der Arzt.

Bis Ende April will ihn Zutt bei sich behalten, für Ursula Losch hat er an einen Aufenthalt bis in den Mai gedacht. Weniger weil sie eine lange Therapie benötigt, als Fallada wenigstens für eine Übergangzeit ihrem Einfluß zu entziehen. «... ich denke aber, sie früher loszukeilen. Das wäre ja gelacht», schreibt Fallada Geyer am 7. März. Ohne sie leben kann er so wenig wie mit ihr.

«Ganz schlecht ist Uschi nicht», hat er Geyer gesagt, «wir wären schon längst verhungert, wenn sie es nicht immer wieder verstanden hätte, unmöglich Erscheinendes möglich zu machen! Sie schafft eben alles, was sie will. Weiß der Teufel, wie sie es macht, aber sie schafft es. Nur, daß sie mir immer wieder dieses Mistzeug von Morphium ins Haus bringt!» Dann aber schließt er übergangslos an: «Nein, ich muß von ihr freikommen, um wieder arbeiten zu können, ich muß! Die Jahre an der Seite Suses waren immer Jahre des Aufbaus gewesen, doch die Jahre an der Seite dieser Frau sind Jahre des völligen Zerfalls, des völligen Untergangs!»

Ursula Losch scheut sich nicht, mit der Bahn weite Strecken ins Land zu fahren, um mit einem Rucksack und ein paar Koffern voller Kartoffeln zurückzukommen oder auch auf den Schwarzmarkt zu gehen und von da einen Zentner Kartoffeln zu sechshundert Mark zu kaufen. Eine Zeitlang hat sie den Plan, mit Falladas Bibliothek eine Leihbücherei aufzumachen, dann wieder als Empfangsdame in einem Fotoatelier zu arbeiten. Doch weder aus dem einen noch aus dem anderen wird etwas. Am Ende wird Falladas kostbare Bibliothek mit den Erstausgaben der Werke Jean Pauls und E. T. A. Hoffmanns und vieler anderer Autoren verkauft, um aus dem Erlös der dreitausend Bände von den nie abreißenden Geldsorgen etwas loszukommen. Becher drängt darauf, Fallada möglichst wenig Bargeld auszuzahlen und mit den Honoraren so viel wie möglich von seinen Verbindlichkeiten zu regeln. Becher weiß, warum. Als der Aufbau-Verlag Fallada für den Roman «*Jeder stirbt für sich allein*» fünfundsiebzigtausend Mark zahlt, kauft Ursula Losch sehr rasch für den größeren Teil des Honorars einhundert Ampullen Morphium.

Im März kehren Fallada und Ursula Losch in den Eisenmengerweg zurück. Die Behandlung in Westend haben sie vorzeitig abgebrochen. Der alte Kreislauf beginnt von neuem. «Wir nahmen dabei das Morphium so regelmäßig zu uns, daß kaum irgendwelche Abstinenzzeiten oder Abstinenzerscheinungen auftraten», bekennt Ursula Losch.

In der Nacht zum 1. Mai ist ihr Vorrat zu Ende gegangen. An diesem Feiertag etwas Neues zu bekommen wird schwer sein. Ursula Losch hantiert am Vormittag in der Küche im Erdgeschoß, Fallada hält sich oben im Schlafzimmer auf, in dem er auch arbeitet und schreibt. «Komm doch einmal herauf», hört sie ihn rufen.

Fallada hat ein Testament geschrieben, sie soll es durchlesen und, wenn sie einverstanden ist, unterschreiben. Beide setzen sich darin als gegenseitige Universalerben ein. An Fallada ist nichts Besonderes zu bemerken. Ursula Losch schreibt ihren Namen unter das Dokument.

Schon am Vormittag hat er sie gebeten, in die Stadt zu fahren und Morphium zu besorgen. Je weiter nun der Nachmittag fortschreitet, desto dringlicher werden die Aufforderungen des Mannes, der von Stunde zu Stunde matter geworden ist. Mehrmals hat sie von Nachbarn aus vergeblich herumtelefoniert, auch jetzt gegen siebzehn Uhr kommt sie erfolglos von einem Anruf zurück, drückt aber Fallada ein paar Zigaretten in die Hand, um ihn zu «trösten». Auch er hat sich endlich angezogen und verläßt plötzlich das Haus. Er wolle zu Becher gehen, sagt er ruhig, aber eine starke innere Erregung ist an ihm zu spüren. Fallada tritt hinaus, schließt die Gartentür auf und hinter sich wieder zu und ist bald in der Krümmung der von Villen und Grün gesäumten schmalen Straße verschwunden. Zum Haus Bechers sind es nur ein paar hundert Meter.

Wenig später kommt Fallada eilig wieder angerannt. Becher ist dicht hinter ihm. Fallada springt über die niedrige Gartenpforte, öffnet die Haustür, schließt sie hinter sich ab und nimmt den über der Tür hängenden zweiten Schlüssel an sich. «Niemand kann hier mehr herein», erklärt Fallada atemlos. Ursula Losch wird angst. Sie entreißt Fallada einen Schlüssel und öffnet die Tür. Als Becher eintritt, ist Fallada nach oben in das Schlafzimmer gelaufen.

Fallada habe plötzlich vor seiner Tür gestanden, sagt Becher, und das Dienstmädchen verlangt. Er sei herausgekommen, und Fallada habe ihm das Kuvert mit dem Testament in die Hand gedrückt. Fallada sei sofort davon und habe gerufen, er werde jetzt aus dem Leben gehen.

Auf alle Fälle muß er diesen Mann jetzt beruhigen. «Trinken wir einen Kognak», sagt Becher. «Ich habe noch eine Flasche zu Hause. Ich hole sie.»

Fallada ist mißtrauisch. Er nimmt an, Becher wolle sich aus der Affäre ziehen. Doch als Becher wieder da ist, beruhigt er sich wirklich für einen Moment, stürzt dann aber mit der Drohung davon, er werde die Salzsäure austrinken, die Uschi in der Toilette stehen habe. Die Frau sucht ihn zurückzuhalten. Es kommt zu einem Handgemenge, das erst

Becher beenden kann. Er kennt einen Arzt in der Nähe, den Dr. Kupke, den wird er jetzt rufen.

Dr. Kupke ist gerade dabei, sein Haus zu verlassen und in den nahen Schloßpark zu gehen, um sich das Maifeuerwerk anzusehen, als bei ihm das Telefon klingelt. Wenige Minuten später ist er mit seinem Wagen im Eisenmengerweg. Er hat keine Ampulle und keine Spritze bei sich, also muß er noch einmal zurück. Als Fallada den Wagen das zweitemal kommen hört, legt er sich sofort auf das Bett. Jetzt ist alles gut. Nur die Frau soll noch ihre Spritze bekommen. Kupke und Becher können die beiden allein lassen. Sie sind wie umgewandelt, plaudern noch lange, und Fallada liest Uschi in der Nacht aus dem «Trinker» vor. Will er das eine Bild der Zerstörung gegen das andere setzen?

Fallada muß unbedingt in Behandlung. Noch nicht einmal hundert Pfund wieg er mehr. Der rührige Dr. Kupke, der in Niederschönhausen das Ansehen eines Volksarztes besitzt, hat in dem ehemaligen Altersheim in der Marthastraße Nr. 10 eine Station für geschlechtskranke Patienten eingerichtet. Auf Bitten Bechers bekommen Fallada und Ursula Losch in dem Hilfskrankenhaus Asyl und die Legende Nahrung, beide seien bei einer Razzia in einer Bar aufgegriffen und dort zwangsweise eingeliefert worden.

In der ersten Zeit ist Fallada häufig noch stark erregt, und einmal versucht er sich mit einem Elektrokabel aufzuhängen. Langsam nur gelingt es dem Arzt, Fallada durch Injektionen immer geringer werdender Dosen eines Beruhigungsmittels zu entwöhnen. «Das ist mein kleiner Tod», sagt er, wenn Dr. Kupke mit der Spritze kommt, und nimmt noch genießerisch einen tiefen Zug aus der Zigarette, bevor er in Schlaf versinkt. Nach einem Monat hat er zwölf Pfund zugenommen. Rascher geht es mit seiner Frau aufwärts. Viel früher als Fallada kann sie entlassen werden. Er aber schreibt in seinem Zimmer. «Fallada sucht einen Weg» nennt er das Manuskript, das, als es erscheint, «Der Alpdruck» heißt.

Mit beinahe minutiöser Genauigkeit folgt das Schicksal des Schriftstellers Doll und seiner Frau Alma dem eigenen Erleben. Die Befreiung Feldbergs, seine Bürgermeistertätigkeit, der Weg nach Berlin, die Konflikte mit Uschi, der Zusammenbruch, das Treffen mit Becher, all das nimmt Gestalt an. Er will die Situationen dieser achtzehn Monate so deutlich wie möglich vor sich sehen, um sie nach ihrem Sinn zu befragen, denn er hat aufgegeben zu sterben.

Fallada setzt sein einsames Schicksal in Beziehung zur Zeit. Dolls moralische Verwüstung ist ein Stück der Verwüstung seines Landes. Doll sagt sich, er ist hinter den kleinen Leuten zurückgeblieben. «... diese Arbeiter waren Leute in keiner schlimmeren und in keiner besseren Lage als er; während er aber faul herumgelegen und sich mit Fleiß krank gemacht hatte, war von ebenso Enttäuschten angepackt worden, und durch die Arbeit hatten sie Verzweiflung und Enttäuschung überwunden!»

Ein authentischer Lebensbericht ist der «Alpdruck» dennoch nicht. Fallada läßt ihn an einigen Stellen entscheidend von den Tatsachen abweichen. Er hat sich mit dem Buch zur Überwindung der Selbstaufgabe durchgeschrieben und das Chaos der letzten Monate mit seiner Hilfe zu einer *Entwicklung* geordnet. Nun versteht er diese Monate nicht nur so, sondern erzählt sie auch als Entwicklung, stellt um, ordnet neu, verlegt den nach der Begegnung mit Becher im Oktober 1945 liegenden Zusammenbruch vom Februar 1946 in die Zeit *vor* der Begegnung mit Granzow / Becher, um den Einfluß dieser Freundschaft deutlich zu machen, und läßt den Roman mit einer Begegnung Dolls mit Granzow / Becher und einer Besiegelung des neuen Lebenswillens an einem Julitag enden, an dem Fallada noch immer im Krankenhaus in der Marthastraße liegt.

Was macht es, Literatur hat das Recht zu allen in der Realität wurzelnden Erfindungen, und Fallada hat mit diesem Buch der Vergangenheit wieder einmal abgeschworen. Einen Tag nach seinem dreiundfünfzigsten Geburtstag ist er damit am 22. Juli fertig geworden. Ende des Monats ist er wieder in dem Haus am Eisenmengerweg. Er hat einen Roman über Fallada mitgebracht. Nun wird er damit zu tun haben, sein Leben danach zu richten. –

Fallada ist besten Willens. Schon sieht er ein neues Projekt vor sich. Im September hofft er, einen «richtig großen Roman» anfangen zu können. Becher, der ihm die Gestapoakte in die Hand gab, hat immer wieder über den Roman gesprochen, der in diesem Material steckt. Nun will Fallada über den Widerstand der kleinen Leute schreiben.

Ursula Losch ist es inzwischen gelungen, den Rest des Feldberger Inventars nach Berlin zu holen. Das nur dürftig ausgestattete Haus kann endlich eingerichtet werden. «... wir sind mit Eifer dabei, unserem Häuschen den letzten Schick zu geben. Es wird alles mit den zusammengestoppelten geretteten Möbeln doch noch sehr hübsch – hoffentlich kommen Sie bald mal und sehen es sich an», schreibt er optimistisch Geyer am 26. Juli.

Er wünscht sich ja sehnlich zur Ruhe und mit Uschi in ein vernünftiges Verhältnis zu kommen und denkt doch seit Wochen dabei über die Trennung von ihr nach. Nicht noch einmal möchte er in die Wirrsal der letzten Monate zurück.

Ursula Losch hat überall Schulden gemacht, selbst Dr. Kupke und Becher hat sie angepumpt. Noch in die Marthastraße hat ihm der Rechtsanwalt Dr. Selzer im Auftrag einer Mandantin aus der Meraner Straße Nr. 12 geschrieben: «Ihre Ehefrau soll vor einiger Zeit von Frau Schulz-Mario RM 500 unter Umständen entliehen haben, die nach meiner Ansicht nicht mehr nur die Beschreitung des Klageweges, sondern auch die Befassung anderer Behörden mit diesem Fall rechtfertigen würden.» Frau Schulz-Mario bewohnt die ehemalige Losch-Wohnung.

Fallada antwortete ihm darauf: «Ich wäre Ihnen dankbar, wenn Sie mir nähere Mitteilung über diese ‹besonderen Umstände› machen würden, meine Frau ist nämlich leider Morphinistin, z. Z. in einem Krankenhaus in Behandlung, und ich erwäge die Trennung von ihr wegen der Sucht und ihres ständigen Schuldenmachens.»

Gerecht und sachlich zu sein hat er sich bemüht und darum auch bedacht, daß Ursula Losch nicht Anna Ditzen ist, er zwar nicht mit ihren Schwächen leben darf, aber versuchen muß, ihre guten Seiten anzuerkennen, die eben von denen der Frau in Carwitz unterschieden sind. Das Problem hat ihn so beschäftigt, daß es ihn im Juli zu einer kleinen Geschichte angeregt hat, aus der sich vielleicht sogar ein Film machen ließe, den er «*Die Frau, die dein eigen ist*» nennen will.

Ein Mann in den besten Jahren lebt gänzlich in der Erinnerung an seine tote Frau, die er durch einen Selbstmord verloren hat. Nie kann er sich den Grund dazu erklären. Als er ein junges Mädchen kennenlernt und sie heiratet, bleibt er weiter in seiner Vergangenheit gefangen. Ein Besucher erst befreit ihn daraus, als der dem Mädchen davon erzählt. «Der Zugvogel zieht weiter, im alten Haus wird es wieder still. Aber es ist nicht mehr die Stille des Todes, es ist die tiefe Ruhe des erfüllten Glücks, das von der jungen Frau ausströmt. Die Wolken verfliegen, die Angst weicht. Sie ist eine ganz andere, sie ist die Frau, die er immer lieben wird.»

Das kleine Stückchen Kitsch taugt für den Film nicht und für sein Leben noch viel weniger.

Den neuen ernsten Roman bereitet er mit einer sehr ernsten Erwägung vor: Trennung von Ursula Losch und Rückkehr nach Carwitz zu Suse.

«Jedenfalls ist mir klar, daß alle meine Arbeitskraft und Arbeitslust bei Ulla verlorengehen würde, daß die mir am wichtigsten sind, weißt Du ja», schreibt er Suse am 16. September. «Es widerstrebt mir natürlich, in diesen Dingen um einen Rat zu fragen, und doch habe ich gerade in den letzten Wochen an die alten Zeiten denken müssen, und ich wäre Dir dankbar, wenn Du mir ein paar Worte schreiben würdest.»

Anna Ditzen überlegt sich ihre Antwort gründlich. Sie wird ihr sehr schwer. Die fünfzehn Ehejahre mit Hans Fallada sind nicht auszulöschen. Doch da ist auch das schmerzhafte Ende. Ihr Leben in Carwitz mit der Tochter Mücke, dem jüngsten Sohn Achim und der alten Mutter Falladas ist schwer, Anna Ditzen schlägt sich als Bäuerin durchs Leben. Sie ist anders geworden. Auch der Mann hat sich verändert. Es gibt wohl keine Umkehr mehr, aber Freundschaft und was sie helfen kann, will sie gern und uneingeschränkt tun.

Als Fallada ihre Antwort in den Händen hält, hat er mit Ursula Losch über eine Scheidung gesprochen und sie das empört zurückgewiesen. Erst als er ihr zögernd sagt, er wolle wieder nach Carwitz zurück, beruhigt sie sich. Dies sei natürlich etwas anderes, sie wisse dann wenigstens, daß dann eine Frau, die ihn wirklich mag, sich um ihn kümmere und für ihn sorge: spricht da Weibeslist, spricht da wirkliches Gefühl? An dieser Stelle wendet sich jedenfalls das Gespräch. «Wir haben dann noch lange gesessen und geredet, ich war sehr hilflos und zerrissen. Schließlich haben wir uns entschieden, daß wir es noch einmal versuchen. Und so versuchen wir es dann...»

Leicht zählt, was noch einmal getan werden kann. Schwer das Endgültige. Die Zukunft erst kennt es. Der Mann, der sich am 30. September 1946 an den Schreibtisch in dem Haus am Eisenmengerweg setzt, beginnt seinen letzten Roman.

Oft hat ihn der Tod beschäftigt. Aber nicht jetzt. Er wird noch viele gute Bücher schreiben. Damals bei der wilden Fahrt an der Steilküste hatte Johannes Gäntschow, als die Kutsche zum Meer hinunterstürzte, gedacht, *jeder stirbt für sich allein*. So wird er das neue Buch nennen. Eigentlich hat er es nicht schreiben wollen und der Filmgesellschaft ganz andere Geschichten angeboten. Doch die Leute von der DEFA haben hartnäckig verlangt, er solle die Widerstandsgeschichte schreiben, die er im vorigen Jahr in der Zeitschrift veröffentlicht hat.

Am 26. September ist Fallada bei der Filmgesellschaft gewesen und mit einem guten Vertrag nach Hause gegangen. Er ist nicht froh gewesen über das Projekt, auf das er sich eingelassen hat, und auch das so dringend gebrauchte Geld hat ihn nicht getröstet. Er hat ununterbrochen an die Schwierigkeiten gedacht, die ihm dieser fremde Stoff machen wird.

Ist das wirklich eine fremde Geschichte? Warum hat sie ihn nicht losgelassen? Es ist seine Geschichte. Der kleine Mann gegen die mächtige Maschinerie des Staates. Er läuft nicht davon. So war es bei ihm nicht. Aber gerade darum betrifft sie ihn.

«Ich stand damals vor der Wahl: Schreib, Vogel, oder geh ins KZ. Das war 1938 – und sieben Jahre KZ hätte ich nicht ausgehalten. Und trotzdem liegt wie Schuld jede Zeile auf mir, die ich damals schrieb...» hatte er ein paar Tage vor dem neuen Buch seinem alten Freund Nico Rost nach Frankreich geschrieben. «...ich bin sehr alt und müde geworden. Ich möchte eines Tages noch, in einer guten Stunde, den Roman schreiben, der dieses Leben schildert, dieses Leben des Grauens und der Angst, das wir durch so viele Jahre führen mußten. Ich bin wohl kein sehr mutiger Mensch, ich kann nur viel ertragen.»

Er braucht vierundzwanzig Tage, um seinen Roman zu schreiben. Wie immer läßt er sich durch den Ablieferungstermin 30. Dezember 1946 hetzen, und wie immer ist er ein verläßlicher Arbeiter.

Morgens um fünf geht er an seinen Schreibtisch. Selten macht er vor sieben Uhr abends Schluß. Sorgfältig notiert er das tägliche Arbeitspensum, und wieder gilt das Gesetz, an keinem Tag weniger Seiten zu schreiben als am Tag davor. Er treibt sich voran mit allen alten und neuen Kniffen, die er weiß, und erlebt die alte Überraschung, daß die Geschichte wächst und wächst, zu einem großen Roman und zu seinem eigenen Kind wird.

«Zweifelsfrei wurde der Auftrag erteilt, zweifelsfrei wurde er ungern angenommen, aber ebenso zweifelsfrei wurde es mein Roman, was ich da schrieb.»

Am 1. November beginnt die Umarbeitung. Er tippt das Manuskript ab, diktiert es. Seine Handschrift ist in den letzten Jahren immer kleiner geworden. «Dieses Umarbeiten und Diktieren dauerte fast länger als die Niederschrift...»

Noch einmal hat er es mit Ursula Losch versucht und ist noch einmal damit gescheitert. Nicht einmal die alten bösen Zustände herrschen mehr im Haus am Eisenmengerweg in den Novembertagen des Jahres 1946. Das Haus und seine Bewohner tragen alle Zeichen der Auflösung.

Es tut ihm gut, Suse schreiben zu können: «Glücklich macht mich, daß ich endlich wieder seit dem Wolf einen guten Roman geschrieben habe, ‹Jeder stirbt für sich allein›». Und in einer Klammer setzt er hinzu, «lies bloß nicht den albernen und auch noch zergrübelten Alpdruck!», denn der enthält ihm zuviel Tagebuchseiten seiner Beziehung zu Ulla, und die möchte er Suse doch nicht zumuten.

Der kleine Mann Fallada hat in einer Geschichte den kleinen Mann über seine Schwächen hinwegkommen lassen. «Ich sage mir, ich habe das Recht, privat im Glück zu sein, wenn Raum für ein solches Glück auf dieser Erde ist», sagt der Arbeiter Grigoleit. Der kleine Mann Fallada hat etwas Großes angefangen. Den ersten Roman der vielen Romane über den Widerstandskampf gegen den Faschismus nach der Befreiung vom Faschismus hat er geschrieben. Und der erste Roman über die Menschen des Anfangs liegt in seiner Schublade.

Im Letzten, was er schreiben wird, steht der Satz: «Und da ich das Schreiben nicht lassen will und werde, so muß ich mich hetzen, heute, morgen, wahrscheinlich werde ich mich noch als alter Mann hetzen, als Greis, immer werde ich Angst haben, ich werde nicht fertig.»

4. Aller Wohnung Ende

Ein paar Tage sind die Kinder noch dagewesen, dann sind auch sie aus dem Haus gegangen. Uli lebt wieder in Carwitz und Jutta bei der Berliner Losch-Familie. Die Dezemberkälte wohnt nun allein in dem Haus. Die Feuerungsanlage im Keller in Gang zu halten war für die beiden so unmöglich wie für die Frau, die zum Helfen bestellt war, und die Heizsonnen zu schwach, um dem Frost zu wehren.

Ulis Vater und Juttas Mutter sind seit den ersten Dezembertagen fort. Man hat sie in die Charité bringen müssen. Sich und die Kinder und das Haus hatten sie vergessen.

Ursula Losch liegt auf der Station 6 der Nervenklinik in einem Schlafsaal und Fallada ein paar Türen weiter in einem Einzelzimmer.

Voller Unruhe ist die Frau, der Mann in tiefer Apathie. Niemand wird zu ihm gelassen, und käme doch jemand auf den langen Gängen des unwirtlichen Backsteingebäudes zu ihm auf die Station, träfe er ihn abwesend und abweisend. Geyer muß umkehren. Suse ist zu ihm gekommen. Er hat geschwiegen und ihren Vorschlag abgelehnt, das Mädchen Jutta mit nach Carwitz gehen zu lassen. Alles wird sich lösen, denkt die Frau, als sie geht, und weiß nicht, wie.

Geyer, der kleine unansehnliche Mann, der auch geträumt hat, Schriftsteller zu werden, ist noch einmal in die Station 6 gegangen und hat diesmal wenigstens Ursula Losch treffen können. Es steht schlecht mit Fallada, sagt sie, und daß Fallada in einem Rollstuhl auf die Bühne des Hörsaals gebracht worden sei und der Professor gesagt habe: «Das, meine Herren, was Sie hier sehen, ist der Ihnen wohl allen bekannte Schriftsteller Hans Fallada oder vielmehr das, was die Sucht nach dem Rauschgift aus ihm gemacht hat: ein Appendix!»

Der Vater begleitet ihn zurück aus der Abwesenheit. Es erstaunt ihn, wie oft er jetzt an ihn denken muß und wie deutlich die Gestalt des alten Reichsgerichtsrats wird, wenn er einschlafen will. An seine Ehe denkt er. Nicht an seine Karriere. Nicht an seine Moral. An eine *wahrhaft glückliche* Ehe denkt er, und das ist, sie lebten in allem zusammen, *empfanden zusammen Glück*, waren *zusammen traurig*. Vor sechzig Jahren haben sie geheiratet. War es nicht am Silvestertag? Wie viele Gedenktage der Familie es im Dezember gibt. An einem 15. Dezember ist Ulrich gefallen. An einem Tage nach Weihnachten ist Tante Ada gestorben. *Er wäre nun auch schon kein junger Mann mehr, und es wäre vielleicht...*, nein, es ist vielleicht besser für ihn... Er bricht den Gedanken ab. Sehr jung, sehr idealistisch hat er ihn in Erinnerung, und er kann sich jetzt nicht vorstellen, daß das Leben auch geben kann.

Mit dem Vater geht er durch Leipzig. Zur Thomaskirche. In die Motette. Warum gerade dieser Weg? Ihn ist er doch am wenigsten gegangen. Er sitzt mit dem Vater auf der Kirchenbank, sieht all *die seltsamen Gestalten schweigend hereinkommen und sich auch setzen*. Das Gesicht des Vaters kann er nicht erkennen. Er hat die Hand vor die Augen gelegt und den Kopf zurück. *Es ist gut, daß sie alle tot sind, jeder, der dies Leben hier nicht mehr führen muß, ist glücklich zu preisen.*

Das denkt er und daß er ein paar Öfen kaufen muß für das Haus, um es in diesem strengen Winter besser heizen zu können, Feuerung, Eßwaren. Zum 10. Januar wird er wieder zu Hause sein können, bis dahin *muß er irgendwie den Haushalt in Gang bringen. Ich muß es wieder schaffen.*

Ein wenig geht es schon wieder mit ihm. Wenn er auch das Gefühl hat, noch nicht arbeiten zu können, rührt es sich doch schon in seinem Kopf. Jetzt, zwei Tage vor Weihnachten, schreibt er wieder seine ersten Briefe. Und seine letzten. Ein besonderer Ton ist darin. Dem kleinen Kollegen aus Radach schreibt er und der Mutter. Die Kinder sind da und werden nach Carwitz fahren, und ihnen wird er den Brief mitgeben.

«Mein lieber alter Geyer...» So herzlich hat er den kleinen Inspektor noch nie angeredet. «...unser kleiner Haushalt am Eisenmengerweg ist aufgelöst, die großen Kinder sind in Carwitz bei ihrer Mutter, die Kleine irgendwo anders untergebracht, hole der Henker den ganzen Kram! Aber wie ich dies völlig eingefrorene und aller Vorräte entblößte Haus wieder in Gang setzen soll, das weiß der Himmel allein. Genug Sorgen mache ich mir darum, aber das Sorgenmachen hat noch nie etwas geholfen. Nun, ich werde es schon wieder schaffen, irgendwie und irgendwann.»

Er ist nicht am Ende. Er will aufstehen. Es anders machen, besser, reifer. Für die Kinder arbeiten. Einmal muß er aufhören, ein Sohn zu sein.

«Woran liegt es nur bei mir, Mutti? Ich lasse es weder an Fleiß noch an Ausdauer, noch an Ordnung und gewiß auch nicht an Liebe fehlen, aber dann zerschlage ich mir selbst in wenigen Stunden oft das, an dem ich Monate und Jahre gebaut. Ich habe jetzt einen wirklich großen Roman geschrieben, in ganz kurzer Zeit, einen Roman, der ein Erfolg werden wird, ich hatte die Früchte meines Fleißes schon in der Hand, und nun sitze ich hier einsam und allein und habe mich wieder um alles Erreichte gebracht. Irgend etwas in mir ist nie ganz fertig geworden, irgend etwas fehlt mir, so daß ich kein richtiger Mann bin, nur ein alt gewordener Mensch, ein alt gewordener Gymnasiast, wie Erich Kästner mal von mir gesagt hat. Ich sage mir heute, daß es diese Zusammenbrüche nicht mehr geben darf, daß ich vernünftiger leben muß, aber ich mag nicht mehr mir, geschweige denn anderen Versprechungen leisten, da ich so heilige Versprechen so oft gebrochen habe! So sage ich denn nur, ich will es wieder versuchen, ich will fleißig sein, ich will arbeiten – möge es lange gut gehen!»

Am 10. Januar ist er nicht zu Hause. Nur aus dem strengen Krankenhaus heraus. Ursula Losch hat ein anderes gefunden. Sie ist mit ihm in die Blankenburger Straße umgezogen. Da ist aus der kleinen Gemeindeschule ein Hilfskrankenhaus gemacht worden. Fallada hat im Erdgeschoß ein Zimmer für sich. Ein Stück davon hinter dem Park des Schlosses Niederschönhausen liegt das tote Haus am Eisenmengerweg. Fallada hat Manuskripte, einen Stapel Bücher und die Briefmappe herüberschaffen lassen. Auch Ursula Losch hat in dem Krankenhaus ein Unterkommen gefunden.

Fallada arbeitet nicht. Das Gesicht ist grau und eingefallen. Tiefe Falten durchziehen es, und sein Blick kommt aus großer Ferne. Zum erstenmal ahnt Ursula Losch, so könnte der Tod sich anmelden. «Was soll ich denn ohne ihn anfangen, ich kann ohne ihn nicht leben», sagt das unheilvolle Kind zu Geyer, und daß sie doch alles für ihn tue, selbst ihm seinen Kognak und seine Zigaretten bringe. Natürlich dürften die Ärzte davon nichts wissen. Er solle das alles ja gar nicht haben.

Es ist der 3. Februar. Fallada liegt halb im Bett, halb sitzt er. Ein Kissen im Rücken stützt ihn. Den rechten Arm hat er hinter dem Kopf in den Nacken gelegt. Das Sprechen fällt ihm schwer. «Geh du raus!» sagt er zu Ursula Losch.

Der Tod, die große Unvernunft des Lebens, trifft ihn allein. Er kommt in der zwanzigsten Stunde des fünften Februartages dieses Jahres 1947. Herzversagen steht auf dem amtlichen Dokument. Hat ihn die Angst vor der unendlichen Zeit, die ohne ihn sein wird, noch überfallen? Sich das glückliche Nichts aufgetan, an das er manchmal dachte? Kam der Tod im einfachen Gewand seiner Dämmerungen?

Der Tod ist ohne Botschaft.

Am 28. Februar wird Hans Fallada auf dem Friedhof von Schönholz beigesetzt. Auf der Feier im Krematorium Wilmersdorf hat Becher für den Freund das Memento eines Dichters gesprochen. Anna Ditzen war da. Und Ursula Losch. Becher hat seinen Arm um die Frau aus Carwitz gelegt.

«Hans Fallada, du echter Poet, du fleißiger Arbeiter, du unser unermüdlicher Märchenerzähler, eingesponnen in den bunten Film einer unerschöpflichen Fabelwelt, du hast dir dein Leben nicht leicht gemacht, teuer ist dir dein Schaffen zu stehen gekommen...», hat Becher gesagt.

Auf den Friedhof von Schönholz reicht Kiefernwald. Ein Platz am Rande der Stadt. Und im Zirkelkreis des Hauses am Eisenmengerweg.

Ein paar Freunde und Bekannte sind da. Paul Wiegler hält die Grab-rede.

Die Totengräber haben Mühe gehabt, ein Loch in den Boden zu brin-gen. Der Frost sitzt tief.

Das ist ein kalter Winter.

Soweit nicht anders verzeichnet, befinden sich die hier angegebenen Materialien im Besitz der Akademie der Künste Berlin-Bandenburg und im Hans-Fallada-Archiv, Feldberg

7   Hans Fallada «*Damals bei uns daheim*», Stuttgart 1942

9   Wilhelm Ditzen «Erinnerungen»

10   Personalakte Wilhelm Ditzen, Bundesarchiv Potsdam

11   Wilhelm Ditzen «Erinnerungen», a. a. O.

13   Brief Elisabeth Ditzens an Hans Fallada vom 2. 2. 1929, Hans Fallada «*Damals bei uns daheim*», a. a. O.

14   «Rudolstädter Gerichtsakte», von 1911, Staatsarchiv Rudolstadt, Personalakte Wilhelm Ditzen, a. a. O.

15   Elisabeth Ditzen «Erinnerungen», Manuskript Besitz von Anna Ditzen

18   Hans Fallada «*Damals bei uns daheim*», a. a. O.

21   Wilhelm Ditzen «Erinnerungen», a. a. O.

23   Hans Fallada «*Damals bei uns daheim*», a. a. O.

24   «*Gedanken über den Glauben*», Bestand «Rudolstädter Gerichtsakte» von 1991, a. a. O. Die umfangreiche Prozeßakte enthält protokollarische Bekundungen seiner Angehörigen, der Lehrer und Mitschüler sowie seiner Ärzte. Die Darstellung der Leipziger und Rudolstädter Ereignisse folgt in der Hauptsache diesen Protokollen.

29   Rudolf Ditzen trägt in sein (verlorengegangenes) «*Wandervogelfahrtenbuch*» beim Anblick einer schönen Landschaft ein: «Hier hätte ich liegen mögen bis in alle Ewigkeit und *sterben*, ruhen? Ewige Ruhe? Bist Du so schön? *Ich sehne mich nach Dir!*» Einem ehemaligen Schulfreund schreibt er am 17. 12. 1941: «Mein lieber Acer. Mir ist mein schönes Fahrtentagebuch mit all den sorgfältig gesammelten Fotos und Versen und Schilderungen in stürmischen Zeiten verlorengegangen. Vielleicht graben es die Literaturhistoriker in hundert Jahren aus.»

29   Hans Fallada «*Wir hatten mal ein Kind*», Berlin 1934

35   «Rudolstädter Gerichtsakte» von 1991, a. a. O.

49   Die «Schwarzburg-Rudolstädtische Landeszeitung» schreibt am
      20. 10. 1911: «Nachdem die gesamte deutsche Presse sich eingehend mit
      dem traurigen Vorfall beschäftigt und dabei vielfach zu ganz falschen
      Schlüssen kommt, halten wir es für geboten, ausdrücklich zu betonen,
      daß es sich nach dem Briefe des getöteten Obersekundaners an seine
      Mutter nur um einen sorgsam vorbereiteten Doppelselbstmord zweier
      krankhaft überspannter junger Leute handeln kann. Das sensationell ro-
      mantische Beiwerk, mit dem das Drama in einem Teil der Presse umge-
      ben wurde, ist, wie ein Berliner Blatt sehr richtig bemerkt, hauptsächlich
      auf die rege Phantasie einiger junger Mitschüler der beiden Unglückli-
      chen zurückzuführen.»
      Die Pflege Rudolf Ditzens teilen sich in Rudolstadt eine Pflegeschwester
      und Adalaide Ditzen. Medizinalrat Dr. Rudolf Hellbach gibt am
      13. 11. 1911 zu Protokoll: «Letztere hat mir Mitteilung gemacht, daß
      Ditzen sich bei ihr nach dem Verbleib seiner Kleider erkundigt habe und
      daß er gefragt habe, ob viel Wasser in der Saale wäre. Diese Äußerungen
      des Kranken erwecken den Verdacht, daß er mit Fluchtgedanken oder mit
      dem Plan zum Selbstmord sich abgibt.»

60   Eintragung Adalaide Ditzens in der «Tannenfelder Krankenakte» (Fach-
      krankenhaus Tannenfeld), die während seines Aufenthalts geführt
      wurde. Sie enthält neben medizinischen Aufzeichnungen u. a. Briefe
      Rudolfs, Wilhelms und Adalaide Ditzens an den Leiter der Anstalt
      Dr. Tecklenburg sowie Briefe Rudolf Ditzens an seine Tante, die Ada-
      laide Ditzen Dr. Tecklenburg zugänglich machte.

60   Brief Hans Falladas an Dr. Tecklenburg vom 2. 7. 1912

62   Brief Hans Falladas an Adalaide Ditzen vom 10. 6. 1912

63   Brief Hans Falladas an die Eltern vom 18. 6. 1912

63   Brief Hans Falladas an Dr. Tecklenburg vom 2. 7. 1912
      Brief Hans Falladas an Adalaide Ditzen vom 10. 6. 1912

64   Brief Adalaide Ditzens an Dr. Tecklenburg vom 28. 6. 1912

65   Brief Hans Falladas an Romain Rolland vom 28. 10. 1912, Romain-Rol-
      land-Archiv, Paris

66   Brief Hans Falladas an Romain Rolland vom 3. 11. 1912, ebenda

68   Stefan Zweig «Die Welt von Gestern», Stockholm 1944
      Brief Hans Falladas an Elisabeth Hörig vom 15. 9. 1936

68   Manuskript «*Unterprima Totleben*», unveröffentlicht

69   Brief Wilhelm Ditzens an Dr. Tecklenburg vom 15. 11. 1913

73/74 Briefe Wilhelm Ditzens an Dr. Tecklenburg vom 12. 9. und 3. 10. 1914

75   Brief Hans Falladas an Dr. Tecklenburg vom 7. 11. 1915
      Hans Fallada «*Heute bei uns zu Haus*», Stuttgart 1943

76   Brief Adalaide Ditzens an Dr. Tecklenburg vom 9. 11. 1916

78   Hans Fallada «*Wir hatten mal ein Kind*», a. a. O.
      Greifswalder «*Gefängnis-Tagebuch 1924*», teilveröffentlicht in «*Wer einmal aus dem Blechnapf frißt*», Berlin 1967, Ausgewählte Werke Bd. 3, Aufbau-Verlag

79   Hans Fallada «*Länge der Leidenschaft*», in «Gesammelte Erzählungen», Reinbek b. Hamburg 1967
      Adalaide Ditzen schreibt am 6. 1. 1918 an Dr. Tecklenburg: «Er ist in ganz böse Gesellschaft geraten, Futuristen, Kubisten, Expressionisten – eine reiche Heirat wird als unbedingt bald notwendig erklärt, leider ist er wohl nicht mehr kräftig genug für die praktische Landwirtschaft...»

80   Hans Fallada «*Wie ich Schriftsteller wurde*», in «Gesammelte Erzählungen», a. a. O.

81   Hans Fallada «*Der tödliche Rausch. Sachlicher Bericht über das Glück, ein Morphinist zu sein*», in «Neue Illustrierte» Nr. 47, 1955

86   Am 15. 12. 1917 schreibt Adalaide Ditzen Dr. Tecklenburg zum Roman des Neffen: «Als ich ihm meine entschiedene Mißbilligung seines Romans, der ja alle sexuellen Perversitäten behandelt, ausdrückte, redete er erst sehr hohe Töne, schreckliche Drohungen vom Abbruch der Beziehungen! Aber allmählich wurde er bescheidener, und ich glaube auch, *das* Ungeheuer ruht jetzt. Freilich produziert er augenblicklich doch wieder erregendes Zeug, ist auch sicher in Berlin in böse Kreise geraten, wo seine Eitelkeit und seine krankhafte Neigung zur Schauliteratur Nahrung findet.»
      Hans Fallada «*Heute bei uns zu Haus*», a. a. O.

88   Die große, in einem Park gelegene Villa in der Max-Eyth-Straße Nr. 22 ist zu der Zeit im Besitz eines jüdischen Bankiers. Nach seiner Vertreibung aus Deutschland wird in dem Gebäude eine SS-Dienststelle einge-

richtet, die bei den Kämpfen um Berlin im Mai 1945 ausbrennt. Die Villa gibt das Vorbild zu den entsprechenden Szenen im «Eisernen Gustav» ab. In welchem Zusammenhang Anne Marie Seyerlen in der Max-Eyth-Straße Nr. 22 lebte, gehört zu dem Dunkel, das über ihrer Beziehung zu Rudolf Ditzen liegt.

90 Greifswalder «*Gefängnis-Tagebuch 1924*», a. a. O.
Personalakte Wilhelm Ditzen, a. a. O.

92 Brief Dr. Tecklenburgs an Rudolf Ditzen vom 15. 5. 1918

93 Hans Fallada schreibt am 22. 5. 1918 an Dr. Tecklenburg: «Das heißt nun aber weiter für mich: arbeiten in den Abendstunden, oft entmutigt sein, lange noch warten müssen... An den Einwänden meiner Eltern ist ein kleiner Nebensatz schuld, an den sie sich klammern. Sie meinen dort, es sei immerhin fraglich, ob meine Probezeit als einwandfrei anzusehen sei, da ich ja nebenbei schriftstellerisch gearbeitet habe. Umd hiervon ausgehend fordern sie, daß ich nunmehr erst einmal ein ganzes Jahr völlig der Kartoffel gewidmet verbringe... So oder so, die Eltern hätten stets einen Hebel zu finden gewußt, mit dem meine Welt aus den Angeln zu heben gewesen wäre. Auch schreibe ich Ihnen dies alles nicht, um Ihre Vermittlung zu erbitten – wenn die Eltern nicht aus freiem Willen zustimmen können, ist es meine Sache zu verzichten. Nein, dies alles nur darum, um mich bei Ihnen nicht etwa in den Ruf von Wankelmütigkeit zu bringen, ein Geschoß, das Tante Ada stets wurfbereit hielt und hält...»

94 Brief Adalaide Ditzens an Dr. Tecklenburg vom 20. 12. 1918

95 Brief Hans Falladas an Dr. Tecklenburg vom 15. 8. 1919

96 Brief Adalaide Ditzens an Dr. Tecklenburg vom 22. 8. 1919
Rudolf Ditzen bricht die Entziehungskur am 18. 9. in Tannenfeld ab. Am selben Tag schreibt Dr. Tecklenburg an Wilhelm Ditzen: «Die Entziehung war bis auf die letzten Spritzen durchgeführt, als er uns auf irgendeine Weise betrogen hat. Wie, läßt sich bei den verschiedenen Darstellungen, die er selbst gibt, nicht feststellen. Wir haben uns auch keine Mühe gegeben, es herauszubekommen, da wir ihn in seiner Wichtigtuerei nicht noch bestärken wollten.»
Dr. Tecklenburg verlegt ihn nach diesem Zwischenfall in die geschlossene Abteilung. Rudolf Ditzen protestiert dagegen unter dem Eindruck des Schockerlebnisses, das die früheren Unterbringungen in geschlossenen Abteilungen bei ihm zurückgelassen haben, die lebenslang als Klaustrophobie andauern. Da er eine Änderung der Entscheidung nicht erreichen kann, verläßt er Tannenfeld. Es taucht die Frage einer von

Dr. Eggebrecht angeregten Zwangsentmündigung auf, die Wilhelm Ditzen ablehnt. Dem Vater gibt Rudolf an, seit Mai 1918 Morphium zu spritzen und sich die Mittel durch den Verkauf seiner Bücher (3000 Mark für 3000 Bände) beschafft zu haben.

97 Hans Fallada «Heute bei uns zu Haus», a. a. O.

99 Arnolt Bronnen «Arnolt Bronnen gibt zu Protokoll», Hamburg 1954

100 «Was liest man eigentlich in Hinterpommern?», in der Zeitschrift «Die Literarische Welt» Nr. 1 vom 9. 10. 1925

101 Hans-Joachim Geyer hat eine Reihe von Aufzeichnungen über seine Begegnungen mit Fallada gemacht. Sie befinden sich in Privatbesitz.

102 «Was liest man eigentlich in Hinterpommern?», a. a. O.

103 «Stahlhelm-Nachtübung», in der Zeitschrift «Das Tage-Buch» Nr. 33 vom 15. 8. 1929

104 «Dr. Martin Flinkerts Neuer Ratgeber für Bücherfreunde», Wien 1934

106 Greifswalder «Gefängnis-Tagebuch 1924», a. a. O.

107ff Greifswalder «Gefängnis-Tagebuch 1924», a. a. O.

113 Brief Franz Hessels an Hans Fallada vom 20. 11. 1923

115 Fallada berichtet über seine Situation in dem unveröffentlichten Manuskript «Drei Jahre kein Mensch»

119 Brief Hans Falladas an Elisabeth Hörig vom 20. 12. 1928

120 Brief Hans Falladas an Elisabeth Ditzen vom 3. 11. 1929
Hans Fallada «Damals bei uns daheim», a. a. O.

122 Brief Hans Falladas an Kagelmacher vom 21. 10. 1928

122 Brief Hans Falladas an Ernst Rowohlt vom 16. 10. 1928

124 Brief Hans Falladas an Elisabeth Ditzen vom 15. 12. 1928

126 Brief Hans Falladas an Kagelmacher vom 29. 12. 1928

126 Brief Hans Falladas an Anna Ditzen vom 29. 2. 1929

128 Brief Hans Falladas an Anna Ditzen vom 21. 3. 1929

130 Brief Hans Falladas an Kagelmacher vom 8. 3. 1929
Brief Hans Falladas an Anna Ditzen vom 22. 4. 1929

130 Brief Elisabeth Ditzens an Hans Fallada vom 30. 4. 1929
Brief Hans Falladas an Anna Ditzen vom 25. 1. 1929

131 Brief Hans Falladas an Anna Ditzen vom 5. 5. 1929

132 Brief Hans Falladas an Elisabeth Ditzen vom 6. 3. 1929

133 «General-Anzeiger» vom 25. 1. 1929

135 Brief Hans Falladas an Anna Ditzen vom 20. 3. 1929

135 «General-Anzeiger» vom 3. 7. 1929

136 Brief Hans Falladas an Kagelmacher vom 5. 8. 1929
Bodo Uhse «Söldner und Soldat», 1935

137 «Das Landvolk» vom 22. 9. 1929

138 Die Darstellung der Neumünsteraner Ereignisse stützt sich auf Hans Falladas Manuskriptmappe *«Ein kleiner Zirkus namens Monte»* und die
schleswig-holsteinische Lokalpresse des Jahres 1929

140 «General-Anzeiger» vom 21. 8. 1929

147 Der *«Landvolk und Regierung»* überschriebene Artikel ist offensichtlich
für die örtliche sozialdemokratische Presse bestimmt gewesen. Er kam
nicht zur Veröffentlichung.

155 «General-Anzeiger» vom 21. 8. 1929

156 Ernst Rowohlt «Geschichte einer Wiederentdeckung», Manuskript

158 Brief Hans Falladas an Kagelmacher vom 15. 12. 1929

161 Hans Fallada *«Wie ich Schriftsteller wurde»*, a. a. O.

161 Brief Hans Falladas an Elisabeth Ditzen vom 20. 3. 1930

162 Brief Hans Falladas an Familie Bechert vom 20. 3. 1930
Brief Hans Falladas an Kagelmacher vom 13. 4. 1930

163 Kurt Tucholsky in der «Weltbühne» Nr. 14 / 1931

164 Brief Hans Falladas an Elisabeth Ditzen vom 3. 5. 1931

166 Brief Hans Falladas an Elisabeth Ditzen vom 20. 12. 1930
Brief Hans Falladas an Kagelmacher vom 8. 8. 1930

168 Hans Fallada *«Wie ich Schriftsteller wurde»*, a. a. O.

169 Brief Hans Falladas an Anna Ditzen vom 8. 2. 1931

170 Brief Hans Falladas an Kagelmacher vom 23. 7. 1931

173 Hans Fallada «*Wie ich Schriftsteller wurde*», a. a. O.

174 Brief Hans Falladas an Elisabeth Ditzen vom 29. 11. 1931

174 Hans Fallada «*Wie ich Schriftsteller wurde*», a. a. O.

177 Brief Hans Falladas an Benda vom 3. 11. 1932

178 Brief Hans Falladas an Bernhard von Brentano vom 2. 7. 1931
Für die Zeitschrift «Funkstunde» schreibt Fallada am 23. 12. 1932: «Als
mein Buch B. B. B. fertig war, blieb mir nur eine Figur übrig: der kleine
Angestellte Tredup. Im Roman war er erschlagen worden, aber in mir
lebte er weiter, der kleine, kummervolle, emsig bemühte Angestellte. Ich
bin mein Lebtag selbst ein kleiner Angestellter gewesen, sein Glück mein
Glück. Und wenn ich nun daran ging, ein wenig, nur ein wenig von
seinem Schicksal zu erzählen, so habe ich von mir erzählt und von den
Menschen, die ich kennenlernte, die lebten wie ich, von Hunderttausenden, von denen niemand ein Aufhebens macht.»
Gegen die Schilderung Heilbutts, der als FKK-Anhänger Aktfotos vertreibt, glaubt der Präsident des Reichsverbandes für Freikörperkultur,
Prof. von Hauf, protestieren zu müssen, da Falladas Darstellung das
deutsche Ansehen im Ausland schädigen könnte. «Der Vertreter der
Nacktkultur ernährt sich zum Schluß des Romans durch den Verkauf
von Fotografien. Auf diese Weise wird unsere Bewegung herabgesetzt»,
steht in dem Brief vom 21. 9. 1932. Fallada antwortet am 26. 9. 1932:
«Vielleicht könnte es das deutsche Ansehen im Ausland schädigen, wenn
bekannt würde, wie mangelhaft Arbeitnehmer von ihren Arbeitgebern
behandelt werden, wie mangelhaft Arbeitslose ihre Kinder ernähren
können, wie Verordnungen und Bürokratie das Leben des ‹Kleinen Mannes› unnötig weiter erschweren…»

179 Brief Thomas Manns an Ernst Rowohlt vom 29. 9. 1932
Brief Robert Musils an Ernst Rowohlt vom 1. 7. 1932
Brief Jakob Wassermanns an Ernst Rowohlt vom 27. 6. 1932
Arno Schirokauer im «Tage-Buch» Nr. 25, 18. 6. 1932

183 Magazin «Uhu», Februar 1932

186 Gert Bucheit «Franz von Papen», Breslau 1933

188 Brief Hans Falladas an Elisabeth Ditzen vom 16. 2. 1933

189 Hans Fallada «*Der unerwünschte Autor. Meine Erlebnisse während
12 Jahre Naziterror*», unveröffentlichtes Manuskript

191   Brief Hans Falladas an Elisabeth Ditzen vom 6. 3. 1933

192   Die Darstellung folgt Falladas Manuskript «*Der unerwünschte Autor.
       Meine Erlebnisse während 12 Jahre Naziterror*» und seinem Artikel
       «*Osterfest 1933 mit der SA*», erschienen in der «Täglichen Rundschau»
       vom 28. / 29. / 30. 11. und 1. / 2. / 3. / 4. 12. 1945.

198   Brief Hans Falladas an Kagelmacher vom 6. 6. 1933

199   Briefe Hans Falladas an Kagelmacher vom 27. 7. und 13. 11. 1933

203   Brief Hans Falladas an Kagelmacher vom 9. 3. 1934
       Brief Hans Falladas an Elisabeth Ditzen vom 30. 3. 1934

204   Thomas Mann «Tagebücher 1933–1934», Frankfurt / Main 1977

207   Briefe Hans Falladas an Will Vesper vom 4. und 15. 7. 1934. Deutsches
       Literaturarchiv / Schiller-Nationalmuseum Marbach a. N.

209   Brief Hans Falladas an Kagelmacher vom 25. 3. 1934
       Brief Hans Falladas an Kagelmacher vom 17. 6. 1934

219   Hans Fallada «*Der unerwünschte Autor. Meine Erlebnisse während
       12 Jahre Naziterror*»

219   Brief Hans Falladas an Elisabeth Hörig vom 20. 1. 1936
       Brief Hans Falladas an Elisabeth Hörig vom 2. 4. 1937

222   Johannes R. Becher «Was tun? Zu Hans Falladas Tod», in Bd. 17 der Ge-
       sammelten Werke, Berlin 1979

223   Brief Hermann Brochs an Hans Fallada vom 22. 11. 1937

226   Brief Hans Falladas an Elisabeth Hörig vom 14. 11. 1937
       Fallada war 1944 für dreieinhalb Monate Häftling der Landesanstalt
       Strelitz, am 13. 12. wurde er entlassen, in dieser Zeit entsteht das «*Trin-
       ker-Manuskript*»

227   Brief Mathias Wiemans an Hans Fallada vom 26. 11. 1937
       Brief Hans Falladas an Mathias Wieman vom 14. 11. 1937

228   Brief Ernst Rowohlts an Hans Fallada vom 26. 1. 1938
       Fallada teilt Ernst Rowohlt die Rüge seiner Sekretärin Bakonje – der «*Ei-
       serne Gustav*» sei zuwenig «patriotisch» – am 6. 2. 1938 mit.

231   Fallada bekennt später Nico Rost (19. 9. 46), er habe gefürchtet, über die
       «Gustav»-Affäre ins KZ zu kommen. Die Eliminierung Rowohlts und die
       Angliederung seines Unternehmens an die Deutsche Verlagsanstalt, die

den Rowohlt-Autoren im Dezember auch offiziell bekanntgemacht wurde, komplizierte Falladas Lage weiter. Ein so vertrauensvoller Austausch über Möglichkeiten, den NS-Kulturbetrieb zu unterlaufen, wie er ihn mit Rowohlt betrieben hatte, war nun nicht mehr möglich. Als in dieser Situation der Berliner Vier-Falken-Verlag an eine Neuausgabe von «Bauern, Bonzen und Bomben» herangeht und Überlegungen angestellt werden, das Buch an die herrschenden Verhältnisse anzupassen, nimmt Fallada zwar keinerlei eingreifende Textänderungen vor, glaubt aber im Vertrauen auf die erzählte Geschichte sich auf ein Vorwort einlassen zu können, das den Roman für das Jahr 1938 auslegbar macht. In dem im November 1938 in Carwitz geschriebenen Vorwort heißt es u. a. über den «Landvolk»-Prozeß: «Es war einer jener vielen Prozesse, in denen ein absterbendes System die Vorboten einer neuen Zeit mundtot zu machen, in die Gefängnisse zu schicken versuchte. Zwei, drei Wochen lang tagte der Gerichtshof, untersuchte, vernahm viele Angeklagte, hörte noch mehr Zeugen – und jeden Morgen durfte ich drei, vier Stunden am Pressetisch sitzen, zuhören, schreiben, berichten... Die Chance war da –! Nein, sie war nicht da! Schon nach zwei Tagen merkte ich, daß nicht die Angeklagten die Schuldigen waren: ging man den Dingen nach, dachte man die Sache zu Ende, so war mancher Zeuge schuldiger als die auf der Armesünderbank, der Staatsanwalt war auch mitschuldig, auch der Richter – jeder, der dieses System zu halten suchte, verteidigte, war mitschuldig, jeder, der es bekämpfte, schuldlos...»

Als Ernst Rowohlt ihm im März 1931 vorgeschlagen hatte, eine Kritik aus der «Deutschen Tageszeitung», die das Buch als Roman der «Landvolk»revolte für die Rechtskräfte zu reklamieren suchte, im «Börsenblatt» zu veröffentlichen, legte Fallada sein Veto ein. «...Ich will keinen Bauernroman geschrieben haben und habe nicht die geringste Lust, mich auf Ultrarechts festlegen zu lassen, schon nicht aus pekuniären Gründen. Rowohlt gab dann auch nach, sagte aber wehmütig: ‹Väterchen, aber rechts ist jetzt Mode!› – Ich konnte ihm nicht helfen.» (An die Mutter, 29. 3. 31)

Im Text von «Bauern, Bonzen und Bomben» nimmt Fallada lediglich unbedeutende Änderungen vor, macht aus «Hitler» «SA-Uniformen» und streicht ein paar Derbheiten und Passagen, in denen von Abtreibung und Schwangerschaftsverhütung die Rede ist. Schon am 2. März 1931 hatte ihm die Mutter zum Roman geschrieben: «Ich habe die gute Überzeugung, Du kannst was. Aber ich möchte auch ehrlich sein und sagen, daß ich so gern einige Kapitel und viele unnötige (nach meiner Ansicht) starke Ausdrücke missen möchte. Ich finde, sie vergröbern das Buch, und ich glaube, manche Leute werden dadurch abgestoßen.»

231 Briefe Hans Falladas an Elisabeth Ditzen vom 16. 1. und 8. 3. 1938
Brief Hans Falladas an Kagelmacher vom 17. 10. 1938: «Ich hatte viel Arbeit, bestellte Filmarbeit, deren Ergebnis in Romanform Sie in Kürze bekommen werden. Nichts Erfreuliches, aber ich mußte. (Sie werden das verstehen, wenn sie das Buch gesehen haben.)»
Der organisierte antisemitische Pogrom der sogenannten «Kristallnacht» läßt Fallada und seine Frau, wie Anna Ditzen in einem Fernsehinterview erklärt («Hans Fallada. Ein Leben in Deutschland», Deutscher Fernsehfunk der DDR 1965, Regie Rainer Pavel, Buch Werner Liersch), noch einmal überlegen, Deutschland zu verlassen. Den Umständen nach käme nur eine illegale Ausreise in Frage, die Fallada mit seinem englischen Verleger Putnam verabredet. Putnam will Fallada mit einem Boot herausholen. Obwohl Näheres schon verabredet ist, unterläßt Fallada den Schritt aus den Gründen, aus denen er auch vorher von einer Emigration Abstand nahm.

232 Brief Hans Falladas an Elisabeth Hörig vom 18. 3. 1939
Der Roman *«Himmel, wir erben ein Schloß»* erscheint später unter dem Titel *«Kleiner Mann, großer Mann – alles vertauscht»*.

234 Brief Hans Falladas an die Deka-Film vom 11. 10. 1940
Die unter dem Protektorat von Goebbels und dem Arbeitsfrontführer Ley stehende Gesellschaft hatte Fallada am 7. 10. 1940 mitgeteilt: «Diese Filme müssen sich in ihrer Themenstellung mit der sozialen Neugestaltung des deutschen Reiches unter Zugrundelegung der Auswirkungen der sozialen Gesetzgebung befassen, wobei besonders die Einrichtungen der Deutschen Arbeitsfront berücksichtigt werden sollen.»

235 Brief Hans Falladas an Elisabeth Ditzen vom 27. 3. 1940
In einem weiteren Brief an seine Mutter vom 24. 6. 1940 schreibt Fallada: «Man hatte mir zugemutet, ich solle vor einer Neuauflage von ‹Kleiner Mann – was nun?› das Buch umschreiben, alle Anspielungen auf Kommunisten und Nazis sowie Juden entfernen. Ich habe natürlich abgelehnt.»

236 Brief Hans Falladas an die Wien-Film vom 14. 10. 1941

237 «Alles, was nur sich selbst dient, ist letzten Endes sinnlos. Ich bin sehr glücklich, noch zur rechten Zeit Frau und Kinder bekommen zu haben, eine Aufgabe, nicht nur auf dem Papier, sondern auch auf dem Lande», schreibt Fallada an Kagelmacher am 24. 11. 1938.
Brief Hans Falladas an Elisabeth Hörig vom 23. 4. 1941
Nach der Fertigstellung von *«Damals bei uns daheim»* schreibt Fallada

der Schwester: «Du findest Dich nicht in Deinen Gefühlen verletzt, daß ich so frei mit der Familientradition umgegangen bin und daß nun wohl auf unsere Nachkommen unrettbar ein völlig konfuses Bild unserer Ahnen kommt.»

238 Carwitz, von Fallada 1933 als Zufluchtsort gedacht, wird im Laufe der folgenden Jahre für Fallada alles andere als ein Ort der Geborgenheit und Ruhe. Die ihm vom Nazi-System auferlegten Schranken verschärfen die Enge des Ortes, wo ihn die dörflichen NS-Größen argwöhnisch belauern. Seine Lage deutet er Elisabeth Wiebering am 10. 7. 41 an: «Liebes Fräulein Wiebering, einen schönen Dank für Ihren Brief und als Gruß ein Bild von Carwitz, das aber keineswegs fern aller Unruhe still vor sich hinträumt, sondern ein besonders unfriedlicher Ort ist! Aber es sieht so aus, wie Sie denken! – Was nun meine ‹Erinnerungen› betrifft, so ist noch ganz ungewiß, ob und wann sie erscheinen. Sie wissen: Die Papierknappheit! Papier ist seit einem halben Jahr beantragt, aber... Herzl. Grüße und alles Gute Ihr Fallada» (Privatbesitz)
Der Verleger und Antiquar Wolfgang Keiper, dem der Bücherliebhaber Fallada nicht wenige der kostbaren Stücke seiner Sammlung verdankte, versuchte 1944 Fallada zu neuen, tiefer lotenden Erinnerungen zu ermuntern («Wohin ich also strebe, wäre der Versuch eines kritischen Selbstbekenntnisses...» W. Keiper, 10. 7. 44), doch kam der Plan nicht zur Ausführung.

239 Brief Hans Falladas an Hermann Broch vom 1. 12. 1937

240 Das «Tage-Buch», Nr. 23, 6. 6. 1929

240 Brief Hans Falladas an Elisabeth Ditzen vom 9. 9. 1941

241 Brief Hans Falladas an Dr. Hasinger vom 14. 10. 1942

243 Brief Hans Falladas an Kagelmacher vom 27. 7. 1943

243 Brief Hans Falladas an Else Marie Bakonje, zitiert nach der Zeitschrift «sie» vom 20. 1. 1946
Brief Hans Falladas an Dr. Wyss vom 8. 10. 1943

245 Zitiert nach der Zeitschrift «sie», a. a. O.

246 Brief Dr. Erkmanns an Hans Fallada vom 5. 8. 1943
Erkmann macht Fallada detaillierte Vorschläge zum Roman: «Ich glaube, daß Sie gar nichts Besseres tun könnten, als Kutisker selbst in die Mitte des Romans zu stellen; nach dem, was Sie mir mitteilen, ist er tatsächlich die typische Verkörperung des Judentums. Auch scheint mir, daß der

Roman in dieser Durchführung jeden penetranten Charakter einer bewußt hervortretenden Tendenz verliert und ausschließlich durch die Handlungselemente selbst wirkt, was auch durchaus in unserem Interesse liegt. Einen so vollständigen Zwang, den Tatsachen um jeden Peis zu folgen, wie Sie ihn für notwendig halten, kann ich nicht sehen. Ein Roman wird ja keinesfalls als ein dokumentarisches Werk im exakten Sinne gewertet, auch wenn er sich noch so streng an das Tatsächliche hält. Es gibt eine Anzahl von Beispielen gerade aus den angelsächsischen Literaturen, an denen sich dies erweist. Sollte der Schwerpunkt auf den Tatsachen liegen, so müßte schon ein sogenannter dokumentarischer Tatsachenbericht angesteuert werden, den Sie aber mit Recht nicht wollen. Ich glaube auch, daß Ihr erstes großes Erfolgsbuch in dieser Richtung nicht so strenge verfahren ist.»

Fallada übersendet Dr. Erkmann am 11. 8. 1943 ein Exposé. Kutisker soll danach in einem Ghetto aufwachsen – anstatt in Riga wie das historische Vorbild – «... ich habe viel mehr Material über polnische Ghettos, lasse ihn dann seinen Weg als betrügerischen russischen Armeelieferanten 14/15 bis zu seiner Flucht vor den Bolschewisten nach Berlin machen. Der 2. Teil würde dann den märchenhaften Aufstieg dieses kleinen polnischen Juden in dem Inflations-Berlin schildern, vor allem seinen dauernden Betrug an der preußischen Seehandlung, seine Vernichtung kleiner Existenzen durch Tageszinsen bis zu 100 Prozent und die abenteuerliche Geschichte des Hanauer Waffenlagers. Dieser 2. Teil schließt dann mit der Verhaftung Kutiskers und seiner Söhne. Der 3. Teil bringt den Kampf mit dem Staatsanwalt, den Ärzten und den Gerichten...»

249   Brief Hans Falladas an Mathias Wieman vom 5. 3. 1944

249f   Brief Hans Falladas an Elisabeth Hörig vom 25. 5. 1944

252   Brief Hans Falladas an Elisabeth Hörig vom 18. 4. 1944
Die von T. Crepon gegebene Schilderung («Leben und Tode des Hans Fallada», Halle–Leipzig 1978), nach der Fallada seine Frau auf dem Hof des Carwitzer Anwesens mit einer Jagdwaffe bedroht, auf sie schießt und ihm die Waffe in einem Zweikampf entrissen wird, stimmt nicht mit den Mitteilungen Anna Ditzens überein, denen sich unsere Darstellung angeschlossen hat. Auch Medizinalrat Dr. Hecker weiß in seinem Gutachten nichts von einem derartigen Vorfall. Er erklärt: «Ständige Reibungen im noch gemeinsamen Haushalt, alkoholische Exzesse, Schlafmittelmißbrauch erstrecken sich über Monate. Schließlich schießt er bei einer von ihm provozierten Auseinandersetzung, unter Alkohol stehend, in den Tisch, an dem seine Frau ihm gegenübersitzt.» Auch die Darstellung

einer Reihe anderer wichtiger Momente muß nach unseren Ermittlungen anders als bei Crepon gesehen werden. So wird beispielsweise die «Leipziger Briefaffäre» nicht durch einen Schriftprobenvergleich, sondern durch Burlage aufgedeckt, beginnt Fallada die Niederschrift des Romans «*Bauern, Bonzen und Bomben*» nicht in Neumünster, sondern in Moabit, unterliegt sein Leben in den Herbstwochen 1945 in Berlin einer anderen Chronologie.

255   Brief Hans Falladas an Elisabeth Ditzen vom 7. 11. 1944

257   Hans Fallada «*Der unerwünschte Autor. Meine Erlebnisse während 12 Jahre Naziterror*», a. a. O.
Am 7. Juni 1944 hat er seiner Schwester Elisabeth geschrieben: «Ich habe ja eine recht unerfreuliche Romanarbeit vor, einen mir vom Propagandaministerium in Auftrag gegebenen antisemitischen Roman...» Fallada gibt der Schwester zu verstehen, daß er hofft, dadurch Papier für «anderes» frei zu bekommen.

259   In dem an Hans Franke am 18. 9. 1944 aus der Landesanstalt Strelitz gerichteten Brief heißt es in bezug auf den Kutisker-Roman: «Ich müßte kein Bücherschreiber sein, der sein Handwerk von Herzen liebt, wenn mir nicht Ihre Worte eine große Freude bereitet hätten. Aber ich teile Ihre günstige Beurteilung noch nicht ganz, m. E. müßte der 1. Teil von der ersten bis zur letzten Seite noch einmal neu geschrieben werden. Mich stört, daß ich dort das freilich mühsam genug erworbene Wissen über litauisches Ghettoleben so fleißig mosaikartig zusammengesetzt habe, das Ganze hat keinen rechten Biß, es ist bloß eine Fleißarbeit. Erst wenn Esther und später Ruth auftreten, kommt etwas Schwung in die Geschichte.
Wie ich das Problem mit dem Überarbeitungsabschnitt, Rückblick und Vorschau lösen werde, kann ich im Augenblick noch nicht sagen. Sie haben vollkommen recht: das ist ein Fremdkörper im Ganzen. Immerhin schien es mir wertvoll, auch eine andere Stimme zu Wort kommen zu lassen, nachdem Lubliner 200 Seiten lang auf den Leser eingeredet hat. Der Leser soll das Gefühl bekommen, daß er nichts Festes vor sich hat, daß bei Lubliner alles schwankt, alles schillert und zweifelhaft ist, dies ist mir bei Ihnen nicht gelungen, also wird das geändert.
Daß Sie mich erwischt haben, wie ich des guten ollen Gustav Freytag ‹Soll und Haben› beklaut habe, hat mich lebhaft amüsiert. Diese verdammten Lektoren – sogar Bücher gelesen haben sie! Fliegt natürlich raus!
Gewiß hat der Gegenspieler Lubliners ein reichlich gutes Herz und muß

der Unterliegende sein. Aber bedenken Sie, mein lieber Herr Franke, daß er nur einer von 20 bis 30 Gegenspielern sein wird in einem Buch, das ich auf 1800 Druckseiten Umfang veranschlage, daß die schwache Stimme des guten Leonhard Leonhard bald in dem allgemeinen Hexensabbath verklingen wird, der nun bald anhebt. Gerade Sie sind es gewesen, der es mir zur Pflicht gemacht hat, in dunklen Büchern die hellen Gestalten nicht ganz zu vergessen. Eine der hellsten wird die blinde Frau sein: in den schwarzen Stunden der Verzweiflung und Schande wird die Blinde für Leonhard das Licht sehen. –», Deutsches Literaturarchiv / Schiller-Nationalmuseum Marbach a. N.

Der Brief an Franke läßt auf ein ausgeführtes Teilmanuskript des Projektes schließen, das lange in der Falladaforschung als Phantom galt. Das Manuskript ließ sich bisher nicht auffinden. Es muß als verschollen gelten, wobei die Umstände unbekannt sind.

259 Brief Hans Falladas an Elisabeth Ditzen vom 7. 11. 1944

260 Brief Hans Falladas an Elisabeth Hörig vom 2. 1. 1945
     Brief Hans Falladas an Elisabeth Hörig vom 18. 4. 1945

261 Brief Hans Falladas an Prof. Zutt vom 9. 3. 1945

265 Heinrich Kardel hat seine Erinnerungen an Fallada in den «Beiträgen zur Regionalgeschichte» des Kreises Neustrelitz publiziert.

269 «Bürgermeister-Akte» Feldberg 1945, die aus über hundert Berichten, Protokollen u. a. besteht

271 Hans Fallada «*Der Alpdruck*», Berlin 1947

276 Die an Dr. Bell gerichteten Briefe befinden sich in Privatbesitz. Fallada richtete seinen ersten Brief am 7. 12. 1945 an Dr. Bell. Am 8. 12. sprach er im Schweriner Stadttheater über den Nürnberger Kriegsverbrecher-prozeß, der im November begonnen hatte. Das Redemanuskript umfaßte sechs eng beschriebene Schreibmaschinenseiten. Fallada führte u. a. aus: «Zur Stunde, da wir hier versammelt sind, um auch von seiten des deutschen Volkes Stellung zu nehmen zu diesem von den Siegermächten begonnenen Prozeß gegen die Kriegsverbrecher, zu der gleichen Stunde läuft dieser Prozeß bereits drei Wochen. Spricht man nun mit dem sogenannten Mann von der Straße über dieses Verfahren, so stößt man entweder auf völlige Gleichgültigkeit (‹Wir haben an unseren eigenen Sorgen zu tragen›) oder aber die Leute sagen: ‹Was kann bei diesem Prozeß groß herauskommen? Im günstigen Falle werden die Herren Göring, Streicher usw. zum Tode durch Kugel oder Strang verurteilt, und was ist

das schon für eine Strafe an Männern, die nicht nur fremdstämmige, nein, auch die eigenen Landsleute zum Tode durch Martern jeder Art verurteilt haben?›...

Sie sind für immer ausgeschieden aus unserer Gemeinschaft, sie werden nicht mitbauen an dem neuen, dem demokratischen Deutschland, sie nicht und ihre Anhänger und Nachläufer auch nicht. Wir wollen wieder reine Hände haben, wir wollen um den Wiederaufbau kämpfen, wir wollen uns wieder Ansehen und Achtung draußen in der Welt erkämpfen – zu allen diesen Dingen brauchen wir sie nicht, diese Nazis, gezwungene und ungezwungene, ganz gleich.»

277 Brief Hans Falladas an Elisabeth Ditzen vom 31. 12. 1945
Konstantin Fedin, «Ein Sohn des deutschen Volkes», in: «Fedin und Deutschland», Berlin 1962
Zitiert nach der Zeitschrift «sie» vom 20. 1. 1946
«Neue Zeitung» vom 18. 2. 1946

279 Aufzeichnungen Hans-Joachim Geyers, a. a. O.

280 «Eidesstattliche Erklärung von Ursula Losch über die Testamentsnieder-legung Hans Falladas am 1. 5. 1946», Johannes-R.-Becher-Archiv, Berlin

281 Am 29. 9. 1946 schreibt Fallada an Lore Soldin: «Ich selbst habe eben einen Roman vollendet ‹Der Alpdruck›, die Erlebnisse eines Ehepaars vom April 1945 bis in den Sommer 1946 hinein. Kein Buch, auf das ich irgendwie stolz sein kann, ich bedaure eigentlich heute schon, es geschrieben zu haben. Aber immerhin ist es seit über 5 Jahren wieder ein Buch, das fertig geworden ist, nicht in seinen Anfängen steckengeblieben ist.»
Seinem englischen Verleger Putnam schreibt Fallada am 22. 7. 1946, daß der ‹Der Alpdruck› erst ‹Fallada sucht einen Weg› heißen sollte.

283 Brief Dr. Hans Selzers an Hans Fallada vom 6. 6. 1946

283 Brief Hans Falladas an Dr. Hans Selzer vom 21. 6. 1946

285 Brief Hans Falladas an Nico Rost vom 19. 9. 1946

285 Fallada wird im November die Aufnahme in den «Klub der Kulturschaffenden» verweigert. Er antwortet darauf mit einem ironischen Brief vom 3. 11. 1946: «Die Entscheidung der Aufnahmekommission gegen mich würde in ihrer Konsequenz bedeuten, daß der Klub nur Abstinenzler aufnimmt. Kulturschaffende wie Christian Dietrich Grabbe, Fritz Reuter und E. T. A. Hoffmann hätten nicht seine Mitglieder sein dürfen, sondern nur brav gemäßigte Bürger! Ich erneuere meinen Antrag um Aufnahme in den Klub der Kulturschaffenden.»

286   Hans Fallada «*Wie ich Schriftsteller wurde*», a. a. O.

287   Der kursiv gesetzte Text folgt dem Brief Falladas an Elisabeth Ditzen vom 22. 12. 1946, Privatbesitz

288   Brief Hans Falladas an Geyer vom 22. 12. 1946, Privatbesitz

288   Brief Hans Falladas an Elisabeth Ditzen vom 22. 12. 1945, Privatbesitz
      Die Gemeindeschule in der Blankenburger Straße 21 / 23 war 1945 in ein Hilfskrankenhaus umgewandelt worden, um die vielen Seuchenkranken versorgen zu können. Die infektiösen Patienten befanden sich in den beiden oberen Stockwerken in einem Klassenzimmer, im Erdgeschoß lag Fallada. Die kleine Turnhalle auf dem Schulhof diente als Leichenhalle, dort wird auch Fallada aufgebahrt worden sein.

1893 Am 21. Juli wird Rudolf Ditzen als drittes Kind des Landrichters Wilhelm Ditzen und dessen Ehefrau Elisabeth in Greifswald geboren

1899 1. April: Ernennung Wilhelm Ditzens zum Kammergerichtsrat und Versetzung an das Berliner Kammergericht

1901 Besuch des Prinz-Heinrich-Gymnasiums in Berlin-Schöneberg

1906 Wechsel auf das Bismarck-Gymnasium in Berlin-Wilmersdorf

1908 12. Dezember: Ernennung Wilhelm Ditzens zum Reichsgerichtsrat

1909 1. Februar: Amtsübernahme in Leipzig; im März Übersiedlung der Familie;
Besuch des Königin-Carola-Gymnasiums; am 17. April schwerer Unfall

1901 Wanderfahrt durch Holland

1911 Besuch des Fürstlichen Gymnasiums Rudolstadt; 17. Oktober: Doppelselbstmordversuch mit Hanns Dietrich von Necker; Verhaftung und Einweisung in die Psychiatrische Klinik der Universität Jena

1912 Aufenthalt im Privatsanatorium Tannenfeld; hier erste literarische Übersetzungsversuche unter Anleitung der Tante Ada

1913 1. August: Eintritt als Eleve in das Rittergut Posterstein/Vollmershain

1914 Kriegsfreiwilliger in Leipzig beim Train; Entlassung nach kurzem Dienst

1915 1. Oktober: Gutsangestellter in Heydebreck/Hinterpommern

1916 1. März: Mitarbeiter der Landwirtschaftskammer für Pommern in Stettin; im November Übersiedlung nach Berlin als Angestellter der Kartoffelbaugesellschaft

1917 Beginn der Arbeit am ersten Roman «Der junge Goedeschal»

1918 Ausscheiden aus der Kartoffelbaugesellschaft;
Pensionierung Wilhelm Ditzens

1919   Morphium-Entziehungskur in Tannenfeld

1920   «*Der junge Goedeschal*» erscheint bei Rowohlt unter dem Namen Hans
        Fallada; Rechnungsführer auf verschiedenen Gütern in Mecklenburg,
        Pommern und Westpreußen

1923   12. Juli: Verurteilung wegen Unterschlagung in Bunzlau; Gutssekretär
        in Radach (heute Radachow); Roman «*Anton und Gerda*»

1924   Aufenthalt auf Rügen bei Kagelmacher; sitzt dreimonatige Gefängnis-
        strafe in Greifswald ab

1925   Rechnungsführer in Lübgust (Pommern) und Neuhaus (Holstein)

1926   26. März; Verurteilung wegen Unterschlagung zu zweieinhalb Jahren
        Gefängnis, die er in der Strafanstalt Neumünster abbüßt

1928   Haftentlassung; wird Mitglied der SPD; Verlobung mit Anna Margarete
        Issel; Übersiedlung nach Neumünster

1929   Annoncenwerber und Lokalredakteur am General-Anzeiger»; am
        5. Juni Heirat; Prozeßberichterstatter beim «Landvolkprozeß»

1930   Angestellter des Rowohlt-Verlages in Berlin; Beginn der Arbeit an
        «*Bauern, Bonzen und Bomben*»; 14. März: Geburt des Sohnes Ulrich;
        am 5. August Umzug nach Neuenhagen b. Berlin

1931   «*Bauern, Bonzen und Bomben*» erscheint; Arbeit an «*Kleiner Mann –
        was nun?*»

1932   «*Kleiner Mann – was nun?*» wird zum Welterfolg, umfangreiche litera-
        turkritische Tätigkeit

1933   Umzug nach Berkenbrück; Verhaftung durch die SA und elftägige Haft;
        Sanatoriumsaufenthalt in Waldsieversdorf; 18. Juli: Geburt der Tochter
        Lore; Kauf des Carwitzer Grundstücks

1934   Romane «*Wer einmal aus dem Blechnapf frißt*» und «*Wir hatten mal
        ein Kind*»; scharfe Angriffe der faschistischen Kulturinstanzen

1935   Nervenzusammenbrüche im Frühjahr und Herbst; Roman «*Das Mär-
        chen vom Stadtschreiber, der aufs Land flog*»

1936   Arbeit an «*Wolf unter Wölfen*» und «*Wizzel Kien*»; es erscheinen der
        Roman «*Altes Herz geht auf die Reise*» und die Kindererzählungen
        «*Hoppelpoppel, wo bist du?*»

1937	14. April: Tod Wilhelm Ditzens; «*Wolf unter Wölfen*» erscheint; Auftrag zu einem Film mit Emil Jannings
1938	Roman «*Der eiserne Gustav*» und Kindererzählungen «*Geschichten aus der Murkelei*»
1939	Roman «*Kleiner Mann, großer Mann – alles vertauscht*» (Himmel, wir erben ein Schloß); Auftrag zu einem Zarah-Leander-Film
1940	Roman «*Der ungeliebte Mann*»; 3. April: Geburt des Sohnes Achim
1941	Roman «*Ein Mann will hinauf*» und die Erzählung «*Das Abenteuer des Werner Quabs*»; Studien für den Kutisker-Roman; Erinnerungen «*Damals bei uns daheim*» und die Erzählungen «*Zwei zarte Lämmchen, weiß wie Schnee*» und «*Die Stunde eh du schlafen gehst!*»
1943	Erinnerungen «*Heute bei uns zu Haus*» und Roman «*Der Jungherr von Strammin*» (Erstveröffentlichung 1965); im Auftrag des RAD in Frankreich und im «Sudetengau»; Aufforderung des Propagandaministeriums, den Kutisker-Stoff zu bearbeiten
1944	Kuranstalten Westend; Begegnung mit Ursula Losch; am 5. Juli Scheidung von Anna Ditzen; Zwangseinweisung in die Landesanstalt Strelitz, hier Niederschrift des Romans «*Der Trinker*» (Erstveröffentlichung 1950) und Aufzeichnungen über die Erlebnisse im Faschismus; «*Fridolin, der freche Dachs*» (Erstveröffentlichung 1954)
1945	Am 1. Februar Heirat mit Ursula Losch; Bürgermeister von Feldberg; Übersiedlung nach Berlin, hier Begegnung mit Johannes R. Becher; Mitarbeit an der «Täglichen Rundschau» und im «Kulturbund zur demokratischen Erneuerung Deutschlands»
1946	Neuauflage von «*Wer einmal aus dem Blechnapf frißt*»; Aufenthalt in den Kuranstalten Westend und im Hilfskrankenhaus Marthastraße; Romane «*Der Alpdruck*» und «*Jeder stirbt für sich allein*» entstehen und werden im nächsten Jahr veröffentlicht; zum Jahresende Einweisung in die Nervenklinik der Charité
1947	Hans Fallada stirbt am 5. Februar in Berlin und wird auf dem Schönholzer Friedhof beigesetzt
1951	Die Mutter Elisabeth Ditzen, geb. Lorenz, stirbt am 4. Juni im Falladahaus in Carwitz, wo sie seit 1944 gelebt hat. Anna Ditzen verliert am 5. Juli die Tochter Lore (Mücke), die an Diphtherie erkrankt war.

1958   24. November: Tod von Ursula Losch, verehl. Ditzen

1981   Die Urne von Hans Fallada wird auf den Dorffriedhof von Carwitz über-
        führt.

1990   Anna Ditzen stirbt, nachdem sie ihre letzten Lebensjahre in Feldberg
        verbracht hat, am 8. August und wird auf dem Dorffriedhof von Carwitz
        beigesetzt.

Inhalt

Lebensläufe bei Claassen

Nina Berberova
Tschaikowsky
ISBN 3-546-41297-4

Vincent Cronin
Ludwig XVI. und Marie-Antoinette
ISBN 3-546-00064-1

Antonia Fraser
Maria Stuart
ISBN 3-546-00110-9

Eberhard Horst
Caesar
ISBN 3-546-00099-4

Geir Kjetsaa
Maxim Gorki
ISBN 3-546-00109-5

Alvise Zorzi
Marco Polo
ISBN 3-546-00011-0

Postfach 10 05 55, 31105 Hildesheim